Peter-André Alt

Exzellent!?

ZUR LAGE
DER DEUTSCHEN
UNIVERSITÄT

W0192842

Peter-André Alt

Exzellent!?

ZUR LAGE
DER DEUTSCHEN
UNIVERSITÄT

C.H.Beck

© Verlag C.H.Beck oHG, München 2021
www.chbeck.de
Umschlaggestaltung: Kunst oder Reklame unter Verwendung
einer Abbildung von vector-stock.com
Satz: Janß GmbH, Pfungstadt
Druck und Bindung: Druckerei C.H.Beck, Nördlingen
Gedruckt auf säurefreiem und alterungsbeständigem Papier
Printed in Germany
ISBN 978 3 406 77690 8

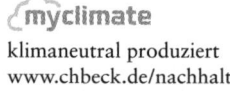

klimaneutral produziert
www.chbeck.de/nachhaltig

Inhalt

Einleitung

In welcher Verfassung sind unsere Universitäten? Diese Frage wurde und wird in regelmäßigen Abständen gestellt, bevorzugt im Rahmen von Festreden und Streitschriften. Dass sie zuletzt zu sonderlich tragfähigen Erkenntnissen führte, kann man nicht behaupten. Zumeist beschränken sich die Antworten auf Klagen, die unzureichender Finanzierung, steigender Überfüllung und zunehmender Überlastung gelten. In eingeübten Ritualen der Kritik bemängelt man die schlechte Ausstattung der Universitäten, die wachsende Beanspruchung im Lehrbetrieb und die Zwänge der projektförmigen, vorwiegend drittmittelgestützten Forschung. Solche Diagnosen sind so richtig wie die Forderungen, die sich aus ihnen ableiten, aber sie ersetzen nicht die Suche nach den prinzipiellen Aufgaben und Zielen der Institution. Über die Mission der Universität im 21. Jahrhundert ist gründlicher als bisher nachzudenken.

Wer die Leistungen von Hochschulen charakterisieren möchte, verwendet häufig Metaphern. Die Universität ist vor langer Zeit als ‹gütige Mutter› (‹Alma Mater›), später als ‹im Kern gesund›, in krisenhaften Phasen als ‹im Kern verrottet› beschrieben worden. Während der letzten Jahre standen organische Bildfelder hoch im Kurs: Die Rede war von Herzkammer, Rückgrat, Jungbrunnen und Kristallisationspunkt des Wissenschaftssystems. Gemeinsam ist der Mehrzahl dieser Metaphern, dass sie für Universitäten eine maßgebliche, unverzichtbare, ja existentielle Rolle innerhalb eines größeren Gesamtgefüges anzeigen. Universitäten, so lässt sich erkennen, bringen unterschiedlichste Gebiete des Wissenschaftsbetriebs zum Laufen, stützen oder bündeln sie. Gespiegelt findet sich diese Zuschreibung in einem vor einigen Jahren bereits vorgeschlagenen Begriff, dem des ‹Organisationszentrums›.[1] Er erfasst die ordnende und ermöglichende Funktion, die Universitäten hierzulande wahrnehmen sollen. Zu unterscheiden sind dabei drei wesentliche Felder: Aufgabenspektrum (1), Arbeitsprozesse (2) und privilegierte Handlungsbereiche (3).

Zum Portfolio der Aufgaben von Universitäten gehören Forschung,

Lehre, Transfer, Sicherung einer technischen Infrastruktur, wissenschaftliche Weiterbildung, Kommunikation und Öffentlichkeitsarbeit, Pflege des kulturellen Erbes, regionale und internationale Zusammenarbeit, Förderung nachfolgender Generationen von Wissenschaftlerinnen und Wissenschaftlern aller Karrierestufen. Das ist nur ein Auszug, aber er zeigt schon Vielfalt und Spannweite hochschulischer Funktionen. Daneben erbringen Universitäten – zweitens – auch eine Organisationsleistung, indem sie in effizienter Weise Arbeitsprozesse steuern. Im Einzelnen können sie Wissenschaft gemäß ihrer jeweiligen Ausprägung in Lehre und Forschung gestalten; Wissenschaft in ihrer Diversität produktiv machen durch die Kooperation von Disziplinen; Wissenschaft etablieren in Breite und Exzellenz; Wissenschaft erklären für fachkundige und nicht-fachkundige Öffentlichkeiten; Innovationen vorantreiben durch optimale Ausschöpfung und Kombination ihrer intellektuellen wie infrastrukturellen Ressourcen.

Was können – dritter Punkt – einzig und allein die Universitäten? Sie können Forschung und Lehre produktiv aufeinander beziehen; interdisziplinäres Zusammenwirken der Fachkulturen in unterschiedlichsten Denkhaltungen, Methoden und Perspektiven fördern; Grundlagenforschung und anwendungsorientierte Forschung gleichzeitig ermöglichen; Karrieren von der Studienphase bis zur Berufung unterstützen; regionale, nationale und globale Vernetzungen stärken; junge Menschen qualifizieren für heterogene Berufsmärkte; akademisches Rollenmodell sein für soziale Vielfalt und Gemeinschaft. Allein die Universität vermag diese Zwecke parallel zu erfüllen, weil sie inhaltlich und funktional durch Pluralität gekennzeichnet ist: durch eine Pluralität der Fächer, der Wissenschaftsdisziplinen und damit verbundenen Methoden; und durch eine Pluralität der Kompetenzen in Lehre, Forschung, Transfer und Kommunikation. So gesehen ist die Universität das Organisationszentrum der Wissenschaft und daher als Institution konkurrenzlos.

Zu prüfen gilt, was ein derart weiträumiger Handlungshorizont für unsere Universitäten im Guten wie im Schlechten bedeutet. Können sie alle Exzellentes leisten, oder gelingt das doch nur wenigen? Was erbringen sie für Gesellschaft, Wirtschaft und Staat? Was ermöglichen sie und wem helfen sie? Es ist notwendig, Überforderungsrisiken zu benennen, Fehlentwicklungen anzusprechen, Potentiale zu erkennen und versteckte

Chancen aufzudecken. Das vorliegende Buch möchte die universitären Aufgaben und Optionen, wie sie sich gegenwärtig und künftig eröffnen, genauer beschreiben, als das sonst üblich ist. Es bietet im ersten Kapitel einen historischen Rückblick auf die Reform der deutschen Universität seit den sechziger Jahren, um, daraus abgeleitet, eine klare Sicht auf die aktuelle Lage im zweiten und eine Analyse der in ihr schlummernden Gestaltungschancen im dritten Kapitel anzubieten.[2] Die Grundhaltung des Buchs ist, bei aller Kritik an früheren Versäumnissen und heutigen Fehlern, die des Optimismus. Sie speist sich aus der Einsicht in die Kraft einer Institution, die schwierig und faszinierend zugleich ist; die in Sonntagsreden oft als Objekt falscher Erwartungen und enttäuschter Hoffnungen erscheint, häufig als schwerkrank beschrieben wurde, aber stets vital auferstanden ist. Will man diesen Widerspruch begreifen und produktiv machen, so bedarf es einer genauen Untersuchung der Mission, um die es hier geht. Die deutsche Universität mit der Vielfalt ihrer Formtypen verdient, dass man ihren Auftrag und ihre Möglichkeiten gründlich durchleuchtet.

Das Buch operiert auf drei verschiedenen methodischen Feldern, die sich komplementär ergänzen. Es verfährt zunächst historisch, indem es, ausgehend von den sechziger Jahren, die Entwicklung des deutschen Universitätssystems bis zur Gegenwart Revue passieren lässt. Es arbeitet in einem zweiten Schritt analytisch, insofern es die heterogenen Bereiche der ideellen Konzeption und administrativen Organisation, die Konfliktstrukturen und vorrangigen Handlungsfelder durchleuchtet, die für die Universität charakteristisch sind; zu diesem Zweck nutzt es auch quantitative Befunde, statistische Daten, empirische Fakten. Schließlich projektiert das Buch in einem dritten Anlauf künftige Entwicklungsgebiete und Perspektiven für die deutsche Universität im nationalen wie internationalen Maßstab, wobei es die Potentiale, die der aktuelle Zustand birgt, programmatisch aufzuzeigen sucht.

Die Diagnosen und Prognosen des Buchs stützen sich auf die Erfahrungen, die der Autor in einem Vierteljahrhundert verantwortlicher Mitgestaltung des Universitätssystems und seiner Einrichtungen erworben hat: als Institutsdirektor und Dekan an unterschiedlichen Orten, als Präsident der Freien Universität Berlin und, aktuell, als Präsident der Hochschulrektorenkonferenz. Begleitet wurden diese Tätigkeiten seit 2005 durch publizistische Beiträge für die *Frankfurter Allgemeine*, die *Süddeutsche Zeitung*, die *Frankfurter Rundschau*, *Die Zeit*, den *Tagesspiegel* und durch Kolumnen für die *Berliner Morgenpost* und die *Berliner Zeitung*, die sich mit vielfältigen Themen des Bildungs- und Wissenschaftsbetriebs beschäftigten.[3] Sie ermöglichten dem Verfasser jene kritische Selbstvergewisserung, ohne die man ein Führungsamt – nicht nur im Hochschulsystem – schwerlich überzeugend wahrnehmen kann. Dem gleichen Impuls entsprang die Idee zu diesem Buch, das nicht in Bezug auf bereits abgeschlossene Erfahrungen, sondern aus der Frage nach aktuellen und künftigen Aufgaben, also mit Blick auf noch Unerledigtes entstand.

Für die sachkundige Unterstützung bei der Vorbereitung des Daten- und Faktenmaterials danke ich den engagierten Mitarbeiterinnen und Mitarbeitern der Hochschulrektorenkonferenz, namentlich ihrem Generalsekretär Jens-Peter Gaul und seinem Stellvertreter Christian Tauch, der den Text ebenso wie Matthias Dannenberg kritisch durchgesehen hat.

I. Die permanente Reform.
Umbau der Universität seit 1960

1. Am Rande einer Bildungskatastrophe

In den frühen sechziger Jahren befand sich die Bundesrepublik auf einem geraden Entwicklungsweg. Wirtschaftliches Wachstum, gesellschaftlicher Interessenausgleich, zunehmende internationale Anerkennung, gefestigte Demokratie, klare Verortung im westlichen Bündnis – politisch und ökonomisch schien nach NS-Diktatur und Krieg alles auf Stabilität zu deuten. Wer genauer hinsah, erkannte jedoch Versäumnisse, vor allem im Bereich der Zukunftsplanung. Den Aufbau des jungen Staates hatten politisch, ökonomisch und wissenschaftlich die Vertreter einer Generation geleistet, deren Studium in die Zeit des Kaiserreichs oder der Weimarer Republik fiel. Die Dynamik der technisch-industriellen Fertigung, der Forschungsinnovationen und der wirtschaftlichen Verwertung ihrer Ergebnisse stand auf dem Spiel, da diese Generation nicht genügend Vorsorge für ihre Nachfolge getroffen hatte. Die Zahl der Abiturienten und Studierenden stagnierte; das Bildungsniveau der Volksschüler war niedrig; es gab veraltete Curricula und einen dramatischen Lehrermangel, was insbesondere in ländlichen Regionen zu Klassen mit bisweilen 70 Schülern führte. Kaum besser sah es an den Universitäten aus, wo der Anteil der Professuren seit den fünfziger Jahren nur geringfügig gewachsen war.[1] Deutschlands Entwicklungsfähigkeit wurde durch diese von der Politik weitgehend ignorierte Unterversorgung massiv bedroht.

Im Zeitraum von drei Jahren, zwischen 1963 und 1965, erschienen drei wegweisende Studien zur Lage der Schulen und Hochschulen: Helmut Schelskys *Einsamkeit und Freiheit* (1963), Georg Pichts *Die deutsche Bildungskatastrophe* (1964) und Ralf Dahrendorfs *Bildung ist Bürgerrecht* (1965). Sie näherten sich der aktuellen Situation aus unterschiedlichen Perspektiven, aber mit vergleichbaren Zielsetzungen. Die drei Autoren vereinte das Bewusstsein, dass Deutschlands Zukunft ohne eine unverzügliche Bildungsoffensive auf dem Spiel stand. Sie erkannten sehr genau, wie mangelhaft die Hochschulen für eine breite Qualifizierung der nachrückenden Führungsgeneration gerüstet waren. Und sie suchten die Forderung nach einem Ausbau der Universitäten mit programmatischen Gedanken über deren organisatorische Reform zu verknüpfen.

Schelskys Abhandlung *Einsamkeit und Freiheit* war vorwiegend historisch angelegt und vertrat noch die traditionelle Idee der Universität. Im Mittelpunkt stand die Geschichte der deutschen Hochschule aus dem Blickwinkel der Humboldtschen Reform. Für den Soziologen Schelsky war neben der funktionalen auch die intellektuelle Dimension der Universität bedeutsam, die sich mit dem Programm ihrer preußischen Neubegründung in den Jahren nach 1810 verknüpfte. Dazu gehörten der Anspruch auf Sicherung eines autonomen Lehr- und Forschungsbetriebs durch staatliche Alimentierung bei gleichzeitigem Verzicht auf inhaltliche Einflussnahme, die Unabhängigkeit der Lehrenden von äußeren Eingriffen und Steuerungen, die Förderung guter Forschung durch die Ermöglichung eines Klimas der Selbstbestimmung und Konzentration, die Schaffung einer auf Austausch beruhenden professoralen Gemeinschaft und die Zweckfreiheit von Lehre und Forschung jenseits reiner Berufsqualifizierung bzw. praktischer Anwendung. Schelsky betrachtete das Humboldtsche Modell als wegweisend, weil es von einer hohen geistigen Ambition getragen wurde. Lernen könne man aus der Gründungsgeschichte der Berliner Universität, dass eine Hochschule ein unfestes Gefüge sei, das man permanent zu verändern und umzubauen habe: «Die Erneuerung der Universität muss über sie hinausgreifen.»[2] Auch für die Gegenwart gelte der Primat der Idee, das Bemühen, die Grenzen des reinen Funktionalismus zu überwinden. Nur wer den institutionellen Status quo überbiete, könne bildungspolitisch Bedeutsames leisten.[3] Im Kern war das eine idealistische Denkhaltung, die jede Realität einzig als Material für die Vervollkommnung einer künftigen Welt begriff.

Erst im Schlusskapitel, überschrieben «Der Weg in die Zukunft», befasste sich Schelsky mit der Frage einer neuen Universitätsreform. Hier ist seine Studie in ihrer analytischen Prägnanz außerordentlich klar und verblüffend aktuell. Er nannte fünf Arbeitsfelder der Universität: Forschung, Lehre, korporative Funktion (Selbstverwaltung und Repräsentation), gesellschaftliche Praxis und indirekte Aufgaben (z. B. Heranziehung sozialer Führungsschichten, Bildung mündiger Individuen). Es ist aufschlussreich, dass Schelsky bereits Anfang der sechziger Jahre von einer Überlastung der Universität im Hinblick auf ihre Zwecke und Ziele sprach. Übereinstimmend mit seinem subjektorientierten Herangehen beschrieb er diese Überlastung am konkreten Einzelfall, dem Ordinarius der Medizin, der akademische Lehre, Forschung, Qualifizierung, Krankenversorgung und Klinikadministration gleichermaßen leisten soll. Es verstehe sich, so Schelsky, dass eine derartige Dichte an Aufgaben dauerhaft nicht zu bewältigen sei. Die Krise der Universität resultiere aus dem Zuviel an Erwartungen, denen sie ausgesetzt werde.[4]

Auf ähnliche Weise hatte das Karl Jaspers 1961 in einer Denkschrift diagnostiziert, die einen der letzten Versuche darstellte, eine Idee der Institution zu entwickeln. Die traditionelle Universität, hieß es dort, verfalle zusehends, weil sie sich in ein «Aggregat von Fachschulen» verwandle.[5] Ursächlich machte Jaspers für diese Tendenz die Expansion der Studierendenquote verantwortlich: «Der Massenzustrom bringt den Unterrichtsbetrieb durch Raummangel, Mangel an der genügenden Zahl von Dozenten, Mangel an genügenden Unterrichtsmitteln vielerorts in Schwierigkeiten; die Studenten kommen nicht zu ihrem Recht, die Dozenten sind überlastet bis zur Lähmung ihrer Forschung.»[6] Die rein quantitative Lösung des Problems der ‹Vermassung› bestehe, so erklärte Jaspers, in einer «Vermehrung» der Professuren.[7] Aber letzten Endes gehe es nicht um eine materielle Verbesserung, sondern um intellektuelle Ansätze zur Wiederherstellung des ursprünglichen Universitätswesens. Dass Wachstum und Tradition nicht recht zusammenpassten, wurde bei Jaspers nur am Rande reflektiert. Die Frage, ob die größere Universität mit mehr Studierenden zwangsläufig einer anderen Idee folgt, spielte in seiner Schrift kaum eine Rolle. Sie versteckte sich ansatzweise in der Klage darüber, dass die durch die Schule «unzureichend» und «nicht einheitlich» vorbereiteten Studierenden aufgrund ihres unterschiedlichen kognitiven Rüstzeugs keine «gemeinschaftliche geistige Atmosphäre zu schaffen» vermöchten.[8] Hier klang ein Topos an, der auch aktuelle Bildungsdebatten und die Diskussion über die ‹Heterogenität› unserer Abiturientinnen und Abiturienten prägt. Während der Philosoph Jaspers vor allem an eine geistige Erneuerung der Universität dachte, wenn er von Reform sprach, legte Schelsky als Soziologe die Perspektive der Organisationsentwicklung zugrunde. Der Blick richtete sich dabei auf die Veränderungen, die das universitäre System gegenüber seinen modernen Ursprüngen im frühen 19. Jahrhundert durchlief. Allein in den Kernbereichen Lehre und Forschung habe sich, so Schelsky, eine innere Differenzierung zugetragen. Zur Forschung gehöre zunehmend das Management, die öffentliche Kommunikation, der gesellschaftliche Anwendungsauftrag; zur Lehre wiederum die Diversifizierung der Unterrichtstypen mit wachsender Spezialisierung zwischen Tutorium, Einführungsübung, Vorlesung und Forschungskolloquium.[9] Die an aktuellen Tendenzen ausgerichtete Diagnose Schelskys stand im Gegensatz zu den konservativen Lösungsmustern, die er verfolgte. Angesichts überbordender sozialer Verpflichtungen müsse das Gebot der «Einsamkeit» als Ermöglichungsbedingung guter Wissenschaft mit Nachdruck verteidigt werden.[10] Schelsky versuchte die alte Idee der Universität vor allzu pragmatischen Fortschreibungen zu schützen, weil er sie für das Kernelement des akademischen Systems hielt. Seine Institutionsanalyse trug auf diese Weise widersprüchliche Züge, insofern sie den Blick auf moderne Bildungserfordernisse mit einer sehr traditionellen Konzeption verband.

Am Ende kam Schelsky zu der Einsicht, dass eine Universitätsreform in Deutschland unvermeidlich sei, aber schwerlich den Charakter eines einheitlichen Akts haben könne. Der bevorstehende Wandel werde, so die Prognose, anders als bei Humboldt 150 Jahre zuvor keiner geschlossenen Idee folgen, sondern der Pluralität der Institution selbst, der Heterogenität ihrer Aufgaben und der Vielschichtigkeit ihrer Strukturen entsprechen. An diesem Punkt entwickelte Schelsky geradezu prophetische Fähigkeiten: «Was als Hochschulreform möglich ist, wird sich nur als ein lange währender Vorgang von Dauerreformen an einzelnen entscheidenden Stellen innerhalb des Hochschulwesens vollziehen lassen; das Ziel kann kein planmäßiges Einheitsgebilde einer ‹neuen Universität› sein, sondern es wird auf ein differenziertes Hochschulgefüge herauskommen, das in seiner Unterschiedlichkeit besser geeignet sein wird, die verschiedenen Funktionen der Hochschule in unserer Gesellschaft zu erfüllen, als jede planmäßig ersonnene Einheits-Universität.»[11] Schelskys Prognose sollte sich sehr bald bewahrheiten und bildungspolitische Wirklichkeit werden. Zu den wesentlichen Effekten des Ausbauprozesses gehörte es, dass die Universität als relativ homogene Einrichtung verschwand. Permanente Reform, Ausdifferenzierung der Institutionentypen, Diversifizierung von Mission und Aufgaben – das war in der Tat das Programm, vor dem man am Beginn der sechziger Jahre auf dem Feld der Hochschulpolitik stand.

Mit Feinzielen für eine direkte Umsetzung seiner Reformagenda befasste sich Schelskys Studie kaum. Weitaus pragmatischer argumentierte dagegen Georg Pichts Warnschrift *Die deutsche Bildungskatastrophe*, die Anfang 1964 zunächst als Artikelserie in der Zeitung *Christ und Welt* erschien. Sie ging vom Status quo aus und suchte direkten Einfluss auf die Bildungspolitik der Bundesrepublik zu nehmen. Viele der von Picht vorgetragenen Befunde sind überraschend aktuell. Dazu zählt die Klage über den zu geringen Anteil öffentlicher Bildungsausgaben, über die defizitäre Ausstattung der Schulen, den drohenden Fachkräftemangel, die fehlende Wettbewerbsfähigkeit zukünftiger Forschung, die Reibungsverluste durch länderspezifische Partikularinteressen. In die Kritik gerieten zwei Entwicklungen, die auch heute Themen unserer Debatten sind. Erstens bemängelte Picht die geringen Chancen für Bildungsaufsteiger: «Unser sozialpolitisches Bewußtsein ist womöglich noch rückständiger als unser Bildungswesen.»[12] Und zweitens tadelte er die Neigung zu übertriebenem Föderalismus, die schnelle und wirkungsvolle Lösungen verhindere. Man müsse bei allen künftigen Reformen eine weitaus stärkere Steuerung durch den Bund vorsehen, sonst komme man nicht vorwärts. «Bildungsplanung», so erklärte Picht entschieden, sei nur «im Rahmen des Gesamtstaates möglich».[13] Dabei ging es nicht um eine Grundsatzfrage, sondern um Pragmatismus: «Wenn man das föderative System aber erhalten will – und wir haben nicht die Zeit, uns auf das politische Abenteuer einer großen Verfassungsreform einzulassen –, so muß man es zu handhaben wissen.»[14] Das ließe sich auch heute ähnlich ausdrücken.

Dem Pädagogen Picht lag vor allem die Lehrerbildung am Herzen, denn sie betraf jenen Aspekt seiner Krisendiagnose, von dem die ganze

Studie ihren Ausgang nahm. Die mangelhafte Personalsituation an den Schulen erforderte zügiges Handeln; 1962 waren im Bundesdurchschnitt 18 Prozent der Lehramtsstellen an Gymnasien nicht besetzt, in Bundesländern mit hohen ländlichen Anteilen wie Baden-Württemberg und Niedersachsen gingen diese Zahlen bis zu 30 Prozent.[15] Picht betonte, dass es für die Abiturienten auch persönliche Gründe gebe, ein Lehramtsstudium aufzunehmen. Die wachsende Vielfalt der Schultypen und die expandierende Bedeutung der Erziehungswissenschaft böten große Chancen im Spektrum zwischen praktischer Tätigkeit und Forschung.[16] Wenn man die hier liegenden Möglichkeiten gut nutzen wolle, müsse man aber verstärkt promovierte Lehrer aus dem Schuldienst für den Universitätsunterricht gewinnen – ein Programm, das an etlichen pädagogischen Hochschulen bald umgesetzt wurde.

In einer Rede vor protestierenden Studierenden der Universität Heidelberg erklärte Picht am 1. Juli 1965: «Es fehlen auf allen Stufen die Lehrer; es fehlen die Abiturienten und überhaupt die qualifizierten Nachwuchskräfte, die nötig sind, um die Zukunft von Staat und Wirtschaft zu sichern. Es fehlt an Schulbauten und Universitäten; und durch das Bildungsgefälle sind ganze Bevölkerungsgruppen von jener Chancengleichheit ausgeschlossen, die im Grundgesetz garantiert ist.»[17] Wesentlichen Anteil an der düsteren Lage hatte die soziale Benachteiligung der Kinder aus Arbeiterhaushalten und dem unteren Mittelstand. Weil sie zu wenig gefördert wurden, blieb das Abitur ein Privileg für die Bessergestellten. Die Expansion des Bildungssystems entschieden voranzutreiben bedeutete im Sinne dieser Diagnose auch, faire Zugangsmöglichkeiten für alle zu schaffen. Das bildungspolitische Programm war gemäß Picht zugleich ein gesellschaftspolitischer Auftrag.

Einen anderen Aspekt der ‹Bildungskatastrophe› beleuchtete eine empirische Arbeit, die 1961 erschien. Sie stammte von vier Sozialwissenschaftlern – unter ihnen der junge Jürgen Habermas – und trug den Titel *Student und Politik*. Insgesamt 171 Studierende der Frankfurter Universität waren hier nach ihren Urteilen über die nationale Parteienlandschaft, ihrem Verständnis der Rolle des Parlaments, ihrem Interesse an tagesaktuellen Themen und ihrer Auffassung über die moralische Qualität von Politik schlechthin befragt worden.[18] So entstand ein Bild, das trotz der schmalen empirischen Basis aussagekräftig im Hinblick auf Stimmungen und Haltungen junger Menschen im Adenauer-Deutschland der späten fünfziger Jahre war. Durchweg vermittelte sich der Eindruck einer am persönlichen Aufstieg arbeitenden Generation, die kein Interesse für Politik zeigte und mangelhaft über gegenwärtige gesellschaftliche Entwicklungen unterrichtet war. Berücksichtigte man, dass es sich hier um die künftigen Eliten handelte, so lieferte die Momentaufnahme der Frankfurter Studie einen besorgniserregenden Befund. Wenn diejenigen, die später in Führungspositionen der Wirtschaft und Wissenschaft aufsteigen sollten, weder Informationen noch profunde Meinungen zum politischen System der Gegenwart besaßen, schien es schlecht um Deutschland bestellt. Die von Helmut Schelsky so genannte «skeptische Generation» der zwischen 1910 und 1925 Geborenen, die sich nach Krieg und Nationalsozialismus von Ideologien fernhielt, Heilswahrheiten misstraute und wirtschaftliche Sicherheit in stabilen familiären Lebensmodellen anstrebte, war zugleich eine unpolitische Generation. Mit einer «auf das Praktische, Handfeste, Naheliegende, auf die Interessen der Selbstbehauptung und -durchsetzung gerichteten Denk- und Verhaltensweise» offenbarte sie, so Schelsky, deutliche Grenzen ihrer staatsbürgerlichen Mündigkeit.[19] Zwar legte die überwältigende Mehrheit der Befragten ein Bekenntnis zur Demokratie ab, jedoch blieb dieses faktisch unpolitisch, insofern es nur in «vagen Gefühlen und Meinungen» Ausdruck fand.[20] Im Detail zeigten sich erschreckende Wissenslücken mit Blick auf Parteienlandschaft, politische Programme und Strukturen, auf Parlamentarismus und staatliche Organe.[21] Diese fehlende Fundierung dokumentierte einen Mangel im schulischen und hochschulischen Gefüge, der nicht allein durch einen Ausbau entsprechender Lehrkapazitäten behoben werden konnte. Zur institutionellen Expansion musste eine Reform des Bildungssystems selbst treten, das neben der Qualifizierung einer Vermittlung gesellschaftlicher und politischer Werte dienen sollte. Ludwig von Friedeburg, einer der Autoren von *Student und Politik*, verband das mit der Forderung, «demokratische Verhaltensweisen nicht nur einzuüben, sondern auch praktisch anzuwenden», was wiederum eine «Demokratisierung» von Schule und Hochschule verlangte.[22]

1965, ein Jahr nach Picht, veröffentlichte Ralf Dahrendorf seine Streitschrift *Bildung ist Bürgerrecht*, von der einzelne Thesen zugleich in der *Zeit* erschienen. Das gesellschaftspolitische Postulat Pichts und Friedeburgs wurde hier praxisnah, aber auch theoretisch weiterentwickelt. Dahrendorf skizzierte die Idee eines sozialen Grundrechts auf Bildung, dessen Erfüllung eine Expansion «durch Reform» im Sektor der Hochschulen herbeiführen sollte.[23] Als benachteiligte Gruppen, die bisher nur eingeschränkten Zugang zur Universität hatten, wurden junge Frauen, Kinder aus Arbeiterfamilien und ländlich katholischen Haushalten identifiziert. Bei diesem Befund musste das Schulsystem ansetzen, damit eine breitere Bildungsförderung gelingen konnte.[24] Den Ausbau der Gymnasien und Universitäten sollten Steuererhöhungen und Umschichtungen in den Etats ermöglichen. «Der Verteidigungshaushalt, dessen Diskussion leider weitgehend tabu geworden ist, enthält mit Sicherheit Elastizitäten, zumal die Vorstellung, daß man für den Preis von 100 Starfightern eine ganze Universität – und für einen eine schöne Schule – bauen könnte, doch sehr nachdenklich stimmt.»[25] Hier war ein bildungspolitischer Gestaltungswille am Werk, der Liberale und Sozialdemokraten in diesen Jahren gleichermaßen antrieb. Er zielte auf eine umfassende Expansion des Schul- und Hochschulsystems, ohne die Chancenparität in einer modernen Gesellschaft nicht möglich war.

Dahrendorf ging es aber nicht um die reine Erhöhung der Studierendenzahlen, sondern um einen Umbau der Institution selbst. Im Mittelpunkt stand die Öffnung der Universitäten und damit auch die Vorstellung einer hierarchiefreieren Organisation des Studiums. Soziale und institutionelle Reform gingen Hand in Hand, denn das eine bedingte das andere. Mehr gesellschaftliche Gerechtigkeit war erforderlich, um bessere Teilhabe am Bildungssystem zu erreichen; die Universitäten sollten ihrerseits durch offene Strukturen und den Abbau autoritärer Verhältnisse zu Musterräumen einer freien Diskussionskultur werden. Dahrendorf, von Hause aus Soziologe wie Schelsky, passte den alten Bildungsbegriff an die dynamischer gewordene Gesellschaft der jungen Bundesrepublik an. Sein Programm dokumentierte den politischen Schwung einer Generation, die mit neuen Ideen für eine Öffnung der Schul- und Forschungslandschaft eintrat.

Dahrendorf überführte konsequenterweise Pichts Diagnose einer deutschen Bildungskrise, deren politischer Basisargumentation er folgte, in ein praxisnahes System von Handlungsschritten. Dazu gehörte auch die Einsicht, dass die Universitäten anders als bisher strukturiert werden mussten, damit sie ihre modifizierten Aufgaben erfüllen konnten. Dahrendorf plädierte nachdrücklich für eine Aufhebung der alten Fakultätsordnung zugunsten interdisziplinärer Lehr- und Forschungsverbünde. Dieses Modell griffen die Hochschul-Neugründungen in Bochum, Bielefeld und Konstanz ab Mitte der sechziger Jahre praktisch auf. Dass hier die Postulate der jüngeren Bildungsforschung umgesetzt werden sollten, war keineswegs zufällig, denn Schelsky – in Bielefeld – und Dahrendorf – in Konstanz – trieben den Aufbau der neuen Institutionen ihrerseits tätig voran. Wenn die maßgeblichen Programmatiker selbst in die Rolle aktiver Universitätsreformer wechselten, so war das typisch für die kurze Phase eines kooperativen Neuansatzes, in der in Politik und Wissenschaft gemeinschaftlich handelten.[26]

Dahrendorf erkannte genauer als andere, dass die Universität der Zukunft durch eine Vielzahl unterschiedlicher Aufgaben gekennzeichnet sein würde. Zur wachsenden Pluralität gehörte auch der deutlicher werdende Anspruch der Studierenden, die mehr Einfluss bei der Entwicklung der Lehrpläne und bei den formalen Regelungen des Studienverlaufs forderten. 1962 hatte Jürgen Habermas in einem entschiedenen Plädoyer für mehr studentische Mitbestimmung bei der Gestaltung der Universität geworben.[27] Die «Mandarinenideologie» der Ordinarien, wie er es 25 Jahre später nannte, sollte überwunden und durch eine Kultur fairer Teilhabe am Wissenschaftsprozess überwunden werden.[28] Dahrendorf berücksichtigte solche Positionen, wenn er von einer funktionalen Umstrukturierung aller Hochschulen im Blick auf die Organisation ihrer Aufgaben und die Einbeziehung der einzelnen Statusgruppen sprach. Mit einem Begriff, den Clark Kerr erstmals im März 1963 während einer Rede in Harvard verwendete, heißt es, die Universität habe sich in eine ‹Multiversität› zu verwandeln.[29] Nur mit einer funktionalen Auffächerung könnten die differenzierter werdenden Qualifizierungserfordernisse im Rahmen von polyvalenten, unterschiedlichen Zwecken dienenden Hochschultypen realisiert werden.[30] Diese Perspektive erwies sich als belastbare Zukunftsvision, denn sie eröffnete die Sicht auf eine akademische Landschaft der Vielfalt, wie sie im Laufe der folgenden Jahrzehnte in Deutschland entstand.

Dahrendorfs Abhandlung blieb unter den drei hier kurz vorgestellten Schriften die optimistischste. Sie ging davon aus, dass eine Universitätsreform nötig, aber auch machbar sei. Die Erweiterung der Hochschulen hielt sie für möglich, sofern deren ursprünglich elitäres Selbstverständnis einem funktionalen Pragmatismus wich. Und sie betonte die Chancen einer beschleunigten Expansion, die in wenigen Jahren zu einer verbesserten Qualifizierungssituation mit greifbaren Breiteneffekten führen sollte. Ein vergleichbares Zukunftsvertrauen existierte damals auch in der deutschen Bildungspolitik: Zwischen 1965 und 1975 erhöhte sich der Anteil der öffentlichen Ausgaben für Schulen und Hochschulen von 3,4 auf 5,5 Prozent. Die Zahl der Universitäten wuchs, aber mit der Erweiterung veränderte sich ihre Organisationsstruktur schneller, als den meisten Akteuren bewusst wurde. Die Tatsache, dass die Institution sich durch ihre Ausdehnung von einer elitären Insel zu einer funktionalen Masseneinrichtung wandelte, fand in den Diskussionen über ihren Auftrag wenig Berücksichtigung, was bis heute so geliehen ist.[31] Die Geschichte der bundesdeutschen Universitätsreformen liefert uns das Beispiel für einen pragmatisch motivierten Umbau der Institution, mit dem ihre programmatische Selbstreflexion schon damals kaum Schritt hielt.

2. Studium, neu gedacht

Aus der bildungspolitischen Krisendiagnose der frühen sechziger Jahre folgte eine enorme Handlungsdynamik, die den Ausbau der Universitäten in Gang setzte. Bund und Länder zeigten sich zu einem kooperativen Föderalismus fähig, den viele Skeptiker kaum für möglich gehalten hatten. Wesentliche Forderungen der Kritiker wurden realisiert, allerdings nicht unbedingt so, dass man von einer auskömmlichen Ausstattung der Hochschulen sprechen konnte. Die Abiturientenquote erhöhte sich zwischen 1960 und 1970 von 7 auf 15 Prozent. Man gründete neue Universitäten, vor allem im bevölkerungsreichsten Bundesland Nordrhein-Westfalen; ihre Gesamtzahl wuchs in den zehn Jahren zwischen 1960 und 1970 von 33 auf 41, bis 1990 dann auf 70 – eine veritable Verdopplung. Da quantitative Aspekte für diese Bildungsoffensive zunehmend Vorrang hatten, traten programmatische Fragen in den

Hintergrund. Die ambitionierte Reformdynamik, mit der Dahrendorf
und Schelsky den Aufbau der Universitäten in Konstanz und Bielefeld
projektiert hatten, verlor sich bald im Alltag. Primär ging es jetzt um
die Entlastung des stetig wachsenden Universitätswesens, weniger um
eine Veränderung akademischer Strukturen.[1] Die Gründungsinitiative
des Staates reagierte primär, wie Hans-Ulrich Wehler schreibt, «auf die
Erfordernisse des Arbeitsmarktes, der im Zeichen der heraufziehenden
Wissensgesellschaft eine steigende Nachfrage nach theoretischer Qualifikation freisetzte».[2]

Im Inneren der Universitäten vollzogen sich seit 1967 gleichwohl
größere Reformanstrengungen, die jedoch nicht von den Professoren
oder den ministeriellen Behörden, sondern von kritischen Studierenden, von Assistentinnen und Assistenten initiiert wurden.[3] Sie galten
vorrangig einer Enthierarchisierung des Lehrbetriebs, einer stärkeren
Beteiligung aller Statusgruppen an Entscheidungsprozessen und der
Neugestaltung der Curricula. Knut Nevermann, einer der klügsten Ex-
ponenten der oppositionellen Bewegung, schrieb 1968: «Anlaß studentischer Bemühungen um Reform waren die Erkenntnisse, daß die Universitäten überfüllt und undemokratisch strukturiert waren, daß nur
5 Prozent der Arbeiter- und Bauernkinder an den Universitäten studierten, und daß ein unpolitisches, verinnerlichtes Bildungsideal fröh-
liche Urständ feierte.»[4] An zahlreichen Hochschulen – zuerst in Berlin,
Frankfurt, Marburg und München – begannen parallel zur Erweiterung des institutionellen Spektrums ausgedehnte Diskussionen über
sozialkritische Themen in der Lehre, die Politisierung der Wissenschaft
und deren aktive Verantwortung für den Umbau einer verkrusteten,
zutiefst autoritären Gesellschaft.

Reformen erfolgten, oft kontrovers debattiert, im alltäglichen Lehrbetrieb, aber auch im Hochschulsystem als Ganzem. Hier waren es vor
allem die sozialliberalen Landesministerien, die zügig aktiv wurden.
Die von Dahrendorf hervorgehobene Notwendigkeit einer bedarfs-
gerechteren Funktionsdifferenzierung führte im Sektor der höheren Bildung zu einer neuen Arbeitsteilung. 1969 trat das Gesetz zur Etablierung der Fachhochschulen in Kraft, das ein praxisnahes, für beruflich
Qualifizierte zugängliches Studium ermöglichte. Es vollzog sich wesentlich durch die Umwandlung vieler ‹Höherer Fachschulen› in akade-

misch strukturierte Fachhochschulen. Daraus erklärt sich, dass schon ein Jahr nach der Verabschiedung des Gesetzes 98 Fachhochschulen existierten; die Neugründungen waren in Wirklichkeit meist eine Umetikettierung. Ihre eigentliche Mission fanden die Fachhochschulen erst in der kommenden Dekade. Mit ihren praxisorientierten Studienprogrammen fügten sie sich bestens in die Bildungsdynamik der siebziger Jahre ein. Dass sie auch Menschen mit Berufserfahrung offenstanden, sollte die von sozialliberaler Seite eingeklagte, aber bisher kaum erreichte Chancengleichheit befördern und gerade in technischen Berufen für eine dringend notwendige Verbindung von theoretischer mit praktischer Expertise sorgen.

Die siebziger Jahre sahen nicht nur in Deutschland, sondern in ganz Europa ein außerordentliches Wachstum des höheren Bildungssystems.[5] Ähnliche Expansionsprozesse gab es schon früher, zumeist unter den Bedingungen der sozialen Aufbruchsdynamik nach Kriegen und Wirtschaftskrisen. «Die Ausdehnung der Universität ist ein unaufhaltsamer Prozeß», schrieb Karl Jaspers bereits 1946.[6] Durchweg entstanden die deutschen Universitäten in Schub- und Blütephasen, als Antwort auf ökonomische oder politische Erschütterungen. Zwischen dem späten 14. und dem Ende des 16. Jahrhunderts kam es zu regelrechten Etablierungswellen, denen wir die Geburt unserer ältesten Hochschulen verdanken: Heidelberg, Köln, Tübingen, Leipzig, Erfurt, Greifswald, Rostock, Würzburg, Mainz, Freiburg, Marburg und Jena. Im 18. Jahrhundert löste die Aufklärung ein neues Gründungsfieber aus, mit dem Aufbau der Universitäten Halle, Braunschweig, Göttingen, Münster, Erlangen-Nürnberg und der Bergakademie Freiberg. In der zweiten Hälfte des 19. Jahrhunderts führte dann die Entwicklung technischer Wissenschaften zur Entstehung der Hochschulen Aachen, Darmstadt, Dresden und München, deren Kernauftrag die Qualifizierung künftiger Ingenieure bildete.

Das Gründungsgeschehen der Zeit zwischen 1965 und 1975 war also keineswegs ein singulärer Vorgang, was die Zahlen betraf. Bemerkenswert ist dagegen die Tatsache, dass es sich noch einmal um einen öffentlichen, vom Staat initiierten Ausbau des Hochschulsystems handelte. In allen späteren Phasen, verstärkt ab der Jahrtausendwende, wuchs in Deutschland vor allem die Quote privater Hochschulen, während der Anteil staatlicher Einrichtungen annähernd gleichblieb. Die 2018 erfolgte Gründung der Technischen Universität Nürnberg durch das Land Bayern bildet hier eine Ausnahme. Die privaten Hochschulen sind überwiegend von hohen Graden der Spezialisierung im Lehrangebot gekennzeichnet. Sie spiegeln die wachsende Fragmentierung der Studiengänge wider, deren Gesamtzahl im Jahr 2019 bereits über 20 000 lag. Die nach 1980 einsetzende Abkehr von der Universität als Institution mit flächendeckendem Fächerspektrum ist auch vor dem Hintergrund der disziplinären Differenzierung zu betrachten.

Die erheblichen Anstrengungen bei der Neugründung von Hochschulen konnten in den siebziger Jahren allerdings nicht verhindern, dass überfüllte Hörsäle und Seminarräume zum Alltag gehörten. Weil sich die Abiturientenquote in schnellem Tempo steigerte – sie verdreifachte sich zwischen 1960 und 1980 –, vermochten die Hochschulen kaum ausreichende Lehrkapazitäten aufzubauen. Gerade Fächer wie Jura, Germanistik und Medizin hatten schon in dieser Zeit mit hohen Studierendenquoten zu kämpfen. Die Zahl der Berufungen hielt zunächst nicht Schritt mit der Vermehrung der Studienplätze, weil qualifiziertes wissenschaftliches Personal fehlte. Zwischen 1965 und 1970 erfolgte immerhin eine erste Berufungswelle; die Zahl der Professuren stieg von 4575 im Jahr 1960 auf 20 771 im Wintersemester 1971/72. Der Ausbau kam dann am Beginn der achtziger Jahre auf dem Niveau von 30 000 Professuren zu einem weitgehenden Stillstand. Zwischen 1980 und 2000 stagnierte die Professurenquote, trotz leichter Zuwächse aufgrund der Wiedervereinigung unmittelbar nach 1990 (mit einem Anstieg auf 37 672 bis 1995). Während in den sechziger Jahren 70 Prozent der Assistenten eine Aussicht auf eine spätere Professur hatten, galt das 1975 nur noch für 9 Prozent.[7] Diese Entwicklung hatte fatale Folgen für die nachkommende Wissenschaftlergeneration, denn es gab nun einen Generationsblock der um 1935 Geborenen, die unverändert bis zur Pensionierung auf ihren Professuren verblieben. Dieses Lehrstück mangelnder Planung wiederholte sich in anderen Phasen der deutschen Universitätsgeschichte mehrfach, wobei bloß in einem Fall – nach der Wende – eine Bedarfssituation entstand, die tatsächlich niemand so hatte erwarten können.

An zahlreichen Universitäten schuf man neue Professuren über den direkten Beförderungsweg. Akademische Räte, Assistentinnen und Assistenten wurden auf diese Weise, häufig ohne Habilitation, auf Lehrstühle berufen, für die sie durch ihre Forschungsleistungen nur bedingt qualifiziert waren. Gerade in gesellschafts- und geisteswissenschaftlichen Fächern wie Politologie, Soziologie, Psychologie, Pädagogik und Germanistik, die damals massenhafte Nachfrage erfuhren, erhöhte sich in den Jahren zwischen 1970 und 1975 die Zahl der Professuren rasant. Diese rasche Aufstockung sollte dazu beitragen, die Abschlussquoten langfristig zu verbessern. Sie nämlich waren nicht proportional gestiegen, sondern stagnierten vielfach. Das galt für das Lehramt, aber auch für Diplomexamina. Die Studiendauer nahm seit 1968 dramatisch zu; der Anteil derjenigen, die zehn Jahre und länger immatrikuliert waren, vermehrte sich stetig. Nur wenige brachen ihr Studium sofort ab, etliche blieben eingeschrieben, obwohl sie keinen Abschluss mehr anstrebten. Die Politik brachte mögliche Zwangsexmatrikulationen ins Gespräch, die Langzeitstudierende aus dem Hochschulsystem ausschließen sollten. Schon 1966 unterbreitete der Wissenschaftsrat *Empfehlungen zur Neuordnung des Studiums an den wissenschaftlichen Hochschulen*, die eine Regeldauer von vier Jahren vorsahen. Diese Norm wich von der herrschenden Situation erheblich ab, doch das Instrument der Zwangsexmatrikulation setzte sich nicht durch, weil es politisch keine Mehrheit fand.

Im Zuge der heutigen Kritik an den aktuellen Universitätsverhältnissen, die von wachsendem Effizienzdenken, gesteigertem Wettbewerb und zunehmender Formalisierung bestimmt werden, begegnet man bisweilen einer Verklärung der in den siebziger Jahren herrschenden Studienbedingungen. Richtig ist, dass es damals hohe Freiheitsgrade mit vielfältigen Optionen ohne strenge Regeln und Zwänge gab. Die relativ geringe Verbindlichkeit des Lehrprogramms mit einer niedrigen Zahl an Prüfungsverpflichtungen ermöglichte den Studierenden weitaus stärker als heute, andere Fächer kennenzulernen, über den engeren Rahmen der eigenen Disziplin hinauszuschauen und intellektuelle Erfahrungen in anderen Wissenschaftskulturen zu sammeln. Es ging weniger um das Erlernen von Prüfungsstoff als um die Erkundung unterschiedlicher Arbeitsgebiete, Methoden und Denkstile. Selbst traditionelle Paukfächer wie die Rechtswissenschaft und die Medizin boten den Studierenden mehr Gelegenheit zu geistigen Experimenten in anderen Disziplinen, als das heute der Fall ist. Sofern man es ernst nahm, konnte dieses Konzept jenseits des Fachwissens Allgemeinbildung, kritisches Denken und Urteilsvermögen vermitteln.

Die Kehrseite der akademischen Selbstbestimmung, die im universitären Betrieb der siebziger Jahre gewährt wurde, war allerdings deutlich zu erkennen. Es mangelte an klaren Strukturen im Unterrichtssystem, an verbindlichen Prioritäten und nachvollziehbaren Empfehlungen. Das Freiheitsversprechen verbarg in nicht wenigen Einzelfällen eine Tendenz zur Gleichgültigkeit, mit der Lehrende den ständig wachsenden Seminar- und Übungsgruppen entgegentraten. In den großen Fächern scheiterten etliche Studierende, weil sie die Unabhängigkeit, die man ihnen zugestand, nicht wirklich nutzen konnten. Orientierungslosigkeit, Vereinsamung und Überforderung waren häufig die Folgen. Zahlreiche Lehrende betrachteten ihre eigenen Unterrichtsverpflichtungen als lästiges Übel, das nicht mehr Zeit als unbedingt nötig binden sollte. Seminararbeiten wurden nur flüchtig gelesen, Bewertungen und Rückmeldungen blieben aus, eine tatsächliche Vorbereitung auf das Examen fand nicht statt.

In vielen Fächern – vor allem der Geistes- und Sozialwissenschaften, aber auch in Disziplinen wie Mathematik und Informatik – gab es kaum studienbegleitende Prüfungen. Wer ins Examen einstieg, hatte seine letzte Klausur zumeist im Abitur geschrieben. Aus Angst wurde die Anmeldung zur finalen Prüfung regelmäßig verschoben, was die ohnehin langen Studienzeiten nochmals prolongierte. Die Zahl der Abbrecher wuchs stetig an, so dass trotz eines massiven Ausbaus des Lehrkörpers die Abschlussquoten konstant blieben.[8] Mitte der siebziger Jahre zogen große Hochschulen wie die Freie Universität Berlin erste Konsequenzen aus den sich häufenden Konfliktfällen bei Studierenden und bauten psychologische Beratungsstellen auf. Examenskolloquien wurden Ende der siebziger Jahre in den Massenfächern zum Standardprogramm, konnten aber die Ängste vor Prüfungsformen, mit denen die meisten seit der Schule nicht mehr in Berührung gekommen waren, kaum mildern. Das Bild, das die Universitäten dieser Zeit boten, war zwiespältig; Grund zur nachträglichen Verklärung gibt es keinesfalls.

Trotz der Vergrößerung des Lehrkörpers blieben die Betreuungs-

verhältnisse angesichts stetig steigender Abiturquoten schlecht. Die Neu-
berufungen fingen den parallelen Aufwuchs der Studierendenzahl nur
bis zur Mitte der siebziger Jahre auf. Danach vollzog sich, politisch
gewollt, die sogenannte «Untertunnelung des Studentenbergs», wie es
damals mit einer verräterischen Metapher hieß. Ziel war es, die
gewachsenen Immatrikulationszahlen ohne eine Aufstockung des Per-
sonalsockels zu bewältigen. Ein auf Initiative der Kultusministerkon-
ferenz im November 1977 verabschiedeter Bund-Länder-Beschluss forderte, dass man die bestehenden Lehrpotentiale an den Universitäten
maximal ausschöpfen müsse, um zusätzliche Einstellungen zu vermeiden.[9] Helfen sollte dabei die 1974 eingeführte Kapazitätsverordnung,
die den Hochschulen auferlegte, mit jeder neu besetzten akademischen
Position weitere Studienplätze zu schaffen. Ihr Geburtsfehler bestand
darin, dass in einer Situation schlechter Betreuungsrelationen und mas-
siver Überlastung der Status quo juristisch auf Dauer festgeschrieben
wurde. Die Legislative ging gewissermaßen von der Illusion aus, dass
an deutschen Hochschulen Betreuungsverhältnisse und Stellenschlüssel
ideal seien. Da bis heute das Gegenteil der Fall ist und konstitutiver
Mangel herrscht, zementiert das Kapazitätsrecht auch weiterhin die
bestehende Lage, indem es die Hochschulen daran hindert, durch Per-
sonalaufbau für bessere Betreuungsrelationen zu sorgen. Es hat einen
Teufelskreis geschaffen, aus dem es allein dann ein Entrinnen gibt,
wenn die juristischen Rahmenbedingungen grundlegend verändert
werden.

Ralf Dahrendorfs ehrgeiziger Plan einer offenen Bürger-Universität,
der nicht nur die Erweiterung, sondern auch die qualitative Veränderung des Hochschulsystems anstrebte, wurde zunächst in Ansätzen realisiert. Die Gründungsprogrammatik der Universitäten Bochum, Bielefeld, Bremen und Konstanz trug die Spuren eines weitreichenden
Reformkonzepts. Man wollte auf die alte Fakultätsstruktur verzichten,
interdisziplinäre Arbeit durch übergreifende Fachgruppen jenseits der
hergebrachten Institutsordnung fördern, Lehr- und Forschungssemester
für die Professorinnen und Professoren kontinuierlich einander abwechseln lassen, die akademischen Curricula offener gestalten und nicht zuletzt partizipative Modelle für Entscheidungsprozesse unter Einbeziehung von Mittelbau und Studierenden etablieren.[10] Dahinter steckte

der Versuch, die Neugründungen auch im Bereich von Selbstverwaltung und Organisationswesen mit frischen Impulsen zu versehen. Hier flossen die liberalen Ideen Dahrendorfs ebenso ein wie die seit Ende der sechziger Jahre aufkommenden studentischen Forderungen nach mehr Beteiligung an der Weiterentwicklung der Unterrichtsformen und -inhalte. Als Vorbild galten insbesondere für Bielefeld und Konstanz die flacheren Hierarchien amerikanischer Universitäten. Der Verzicht auf das hergebrachte Lehrstuhlprinzip war die wichtigste Konsequenz dieser Ausrichtung, die an manchen Reformuniversitäten früher als andernorts vollzogen wurde, ohne dass sich die Welt damit grundstürzend änderte. Nach 1975, als die differenzierende Besoldung gemäß den Gruppen C3 oder C4 eingeführt wurde, gab es den klassischen Ordinarius nicht mehr, was aber keineswegs bedeutete, dass das System der Hierarchien verschwand. Jetzt unterschieden sich die Professuren durch die Besoldung und die Ausstattung, und zwar an Traditions- wie an Reformuniversitäten. Gerade die Zahl der zugewiesenen Assistentenstellen, die Sekretariatskapazitäten und die Größe des Dienstzimmers, der Laborflächen sowie des Sachbudgets bildeten maßgebliche Indikatoren der Macht. Der Ordinarius mit seinem autoritären Anspruch, seinem gleichsam aristokratischen Rollenverständnis und dem habituellen Fachegoismus war zwar Vergangenheit, doch die akademische Welt blieb ein gestuftes System mit nicht nur symbolischen Unterschieden.[11]

Eine der größten Reformbaustellen wurde die Lehrerbildung. Vor allem unter Hinweis auf den erwartbaren Lehrermangel hatte man gemäß den Forderungen Georg Pichts und anderer Ende der sechziger Jahre die hochschulischen Kapazitäten erweitert. Nun ging es zusätzlich um eine Umstrukturierung der Curricula; neben den Fachwissenschaften spielten Didaktik und Erziehungswissenschaften eine wachsende Rolle. Das war auch dem Umstand geschuldet, dass die Lehrerbildung in Deutschland eine nur unzureichende pädagogische Fundierung besaß, was den Ausbau der Schulen erschwerte. Allerdings fehlte es in den meisten didaktischen und erziehungswissenschaftlichen Feldern an akademischem Nachwuchs. Die theoretischen Debatten über die Desiderate einer modernen, pädagogisch informierten Lehrerbildung schritten zügiger voran als die Berufungsprozesse an den Universitäten. In anderen Fachkulturen sah man den neuen Auftrag als rein quantitatives Projekt.

Man wollte ‹mehr› Mediziner, Juristen, Ingenieure, ohne dass die Lehrpläne deshalb tiefgreifend umgestellt wurden. Die konservative Haltung
der meisten Professoren provozierte einige Jahre später erhitzte Debatten über die politische Funktionalisierung dieser Fächer, die den engeren
Wirkungskreis akademischer Diskurse weit hinter sich ließen.[12]

Die Desillusionierung erfolgte schneller, als mancher vermutet hätte.
Von den Reformansprüchen war nach einigen Jahren kaum etwas übrig.
Das sozialpolitische Ziel, jungen Menschen aus nicht-privilegierten
Milieus den Zugang zur Hochschule zu verschaffen, blieb ein leeres Versprechen. Seit der Mitte der sechziger Jahre stieg die Quote der Arbeiter-
kinder, die ein Studium aufnahmen, zwar langsam an und erreichte
1973 immerhin zwölf Prozent. Danach aber stagnierte die Entwicklung,
und eine Dekade später war die betreffende Zahl lediglich auf 16 Prozent gewachsen.[13] Gerade junge Frauen aus sozial schwächeren Familien hatten in diesen Jahren kaum eine Chance auf ein Studium. So steigerte sich zwar der Anteil der Studentinnen von 13,1 Prozent im Jahr
1947 bis 1970 kontinuierlich auf 30,9 Prozent, jedoch blieb er unter
den Studierenden aus Arbeiterhaushalten auffallend niedrig.[14] Die bei
liberalen und sozialdemokratischen Bildungspolitikern verbreitete Annahme, dass eine Öffnung der Hochschulen automatisch zu größerer
Chancenvielfalt, tendenziell sogar zu Chancengleichheit führen werde,
erwies sich als Täuschung. Die Gründe dafür lagen vor allem im Bereich
der frühkindlichen Erziehung und der mangelnden grundschulischen
Förderung, deren Einfluss auf die berufsbiographische Entwicklung junger Menschen in Deutschland nur langsam erkannt wurde.[15]

Auch andere Ambitionen ließen sich nicht durchsetzen. Die Reformuniversitäten ähnelten sich schneller als erwartet den traditionellen
Hochschulen alten Typs an. Fast überall wurden die vertrauten Fakul-
tätsstrukturen wiedereingeführt, die üblichen Deputate fixiert und
zentralistische Organisationsmodelle verwirklicht. Lediglich die Universität Konstanz hält bis heute an einer Binnenordnung fest, die dem
ursprünglichen Ansatz verpflichtet ist.[16] Sie verzichtet auf die gängige
Fakultätsgliederung zugunsten disziplinärer Sektionen, was das Gespräch zwischen den Fächern fördert, weil die üblichen Grenzen zwischen den Instituten aufgelöst sind. Die Universität Bochum dagegen
etablierte relativ schnell die traditionelle Fachbereichsordnung, und

Ähnliches vollzog sich in Bielefeld. Hier erinnert die Fakultät für Linguistik und Literaturwissenschaft weiterhin an die Gründungsambition, weniger in klassischen Fächern als in übergreifenden Zuschnitten zu denken. Die Einsicht jedoch, dass sich, was als ‹übergreifend› galt, stetig veränderte und für institutionelle Strukturen nicht immer maßgeblich sein konnte, führte an den meisten Reformorten zu einer gewissen Sympathie für die gängigen Instituts- und Disziplinenordnungen.

Allgemein war die Tendenz auffallend, neue Ordnungen nach einiger Zeit durch konventionelle Organisationsprinzipien zu ersetzen.[17] Sie galt auch für das vorwiegend in Nordrhein-Westfalen praktizierte Reformmodell der Gesamthochschule, das dauerhaft keinen Bestand hatte.[18] Die in den siebziger Jahren neu gegründeten Einrichtungen in Duisburg, Essen, Paderborn, Siegen, Wuppertal und Kassel sowie die Fernuniversität Hagen verbanden Elemente einer Universität mit denen einer Fachhochschule. Sie boten Studiengänge an, in die man sich auch auf der Grundlage eines Fachabiturs einschreiben konnte. Die Integration von Universität und Fachhochschule unter einem gemeinsamen Dach sollte die traditionellen Gräben zwischen den beiden Modelltypen überwinden und wechselseitige Durchlässigkeit ermöglichen. In der Praxis bewährte sich dieser Ansatz kaum, weil beide Welten nicht wirklich zueinander fanden. Bereits in den achtziger Jahren erhielten die Gesamthochschulen den Ergänzungstitel ‹Universität›, der anzeigen sollte, welcher institutionelle Typus hier eigentlich dominierte. Zum 1. Januar 2003 wurden die Gesamthochschulen komplett in Universitäten umbenannt und die fachhochschulischen Studiengänge ausgegliedert. Damit verschwand eines der letzten Reformmodelle der Bildungsoffensive nach längeren Debatten in der Versenkung.

3. Politisierung und Massenbetrieb

Seit Ende der sechziger Jahre setzten die Wissenschaftsministerien der Länder durchweg auf eine rasche Erweiterung der Universitäten. Die Zahl der Professuren wuchs bis 1975 in stetigem Tempo an, wobei oft Kompromisse bei der akademischen Eignung gemacht wurden. Klaus Heinrich, der Berliner Religionsphilosoph und Gründungsstudent der

Freien Universität, sprach 1987 im Rückblick von einer «wundersamen Stellenvermehrung».[1] Der Historiker Götz Aly schreibt über diese Entwicklung, die um 1972 ihren Höhepunkt erreichte: «Planstellen gab es plötzlich im Überfluss. An vielen neu gegründeten Universitäten erlangte man Assistenzprofessuren ohne Promotion, Professoren wurden zu Lehrstuhlinhabern, die noch nie ein Buch oder einen bedeutenden Aufsatz verfasst hatten.»[2] Die Ausweitung der Hochschulen schien mit einer Absenkung der Qualitätsschwellen teuer erkauft. Die Vergrößerung der Stellenkapazitäten, die schnelle Zugänge zu Professuren verschaffte, löste im Übrigen keinen Optimismus aus, sondern war begleitet von Desillusionierung und Anspannung. Zur deprimierten Stimmung an deutschen Hochschulen trug vor allem die Verhärtung der politischen Verhältnisse bei.

Jürgen Habermas hatte noch im Mai 1969 vor der Westdeutschen Rektorenkonferenz die Konsequenz der von Georg Picht gelieferten Diagnose erläutert, derzufolge Bildungs- und Sozialpolitik zusammengehören: «Der Verwissenschaftlichung der Berufs- und Alltagspraxis entspricht eine Vergesellschaftung der in Hochschulen organisierten Lehre und Forschung.»[3] Dieser Anspruch reflektierte eine Überzeugung, von der sich die politischen Debatten an vielen deutschen Universitäten seit 1967 leiten ließen. Er verlangte der universitären Lehre und Forschung eine inhaltlich und formal manifeste sozialpolitische Ausrichtung ab. Im Kern betraf er die Umwandlung der Universität in einen hierarchiefreien Raum, der allen Statusgruppen Gelegenheiten zur gleichberechtigten Teilnahme an Entscheidungsprozessen verschaffte. Denn die Analogie zwischen demokratischer Gesellschaft und Hochschule implizierte zuallererst die Möglichkeit der Partizipation und die Aufhebung der autoritären Ordnungsstrukturen, die das akademische Leben traditionell prägten. Sie betraf aber auch eine Neukonzeption des Wissenschaftssystems im Blick auf seine öffentliche Relevanz, seinen Beitrag zur Lösung künftiger Probleme und zu größerer sozialer Gerechtigkeit. Beide Ansätze scheiterten gleichermaßen; weder das Partizipationsversprechen noch die Vergesellschaftung des Wissenschaftsbegriffs führten zu gedeihlichen Lösungen, weil der Streit der akademischen Statusgruppen über das, was sie genau leisten sollten, unvermeidlich war.[4] Nicht allein die Verschiedenheit von sozialen und universitären Modernisierungsmodellen verhinderte, wie Jürgen Mittelstraß annahm, eine überzeugende Umsetzung der neuen Ansprüche.[5] Vor allem unterband der weitreichende Dissens darüber, welche Ziele die Demokratisierung der Universität eigentlich befördern sollte, eine produktive Zusammenarbeit ihrer Einzelgruppen. Letztlich lenkte er sogar von der notwendigen Diskussion über inhaltliche Fragen ab; Aspekte der Bildungsgerechtigkeit, der pädagogischen Gestaltung des akademischen Unterrichts, der Entwicklung verlässlicher Karrierepfade und der Forschungsmission wurden in den Jahren der erregten Universitätsdebatten nur selten konkret erörtert.

In den Vordergrund traten stattdessen Überlegungen zum öffentlichen Auftrag der Institution. Sie verbanden sich mit langen Debatten über die Analogien zwischen Politik und Universität, den Grad des gesellschaftlichen Engagements, das Recht zum Eingriff in die soziale Ordnung und den kritischen Impetus der Wissenschaft. Der Weg in eine neue Hochschule wurde bereits vor dem Symboldatum 1968 diskutiert. An vielen Universitäten – in Berlin, wenig später auch in Frankfurt, München, Köln und Göttingen – suchte man seit Mitte der sechziger Jahre neue Strukturen für eine stärker partizipative Gremienordnung zu schaffen. Im Zuge der Studentenproteste gegen die Notstandsgesetze und einer damit verbundenen neuen Form der Politisierung kamen Forderungen auf, die dem galten, was Habermas die ‹Vergesellschaftung› von Lehre und Forschung nannte. Dazu gehörte das Postulat, dass Studierende und Assistentenschaft – der sogenannte Mittelbau – neben den Professoren in Institutsräten und Akademischen Senaten jeweils ein Drittel der Stimmen führen sollten (die vierte Statusgruppe – die wissenschaftsunterstützenden Mitarbeiter – hatte damals noch keine starke Lobby). Studieninhalte und Prüfungsordnungen müssten, hieß es, von den Studierenden mit Blick auf soziale Relevanz und politisches Interesse aktiv mitgestaltet werden. Ebenso erwartete man, dass bei Berufungen auf Lehrstühle die Voten der Studierenden und des Mittelbaus denen der Professoren die Waage hielten.

Habermas forderte bereits am 20. Januar 1967 im Rahmen eines Vortrags an der Freien Universität ausdrücklich, dass Hochschulen ihre internen Entscheidungsprozesse «rationalisieren» müssten, indem sie einen Konsens «in herrschaftsfreier Diskussion» zu erzielen suchten.[6]

Genau diese Gleichsetzung von ‹Rationalisierung› und ‹herrschaftsfreiem Diskurs› – ein Leitmotiv der Kommunikationstheorie, die Habermas Jahre später entwickelte – erwies sich als Wunschphantasie. Die spezifische demokratische Verfasstheit der Universität, in der sich die vernünftige Debattenstruktur der Wissenschaft selbst spiegeln sollte, wurde im Elend der Gremienuniversität zu Grabe getragen. Diese sorgte in den frühen siebziger Jahren für Petrifizierungen schlimmster Art, die das politische Diskursgeschehen erstarren ließen in den Kaderbildungen der Aktivisten und Ideologen. Nicht die Konsensorientierung, sondern eine interessengeleitete Abschottung der einzelnen Statusgruppen prägte Ende der sechziger und Anfang der siebziger Jahre die meisten Gremiendebatten.

Rudi Dutschke, der Protagonist der Studentenbewegung, gab in einem Gespräch mit Hans Magnus Enzensberger, das im August 1968 im *Kursbuch* erschien, als Zielsetzung aus, dass «die Gesellschaft eine große Universität» werden müsse.[7] Das bedeutete nicht nur, ein Bildungsprivileg zu sozialisieren und den Massen zugänglich zu machen. Dutschkes Programm beruhte vor allem darauf, die radikaldemokratischen Grundlagen eines neu zu schaffenden Universitätssystems modellhaft auf die Gesellschaft zu übertragen. Das Aktionsziel bezog sich also nicht allein auf die Expansion der Hochschulen, wie sie die Reformpolitik von SPD und FDP betrieb, sondern auf die Enthierarchisierung der Universitäten und die breitenwirksame Übersetzung ihrer Diskurskultur in die Gesellschaft. Auch Kurt Sontheimer forderte 1968, dass die Universität durch den Abbau von autoritären Strukturen ein Vorbild für die demokratische Sozialordnung werden müsse. Zugleich schloss er die Umkehrung dieses Satzes aus; die bundesdeutsche Demokratie war, so ließ sich folgern, kein Modell für die Universität, weil sie ihren in der Verfassung fixierten Freiheitsanspruch noch nicht vollauf verwirklicht hatte.[8] Das Ziel, die Hochschule zum Musterfall neuer Politikformen zu erheben, blieb freilich eine utopisch anmutende Programmatik, denn die universitäre Realität entwickelte sich in eine ganz andere Richtung. Aus dem von Habermas geforderten Vergesellschaftungsimpetus ergab sich ein ubiquitäres Politikkonzept, das die Hochschulen auf eine soziale Dauermission zu verpflichten suchte. Die lange Zeit zementierten Grenzen zwischen politischen und akademischen

Diskursen wurden nach 1968 absichtsvoll aufgelöst, mit dem Effekt, dass man eine universitäre Allzuständigkeit für nahezu jedes Thema reklamierte.[9] In dem Maße, in dem sich die neue Hochschule als Ort der allgemeinen Politisierung definierte, verlor sie die Fähigkeit, ihre spezifische Rolle im sozialen System zu reflektieren. Omnipotenz und Hybris erwiesen sich als verfehlte Haltungen für die Überwindung der autoritären Ordinarienuniversität.

Die Neigung zur Selbstüberschätzung war nicht nur bei den zunehmend zersplitterten marxistischen Studierendengruppen – von Maoisten über Trotzkisten bis zu prosowjetischen Lagern –, sondern ähnlich bei Mittelbau und linken Professoren zu beobachten. Tagesordnungen quollen über, die Themengebiete expandierten stetig, Fragen der zentralen Universitätsorganisation spielten automatisch ins gesellschaftliche Feld, und es existierte nichts, das nicht auch politisch in einem eminenten Sinne gewesen wäre. Akademische Senate befassten sich mit Dritter Welt und Kolonialismus, dem Krieg in Vietnam, der chinesischen Kulturrevolution, dem Weg Kubas und der sowjetischen Afrikastrategie; sie konnten keine ihrer genuinen Sachgebiete und Aufgaben mehr erörtern, ohne dass die globale Lage in den Blick genommen wurde.[10] Darin offenbarte sich eine Haltung, die den universitären Diskurs nur als Vehikel für die Durchsetzung eigener Weltanschauungen begriff. Die Gremienpolitik galt gerade nicht dem Ringen um die bestmögliche Hochschule, sondern der Manifestation ideologischer Positionen. Dafür sorgte die Generalformel vom universitären Gesellschaftsmodell, in deren Namen ein intellektueller Hegemonialanspruch mit Allzuständigkeit bei nahezu jedem politischen Thema erhoben wurde.[11]

Hinzu kamen aggressive Formen des Streits, die auch nach Gremiensitzungen noch lange nicht endeten.[12] Bemerkenswert war dabei die Schärfe der Konflikte innerhalb der sich als progressiv definierenden Fraktionen, wie sie exemplarisch an der Freien Universität Berlin zutage trat. Rolf Kreibich, der von linken Listen gewählte Präsident, hatte anlässlich seiner Amtsübernahme im November 1969 angekündigt, er werde in Krisenfällen, anders als seine Vorgänger, keine Polizei auf den Campus rufen. Anfang Juni 1972 musste er dieses Versprechen brechen, nachdem es bei der Besetzung des Germanistischen Instituts zu schweren Sachbeschädigungen gekommen war.[13] Die Strategie der radikalmarxistischen Gruppen zielte darauf, sich gegen ihnen prinzipiell nahestehende Fraktionen scharf abzugrenzen. Obwohl der Präsident den systemkritischen Akteuren mit offenen Gesprächsangeboten begegnete, galt er ihnen als Klassenfeind und Vertreter des Establishments, dessen wahre Gesinnung durch gezielte Provokationen entlarvt werden sollte. Die linken Fraktionen bekämpften sich untereinander zuweilen erbitterter, als sie es in der Konfrontation mit konservativen Hochschullehrern taten. Es war die Zeit der Sektenbildung und der Mikrostrategien, von denen in merkwürdiger Weise der große weltpolitische Anspruch abstach, der alle Debatten befeuerte. Sogar die professorale Statusgruppe war von solchen Tendenzen gekennzeichnet. Man kandidierte auf konkurrierenden Listen, organisierte Kampagnen für einen Sitz im Fachbereichsrat und führte Stichwahlen um Selbstverwaltungsämter durch.

Die ideologischen Schlachten wurden von Denunziation und persönlicher Verunglimpfung begleitet. Daran waren beileibe nicht nur die Studierenden, sondern auch die unterschiedlichen politischen Flügel der professoralen Gruppen beteiligt. Im November 1970 gründete sich auf ihrer Seite der *Bund Freiheit der Wissenschaft* als Zentrum des intellektuellen Wertkonservatismus.[14] Zahlreiche seiner Mitglieder stammten aus dem Lager jener enttäuschten Liberalen, die nicht selten die bevorzugte Zielscheibe studentischer Angriffe darstellten.[15] Sie, die seit Beginn der sechziger Jahre für eine pragmatische Universitätsreform gestritten hatten, sahen sich jetzt massiven Kampagnen und Attacken der Ideologen ausgesetzt.[16] Gerade ihre Vorlesungen wurden regelmäßig gesprengt, ihre Seminare boykottiert, ihre öffentlichen Beiträge als vermeintliches Paktieren mit dem System desavouiert. An diesem Punkt erfolgte bei ihnen ein tiefgreifender Meinungswandel, wie ihn ähnlich auch Pierre Bourdieu für die Wirkungen der 1968er-Revolte auf das Selbstbild französischer Professoren beschrieben hat. Den unbefragten und ungefährdeten elitären Rollenentwurf, der durchaus liberale Anschauungen einschließen konnte, ersetzte nun eine «an der Erhaltung des status quo ausgerichtete» Einstellung.[17] Es war eine auf den ersten Blick ungewöhnliche, aber in der Sache nachvollziehbare Verlagerung der Positionen. Die bei vielen jüngeren Professoren in der ersten Hälfte der sechziger Jahre auftretende Offenheit für eine reformierte Universität mit größeren Freiräumen und flacheren Hierarchien implizierte unausgesprochen, dass die akademischen Privilegien ihrer Gruppe unangetastet fortbestanden. Man wollte die Hochschule verändern, stellte aber das eigene Rollenbild nicht in Frage. In dem Maße, in dem die studentische Revolte genau dieses Rollenbild zu demontieren suchte, schwenkten die liberalen Professoren auf eine konservative Werthaltung um, die den bisherigen Status sichern und den wachsenden Einfluss anderer Fraktionen verhindern sollte.

Der *Bund Freiheit der Wissenschaft* wollte ganz bewusst öffentliche Aufmerksamkeit für seine Anliegen schaffen. Nachdem sich die Professoren zunächst heimlich in Hinterzimmern getroffen hatten, um ihre Agenda zu diskutieren, wagten sie den Schritt nach vorn. Dabei gingen sie keineswegs zimperlich zur Sache, sondern verwendeten vielfach die Methoden der studentischen Aktivisten. Auf beiden Seiten produzierte man Dossiers über den Gegner, suchte dessen Reputation zu beschädigen oder seine berufliche Zukunft zu verbauen. Der von Bund und Ländern 1972 verabschiedete *Extremistenbeschluss* und der ihm folgende *Radikalenerlass* hatten zum Ziel, Personen mit undemokratischen Gesinnungen vom öffentlichen Dienst fernzuhalten. Das umstrittene Dekret, das bei der Einstellung von künftigen Beamten eine sogenannte Regelanfrage bezüglich ihrer Verfassungstreue verlangte, bildete weiteren Nährboden für aggressive innerhochschulische Kampagnen. Es vergiftete das ohnehin schlechte Klima zusätzlich und bewirkte, dass politische Debatten häufig zu Feldzügen gegen Individuen, zu subjektiver Abrechnung und Denunziationen führten. Der *Bund Freiheit der Wissenschaft* verschickte monatlich Listen mit den Namen studentischer Linksaktivisten an Freiberufler und Beamte, um ihre politischen Positionen zu brandmarken und ihnen persönlich zu schaden. Umgekehrt versorgten studentische Fachschaftsinitiativen und parteiähnliche Kader die Erstsemester mit herabsetzenden Dossiers über Professorinnen und Professoren, sprachen Warnungen vor dem Besuch ihrer Vorlesungen aus und organisierten regelmäßige Störungen ihrer Veranstaltungen. Die sektenähnlich aufgebaute, aus den sogenannten Roten Zellen hervorgegangene *Marxistische Gruppe* pflasterte an den großen Universitäten nahezu täglich die Mensatische mit ihren Zeitungen und attackierte in besonderer Schärfe diejenigen Hochschullehrer, die mit linken (aber nicht linksextremen) Standpunkten sympathisierten.

Einige Bundesländer – Berlin, Bremen, Hamburg und Niedersachsen – suchten den Erwartungen der Studierenden entgegenzukommen und entwickelten Entwürfe für Hochschulgesetze, die eine Drittelparität der Stimmen in allen Gremien vorsahen. Gegen das am 26. Oktober 1971 verabschiedete niedersächsische *Vorschaltgesetz*, das die Gruppenparität festschrieb, legten schließlich 398 Hochschullehrer, unterstützt vom *Bund Freiheit der Wissenschaft*, Verfassungsbeschwerde ein.[18] Mit großer Spannung erwarteten Universitäten und Öffentlichkeit den diesbezüglichen Beschluss in Karlsruhe. Am 29. Mai 1973 äußerte sich das Verfassungsgericht nach längerer Beratung zur Sache und erklärte, dass bei «Entscheidungen, die unmittelbar Fragen der Forschung oder die Berufung der Hochschullehrer betreffen (...), der Gruppe der Hochschullehrer ein weitergehender, ausschlaggebender Einfluß vorbehalten bleiben» müsse.[19] Eine formale Gleichberechtigung von Studierenden, Mittelbau und Professoren mochte das Verfassungsgericht damit auf zwei elementaren Handlungsfeldern der Hochschulen nicht anerkennen. Abweichend durfte bei den Themen von Lehre und Studium verfahren werden, wie das Urteil nahelegte. Denn hier war das vitale Interesse von Studierenden und Mittelbau direkt berührt und eine stärkere Gewichtung ihrer Positionen möglich. Aus diesem Grund könnten Landesgesetze, so die Verfassungsrichter, den Professoren bei Fragen der Lehre nur einen Stimmenanteil von 50 Prozent zubilligen, was sie dazu zwänge, bei Konflikten auch die übrigen Fraktionen von ihren Zielen zu überzeugen.

Mit der Entscheidung vom 29. Mai 1973 waren jene Entwürfe vom Tisch, die wie das niedersächsische *Vorschaltgesetz* eine generelle Drittelparität für alle akademischen Gremien der Universität fixieren wollten. In der klugen Differenzierung nach Sachgebieten und der daraus abgeleiteten Festlegung von Mehrheitsverhältnissen war die Argumentation des Verfassungsgerichts wegweisend. Das Karlsruher Urteil werde «die Hochschulpolitik der ganzen Bundesrepublik bestimmen», prognostizierte *Der Spiegel* am 4. Juni 1973.[20] Er sollte damit zwar Recht behalten, aber eine Beruhigung der streitbelasteten Verhältnisse ließ vorerst auf sich warten. Das Hochschulrahmengesetz, das am 26. Januar 1976 ratifiziert wurde, leistete mit seiner Tendenz zur Normierung universitärer Aufgaben und zur Stärkung zentraler Verwaltungsstrukturen keinen Beitrag zur inneren Befriedung.[21]

Auch nachdem die Phase der radikalen Verhärtung um 1980 weitgehend zu ihrem Ende gekommen war, gelang es nicht, die von Habermas geforderte Rationalität der Debattenkultur zu verwirklichen.[22] Im folgenden Jahrzehnt vollzogen sich an den Universitäten nun die Rituale endlos in sich selbst kreisender Gremiendispute. «Es scheint zu den Traditionen deutschen Reformwesens zu gehören, eine schlechte Sache (die Ordinarienuniversität) durch eine noch schlechtere (die Gruppenuniversität) jeweils zu ersetzen», bemerkte der Essener Literaturwissenschaftler Horst Albert Glaser im Jahr 1982.[23] Ähnlich äußerten sich Jürgen Mittelstraß, Niklas Luhmann und Dieter Lenzen in teils grundsätzlichen, teils persönlich gefärbten Beiträgen über das Elend der Gremienarbeit.[24] Christoph Markschies, früherer Präsident der Humboldt-Universität, schrieb in vergleichbarem Tenor: «Man wollte die Monarchie der Ordinarien abschaffen und stürzte an einigen Orten in die zur Ochlokratie [= Massenherrschaft] entartete Gremienuniversität».[25] Nach den schweren politischen Verwerfungen der siebziger Jahre blieb eine Institution zurück, die sich in kleinlichen Auseinandersetzungen erschöpfte und enorme Energien in quälenden Debatten verpulverte. Die Gremienarbeit band erhebliche Kräfte, lenkte von den Kernaufgaben in Lehre und Forschung ab und erzeugte zumeist ermüdende Wiederholungseffekte. Zeit und Aufwand standen in keinem Verhältnis zu Reformertrag und Wirkungen für eine bessere interne Kooperation der Gruppen. Der Pseudo-Parlamentarismus führte stattdessen zu Interessenpolitik, Borniertheit, Schaukämpfen und Taktikkartellen; seine institutionelle Aktivität erschöpfte sich in der allfälligen Tendenz zur «Demobürokratisierung», wie es Luhmann nannte.[26]

Allgemein beklagt wurde die mangelnde Rationalität der Diskussionen und die ewige Wiederkehr von Reformprojekten, die in leerem Aktionismus verkamen. In der Tat wirkte die Zahl der Strukturkommissionen schier unermesslich, die seit Ende der siebziger Jahre über den Umbau von Rahmengesetzen, Fakultäten, Gremien, Lehrplänen, Prüfungsordnungen, Mittelverteilungsmodellen und Dienstvorschriften brüteten. «Das Ergebnis», schrieb Hans-Ulrich Wehler, «war eine ungeheure Vergeudung von kostbarer Arbeitszeit in den zahlreichen Ausschüssen, eine endlose Serie von kräftezehrenden Marathondiskussionen und politischen Ränkespielen bei der Koalitionsbildung – aber nirgendwo eine Verbesserung, sondern nur eine vermeintlich demokratische Legitimierung der Entscheidungen.»[27] Die bleierne Phase der Gremiendebatten hatte fatale Konsequenzen für die Kultur der Kommunikation und die intellektuelle Atmosphäre, die in Instituten und Fakultäten herrschte.[28] Die deutsche Universität schien im Beratungsmodus gefesselt. Kollegialer Austausch erfolgte zumeist über die Beteiligung an der Selbstverwaltung, kaum mehr im fachlichen Kontext. Und nicht selten war die Wirklichkeit schon eine andere, wenn nach jahrelangen Sitzungen eine neue Verordnung erlassen wurde. Die Aktenberge, die Hunderte von Universitätskommissionen produzierten, erinnerten an den biblischen Mythos des Turmbaus zu Babel. Die Strafe, die ihre Aufhäufung auslöste, bestand in der Verhinderung des Dialogs zwischen den einzelnen Statusgruppen. Als spreche jede eine eigene Sprache, war die ambitionierte Idee der konsensorientierten, rational streitenden Universität selbst ein Märchen aus fernen Zeiten geworden.

Auch äußerlich herrschte das Elend. Aus der Projektion neuer Hochschulkulturen waren unwirtliche Landschaften mit zugiger Architektur hervorgegangen. Schon nach zwei Jahrzehnten traten baulicher Verfall, technische Dauerstörungen und marode Heizungssysteme auf. Sanierungsbedürftige Campi, Betonhöhlen ohne Atmosphäre und schlecht ausgestattete Hörsäle bestimmten das Bild. Ganze Generationen von Studierenden besuchten ihre Vorlesungen in bunkerartigen Auditorien, diskutierten ihre Seminarthemen in fensterlosen Nutzräumen und erlernten Mikroskopie in undichten, tropfenden Labors. Dietrich Schwanitz' Roman *Der Campus* (1995), der in Hamburg spielt, höhnt über den «Schrotthaufen» Universität: «Ihre architektonische Häßlichkeit, die überwältigende Lieblosigkeit ihrer Bauten und Inneneinrichtungen war die Botschaft des Senats an die Professoren: Das ist unsere Antwort auf euer akademisches Bemühen.»[29] Die heutige Hamburger Universität wird sich in diesem Bild kaum noch wiedererkennen – es stand exemplarisch für die Verwahrlosung der Campi in den achtziger Jahren.

Für viele Universitätsangehörige wurde die äußere Erscheinungsform der Institution zum Symbol der öffentlichen Niedergangs- und Katastrophendiagnosen, die sich in dieser Zeit häufen, wo immer man von den deutschen Hochschulen sprach.[30] Ein eigentümlicher Gegensatz bestand darin, dass man einerseits von der Krise redete, sich andererseits aber bequem in ihr einrichtete. *Crisis? What Crisis?* So lautete 1975 der Titel eines legendären Rock-Albums der Gruppe *Supertramp*. Das Coverfoto zeigte einen Schrottplatz mit den postindustriellen Requisiten des Verfalls, in dessen Mitte ein entspannt wirkender Mann in Badehose unter einem Sonnenschirm saß. Damit lancierte das Cover drei Aussagen. Erstens: Wir bestreiten, dass es eine Krise gibt (so der Titel). Zweitens: Die Krise ist da (so verrät uns der Schrottplatz). Drittens: Wir ignorieren sie und leben trotzdem recht gut (so die Körpersprache des Mannes im Liegestuhl). Diese Summe von Befunden, die das berühmte Cover bündelte, ließ sich auch auf die Lage der deutschen Universitäten übertragen. Es existierte eine Krise, aber ihre Mitglieder arrangierten sich in ihr zumeist passabel. Abwandeln musste man einzig die Überschrift, wenn man das Bild wirklich auf die Universität beziehen wollte: Niemand dementierte die Krise, alle redeten über sie. Denn dass man die eigene Institution im Verfall begriffen sah, einte sogar zu Zeiten des Dauerkonflikts die Angehörigen der zerstrittenen Statusgruppen.

4. Nach der Wende

Die Diskussion über die Reformbedürftigkeit der deutschen Massenuniversität wurde 1989 mit einem Schlag von der Tagesordnung abgesetzt. Die Wende in der DDR und die rasch vollzogene Vereinigung der beiden deutschen Staaten rückten neue Aufgaben im Bereich der Hochschulplanung ins Zentrum, auf die niemand wirklich vorbereitet zu sein schien. Umso bemerkenswerter war, dass auf politischem Terrain, anders als bei der offenkundigen finanziellen Unterausstattung der westdeutschen Universitäten, schnell gehandelt wurde. Bereits wenige Tage nach dem Fall der Mauer stellte die Bonner Regierung Überlegungen zur Umgestaltung des DDR-Wissenschaftssystems an. Im Januar 1990 gründete der Wissenschaftsrat eine Arbeitsgruppe, die sich mit der zukünftigen Entwicklung der akademischen Institutionen im Osten Deutschlands befassen sollte. Am 3. Juli 1990 erörterte eine hochrangige Bonner Delegation unter Führung des damaligen Wissenschaftsministers Heinz Riesenhuber mit den Kollegen aus der DDR die daraus resultierenden Ziele. Am 6. Juli veröffentlichte der Wissenschaftsrat zwölf Empfehlungen zu «Perspektiven für Wissenschaft und Forschung auf dem Weg zur deutschen Einheit» – ein Papier, das mit DDR-Forschungsminister Frank Terpe abgestimmt war.

In der Vorbemerkung hieß es, dass insbesondere die Modernisierung der Hochschulen geboten sei, um eine weitere Abwanderung junger Menschen in den Westen zu verhindern.[1] Einen Ausbau der Studienplatzkapazitäten auf das Niveau des Westens hielt man für unabdingbar. Studierten in der DDR zur Zeit der Wende 13 Prozent eines Jahrgangs, so waren es in der Bundesrepublik 23 Prozent, was im Osten annähernd die Verdopplung der Quoten erfordert hätte (heute liegt der Anteil der Studierenden eines Jahrgangs bei über 50 Prozent). Allein für die Sanierung der maroden Gebäude veranschlagte der Wissenschaftsrat ein jährliches Investitionsvolumen von 700 Millionen DM.[2] Vor dem Neuaufbau des Gesamtsystems, dessen Kosten man mit 6,5 Milliarden DM kalkulierte, sei aber eine genaue Begutachtung der wissenschaftlichen Leistungsfähigkeit seiner Institutionen notwendig.[3]

Der Einigungsvertrag vom August 1990 legte fest, dass alle öffentlich getragenen Einrichtungen des DDR-Wissenschaftssystems bis zum 31. Dezember 1991 evaluiert werden sollten. Das betraf neben Universitäten, Pädagogischen und Technischen Hochschulen auch die Akademie der Wissenschaften und zahlreiche Forschungszentren. Bis zum Sommer 1991 besuchten mehr als 300 Gutachter über 130 Institute mit annähernd 30 000 Beschäftigten und erstellten auf 1700 Seiten Berichte.[4] Die meisten von ihnen kamen aus dem Westen, die Quote der DDR-Kollegen blieb in den Kommissionen äußerst gering. Das nährte, nicht zu Unrecht, den Vorwurf, dass es Siegerurteile waren, die hier über eine vermeintliche ‹Wüste› der Forschung gefällt wurden.[5] Die westlich dominierten Expertengruppen entschieden aus der Fremdperspektive und häufig ohne Beachtung der individuellen Notlagen, die zur Konspiration mit dem DDR-Staat veranlasst hatten. Ende 1990 war Jena die einzige der ostdeutschen Universitäten, die eine konsequente Selbstevaluation nach eigenem Verfahren durchführte. Die Anregung dazu ging auf die *Aktionsgemeinschaft Demokratische Erneuerung der Hochschule* zurück, die sich in Jena kurz nach dem Mauerfall konstituiert hatte. Alle Professorinnen und Professoren wurden aufgefordert, ihren akademischen Werdegang, ihr politisches Engagement und etwaige Kontakte zur Staatssicherheit schriftlich darzustellen und das betreffende Dokument im Dekanat auszulegen. Die Evaluationskommission gab ihre Empfehlungen erst ab, nachdem die Mitglieder der Fakultät die Möglichkeit zur Kommentierung der einzelnen Selbstbeschreibungen hatten. Dieses transparente Verfahren machte nicht wirklich Schule und blieb eine Ausnahme.

An einigen Universitäten nutzte man die Gunst der Stunde, um neue Formen der Mitbestimmung zu erproben. Vielerorts experimentierten die Hochschulen mit Runden Tischen und Beiräten, die in der Übergangszeit die alten Gremien verdrängten.[6] Die Bereitschaft, Unkonventionelles und Neues zu versuchen, war groß. So führte man in Rostock im Herbst 1989 für den Akademischen Senat eine modifizierte Drittelparität ein.[7] Sie stellte Professoren und Assistenten mit je acht Sitzen gleich und verteilte die übrigen acht Sitze symmetrisch auf Studierende und die wissenschaftsunterstützenden Mitarbeiter. Zudem testete man ein Modell von Leistungsindikatoren für die Professuren, verzichtete auf reine Fachkommissionen zugunsten interdisziplinärer Perspektiven und erwog die Abschaffung des Berufsbeamtentums. Solche Reformdynamik – Peer Pasternack sprach von einer «romantischen Phase des Aufbruchs» – kam dann allerdings mit der Einführung eines neuen Landeshochschulgesetzes zum Erliegen.[8] Die Kreativität, die viele Universitäten im direkten Umbruch entfalteten, versiegte ab Beginn der neunziger Jahre rasch. Schuld daran war nach Auffassung zahlreicher östlicher Beobachter eine sehr grundsätzliche Ausrichtung an westlichen Rechtsstandards und Verwaltungsformaten, die keinen Spielraum für unkonventionelle Lösungen ließen.[9] Aus Sicht der meisten Hochschulpolitiker der alten Bundesrepublik stellte sich der Fall ein wenig anders dar; hier machte man geltend, dass die basisdemokratischen Experimente für den Übergang geeignet, nicht aber für den Aufbau robuster Hochschulstrukturen im Stress des Normalbetriebs tauglich waren.[10]

Der Umgestaltung des akademischen Systems gingen harte Entscheidungen voraus. Für viele DDR-Hochschulmitarbeiter endete die Karriere mit der Wiedervereinigung oder kurze Zeit später. 9000 Beschäftigte zählte 1989 die Technische Universität Dresden zusammen mit der örtlichen Hochschule für Verkehrswesen und der Pädagogischen Hochschule; bis 1992 wurden 3000 von ihnen entlassen. An der Universität Leipzig mussten nach der Wende 7000 der 12 000 Mitarbeiter in den vorgezogenen Ruhestand gehen. In Sachsen wurden insgesamt rund 50 Prozent der 1989 existierenden Stellen während der ersten Nachwendejahre gestrichen, ebenso in Rostock. Von den 218 000 Wissenschaftlern der ehemaligen DDR verlor die Hälfte ihre Position; bei den Professoren waren es nach Zahlen der britischen Zeitschrift *Nature* sogar zwei Drittel.[11] Die meisten von ihnen galten als Vertreter des politischen Establishments, die das Regime gestützt und sich auch im entscheidenden Herbst 1989 kaum am landesweiten Protest beteiligt hatten. Viele der älteren Lehrstuhlinhaber, Direktoren und Verwaltungsmitarbeiter wanderten zwangsweise in die Frühpensionierung, wenn sich in ihren Personalakten Indizien für aktive Denunziationen und Bespitzelungen fanden. Die Überprüfung der Einzelbiographien übernahmen zunächst unbelastete DDR-Wissenschaftler, ab Beginn des Jahres 1992 oblag sie der Gauck-Behörde.[12]

Die teils rigide Entlassungspraxis war nicht nur politisch durch das Bestreben motiviert, ehemaligen Kadern und Angehörigen der Partei-Elite den Zugang zum neuen Hochschulsystem zu versperren. Ein zusätzliches Motiv bestand in den Einsparungen, zu denen sich die meisten Landesministerien gezwungen sahen.[13] Die Wissenschaftsinstitutionen der DDR waren personell üppig ausgestattet und verfügten über eine Vielzahl von Stellen.[14] Selbst im Vergleich mit der bundesrepublikanischen Reformphase während der sechziger und siebziger Jahre, als die Gelder reichlich flossen, befanden sich die meisten Einrichtungen im Osten in einer relativ komfortablen Lage. Da in den neuen Ländern Haushaltsknappheit herrschte, mussten Kürzungen schnell realisiert werden. Sie betrafen neben den Professuren auch den Mittelbau, der, wie in der DDR üblich, durchweg auf Dauer beschäftigt war. Hier vollzogen die Strukturkommissionen der Länder tiefe Schnitte, weil man eine Anpassung an die Mittelbau-Ordnung der westdeutschen Universitäten für organisatorisch zweckmäßig hielt. Das führte dazu, dass die meisten Positionen künftig befristet besetzt und als Qualifizierungsstellen definiert wurden.

Bei den persönlichen Evaluationen ging man in den einzelnen Institutionen unterschiedlich konsequent zur Sache. Der Grad der Strenge hing stark von den wissenschaftlichen Disziplinen ab. Im Fall der Technik- und Naturwissenschaften verfuhren die Gutachter vielfach großzügiger als in den Sozial- und Geisteswissenschaften, deren Themen anfälliger für weltanschauliche Instrumentalisierung blieben. Jürgen Mittelstraß bemerkte dazu treffend: «Dabei waren ideologische, politische und andere Zugeständnisse auf allen Wissenschaftsseiten ziemlich gut verteilt. Nur wurden sie zugegebenermaßen nicht in gleicher Weise manifest. Ein glühender SED-Chemiker ist eben in Forschung und Lehre unauffälliger als ein glühender SED-Philologe oder SED-Soziologe.»[15] Die Entscheidungslage blieb in jedem Einzelfall schwierig, weil Motivationen, Strategien und Abhängigkeiten kaum entwirrt werden konnten. Ob hinter systemfreundlichen Veröffentlichungen Opportunismus oder Überzeugung steckte, ließ sich nicht genau prüfen. Generell gab es die Tendenz, Mitarbeiter jenseits des 60. Lebensjahrs in den Vorruhestand zu schicken. Dass das sogar diejenigen betraf, die sich in Opposition zum Regime befunden hatten, gehörte zu den unerfreulichen Nebenwirkungen des Verfahrens. Wer zu alt war, hatte keine große Chance, aktiv an der Neugestaltung der akademischen Landschaft teilzunehmen.[16]

Aus prinzipiellen Gründen verzichteten viele Hochschulen darauf, Professuren einfach durch Überleitung wiederzubesetzen. Dort, wo das Landesrecht eine Neuausschreibung vorsah, kam es zu einem wettbewerblichen Verfahren. Das sollte gewährleisten, dass sich auch die Amtsinhaber in einem Prozess der Bestenauswahl behaupten mussten. Allerdings wendete man dieses Modell in uneinheitlicher Weise und nicht an jeder Hochschule an. In den meisten Bundesländern galt die berechtigte Regel, dass eine Tätigkeit für die Staatssicherheit allein noch keine Entlassung begründete, weil der Grad der Zusammenarbeit und deren Konsequenzen für mögliche Denunziationsopfer ausschlaggebend sein mussten. Diese Norm lud jedoch zu einer weiträumigen Auslegung ein, mit dem Effekt, dass unterschiedlich bewertet und entschieden wurde. An manchen Standorten vermied man Konflikte, indem die Hochschulleitung für Kontinuität sorgte und die meisten Professuren über sogenannte Hausberufungen besetzte. Man nahm dabei in Kauf, den jeweiligen Grad der früheren politischen Verstrickung nicht entscheidend zu gewichten, da man hoffte, dass der natürliche Generationswechsel das Problem lösen werde. So blieb das Prinzip «Erledigung durch Zeitablauf» für etliche Universitäten jenseits der großen Zentren Berlin und Leipzig bestimmend.[17] Insgesamt entstand auch bei den Berufungen das Bild einer uneinheitlichen Praxis, die keine wirkliche Kriteriengleichheit etablierte.

Obwohl man es oft unterstellte, wurden in den Berufungsverfahren Bewerber aus dem Westen keineswegs generell bevorzugt. Als der damalige Wissenschaftsminister Hans Joachim Meyer Mitte der neunziger Jahre eine Zwischenbilanz für den Neuaufbau im Bundesland Sachsen vorlegte, zeigten seine Befunde eine deutliche Tendenz. Von 1762 Berufungen auf Professuren waren 1164 – 66 Prozent – an Kandidaten mit DDR-Herkunft gegangen, die übrigen an Bewerber aus dem Westen oder dem Ausland.[18] Selbst hinter diesen objektiven Zahlen standen allerdings viele enttäuschte Karrierepläne. Den allermeisten DDR-Wissenschaftlern jenseits des 50. Lebensjahres blieben die Türen der Hochschulen nach der Wende verschlossen. Viele von ihnen hatten sich dem alten Regime angepasst, ihm jedoch ohne innere Überzeugung gedient. Für sie gab es im neuen System bestenfalls untergeordnete Positionen und keine Aussicht auf Karriere. Manche wechselten ins Ausland, andere versuchten sich in der Industrie oder als Selbständige. Die Neugestaltung der ehemaligen Ost-Universitäten übernahmen relativ junge Habilitierte und erfahrene Administratoren aus dem Westen. Der Generationsbruch wirkte lange nach und mag ein Grund für die Tatsache sein, dass sich heute kaum Wissenschaftler mit Ost-Biographie unter den Präsidenten der 81 öffentlich finanzierten Universitäten unseres Landes finden. Ein wenig anders ist die Lage bei den Fachhochschulen, die inzwischen Leitungspersonal mit DDR-Herkunft in nennenswerter Zahl aufweisen.[19]

Die Organisation des Einigungsprozesses, der auch eine stärkere institutionelle Normierung bedeutete, vollzog sich an den Hochschulen mit großem Tempo. Bereits am 4. November 1990 nahm die Westdeutsche Rektorenkonferenz 21 Hochschulen aus der ehemaligen DDR auf. In den neu geschaffenen ostdeutschen Bundesländern richtete man ab dem Herbst 1990 Hochschulstrukturkommissionen ein. Ihre Mitglieder stammten in der Regel – zu 90 Prozent – aus dem Westen, und ihr Auftrag war klar. Sie sollten in kürzester Zeit für den Aufbau neuer Studiengänge und Verwaltungsapparate sorgen, um einen Studienbetrieb nach bundesrepublikanischem Muster zu ermöglichen. Der Wissenschaftsrat formulierte ergänzend Empfehlungen zu einzelnen Fachkulturen, zur Entwicklung neuer Hochschultypen, zu Lehrerbildung und Medizin. Allerdings ließen sich die Strukturkommissionen der Länder nur bedingt auf diese übergreifenden Vorgaben ein. Sie setzten sich eigene Ziele, organisierten die Prozesse individuell und gewichteten auch bei politischen Aspekten sehr heterogen.[20] In Berlin, Sachsen und Mecklenburg-Vorpommern liefen die Verfahren bei der Evaluation und Transformation des Hochschulsystems daher extrem unterschiedlich. Auch das führte in etlichen Fällen zu uneinheitlichen und nicht vergleichbaren Entscheidungen, wo es um Fragen der politischen Belastung zu überprüfender Kandidaten ging.

Die tiefsten Schnitte erfolgten in der alten, an sowjetischen Vorbildern orientierten Akademiestruktur, im Bereich der Lehramtsstudiengänge und der Fachhochschulen. Die zu DDR-Zeiten von der Akademie zentralistisch gesteuerte Grundlagenforschung wurde an Universitäten und eigene Einrichtungen – oftmals Vorläufer heutiger Leibniz-Institute – ausgegliedert, teils in Max-Planck-Institute überführt.[21] Die ideologisch belasteten Pädagogischen Hochschulen mussten schließen, ebenso die meisten Technischen Hochschulen, die sehr eng mit der DDR-Planwirtschaft verzahnt waren. An vielen Standorten wurden sie zu Fachhochschulen umgewandelt, mit guten Auswirkungen auf die regionale Wirtschaft. Ungewöhnlich war vor allem das Tempo, in dem man vorging. Innerhalb kürzester Zeit lagen Landeshochschulgesetze vor, die den westlichen Rahmenvorgaben entsprachen. Berufungen fanden in großer Schnelligkeit statt, so dass schon nach wenigen Jahren die Funktionsfähigkeit der Institute gewährleistet werden konnte. Ebenso zügig trieb man die überfälligen Sanierungsvorhaben voran. Zwischen 1990 und 2006 stellte die Bundesrepublik 7,5 Milliarden Euro für den Hochschulbau in den neuen Ländern bereit – knapp 2 Milliarden mehr, als es die erste, auf das gesamte System bezogene Projektion kurz nach der Wende vorgesehen hatte.[22]

Der Wissenschaftsrat empfahl für die neuen Bundesländer die Errichtung von 10 Universitäten und 19 Fachhochschulen. Diese Zahl wurde am Ende übertroffen – es entstanden 15 Universitäten und 21 Fachhochschulen.[23] Die meisten von ihnen wurden auf der Basis ihrer DDR-Vorläufer bereits Anfang der neunziger Jahre etabliert, als die Entwicklungsdynamik besonders groß und der Veränderungswille ausgeprägt war. Völlig neu geschaffen wurden die Universitäten in Potsdam, Frankfurt/Oder, Erfurt und Weimar. Dabei gelang es oftmals, starke Schwerpunktbildungen zu befördern – so die Informatik in Potsdam, die Europaforschung in Frankfurt/Oder, die Medienwissenschaften in Erfurt und die Kunstwissenschaften in Weimar.[24] Ähnlich gelungene Neugründungen gab es im Sektor der Fachhochschulen. Standorte wie Neubrandenburg, Magdeburg-Stendal oder Stralsund profitierten enorm vom diesbezüglichen Aufbau zu Beginn der neunziger Jahre, der einer Empfehlung des Wissenschaftsrates folgte. An die Stelle der alten Betriebshochschulen, die fest zur DDR-Planwirtschaft gehörten, traten moderne Einrichtungen mit klarem Profil in den anwendungsorientierten Wissenschaften. Ob Elektromobilität, Werkstoffkunde oder Biomaterialien – zahlreiche Fachhochschulen in den neuen Ländern befördern heute die Innovationskraft der regionalen Wirtschaft, indem sie deren künftiges Personal qualifizieren und dazu beitragen, die alten Industriestandorte umzugestalten. Diese Erfolge stehen allerdings auf dem Spiel, da viele Bundesländer im Osten in den letzten 15 Jahren Kürzungen im Wissenschaftsbereich vornahmen. Davon ist vor allem die Fächerdiversität, aber auch die Substanz der technischen Infrastruktur betroffen.[25]

Manfred Erhardt, der als Berliner Wissenschaftssenator zwischen 1991 und 1996 entscheidend am Umbau der Humboldt-Universität beteiligt war, zog bereits eine Dekade nach der Wende eine positive Bilanz. Gemessen an den Kriterien des westlichen Hochschulsystems sei die Erneuerung «als voll gelungen» zu bezeichnen.[26] Doch Erhardt fügte dieser Einschätzung eine wesentliche Relativierung hinzu, indem er die Verkrustungen an den Universitäten der alten Bundesländer erwähnte. Die zügige personelle, administrative und infrastrukturelle Entwicklung der Ost-Hochschulen habe die «Reformdefizite» im Westen allzu deutlich werden lassen.[27] Während man in den neuen Ländern die Chance zum Aufbau einer effektiveren Organisationsform fast zwangsläufig genutzt habe, sei man an den Universitäten der alten Länder zu wirklichen Änderungen nicht in der Lage gewesen.

30 Jahre nach der Wiedervereinigung ist es an der Zeit, eine Reihe

von Vorurteilen zu entkräften, die sich um die Hochschulentwicklung in den neuen Ländern ranken.[28] Erstes Vorurteil, gern genährt von westlichen Administratoren und Hochschulmanagern: Alles lief perfekt, geradlinig und fehlerfrei. Das stimmt so nicht. Richtig und geboten war die konsequente Entfernung persönlich Belasteter aus den Hochschulen. Aber es gab im individuellen Bereich Verwerfungen durch Generationsbenachteiligung und ungleiche Bewertung akademischer Karrieren. Auch die Tendenz zur relativ einheitlichen Ausgestaltung der rechtlichen und institutionellen Rahmenbedingungen war nicht immer glücklich. Hochschulpolitisch kreative Entwicklungen wie in Jena und Rostock, die für die erste Nachwendezeit typisch blieben, wurden durch eine homogenisierende Organisation der Selbstverwaltung zurückgedrängt. Das löste vielfach persönliche Enttäuschung bei Wissenschaftlern mit Ost-Biographie aus und ließ keine Chance für weitere Experimente in Fragen der Gremienarchitektur, Institutsordnung und Berufungspraxis. Die historisch einmalige Gelegenheit zur Erprobung alternativer Steuerungs- und Partizipationsformen wurde nicht genutzt.

Zweites Vorurteil, die ostdeutsche Variante: Von der Wiederbesetzung der Lehrstühle und Führungsstrukturen profitierten in den frühen Jahren ausschließlich Bewerber aus dem Westen. Die Zahlen bestätigen das nicht, in manchen Ländern wie Sachsen dokumentieren sie sogar bessere Chancen für Kandidaten aus der ehemaligen DDR. Lediglich bei den Universitätsleitungen spiegeln sich bis heute Disparitäten wider, die extrem langsam behoben werden.[29] Drittes Vorurteil, in Ost und West gleichermaßen gepflegt: Die Hochschulen der neuen Länder sind im Wettbewerb der Spitzenforschung abgehängt. Auch hier liefern die Statistiken keine Indizien für eine uneinheitliche Behandlung. 16 Prozent der seit 2005 in zwei Exzellenzförderrunden ausgeschütteten Mittel flossen in den Osten, dessen Universitätsdichte deutlich hinter der anderer Regionen zurücksteht. Auf ähnlichem Niveau beläuft sich der Anteil der Gelder, die über die Deutsche Forschungsgemeinschaft an die neuen Bundesländer gingen.[30] Die Finanzvolumina spiegeln damit die aktuellen Proportionen im Hochschulsystem sehr gut wider. Viertes und letztes Vorurteil: Universitäten in den ostdeutschen Ländern haben Probleme, für Studierende attraktiv zu sein. Auch das trifft nicht zu, jedenfalls nicht mehr. Hochschulstandorte wie Dresden, Halle, Jena,

Weimar, Rostock oder Stralsund ziehen derzeit junge Menschen an. Ein wesentlicher Grund für ihre Attraktivität sind wachsende Internationalität und gute Vernetzung mit dem regionalen Berufsmarkt. Es gibt also genügend Indikatoren, die anzeigen, dass für die alten Mythen des Ostens und des Westens kein Platz mehr ist. Um an ihre Stelle detaillierte Fakten zu setzen, fehlen allerdings gründlichere Analysen. Dringend erforderlich wäre ein umfassendes, interdisziplinäres Forschungsprojekt, das die Universitätsentwicklung seit der Wende aufarbeitet. Nach 30 Jahren Einheit hat die Wissenschaft hier noch Bringschulden in eigener Sache.

5. Neoliberale Revisionen

Die in großem Tempo vollzogenen Umbauten der ostdeutschen Hochschullandschaft banden erhebliche Kräfte. Das führte dazu, dass die seit den achtziger Jahren überfällige Reform der Universitäten des Westens erst mit einer gewissen Verzögerung angestoßen wurde. In der Regel blieb es Anfang der neunziger Jahre bei der Äußerung von Unmut und Unbehagen, verbunden mit rituellen Klageformeln. Der konkrete Ertrag der meisten Streitschriften über den Verfall der deutschen Universität hielt sich jedoch in Grenzen, weil man im Modus der Kritik verharrte, ohne Gegenvorschläge zu unterbreiten. Im Rückblick auf die Gruppenuniversität sagte Jürgen Mittelstraß am 14. Oktober 1991 bei einer Immatrikulationsfeier an der Universität Oldenburg: «Die Hochschulen der späten 6oer und frühen 7oer Jahre glichen eher Tollhäusern als Stätten, in denen sich der Geist mit sich selbst und dem Ganzen befaßte.»[1] Dass die Universitäten während dieser Phase von ideologischen Torheiten und bleiernen Debatten beherrscht waren, steht außer Frage. Nur war das Angebot, das Mittelstraß auf der Gegenseite formulierte, so unverbindlich, dass seine Attraktivität und vor allem Plausibilität begrenzt blieb: ein Geist, der sich ‹mit sich selbst und dem Ganzen› beschäftigt. Das ist deutlich weltferner als das wirkmächtige Konzept, von dem Humboldts Universitätsmodell bestimmt wurde. Und es passt wenig zu einer Zeit, in der die Universitäten keine bloßen Oasen der intellektuellen Eigenreflexion mehr sind – falls sie das jemals gewesen sein sollten.

Mit postidealistischen Entwürfen und sentimentaler Sehnsucht ließ sich keine neue Universität begründen; ebensowenig mit den gängigen Vorwürfen, dass die Hochschulen unter fortschreitender Anonymisierung im Massenbetrieb litten, ihren elitären Kern verloren hätten, dass es zu viel Didaktik und zu wenig Wissenschaft gebe (als ob das ein Gegensatz wäre) und dass eine stumpfsinnige Verwaltung den letzten Geist aus den heiligen Hallen der um Kopf und Herz gleichermaßen gebrachten Alma Mater vertrieben habe.[2] Die beredte Klage über das Dekadenzstadium einer einstmals glorreichen Einrichtung konnte nur schwer verdecken, wie dürftig die Lösungen waren, mit denen die Kritiker die drängenden Probleme zu beheben suchten. Niemand wollte wahrhaben, dass das Alte so wenig passte wie das nicht mehr ganz Neue. Weder die traditionelle Elitekonzeption noch die Gruppenuniversität stellten überzeugende Modelle für die Zukunft bereit.

Das änderte sich Mitte der neunziger Jahre, als konkrete Therapien auftauchten, mit denen man der Krise begegnen wollte. Sie blieben, von heute aus betrachtet, durchaus ambivalent, und ihnen gerecht zu werden, fällt nicht immer leicht. Denn im Kern waren die neuen Konzepte überzeugend, in ihrer praktischen Umsetzung sogar lebensrettend für die deutsche Universität. Nur führten sie an einigen Stellen auch zu problematischen Tendenzen der Überregulierung und Mikrosteuerung, die bis heute für viele Hochschulen bestimmend sind. Wer die neoliberale Wende im Universitätssystem würdigen möchte, stößt also häufig auf widersprüchliche, zwiespältige Eindrücke. Licht und Schatten liegen hier, wie sich gleich zeigen dürfte, nahe beieinander.

Die Debatte über die Zukunft der Hochschulen wurde nur wenige Jahre nach der deutschen Wiedervereinigung eröffnet. Der sozialdemokratische Bildungspolitiker Peter Glotz veröffentlichte 1996 unter dem immerhin mit Fragezeichen versehenen Titel *Im Kern verrottet?* eine hochschulpolitische Kampfschrift, die dem Zustand der deutschen Universität galt. Die polemische Formel vom ‹verrotteten Kern› hatte Dieter Simon, der damalige Vorsitzende des Wissenschaftsrats, im Dezember 1991 in einem *Spiegel*-Artikel aufgebracht, um die mangelnde Selbstkontrolle und Qualitätsorientierung des auf ständige Expansion angelegten Universitätssystems anzuprangern. Simon schrieb hier unter Anspielung auf eine Metapher des preußischen Staatsrats Carl Hinrich

Becker: «Die deutsche Universität ist nicht mehr ‹im Kern gesund›, sondern im Kern verrottet. Sie bedarf einer Neuorientierung. Gefragt ist
eine Politik, die das wachstumsgläubige Denken zunächst in den Hochschulen und danach in allen übrigen Provinzen der Wissenschaft ab-
löst.»[3]

Glotz beobachtete an den Hochschulen des Landes eine «haus-
gemachte Strukturkrise», die neben der unzureichenden Grundfinanzierung auch durch geistige Mediokrität und fehlende Courage der zentralen Akteure gekennzeichnet sei.[4] Von einem «Kartell des Aushaltens»
und des «Heraushaltens» hatte Mittelstraß bereits 1993 in einer Rede
vor dem Stifterverband für die Deutsche Wissenschaft gesprochen.[5] Die
Universitäten der neunziger Jahre hofften, so Glotz, angesichts leerer
öffentlicher Kassen vergebens auf zusätzliche Gelder. Doch statt sich zu
helfen, verharrten sie in selbstverschuldeter Unmündigkeit. Wehleidig-
keit und Opportunismus verschanzten sich, so lautete seine Diagnose,
hinter der Feiertagsformel von «Einsamkeit und Freiheit», die das Profil der modernen Universität in Wahrheit nicht mehr angemessen
beschreiben könne.[6] Als wesentliches Übel machte Glotz, ähnlich wie
Simon, das unkontrollierte Wachstum aus. Die Universitäten expandierten stetig, ohne dass sie ausreichend dafür finanziert seien, aber
ihnen fehle eben auch ein klares Verständnis von Qualität. Letzthin
gebe es weder eine Ahnung, wohin die Reise gehen solle, noch durch-
setzungsfähige Führungspersönlichkeiten, die ihre Entscheidungen mit
Verstand und Mut träfen.

Für die Therapie empfahl der Sozialdemokrat Glotz neoliberale
Konzepte, die in seiner Partei damals kaum auf Gegenliebe stießen:
staatliche Zielsteuerung anstelle des alten Aufsichtsprinzips, erweiterte
Zuständigkeiten der Hochschulleitungen und Professionalisierung der
Führungsebene, Globalhaushalte mit flexiblen, bedarfsabhängigen Ein-
satzoptionen, Leistungsorientierung bei der internen Budgetierung und
der Besoldung, mehr Wettbewerb um Drittmittel, Auswahl der Studierenden durch die Hochschule, Anreize für erfolgreiche institutionelle
Partnerschaften, Erprobung moderater Studiengebühren.[7] Die Politik
solle Durchgriffsmöglichkeiten aufgeben und den Hochschulen mehr
Eigenverantwortung anvertrauen – im Resultat würde sich das für
beide Seiten lohnen. Glotz plädierte damit für eine Doppelstrategie, die

größeres Führungsbewusstsein an den Universitäten schaffen könne. Der Staat müsse den Leitungen das Recht einräumen, jenseits der mit ihm verabredeten Globalziele für die Feinsteuerung zuständig zu sein, und ihnen gestatten, ergänzende Finanzierungsquellen zu erschließen. Daraus würde ein neues Universitätsmodell entstehen, das auf einer veränderten Verteilung der Aufgaben beruhe. Die Hochschule könnte sich endlich aus dem dauernden Klagemodus verabschieden und mehr Klarheit über Ziele und Entscheidungsspielräume gewinnen.

Einen ähnlichen Forderungskatalog wie Glotz stellte 1999 der Oldenburger Universitätspräsident Michael Daxner vor. Aus seinem Blickwinkel als Hochschulchef unterbreitete er eine Vielzahl von Vorschlägen, die gefährliche Verkrustungen der Institution überwinden und zu größerer Effizienz ihrer Arbeitsprozesse beitragen sollten.[8] Daxner scheute sich dabei nicht, ein eindeutiges utilitaristisches Credo zu artikulieren: «Die Produktionsbedingungen von Wissenschaft, die die Grundlage von Innovation, Kreativität, aber auch Kritik und Widerständigkeit bilden, müssen respektiert werden, nur dann bekommt man gute und funktionale Hochschulen. Wenn sie nicht gut sind und auch nicht für den Markt funktionieren, brauchen wir sie nicht.»[9] Diese ökonomisch ausgerichtete Nützlichkeitsprogrammatik war in der Tat, wie Dorothee Kimmich und Alexander Thumfart formulierten, «starker Tobak».[10] Aus der historischen Distanz von mehr als zwei Jahrzehnten liest man das Bekenntnis zu einer marktgerecht operierenden Universität nicht ohne Skepsis. Es stützte sich jedoch auf die Beobachtung, dass die Hochschulen der damaligen Zeit in Selbstgerechtigkeit, Opportunismus und Gleichgültigkeit erstarrten. Wer Ende der neunziger Jahre eine leistungsorientierte, funktional ausgerichtete Universität forderte, wollte diesen Zustand überwinden.[11] Er tat das zumeist mit den Mitteln einer neoliberalen Programmatik, die, auch wenn wir heute ihre Risiken kennen, ein taugliches Therapeutikum gegen das Stadium der Lähmung war, in dem sich die deutschen Hochschulen befanden.[12]

Daxners Streitschrift trug den Titel *Die blockierte Universität*. Detlef Müller-Böling folgte ein Jahr später mit einer Studie, die diese Metapher weiterführte: *Die entfesselte Hochschule* (2000). Es handelt sich um ein Standardwerk der neoliberalen Hochschulkonzeption, das zahlreiche ihrer Anwendungsgebiete ausdefiniert. Müller-Böling übertrug die manchmal zugespitzten Thesen, die man bei Glotz findet, auf eine stärker operative Ebene. Den Ausgangspunkt bildete auch hier die Kritik der alten Gremienuniversität mit ihrer kollektiven Verantwortungslosigkeit und jener statischen kameralistischen Vorausfinanzierung aller Aufgaben, die Planungssicherheit, aber keinerlei Flexibilität nach Erfolgsgraden erlaubte. Gegen die «Fiktion der Gleichheit» setzte Müller-Böling die Prinzipien von Leistung und Wettbewerb.[13] Autonomie dürfe nicht *laissez-faire* bedeuten, sondern könne nur als «Organisationsautonomie» sinnvoll sein.[14] Die Einrichtung von Hochschulräten mit überwiegend externen Mitgliedern solle eine objektive Kontrolle der institutionellen Strategie und ihrer Wirkungen ermöglichen. Präsidien bzw. Rektorate lenken die Institution idealerweise über die Fixierung strategischer Ziele, die auf das spezifische Profil der Hochschule abzustimmen sind. Zielvereinbarungen mit Neuberufenen und Fachbereichen legen die Erwartungen für Arbeitsprozesse fest. Die Besoldung müsse leistungsgerecht differenziert gestaltet werden, nicht nach traditionellen beamtenrechtlichen Vorgaben gemäß Anciennitätsprinzip – je älter, desto höher die Bezüge.[15] Der Staat solle sich aus der Feinsteuerung der Hochschulen zurückziehen und ihnen wichtige Entscheidungsfelder überlassen, darunter das Berufungsrecht, die Kontrolle der eigenen Liegenschaften und die Bauherreneigenschaft.[16]

Grundlage für Müller-Bölings Forderungskatalog war die Beobachtung, dass das herrschende akademische System von einer durchgreifenden Entdifferenzierung geprägt wurde. Die alte Abgrenzung zwischen Universitäten und Fachhochschulen funktioniere nicht mehr, da beide Bereiche mittlerweile ähnliche Disziplinenkulturen pflegten und vergleichbare Forschungsaktivitäten für sich reklamierten. Überall herrsche eine Nivellierungstendenz, die es dem Hochschulsystem zunehmend erschwere, seine Aufgaben zu erfüllen. Für die Studierenden entstehe das Problem, dass sie eine begründete Auswahl einer bestimmten Universität nicht mehr treffen könnten, zumal die Profile unscharf seien. Und für die Einstufung der Lehr- und Forschungsleistungen fehlten belastbare Zahlen und Daten, die faire Distinktionen ermöglichten.[17]

Müller-Böling legte mit seiner Analyse auch ein Arbeitsprogramm für das *Centrum für Hochschulentwicklung* (CHE) vor, das er seit 1994 leitete. Die Antwort auf die ‹Fiktion der Gleichheit› lautete ‹Evaluation›; der Verfahrensweg, der zu einer neuen Differenzierung bei der Verteilung von Fördergeldern und Studierenden führen sollte, war der Wettbewerb. Das Wettbewerbsmodell hat hier den Charakter eines zentralen Prinzips. Hochschulen stehen im Wettbewerb um Studierende, um Forschungsgelder und um Reputation. Der Wettbewerb ist Treiber und Legitimation in einem; er soll zur Profilbildung motivieren, aber zugleich auch den Wirkungsspielraum von Leitung und Hochschulmitgliedern begründen.[18] Dahinter verbirgt sich das Konzept der Organisationsautonomie, das die Freiheit der Institution durch das Erreichen bestimmter Ziele beschränkt. Zwar kann deren Katalog im Detail verhandelt werden, jedoch fehlt die Möglichkeit, die besagte institutionelle Freiheit zu anderen als den hier im Grundsatz festgelegten Zielen zu nutzen.

Der Instrumentenkasten, den Müller-Böling präsentierte, ergab sich aus der Orientierung an einem funktionalistischen Hochschulmodell. Wesentlich blieb dabei die Etablierung eines Globalhaushalts, der das kameralistische Wirtschaften ersetzte. Während im alten System die Gelder pro Kopf und Lehrstuhl genau fixiert waren, kann die Leitung nunmehr die Budgetierung nach Aufgaben, Resultaten und Leistungen formelgebunden über sogenannte Kennziffern steuern. Früher ging es allein um eine ordentliche Balance zwischen Einnahmen – staatlichen Zuschüssen – und Mittelverwendung, ohne dass konkrete Zwecke für den Einsatz der Gelder verabredet wurden. Im Globalhaushalt sind dagegen die Ziele des hochschulischen Handelns, mit ihnen die Prinzipien der Qualitätssicherung und Verantwortlichkeit durch die jeweiligen Kennzahlen transparent festzulegen. Auf diese Weise soll durch Organisation verhindert werden, dass Autonomie zu Willkür gerät.[19]

Von großer Bedeutung für das neoliberale Konzept ist die externe Kontrolle der Universität. An die Stelle der traditionellen Kuratorien mit vorwiegend internen Mitgliedern und ministerieller Fachaufsicht treten Hochschulräte, in denen unterschiedliche gesellschaftliche Statusgruppen repräsentiert sind. Sie sollen mit ihrer aus Politik, Wirtschaft und Kultur stammenden Expertise die Organisationstüchtigkeit der Institution, ihre strategischen Ziele und Schwerpunktbildungen überprüfen. Sogar dort, wo noch Kuratorien wirken, wie es an den Berliner Universitäten der Fall ist, halten neue Regeln Einzug. Zumindest die

Hälfte ihrer Mitglieder rekrutiert man nach gesetzlichen Vorgaben von außen, um die Tendenz zur Selbstbespiegelung und Innenschau zu verhindern. Hochschulräte im eben beschriebenen Sinn bezeichnen das wesentliche Element einer neoliberalen Programmatik, die universitäre Leistungen transparent und für externe Beobachter nachvollziehbar machen möchte. Allerdings weist das gesamte Konzept Licht- und Schattenseiten auf. Gut arbeitende Hochschulräte bereichern die Institution durch kritische Beobachtung, motivierende Inspiration und strategisches Wissen. Ihre Anregungen speisen sich aus heterogenen Erfahrungsquellen, und genau das kommt einer Universität zugute. Idealerweise sind ihre Mitglieder mit den Problemen des Hochschulalltags so gut vertraut, dass sie, obwohl sie selbst aus anderen Berufsfeldern stammen, mit ihren Empfehlungen nicht an den Realitäten vorbeisteuern. Das begründet wiederum wechselseitige Wertschätzung, die Grundlage für produktive Kritik und praktikable Anregungen ist. Im negativen Fall jedoch vermisst man die nötige Interaktion zwischen Hochschule und externen Ratsmitgliedern, deren Vorschläge die Möglichkeiten und Erfordernisse des Organisationsprozesses verfehlen können. Ein tieferes Verständnis für die Charakteristika des universitären Betriebs existiert nicht, was zu Misstrauen auf Seiten der akademischen Institution führt. Die in einigen Landesgesetzen vorgesehenen erweiterten Befugnisse der Hochschulräte bei der Wahl von Präsidenten und Kanzlern werden dann als unzulässige Eingriffe in die Autonomie der Einrichtung wahrgenommen.[20] Das System der *checks and balances* funktioniert mangelhaft, weil es keine Räume für Kommunikation und angemessenen Austausch gibt. Auch erfolgreich agierende Hochschulräte sollten daher, selbst wenn das Gesetz das nicht vorsieht, den regelmäßigen Austausch mit den Akademischen Senaten und anderen Gremien pflegen. Sie müssen ihre eigene Arbeit so transparent gestalten, dass die Hochschulmitglieder ihnen mit Aufgeschlossenheit begegnen. Das liegt in ihrem eigenen Interesse und im Sinne ihrer Mission. Denn zumindest das Rollenverständnis, das im Begriff ‹Kuratorium› angezeigt ist, hat analog für Hochschulräte zu gelten: dass sie sich um die ihnen anvertraute Institution sorgen.

So wie die Universitäten gemäß neoliberalem Credo nach außen auf Wettbewerb setzen, indem sie z. B. Drittmittel zu akquirieren und ihre internationale Reputation zu steigern suchen, verfahren sie auch im Innenverhältnis.[21] Die Fakultäten werden nicht mehr mit feststehenden Budgets versorgt, sondern müssen sich einen Teil ihrer Zuwendungen durch Leistung verdienen. Nur diejenigen Fachbereiche, die Studienplätze füllen, geringe Abbrecherzahlen und hohe Absolventenquoten vorweisen können, werden auskömmlich alimentiert. Ebenso geschieht es im Sektor der Forschung, wo nennenswerte Drittmitteleinnahmen zu einer entsprechenden Kofinanzierung durch die Zentrale führen. Die Hochschulleitung kann dabei moderat oder selektiv operieren. Im einen Fall schafft sie Anreize für Erfolge in Lehre und Forschung, indem sie zusätzliche Gelder bereitstellt; im anderen Fall sanktioniert sie ein Scheitern, indem sie Budgets beim Sinken unter eine vorher festgelegte Leistungsgrenze kürzt. Dahinter steht ein neuer, nämlich zweckgebundener Begriff der Autonomie. Die Fachbereiche sind autonom bei der Wahl der Methoden und Techniken, die gute Resultate in den betreffenden Feldern bewirken.[22] Die freie Entscheidung über die jeweiligen Ziele fällt ihnen hingegen nicht zu, denn diese werden zwischen Hochschulleitung und Landesministerien verhandelt. Das interne Mittelvergabesystem spiegelt also die Wirkungsindikatoren, die der Staat für die Hochschulen und mit ihnen erarbeitet hat. Sie sind bestenfalls in Mikrozielen und kurzfristigem Management, nicht aber im Grundsatz modifizierbar.[23] Kritiker beklagen daher, dass die Freiheit des neoliberalen Steuerungsmodells für Universitäten die Freiheit der selbstverantwortlichen Mangelverwaltung bedeute.[24] Nüchterner hat Antonio Loprieno von einer «Vergesellschaftung» der Hochschulen gesprochen, die sich in der Festlegung von Leistungserwartungen und der Aufstellung verbindlicher Zielkataloge niederschlägt.[25] Wenn sich die 1968 für die Universitäten definierte soziale Mission nun in einem marktliberalen Entwurf ihrer allgemeinen Wettbewerbsfähigkeit wiederfindet, so mag man das, je nach Blickwinkel, als Dialektik, Dynamik, Ironie oder Tragik der Institutionsgeschichte verbuchen.

Es ist aufschlussreich, dass in allen 16 Bundesländern mehr oder weniger geringfügig voneinander abweichende Varianten dieses Modells existieren. Unabhängig von parteipolitischer Couleur sind Formen der Makrosteuerung gängig; zwar unterscheiden sich die Ziele im Detail, aber im Prinzip bleiben sie überall auf Wettbewerb, Effizienz und Trans-

parenz ausgerichtet. Das neoliberale Leistungssystem ist ubiquitär, denn
es überlagert jegliche parteipolitische Differenzierung. Ob das Wissenschaftsministerium von CDU, SPD, den Grünen oder der Linken gelei-
tet wird, spiegelt sich bestenfalls in der Gewichtung von Indikatoren,
nicht jedoch in den grundsätzlichen Zielvorstellungen. Die hochschulische Governance – nach einer Definition des Wissenschaftsrats verstanden als Gefüge der «Willensbildung, Entscheidungsfindung und
Steuerung» – gehorcht meist denselben übergreifenden Zwecken.[26] Es
geht um eine leistungsstarke Organisation mit hohen Studierenden-
und Abschlusszahlen, stetig wachsender Drittmittelbilanz, zunehmender Internationalisierungs- und Frauenförderquote, belastbaren Wirtschaftskooperationen und professioneller Öffentlichkeitsarbeit. Zur
Ironie dieses Systems gehört es, dass aktuell in keinem der 16 Bundesländer die FDP ein Wissenschaftsministerium führt, aber die Universitäten überall neoliberal konditioniert werden. Im Zeitalter des Utili-
tarismus haben politische Programme keine differenzierende Wirkung
mehr.

Der neoliberale Ansatz impliziert eine Umdeutung traditioneller
Universitätswerte, die außerordentlich weitreichend ist. Das lässt sich
nicht auf den ersten Blick durchschauen, denn zunächst hat es den
Anschein, als arbeite er mit denselben Begriffen wie das alte System à la
Humboldt. Tatsächlich stützt sich auch sein Steuerungsmodell auf das
Ideal der Freiheit und, daran gebunden, auf Grundsätze wie Autonomie
und Unabhängigkeit. Es nutzt jedoch die herkömmliche Kategorien-
tafel primär, um sie neuen Leitprinzipien unterzuordnen. Die bei Humboldt nicht weiter konditionierte Freiheit von Forschung und Lehre
gehorcht jetzt einem allgemeinen Imperativ, den Maßgaben der Effizienz und der Wirkung. Gute Lehre bedeutet, dass mit einem möglichst
überschaubaren Finanzeinsatz ein hoher Erfolgsgrad bei der Studien-
platznachfrage, der Minimierung von Abbrecherzahlen und den Abschlussquoten erreicht wird. Gute Forschung bemisst sich daran, dass
man mit denkbar niedrigen Vorabinvestitionen ein großes Volumen an
zusätzlichen Drittmitteleinnahmen für Projekte herbeischafft. Wirkung
(Impact) meint wiederum, dass Publikationen rezipiert, Patente genutzt, Forschungsergebnisse industriell verarbeitet werden; dass internationale Aktivitäten sich in gesteigerter Reputation – messbar in Ran-

kings – und einer besseren Refinanzierung des Grundetats – durch zusätzliche (möglichst zahlende) Studierende – niederschlagen. Freiheit gilt zwar weiterhin als Basiskategorie, aber sie untersteht nun einer übergeordneten Mission. Sie wird zum Element der Mikrosteuerung, insofern sie die wichtigste Voraussetzung für Erfolge in Forschung und Lehre bildet.[27] Alle Mitglieder der Universität sollen das, was sie tun, aus Überzeugung, mit hoher Motivation und ohne Lenkung von oben tun. Solche Freiheit allerdings muss zu mehr Studierenden, Prüfungen und bestandenen Examina, mehr Promotionen, Drittmitteln, Patenten und Zitationen führen.[28]

Freiheit ist im neoliberalen Universitätskonzept folglich kein Selbstzweck, sondern bestenfalls ein Ermöglichungsinstrument. Ihre ideelle Qualität leidet darunter, denn sie verliert ihren unbedingten Charakter. Man könnte hier von einer Funktionalisierung eines ursprünglich immateriellen Leitprinzips sprechen. Leistung, Effizienz und Impact treten an die Stelle der Freiheit, denn sie sind die unteilbaren, nicht aufgebbaren Werte des neuen Systems.[29] Der Freiheitsanspruch dagegen wird kritisch durchleuchtet; dort, wo er Forschung und Lehre ohne praktische Auswirkungen dient, gilt er als falsch verstandenes Privileg. Genau deshalb bedarf Freiheit ihrerseits der Konditionierung durch externe Steuerung. Das neoliberale Credo geht davon aus, dass Zwecke meist richtig seien, Freiheit aber missbraucht werden könne. Zu fragen ist dabei, ob das mit dem Begriff der Wissenschaft und dem Verständnis universitärer Autonomie vereinbar bleibt. Der richtige Hinweis, dass im neuen Modell die individuelle Selbstbestimmung des Professors oder der Professorin durch die Organisationsautonomie für die Institution ersetzt wurde, erfasst sicher bloß einen Teil des hier aufscheinenden Problems.[30]

Niklas Luhmann schrieb vor mehr als 50 Jahren, die Wissenschaft habe «die spezifische Funktion, die Welt für die Gesellschaft offen zu halten. Für diese Funktion wird sie freigestellt.»[31] Das ist eine sehr subtile Erklärung der akademischen Autonomie, die keineswegs auf die traditionelle Ubiquität des Freiheitsbegriffs setzt. Vielmehr nimmt sie eine Definition vor, die zugleich eine Zweckbestimmung bedeutet – eine Sichtweise, die Luhmann in seiner Studie *Die Wissenschaft der Gesellschaft* (1990) weiter ausbaut.[32] Indem er die Freiheit der Wissenschaft

auf die Öffnung der Welt für die Gesellschaft verpflichtet, formuliert er
eine dezidiert soziale Mission, die aber kein präzises materielles Ziel
verfolgt. Weder geht es um die Rechtfertigung staatlicher Förderung
durch Leistung noch um angewandte Forschung oder Berufsqualifizierung. Die einzige Funktion, die Luhmann der Freiheit zuschreibt, ist die
der Öffnung der Welt für das soziale System – Freiheit dient der Freiheit. Anders gewichtet hier der Neoliberalismus; indem er ganz konkrete Zwecke als Rahmen für die Entfaltung der Freiheit bestimmt,
setzt er ihr selbst utilitaristische Grenzen. Freiheit ist dann eine geteilte,
nämlich durch Steuerung näher definierte Kategorie. Darin liegt die
wichtigste Veränderung, die das leistungsorientierte Modell auf dem
Weg zu einer neuen Universität herbeiführt.[33]

Die neoliberalen Programmschriften benannten nicht bloß Desiderate, sondern sprachen auch direkte Handlungsanweisungen aus.
Nahezu sämtliche der von Glotz, Daxner und Müller-Böling unter-
breiteten Vorschläge sind in den folgenden 20 Jahren umgesetzt oder
zumindest erprobt worden. Sie haben die Universitäten leistungsstärker
und international konkurrenzfähiger gemacht. Sie haben Wettbewerb
gefördert, mehr Chancen für den Einstieg in akademische Karrieren
erzeugt, aber zugleich liebgewordene Sicherheiten abgeschafft (man
denke nur an die Vielzahl unbefristeter Stellen). Nicht alles hat funktioniert, einiges blieb in den Anfängen stecken, anderes – so die Studiengebühren – wurde nach kürzerer Experimentierphase wieder abge-
räumt. Etliche der Probleme, unter denen die Massenuniversität seit
den achtziger Jahren litt, blieben auch in der neoliberalen Erneuerungs-
periode bestehen. Bemerkenswert aber ist vor allem, dass die leistungsorientierte Universität nach der Jahrtausendwende zu einem grundlegend neuen Rollenmodell geführt hat. Die auf Output setzende
Steuerungsidee geht von einer Selbstbindung öffentlicher Einrichtungen
im Zeichen ihrer Gesamtverantwortung aus. Sie verpflichtet sie dazu,
staatliche Finanzierung durch die Einwerbung zusätzlicher Mittel zu
ergänzen und die verfügbaren Gelder effizient zu nutzen.[34]

Die Kameralistik des traditionellen Hochschultyps hatte, gestützt
auf den Primat eines zentralen Haushalts, die Geldabflüsse, nicht aber
deren sinnvolle Verwendung zu prüfen. Dieses Verfahren wurde im
neoliberalen System durch eine Verwaltungspraxis ersetzt, die den

Budgetzuschnitt aus dem Verhältnis von Finanzierung und Leistung ableitet. Nicht mehr die rein nach der Professurenstärke bemessene Grundversorgung einer Fakultät oder die einmal verhandelte Lehrstuhlausstattung bestimmen den Mittelzustrom. Basis der Budgetzuteilung sind die Aktivitäten der Fakultät, des Instituts oder des einzelnen Mitglieds der Universität, die im Rahmen von Zielvereinbarungen vorab definiert werden können. Das hochschulische System zeigt sich damit dynamischer, die dezentrale Ebene handlungsfähiger, die Geldzuweisung gerechter. Was im alten Modell weitgehend festgeschrieben und häufig hierarchisch geregelt war – etwa durch Ausstattungssätze für Lehrstühle –, folgt jetzt einem internen Verteilungswettbewerb. Wer als Professor größere Prüfungslasten trägt und mehr Drittmittel einwirbt, gewinnt neue finanzielle Spielräume für seine apparative oder personelle Unterstützung. Derjenige Fachbereich, der mehr Studierende ausbildet, erhält Zusatzsummen für seinen Lehrbetrieb. Im Endeffekt erlaubt dieses System eine freiere, statusunabhängigere Budgetierung, die zumindest die kurzfristige Ressourcenplanung absichert.

Das neoliberale Modell der Universität hat als Antwort auf die Zerfallserscheinungen einer überforderten Institution für klare Prioritäten gesorgt. Es war erfolgreich, weil es die Universitäten aus ihrem Dornröschenschlaf weckte. Es erwies sich als Heilmittel gegen die Erstarrung in Gremiendebatten und den Selbstbetrug der Festreden. Es hielt das akademische System dazu an, öffentliche Finanzierung nicht für garantiert zu halten, sondern sie sich immer wieder neu zu verdienen. Und es stellte sicher, dass die akademische Autonomie nicht als Schutzmantel für geistige Windstille und fehlendes Engagement in Lehre und Forschung missbraucht wurde. So betrachtet ist die neoliberale Universitätskonzeption mit ihren Steuerungsprinzipien tatsächlich ein Modell, das der Verteidigung universitärer Freiheit dient. Denn es wäre illusionär zu glauben, dass das alleinige Beharren auf den alten Freiheitswerten und -ansprüchen ausreiche, um den Universitäten hierzulande ein auskömmliches Überleben zu gewährleisten. Mithin verschafft uns der Neoliberalismus die paradoxe Situation, dass ausgerechnet das System, das die ideelle Freiheit der Universität durch Zweckbindung umdefiniert und faktisch einschränkt, zugleich neue Autonomieräume eröffnet.

Das neoliberale Universitätskonzept sorgte immer wieder auch für scharfe Kritik. Das teilt es mit der parallel etablierten Reform des Lehrbetriebs, die sich an den Namen «Bologna» knüpft. So wie das Bologna-System durch seine starke Tendenz zur Verregelung und Verschulung bei vielen als Angriff auf die Freiheit der Lehre galt, so erscheint der neoliberale Steuerungsansatz etlichen als Ausdruck einer Zerstörung des tradionellen Universitätsgedankens. Es steht außer Zweifel, dass mit dem neoliberalen Modell weitreichende Konsequenzen für die Idee der Universität, für ihre interne Organisation und ihren gesellschaftlichen Wirkungsgrad verbunden sind. Dasselbe gilt fraglos für die Bologna-Reform, die strengere Vorgaben in der Lehre umgesetzt und striktere Ausprägungen interner Normierung erzeugt hat. Beide Systeme gehören, nicht allein aus der Perspektive der Kritiker, zusammen, denn sie folgen einer Konzeption der Universität, die auf Leistungsmessung, Vergleich und Transparenz der Organisation beruht.[35] Diese Parameter haben ihren Sinn, wenn man an ihre Vorgeschichte, an die Tendenz der Massenuniversität zu schlechter Administration, Nivellierung, Unverbindlichkeit und unprofessioneller Betreuung, denkt. Sie können jedoch, sofern sie nicht selbst kontrolliert werden, in die Einöde einer rein funktionalistischen Universität führen, die ihre ursprüngliche Identität als autonome Institution zu verlieren droht. Von solchen Risiken, die mehr als nur Nebenwirkungen bilden, ist im folgenden Kapitel zu sprechen.

6. Drittmittel, Wettbewerbe, Evaluationen

Seit den späten neunziger Jahren kam es zu einer tiefgreifenden Veränderung in der Finanzierung des Hochschulsystems, die dem Credo der neoliberalen Wissenschaftspolitik entsprach. Öffentliche Ressourcen wurden den Hochschulen entzogen – massive Einschnitte gab es zumal in Baden-Württemberg, Berlin, Hessen und Nordrhein-Westfalen.[1] Das Geld verblieb durchaus im Wissenschaftsbetrieb, wurde aber anders verteilt. Die außeruniversitären Forschungseinrichtungen erzielten seit 2005 bemerkenswerte Zuwächse in Höhe von anfänglich fünfprozentigen, später dreiprozentigen Jahressteigerungen.[2] Die Helmholtz-Gemeinschaft verfügt derzeit über einen aus öffentlichen Mitteln gesicherten Grundhaushalt von 3,48 Milliarden Euro jährlich, die Leibniz-Gemeinschaft liegt bei 1,24 Milliarden, die Max-Planck-Gesellschaft bei 1,79 Milliarden und die Fraunhofer-Gesellschaft bei 820 Millionen Euro.[3] In der Summe verdoppelte sich das Budget dieser Forschungseinrichtungen zwischen 2005 und 2019 annähernd, während die Universitätsetats zur selben Zeit – bei expandierenden Aufgaben für das Gesamtsystem – lediglich um knapp 56 Prozent von 13,244 Milliarden auf 20,626 Milliarden anstiegen.[4]

Nennenswerte Mittel flossen seit 2006 auch in den Haushalt der Deutschen Forschungsgemeinschaft, die zu 69 Prozent vom Bund und zu 29 Prozent von den Ländern finanziert wird.[5] Ihr Etat wuchs in den letzten zwei Dekaden kontinuierlich auf heute 3,3 Milliarden Euro jährlich; noch 2006 lag er bei 1,3 Milliarden, 2013 betrug er 2,7 Milliarden Euro.[6] Diese Steigerung hat nicht nur mit den seit 2006 laufenden drei Exzellenzprogrammen des Bundes und der Länder zu tun, die bis 2017 4,6 Milliarden Euro kosteten und seit 2019 mit jährlich 500 Millionen zu Buche schlagen. Kräftig profitiert haben vom Aufschwung auch andere Förderlinien, allen voran die Sonderforschungsbereiche und die Graduiertenkollegs mit ihren strukturierten Promotionsangeboten. Die Chancen auf einen bewilligten Antrag sind für sämtliche Hochschulen deutlich gestiegen, die Drittmitteleinwerbung ist überall massiv angekurbelt worden. Im Jahr 2005 nahmen die Universitäten bei einem Grundetat von 13,2 Milliarden Euro insgesamt 3,4 Milliarden Euro Drittmittel ein, 2018 waren es bei einem Grundetat von 20,6 Milliarden bereits 7,6 Milliarden Euro – ein Wachstum des Drittmittelanteils von 20,6 auf 26,8 Prozent.[7] Mit Blick auf die eben beschriebene Verlagerung der Finanzströme ist allerdings zu betonen, dass die Drittmittelförderung keine Ergänzung, sondern eine punktuelle Verschiebung der Budgets bedeutet. Das Geld wanderte aus den Töpfen der Hochschulen in die Programmlinien des Bundes und der Länder. Was vor 30 Jahren noch zum universitären Basisetat für die Forschung gehörte, muss heute über Anträge hinzuverdient werden. Man gab Sicherheiten auf und gewann wettbewerbliche Freiheitsgrade – mit allen Vor- und Nachteilen, die eine solche Systemänderung erzeugt.

Werfen wir einen Blick auf die Vorzüge und die Mängel des Dritt-mittelmodells. Das gewachsene Volumen der Projektförderung bringt eine Reihe erfreulicher Wirkungen für alle Einrichtungen mit sich.[8] Vorwiegend positiv bewerten die Universitäten den durch Drittmittel-akquise vergrößerten Spielraum für Personaleinstellung, Infrastruktur-aufbau und das zentrale Gebiet der Frauenförderung. Drittmittel ermöglichen es, nachkommenden Generationen über spezialisierte For-schungsvorhaben den Einstieg in eine wissenschaftliche Qualifizierung zu eröffnen. Sie schaffen die Gelegenheit, im Forschungsprozess neue Themen und Methoden in kooperativen Modellen anzugehen. Das alles steht außer Frage und sollte durch im Detail berechtigte Kritik nicht kleingeredet werden.[9] Das Modell der Finanzverteilung über kompetitive Verfahren ist zweifellos effektiver als die frühere Praxis, der universitätsinternen Grundlagenforschung ihre Mittel komplett ohne Wettbewerb verfügbar zu machen. Man kann nämlich erkennen, dass die Forschungsaktivität im Rahmen der neuen Förderstrukturen generell zugenommen hat. Es wird verstärkt in Gruppen gearbeitet, häufig im Zusammenspiel unterschiedlicher Disziplinen. Die einstmals übliche Konzentration auf den eigenen Lehrstuhl, bestenfalls das Insti-tut, ist überwunden. Der Teamgeist kollaborativer Forschungsmodelle wirkt sich positiv auf das Soziosystem Universität aus. Wo Kollegialität früher in taktischen Bündnissen bei Gremienkonflikten und der ge-meinsamen Kritik an der Hochschulleitung zutage trat, ist heute ein *common spirit* im Universitätsgefüge spürbar, der aus der Gruppen-forschung vieler Programme resultiert.

Dennoch ist nicht alles gut, was mit der projektgebundenen For-schung zu tun hat. Auf der inhaltlichen Ebene lässt sich beobachten, dass das System kompetitiver Programme einen Mainstream der The-men und Methoden erzeugt.[10] Diese Tendenz hat vermutlich mit dem Konformitätsdruck zu tun, der aus Wettbewerbslagen entsteht, nicht zuletzt mit der globalen Vernetzung aller Fachdisziplinen und ent-sprechenden Nivellierungseffekten, auch im Terminologischen. Noch schwerwiegender sind negative institutionelle Wirkungen: Es fehlt langfristige Planungssicherheit; die kurzen Antragszyklen erzeugen Qualitätsverluste; die Abhängigkeit von Förderverfahren ist massiv gewachsen; die Kosten für zusätzliche Infrastrukturen und weiteres

Personal werden durch die sogenannten Programmpauschalen der meisten Projekte nicht gedeckt; und ein nachhaltiger Stellenaufbau ist aufgrund der strengen Befristung der Vorhaben unmöglich. Bedenkt man, dass an zahlreichen Technischen Universitäten bereits 50 Prozent des Forschungsbudgets über Drittmittel laufen, dann kann man die Risiken ermessen, die daraus resultieren. Brechen Großprojekte weg, weil sie nicht verlängert werden, oder misslingen Neuanträge, so entstehen über Jahre Engpässe im internen Universitätsgefüge, die sich verheerend auf die Entwicklung ganzer Fachdisziplinen auswirken können. Von einer vielberufenen ‹Kultur des Scheiterns› lässt sich im Wissenschaftssystem nichts erkennen. Erfolglose Anträge verschwinden zumeist in der Versenkung und werden nur in den seltensten Fällen so umgearbeitet, dass sie eine neue Chance haben. Die in sie investierte Zeit scheint totes Kapital zu sein, das bestenfalls Hoffnung auf Erfahrungsgewinn bietet: den einzigen Trost der Gescheiterten.[11]

Die Förderung durch Programme führt auch zu neuen Formen der Reputationsmessung. Allein die bloße Drittmittelsumme, über die eine Universität verfügt, gilt als Indikator ihrer Forschungsexzellenz. Diese Zuschreibung verändert die hergebrachten Kriterien für akademische Anerkennung auf weitreichende Weise. Früher wurde Ansehen im wissenschaftlichen Kontext von Institutionen oder Personen aufgrund vergangener Meriten erworben. Wer über Jahre und Jahrzehnte in seinem Fach Bahnbrechendes publizierte, Standardwerke schrieb oder Preise gewann, galt etwas. Institutionen erhielten wiederum Renommee durch jahrhundertelange Traditionen, Generationen von herausragenden Gelehrten und Berufungen der Besten einer Disziplin. Die Anerkennung, die hier erarbeitet wurde, bildete das Produkt zurückliegender Leistungen. Im negativen Fall führte diese Kultur dazu, dass Gelehrte, die ihren intellektuellen Zenit schon überschritten hatten, über zu viel Macht und Einfluss verfügten. Sie waren es, die alle Weichenstellungen für die Zukunft vornahmen, über Berufungen entschieden und ihre Interessen mit Hinweis auf die ihnen zustehende Autorität durchsetzten. Das Universitätssystem wurde gesteuert von alten Männern und nicht selten von Denkhaltungen der Vergangenheit. Sowohl die «Instrumente zur Reproduktion der Körperschaft» – zur akademischen Selbstergänzung – als auch das symbolische Kapital des wissenschaftlichen Prestiges fielen allein den Lehrstuhlinhabern zu.[12]

Bisherige Verdienste von Institutionen und Personen spielen heute weiterhin eine Rolle. Aber hinzu kommt ein neues Ankündigungssystem, das nicht *past merits*, sondern Antragsagilität und Versprechen auf die Zukunft – also «Akquisitions- und Selbstdarstellungsaktivitäten» – belohnt.[13] Wer Drittmitteleinnahmen misst, setzt damit voraus, dass ein bewilligter und finanzierter Antrag bereits die Gewähr für herausragende Forschung bietet. Wer sich an den Volumina der Projekte orientiert und nicht an der Qualität von Publikationen, bewertet die Fähigkeit einer Institution, Geld für die eigene Wissenschaft aufzutreiben, kaum jedoch deren wirkliche Leistungsstärke.

Geprüft wird heute nicht nur der Ertrag an Fördergeldern, sondern nahezu alles, was sich einer quantitativen Erfassung erschließt. Symptomatisch für diese quantitative Tendenz ist die Ersetzung der Kategorie der «Originalität» durch die der «Innovation», die mittlerweile auch für die Aktivitäten der Grundlagenforschung herangezogen wird. Mit ihr dringt ein Anwendungshorizont ins Wissenschaftsgeschehen, der eine bessere Messung von Leistungen erlaubt und die generelle Neuausrichtung der Hochschulen auf das Ziel eines Nutzens durch nachweisbare Verwertbarkeit anzeigt.[14] Die Universität des 21. Jahrhunderts ist zu einer komplett vermessenen und ausgezählten Einrichtung geworden, mit gefährlichen Effekten für ihre eigentliche Mission in Lehre und Forschung. Zwar gilt, dass man nach dem Prinzip des Peer-Review einzig diejenigen gutachten lässt, die fachlich etwas von der betreffenden Sache verstehen («denn über Gelehrte, als solche, können nur Gelehrte urteilen», formulierte Kant schon 1798[15]). Aber die Häufung der Bewertungen und die immer dichteren Schübe von Evaluationen führen den Ansatz selbst in einem Dauerzustand permanenter Leistungsprüfung ad absurdum. Hinzu kommt, dass auch die Unabhängigkeit der Gutachter durch die intensiver werdende internationale Wissenschaftskooperation zunehmend schwer zu garantieren ist.[16]

Das wettbewerbliche Modell hilft auf zweifelhafte Weise dabei, den in sich fragilen Exzellenzbegriff zu stabilisieren. Mit der Gleichsetzung von Antragserfolg und Exzellenz schafft es nämlich eine scheinbar einfache Definition des als außerordentlich Geltenden.[17] Exzellent ist das, was Förderung erhält, nicht-exzellent das, was im Leistungsvergleich scheitert. Ergänzt wird dieses simple binäre Modell durch eine sehr formalisierte Reputationsmessung über Publikationen in hochkarätigen Journalen und die symbolische Ebene der akademischen Preise. Das Ganze offenbart seine Fragwürdigkeit dort, wo man die Kategorie der Exzellenz auf ihre inhaltliche Substanz im wissenschaftlichen Gesamtgefüge durchleuchtet. Hier erweist sich, dass sie überwiegend selbstreflexiven Charakter trägt und letzthin unspezifisch bleibt. Sie ist nämlich nirgendwo gestützt auf ein sachlich fundiertes Skalierungssystem, welches das Überragende, das Durchschnittliche und das Schwache gleichermaßen genau erfasst. Wenn die Kategorie der exzellenten Forschung mehr als eine tentative Qualität im Sinne eines bloßen Näherungswerts bezeichnen soll, müsste es nach verbindlichem Verständnis aller Insider auch mittelmäßige und schlechte Forschung geben. Das ist objektiv der Fall, allerdings existieren dafür keine zuverlässigen Maßstäbe, die klaren Kriterien folgen. Bei der Bewertung von Projekten durch externe Evaluatoren hat sich in allen großen Wissenschaftseinrichtungen ein Verfahren eingebürgert, das die Prädikate ‹exzellent›, ‹sehr gut› und ‹gut› vergibt. Was ‹gut› ist, steht am unteren Ende der Skala und besitzt in der Regel kaum eine Chance auf Förderung. Hier wird die Problematik eines Wettbewerbs sichtbar, der zwar zu positiven Zuschreibungen führt, aber keine ehrliche Definition der schwächeren Segmente kennt.[18] Wenn mittleres und unteres Leistungsfeld unzureichend bestimmt sind, bleibt notwendig auch der Exzellenzbegriff redundant. Er liefert eine suggestive Form der Selbstdefinition, die dem Marketing und nicht der Qualitätsdifferenzierung dient.

Die neoliberale Steuerungsidee, der Universitäten seit 20 Jahren mehr oder weniger folgen, hat ihren Preis. Hochschulen müssen sich permanenten Bewertungs- und Überprüfungsprozessen unterwerfen, damit sie ihre Finanzierung sichern können. Das gilt nicht nur für die Allokation von Drittmitteln, sondern auch für die Bereitstellung der staatlichen Budgets, die an Zielvorgaben geknüpft ist. In allen 16 Bundesländern gibt es ein System mit Hochschulverträgen, die – bei einer Laufzeit von zumeist vier Jahren – Parameter für die Leistungen in Lehre, Forschung, Frauenförderung und einer Reihe weiterer Handlungsfelder fixieren. In manchen Bundesländern müssen die einzelnen

Hochschulen ihre Ziele spezifisch mit den Ministerien verhandeln, in anderen gelten Rahmenverträge mit allgemein verbindlichen Kriterien. Diese Verträge sind öffentlich zugänglich, sodass zumindest Transparenz herrscht. Was die Hochschulen in den nächsten Jahren jeweils erreichen müssen, steht online und lässt sich für jeden nachverfolgen. Die staatliche Alimentierung verschwindet nicht in den von außen undurchsichtigen Kanälen eines traditionellen kameralistischen Systems, das Lehrstuhl für Lehrstuhl über Pauschalsummen finanziert. Sie verknüpft sich mit Zielzahlen bei Absolventen, Berufungen von Frauen, Forschungsdrittmitteln und -preisen, nachhaltiger Energiewirtschaft, Quoten von Studierenden ohne Abitur, Lehramtsabschlüssen und anderen Elementen des Mikromanagements. Wie die Hochschulen ihre Vorgaben realisieren, bleibt ihnen überlassen. Im Rahmen von Globalbudgets dürfen sie zwar nicht tun, was sie wollen, aber sie verfügen über große Freiheit beim Ressourceneinsatz. Ob sie besondere Anreize für die Steigerung der Absolventenzahlen schaffen, verstärkt Strategien der Frauenförderung vorantreiben, internationale Partnerschaften organisieren oder durch effizientes Gebäudemanagement auf Energieeinsparungen einwirken, ist Sache der jeweiligen Hochschulleitungen. Meist verfolgen sie diese Ziele gemäß ihren offiziellen Verlautbarungen parallel, jedoch spiegeln sich in den Details ihrer Budgetansätze feine Differenzierungen, die von bestimmten Prioritäten zeugen.

Gewiss muss der Einsatz der Finanzmittel im öffentlichen Sektor regelmäßig auf Transparenz und Effizienz überprüft werden. Doch herrscht im neuen Hochschulsystem die Gefahr einer permanenten Nachweis- und Dokumentationspflicht, die lähmende Wirkungen zeitigt.[19] Ganze Druckwellen von Evaluationsansprüchen, Ranking-Erwartungen und Akkreditierungserfordernissen brechen über die Universitäten herein. Sukzessive sind die Hochschulen heute zu Objekten der Dauerbeobachtung geworden; die «Kontrollgesellschaft», so der Germanist Albrecht Koschorke, «ist auch in der Wissenschaft angekommen».[20] Forschung und Administration unterstehen einer kontinuierlichen Überprüfung durch Agenturen, Zertifizierungsbüros und andere selbsternannte Qualitätswächter – Einrichtungen, die ihnen nicht nur ihre eigenen Normen, sondern zugleich eine sinnleer-floskelhafte Beschreibungssprache im Zeichen eines entseelten Formalismus aufnötigen. Wer die Modulhandbücher aktueller Studienprogramme liest, weiß zuweilen nicht, ob in ihnen ein Motor oder ein Curriculum beschrieben wird. Aber Universitäten sind keine Firmen, und Wissenschaft ist nicht Produktionsökonomie – aus diesem Bereich stammt schließlich der Modulbegriff. Wissenschaft benötigt Zeit, das Recht zum Irrtum, im Wortsinn: die Freiheit des Experiments. Universitäre Forschung und Lehre beschränken sich niemals darauf, «technisch verwertbares Wissen» zu erzeugen und zu vermitteln, wie Jürgen Habermas schon 1967 in einem Beitrag für die Berliner Universitätstage betont hat.[21] Das schließt ein, dass nicht alles messbar ist, was zum hochschulischen Wissenschaftsbetrieb gehört.

Die Herrschaft der Normen halten primär die Agenturen aufrecht, die Evaluationsverfahren zur Einrichtung und Beurteilung von Studiengängen, aber auch Überprüfungen von Forschungsleistungen und institutionellen Strategien organisieren. Ihre Vertreter sind zumeist Sozialwissenschaftler, die über statistische Kompetenzen verfügen. Positiv daran ist, dass die Gesellschaft hier breite Einblicke in öffentlich geförderte Forschung gewinnt – Transparenz bleibt auf diesem Gebiet wichtig und unabdingbar. Vielfach nimmt jedoch die Evaluationsdynamik überhand, weil die Frequenz, in der Vorhaben aller Art genau vermessen und beobachtet werden, ständig wächst. Der tertiäre Sektor der Agenturen, der sich von der Produktivität der Universitäten offenbar gut nährt, ohne selbst kreativ zu sein, droht in einer verhängnisvollen Weise zu expandieren, wenn ihm nicht mit vereinten Kräften Einhalt geboten wird. Täglich landen auf den Tischen der Hochschulleitungen längliche Anschreiben von Agenturen und Firmen, die Studiengangstrukturen, die IT-Sicherheit, den Modellcharakter der Austauschprogramme, Familienfreundlichkeit, Betreuungsstandards oder Laborqualität evaluieren möchten. Wenn sie sämtlichen dieser Ansinnen entsprechen würden, wären Universitäten allein mit administrativer Selbstbeobachtung beschäftigt.[22]

Die prognostische Kraft der meisten Evaluationen ist zudem begrenzt. Diverse Erhebungen erfüllen eine ähnliche Funktion wie das Totem in alten Kulturen: Sie sind Symbole, denen man unbefragt Glauben schenkt. Wer hinter die Kulissen schaut, erkennt allerdings, dass hier eine massive Täuschung im Spiel ist.[23] Die ständige Selbstdarstellung der Wissenschaft, die ihr die externen Qualitätskommissare auferlegen, führt keineswegs zur Verbesserung ihrer Ergebnisse, sondern bindet erhebliche Ressourcen. Öffentlich legitimieren muss sich die Forschung durch autonom erbrachte Resultate, nicht durch dauernde Evaluation. Wo es um geistige Kreativität geht, sollte Substanzsicherung vor allem darin bestehen, Freiräume für intellektuelle Experimente zu schaffen.

Die objektive Erfassung menschlicher Leistungen und ihrer direkten Wirkung ist in allen Bereichen unseres Lebens schwierig. Ein gutes Beispiel bieten die allseits beliebten Fußballstatistiken. Häufiger Ballbesitz einer Mannschaft bedeutet, so wissen wir, noch keine Überlegenheit. Die führende Mannschaft zieht sich nach dem ersten Tor zurück, überlässt die Initiative dem Gegner und verlegt sich aufs Kontern. Ihre Ballbesitzquote ist niedrig, aber am Ende kann sie trotzdem gewinnen. Auch Zweikampfwerte, auf den erste Blick klare Indikatoren von Qualität, sind nicht aussagekräftig. Betrachtet man die entsprechenden Zahlen aller 18 Bundesligisten, so spiegeln diese keineswegs den aktuellen Tabellenstand wider. Unter den zweikampfstärksten Vereinen sind solche, die nahe an der Abstiegszone stehen; und umgekehrt weisen manche Spitzenclubs erstaunlich schlechte Quoten auf. Es kommt nämlich nicht auf den Anteil gewonnener Zweikämpfe an, sondern darauf, wo und in welcher Situation man den Ball erobert. Wer die meisten Zweikämpfe im eigenen Strafraum gewinnt, hat nicht zwangsläufig den besseren Zugriff auf das Spiel. Und ähnlich verhält es sich mit Torschüssen, Eckbällen oder Fouls, deren Zahl nichts über sportliche Dominanz oder Unterlegenheit aussagt. Mit statistischen Werten lässt sich der Ablauf eines Fußballmatches kaum erklären.

Das Gleiche gilt für die Wissenschaft, wo die quantitative Leistungsmessung ebenso beliebt geworden ist wie beim Fußball. Auch hier lässt sich beobachten, dass die statistischen Ergebnisse wenig über tatsächliche Stärken oder Schwächen einzelner Fächer oder Institutionen verraten. Charakteristisch ist die Auswertung von Publikationszahlen, die in vielen Ländern – etwa in Großbritannien – die Grundlage für die Finanzierung der Hochschulen bildet. Die vorrangige Bezugsgröße stellt dabei die Quote der Veröffentlichungen dar, aber schon hier beginnen die Probleme. In den meisten Fachkulturen sind Artikel in international angesehenen Zeitschriften das entscheidende Medium für die Mitteilung neuer Forschungsresultate. Anders verhält es sich in den Geistes- und Rechtswissenschaften, wo Bucherscheinungen bzw. Gesetzeskommentare die prominentesten Veröffentlichungsformen bilden. Wer in diesen Disziplinen die Zahl der Publikationen misst, ignoriert die Tatsache, dass das Schreiben einer wissenschaftlichen Monographie aufwendiger als die Abfassung eines Artikels ist. Die quantitativen Verhältnisse spiegeln keine objektiven Leistungsniveaus wider, die für alle Fachkulturen gleichermaßen verbindlich wären.

Ebenso schwierig ist die Wirkungsmessung. In den Naturwissenschaften hält man solche Artikel für gewichtig und qualitativ herausragend, die besonders häufig zitiert werden. In den Geisteswissenschaften gelten jedoch andere Zitierregeln. Hier verweist man nicht nur auf das, was Pioniercharakter für die eigene Arbeit besitzt. Vielmehr erwähnt man auch solche Texte, deren Thesen man für abwegig und falsch hält. Die kritische Auseinandersetzung mit problematischen Positionen gehört zu den Üblichkeiten der geisteswissenschaftlichen Diskussionskultur. Zählt man blind, was zitiert wird, so unterschätzt man, dass es auf den Rahmen ankommt, in dem das betreffende Zitat steht. Die reine Menge der Erwähnungen besagt noch nichts über die Substanz, die einen Artikel auszeichnet.[24]

Die Tendenz zur Wirkungsmessung wird begleitet von einer Verschiebung der Schwerpunkte. Was sich hier vollzieht, lässt sich als Verlagerung vom Zentrum an den Rand beschreiben. Vielfach sind gerade im Drittmittelsektor Aktivitäten an der Forschungsperipherie nötig: Ankündigungen (in Anträgen) und Selbstbeschreibungen (in Leistungsberichten). Für das genuine Forschungsgeschehen bleibt nicht mehr genug Zeit, weil alle Tätigkeiten annonciert, rapportiert und vermessen werden müssen. Es droht eine Entwicklung, die das Zentrum von den Außenzonen her verkleinert: Wissenschaftliche Erkenntnis wird durch Nebenakte ersetzt. Das führt nicht nur zu falschen Akzenten, sondern auch zu Konformismus. Denn Erfolg bindet sich an die immergleichen Faktoren, Indikatoren und Zielzahlen. Die auf quantitative Wirkung verpflichtete Forschung darf nicht zu stark von regelhaften Standards abweichen, weil sie sonst von der Mehrheit der Kolleginnen und Kollegen ignoriert wird.[25] In der zahlenbasierten Leistungsmessung steckt zugleich die Gefahr der Nivellierung von Forschungsergebnissen, zu deren Folge es gehört, dass das System unkonventionelle Resultate als Zeichen der Devianz wertet.[26]

Die Entwicklung zur dauerhaften Evaluation wurde zumal durch die im Kern richtige und überfällige Bologna-Reform verstärkt. Der Anspruch, der ihre Umsetzung nach 1999 motivierte, bestand darin, homogenere Lehrverhältnisse an europäischen Hochschulen zu schaffen. Damit verband sich die Notwendigkeit, möglichst identische Unterrichtsstrukturen zu etablieren, die idealerweise zu gleichwertigen Abschlüssen führen sollten. Doch so vernünftig dieses Ziel war, so bürokratisch geriet die Verwirklichung. Zu ihren Konsequenzen gehörte es, dass Lehr- und Examensverhältnisse immer wieder neu auf den Prüfstand gehoben werden mussten. Studiengänge waren vor ihrem Eintritt in den Normalbetrieb formal zuzulassen, regelmäßig zu evaluieren und kontinuierlich zu überwachen. ‹Qualitätskontrolle› lautete das Stichwort; niedergelegt wurden die Kriterien für die Sicherung des Lehrgeschehens in umfangreichen Handbüchern, die ihrerseits die Grundlage für die permanente Überpüfung bildeten.[27] Der Bologna-Prozess, der aus der guten Idee eines einheitlichen europäischen Hochschulraums hervorging, führte in eine Selbstbeobachtungsspirale, bestehend aus verschiedensten Stufen der Zulassung (Akkreditierung) und Nachprüfung (Reakkreditierung). Das gesamte Universitätssystem wurde allmählich durchdrungen von den Mechanismen einer lückenlosen Leistungskontrolle, aus der es kein Entkommen gab.

Inzwischen hat die vielfach geübte Kritik am Evaluationszwang des Bologna-Modells zu Lockerungen geführt. Anstelle von Akkreditierungen können Anhörungen (Audits) als Rundgespräche über Fragen der Lehrstruktur stattfinden; die Zyklen der Überprüfung sind weiträumiger geworden; die Formalisierungsgrade bei der Bewertung der Unterrichtssubstanz hat man verringert; Studiengänge müssen nicht zwangsläufig einzeln akkreditiert werden, sofern sich die Universität zur Systemakkreditierung entschließt und damit ihr gesamtes Qualitätssicherungsgefüge durchleuchten lässt – wobei man im Erfolgsfall das externe durch ein internes Kontrollverfahren ersetzen darf. Dennoch bleibt zu resümieren, dass derartige Evaluationsprozesse die Universitäten erheblich strapazieren, enorme Mengen ihrer Energie verschlingen, flächendeckend Verwaltungskräfte und Wissenschaftler in Anspruch nehmen.

Wie kann man den fortwährenden Bewertungszwängen entkommen? Die drei Antworten auf diese Frage sind sehr simpel: durch zeitliche Entzerrung, inhaltliche Verlagerung und formale Vereinfachung. Wenn Projekte, Fakultäten, Studiengänge und Institute in größeren Abständen evaluiert werden, mindert das den Druck, der auf ihnen liegt, und steigert auch die Qualität der Beurteilung. Ein wissenschaftliches Vorhaben, das Langfristwirkung anstrebt, nach drei Jahren auf seine Effekte zu prüfen, ist schlicht unsinnig. Eine großzügigere Bemessung des Untersuchungszeitraums macht das, was man ermittelt, notwendigerweise aussagekräftiger. Die zweite Änderung betrifft den sachlichen Schwerpunkt der Evaluation, der nicht der Ankündigungsrhetorik und den Zukunftsversprechen, sondern dem bisher Erreichten und schon Gelungenen gelten sollte. Der Bericht der Imboden-Kommission, die 2016 die Ergebnisse der deutschen Exzellenzinitiative bewertete, forderte entschieden ein Umsteuern in diesem Punkt. Bei der Einschätzung universitärer Leistungen sei die allgemeine Reputation zugrundezulegen und nicht das, was in Aussicht gestellt werde.[28] Ein dritter Korrekturschritt bezieht sich auf die formale Ebene und die Ausgestaltung der Berichte. Die meisten Evaluationsverfahren verlangen allzu umfangreiche Rapporte mit großen Statistik- und Kennzahlenapparaten. Es versteht sich, dass solche quantitativen Daten durch alle Universitäten auf Nachfrage verfügbar gemacht werden müssen. Aber für die fundierte Einschätzung eines Antrags oder eines laufenden Projekts benötigen Gutachter, die Experten im betreffenden Gebiet sind, keine ausufernden Elaborate, sondern knappe Berichte.

Entschlossener Widerstand gegen die Bewertungsdynamik, die den Universitäten von außen aufgedrängt wird, ist also unabdingbar. Die Leitungen selbst müssen verhindern, dass man die Hochschulen zu Tode evaluiert und durch permanente Berichtspflichten zur Erstickung ihrer produktiven Ressourcen treibt. Wilhelm Krull hat von der «vermessenen Universität» gesprochen, die unter Dauerbeobachtung steht. Hier gilt: Wir dürfen nicht alles mitmachen, was von uns verlangt wird.[29] Allein so lässt sich die Institution Universität verantwortungsvoll organisieren: mit Blick auf das Erreich- und Wünschbare, aber kritisch gegenüber den Zumutungen selbstzweckhafter Prozesse. Das betrifft nicht nur die Lehre und ihre Qualitätssicherung, sondern ebenso Berufungsverfahren und Forschungsanträge. In beiden Feldern beobachten wir mittlerweile, dass Arbeitsvorgänge ausgelagert und Kompetenzen abgegeben werden – keineswegs zum Vorteil des Wissenschaftssystems.

So bedienen sich manche Hochschulleitungen heute bei Berufungsverfahren in Schlüsselgebieten der Hilfe von Personalfirmen, die Unterlagen sichten, Anhörungen organisieren und Berichte verfassen. Auch wenn es sich dabei um überwiegend nachgeordnete Aufgaben handelt, besteht Grund zur Sorge. Zum einen ist kritisch zu fragen, ob öffentliche Gelder an Personalagenturen als Dienstleister mit rein wirtschaftlichen Interessen vergeben werden sollten, obwohl die Hochschulen früher dazu fähig waren, ihre Auswahlprozesse ohne Hilfe von außen erfolgreich durchzuführen.[30] Und zum anderen gilt es zu betonen, dass die Fachexpertise einer wissenschaftlichen Gemeinschaft entscheidend für Verfahren und Auswahl sein muss. Personalagenturen haben in den zentralen Feldern der akademischen Selbstergänzung, in denen sich die traditionelle korporative Autonomie der Institution bekundet, definitiv nichts zu suchen. Übrigens wird man auch bei der Auswahl geeigneter Kandidatinnen und Kandidaten für ein Leitungsamt auf sie verzichten können, denn die entsprechende Findungskommission – des Senats, des Hochschulrats oder beider Einrichtungen – besteht in der Regel aus Mitgliedern mit ausreichenden Kenntnissen über den potentiellen Bewerbungsmarkt.

Noch bedenklicher ist die Auslagerung von Forschungsanträgen, wie man sie in einigen europäischen Ländern oder den USA beobachten kann. Hier übernehmen Agenturen komplett das Antragsgeschäft, indem sie das leisten, was eigentlich die Wissenschaft tun müsste. Sie beschreiben das Projektumfeld, die Forschungsidee und den erwarteten Ertrag eines Vorhabens. Gerade bei englischsprachigen Anträgen für Förderprogramme der Europäischen Union kommt es, will man erfolgreich sein, auf einen bestimmten Aufbau, eine feste Reihung der Argumente und einen spezifischen Stil der Darstellung an. Die Delegation an externe Agenturen, in denen zwar Wissenschaftler verschiedenster Disziplinen, aber keine herausragenden Fachexperten arbeiten, unterliegt dann der Strategie der ‹Professionalisierung›. Bei guten Anträgen, so das Credo, sei nicht nur die wissenschaftliche Qualität, sondern auch das Narrativ und die Präsentationsform entscheidend. Dieses Argument soll die Auslagerung der Antragsaktivität und die Nutzung einer Agentur legitimieren. Im Endeffekt bedeutet ein solches Verfahren allerdings eine Bankrotterklärung der Wissenschaft oder, aus anderer Perspektive, eine Abwertung des Antrags zu einem Dokument purer Taktik und bloßer Werbung – Felder, die eine Agentur im Gegensatz zu forschungsbezogenen, fachlich hochspezialisierten Beschreibungen durchaus abdecken kann. Beide Auslegungen sind gleichermaßen unerfreulich, spiegeln aber die zeittypischen Irrwege eines Universitätssystems, das sich seiner Hauptfunktionen nicht mehr sicher zu sein scheint.

Akademische Selbstergänzung und Forschungsplanung bilden derart zentrale Funktionen des Hochschulbetriebs, dass man sich fragt, für welche anderen Handlungsfelder die Zeit verwendet werden soll, die man gewinnt, indem man diese Aufgaben auslagert. Im Kern zeigt sich hier eine Unklarheit über die eigene Mission, der wir in unterschiedlichen Phasen der Universitätsgeschichte immer wieder begegnet sind. Die habituelle Egozentrik des machtbewussten Ordinarius der fünfziger Jahre, der nicht mehr forschte, sondern sich nur in öffentlichen Auftritten inszenierte, führte ebenso von dieser Mission fort wie die Politisierung der siebziger Jahre, die akademische Gremien für weltanschauliche Bekenntnisse und eine Mikrostrategie der Allzuständigkeit nutzte. Und der monotone Massenbetrieb der achtziger Jahre mit gleichgültigen Professoren und unverbindlichen Curricula stand den Zentralaufgaben guter Lehre und Forschung ähnlich fern wie die permanent vermessene, zu Tode evaluierte Ankündigungsuniversität nach der Jahrtausendwende. Sämtliche dieser Formen spiegeln Extreme eines institutionellen Selbstverständnisses wider, das sich vom Kernauftrag der Hochschule bedenklich weit entfernt hat.[31]

Diese Mission aufzuspüren und ihre Perspektiven gemäß den Bedingungen des Riesenbetriebs von heute aufzuzeigen, ist nicht einfach, aber lohnend. Es verlangt keine archäologischen Ausgrabungen, denn die Idee der Universität liegt nicht unter Trümmern begraben. Es bedarf dazu auch keines nostalgischen Rückblicks in eine letzthin nur verklärte Vergangenheit. Wer die Programmatik der heutigen Universität bestimmen möchte, muss vielmehr die sie leitenden Praktiken auf ihre normativen Ursprünge hin durchleuchten. Er muss das freilegen, was als regulative Idee in den Funktionen steckt, die universitäre Planung und Aktivität heute erfüllen.[32] Um die kritische Analyse dieser im Inneren des Massenbetriebs verborgenen Idee geht es in den beiden folgenden Hauptkapiteln, dem zweiten und dritten des Buchs. Das zweite Kapitel beschreibt, weshalb die Universität eine schwierige Institution ist und auf welchen Wegen man sie produktiv gestalten kann. Das dritte Kapitel beleuchtet Formen ihrer Organisation und Versuche, das Management der Hochschule mit der Sicherung von Freiheit für Lehre und Forschung zusammenzudenken.

II. Zwischen Anarchie und Steuerung. Die Universität als schwierige Institution

1. Was von Humboldt bleibt

Die Behauptung, dass Humboldts Universitätsidee die jeweilige Gegenwart nicht mehr angemessen erfasse, ist topisch und hat Tradition. Schon im 19. Jahrhundert, als sich die naturwissenschaftlich-technischen Fakultäten vergrößerten, wurde die Geltungskraft dieser Idee kritisch geprüft.[1] Konnte man Humboldts Konzept im Zeitalter der szientifischen Welteroberungsphantasien noch gebrauchen? Folgte die Vorstellung einer Wissenschaft im Dienste nationaler Großmachtinteressen denselben Ansätzen, wie sie der preußische Reformer projektiert und verwirklicht hatte? Adolf von Harnack versicherte zwar im Jahr 1909, als er seine Denkschrift zur Errichtung naturwissenschaftlicher Forschungsinstitute in Berlin-Dahlem vorlegte, sein Entwurf stehe nicht in Widerspruch zu Humboldts Universitätskonzept. Faktisch aber vollzog er mit ihm einen Schritt in eine andere Richtung, indem er die Grundlagenforschung aus der von ihren Lehraufgaben erdrückten Hochschule zu lösen suchte.[2] Was im Wilhelminischen Zeitalter bisweilen nur zwischen den Zeilen anklang, wurde dann seit dem Ende des Zweiten Weltkriegs deutlicher formuliert. Jetzt stellte man die Frage nach dem «Abschied» von einem bildungspolitischen Mythos mit wachsender Beharrlichkeit.[3] Autoren wie Karl Jaspers, Kurt Rossmann, Max Horkheimer, Helmut Schelsky, Jürgen Habermas, Hellmuth Plessner, Jürgen Mittelstraß, Peter Glotz, Richard Münch und Alfons Söllner haben seit 1950 immer wieder auf die Erosionen hingewiesen, die das Ideal Humboldts im Zuge des Hochschulausbaus erfuhr.[4]

Schon 1961 erklärte der Jaspers-Schüler Kurt Rossmann: «Nicht nur ist die Universität als geistige Mitte der neuzeitlichen Wissenschafts- und Bildungsorganisation im ganzen, wie sie Wilhelm von Humboldt vorschwebte, in dieser Form aber niemals verwirklicht wurde, zur Fiktion geworden, sondern sie droht heute darüber hinaus auch funktionslos zu werden.»[5] Der damalige Berliner Wissenschaftssenator Peter Glotz diagnostizierte 1978 im *Tagesspiegel*, dass eine Rückkehr zur alten Universitätsidee unter den Bedingungen des Massenbetriebs unmöglich sei.[6] In ähnlichem Tenor behauptete der Bildungsjournalist Kurt Reumann 1986 in der *Frankfurter Allgemeinen Zeitung*: «Das Bekenntnis zu Humboldt ist die Lebenslüge unserer Universität.»[7] Noch grundsätzlicher dekretierte Jürgen Mittelstraß Anfang der neunziger Jahre: «Humboldt für Massenuniversitäten geht nicht mehr.»[8] Seine Analyse der ‹unzeitgemäßen Universität› blieb allerdings den Beweis schuldig, wie denn ein Weg aus der vermeintlichen Sackgasse des hochschulpolitischen Pragmatismus gefunden werden könne. Mittelstraß tadelte wortreich die Selbstvergessenheit der Administratoren und deren allein an quantitativen Zielen orientierte Politik des Studienplatzausbaus und der institutionellen Expansion. Er vermisste Geist und Forschungskreativität, erkannte stattdessen eine Vereinheitlichung der Lehre durch die Didaktik, die ihm unoriginell erschien, und beklagte die Vorherrschaft der Gremienarbeit. So richtig einige dieser Befunde waren, so unergiebig ist eine Analyse, die in der Klage über Werteverlust, Vermassung und Reflexionsarmut der heutigen Universität steckenbleibt. Mittelstraß' Streitschrift liefert ein Beispiel für jene Feiertagskritik, die sich von der Sonntagsrhetorik in qualitativer Hinsicht nicht unterscheidet, weil sie nur Beschwörungsformeln, aber keine Lösungsvorschläge offeriert.

Alles andere als Sonntagsrhetorik bietet Jacques Derridas kurze Programmschrift *Die unbedingte Universität*, die auf einem 1998 in Stanford gehaltenen Vortrag beruht. Derrida vertritt eine radikale Idee der Universität, deren Konzept sich mit dem Anspruch auf kompromisslose Wahrheitssuche der an ihr praktizierten Lehre und Forschung verbindet. Möglich scheint sie ihm vor allem in den Geisteswissenschaften, deren besonderes Ethos auf der Distanz zu gesellschaftlichen Zumutungen und Vereinfachungen beruhe.[9] Derridas Argumentation folgt, ohne Humboldt explizit zu erwähnen, einem theoretischen Optimismus, der in der Universität eine programmatische Idee bezeichnet findet. Dass diese Idee von der Realität der Institution in keiner Phase ihrer Geschichte erfüllt worden sei, betont Derrida freilich mehrfach.

Obgleich sein Entwurf mit dem energischen Plädoyer für widerständiges Denken einnehmend wirkt, leidet er am Ende darunter, dass er die Konzeption der Universität als Ort der vielen Fächer nirgends berücksichtigt.[10] Derridas theoretische Universität ist eine Einrichtung allein für die Geisteswissenschaften und daher Ausdruck einer merkwürdig idiosynkratischen Borniertheit, die anderen Disziplinen jenseits von Philosophie und Philologie echte intellektuelle Kraft abspricht.

Mittelstraß und Derrida beschwören auf unterschiedliche Weise eine regulative Idee der Universität. Während Mittelstraß vor allem kritisiert, dass die aktuelle Massenuniversität keine Institution für eine Verwirklichung der Humboldtschen Konzeption sei, legt Derrida ein radikales Programm zugrunde, das keine eigene institutionelle Realität hat. Prinzipiell ist daran zu erinnern, dass die hier einander gegenüberstehenden Bereiche von Idee und Realität systematisch geschieden sind.[11] Eine Idee ist gerade nicht Realität, sondern ein Entwurf ihrer Möglichkeit. Für unser Thema bedeutet das, dass jede Idee der Universität immer nur einen Annäherungswert bildet, den man der herrschenden Realität gegenüberstellen kann. Die verbreitete Klage über die fehlende Deckungsgleichheit von Idee und Wirklichkeit der Universität, in der rituell ein Krisensymptom wahrgenommen wird, führt also in die Irre, weil sie die fundamentale Differenz beider Begriffe übersieht.[12]

Sinnvoll ist es daher, die normative Dimension der Idee im Licht des gegenwärtig Gegebenen zu prüfen.[13] Dazu gehört, dass man ihren Anspruch ernstnimmt, indem man sie als ein Näherungskonzept versteht. Die Idee der Universität zeichnet die Reise von einem schlechteren Heute in ein besseres Morgen. Die Institution soll sich weiterentwickeln, höheren Erwartungen genügen, ihre Kräfte bestmöglich ausbauen. Es existiert dabei kein festes Ziel, sondern primär ein Weg, den die Universität als ständig sich verändernde Einrichtung zu durchlaufen hat. Humboldts Entwurf, der aus den Denkfiguren des Idealismus resultierte, beschrieb einen Prozess der Transformation von einer akademischen Schuleinrichtung in eine Bildungsanstalt, in der Lehre und Forschung aufeinander bezogen waren. Ihm ging es weniger um die materielle Realität als um die Spannung auf eine Idee hin, die für die Institution orientierende Bedeutung hatte. Die Frage ist, ob diese Idee auch heute noch als Richtschnur taugt und inwiefern ihre Kraft ausreicht, unter den ver-

änderten Bedingungen der gegenwärtigen Universitätslandschaft trag-
fähige Entwicklungsgelegenheiten zu bieten.[14]
Wer eine Antwort darauf finden möchte, muss zunächst die Grundlagen klären. Humboldts Universitätskonzept wird gern in allgemeinen
Zügen wiedergegeben, aber nicht immer exakt erfasst.[15] Manche der
Formeln, die seine Verteidiger wie seine Kritiker zitieren, haben mit seinen ursprünglichen Gedanken nur wenig zu tun.[16] Der Humboldt der
Sonntagsreden ist ein Popanz, der es Verfechtern und Verächtern gleichermaßen leicht machen soll, ihre Thesen zu schärfen. Nicht selten sind
diese dann so geschichtsvergessen, dass auch ihre Gegenwartsdiagnostik
nicht mehr stimmt. Blickt man auf Humboldts Programmschrift *Über
die innere und äußere Organisation der höheren wissenschaftlichen Anstalten in Berlin* (1809/10), so erkennt man, dass es vier zentrale Punkte
sind, die sein Denkgebäude konstituieren: die forschende Haltung als
Grundsatz, der zugleich die Lehre bedingen muss (1); die Bedeutung von
«Einsamkeit», «Freiheit» und «Zusammenwirken» für die wissenschaftliche Tätigkeit (2); die Unabhängigkeit der als frei gedachten Forschung
und Lehre von staatlicher Steuerung (3); die Bestimmung der universitären Qualifizierung als Persönlichkeitsbildung mit nicht vorrangig
fachlichem Schwerpunkt (4).[17]
Diese vier Prinzipien sind in sich streng durchdacht und kunstvoll
aufeinander bezogen. Schon der erste Punkt, die forschende Einstellung
als Grundlage der Lehre, erweist sich als substantielles Programm. Die
zur Floskel geronnene Formel «Einheit von Lehre und Forschung» ist
weitaus weniger komplex als das, was Humboldt wirklich sagt.[18] Seine
Konzeption geht von einer dialektischen Beziehung zwischen Lehre und
Forschung aus, die beide ineinander enthalten sind und sich wechselseitig bestimmen: «Überhaupt läßt sich die Wissenschaft als Wissenschaft nicht wahrhaft vortragen, ohne sie jedesmal wieder selbsttätig
aufzufassen, und es wäre unbegreiflich, wenn man nicht hier, sogar oft,
auf Entdeckungen stoßen sollte.»[19] Die Lehre dient der Klärung von
Erkenntnisprozessen, indem sie diese prüft, durchleuchtet und erläutert; in der Vermittlung geschieht die Sicherung der wissenschaftlichen
Tätigkeit. Regelmäßig bedarf die Forschung der pädagogischen Reflexion, damit ihre Ergebnisse sich stabilisieren und standhalten. Beide
Bereiche sind aufeinander angewiesen, denn ohne ihr Komplement

können sie jeweils keine eigene Identität gewinnen. Die Idee einer dialektischen Verbindung von Lehre und Forschung findet sich schon in
Schellings *Vorlesungen über die Methode des akademischen Studiums*,
die er 1803 in Jena hielt.[20] Schelling erinnerte nachdrücklich an die
Bedeutung eines intellektuellen Bildungsideals, das sich gegen eine
pragmatische Erziehungskonzeption abgrenzen ließ: «Handeln, Handeln! ist der Ruf, der zwar von vielen Seiten ertönt, am lautesten aber
von denjenigen angestimmt wird, bei denen es mit dem Wissen nicht
fort will.»[21]

Eine zweite Anregung kam vom Theologen Schleiermacher, der ein
Jahr vor Humboldt den gleichen Mechanismus der Verknüpfung beschrieben hatte: «Der Lehrer muß alles, was er sagt, vor den Zuhörern
entstehen lassen; er muß nicht erzählen, was er weiß, sondern sein eig-
nes Erkennen, die Tat selbst, reproduzieren, damit sie beständig nicht
etwa nur Kenntnisse sammeln, sondern die Tätigkeit der Vernunft im
Hervorbringen der Erkenntnis unmittelbar anschauen und anschauend
nachbilden.»[22] Lehrhafte Darstellung ermöglicht so die Teilhabe am
Gedankenstrom der Dozierenden. Es geht nicht um die Weitergabe von
Stoff, vielmehr um die Vorführung einer intellektuellen Methodik, mit
deren Hilfe Probleme gelöst werden können. Geprägt durch eine psycho-
analytische Perspektive beschreibt Karl Jaspers dieses Prinzip 1961 so:
«Die Situation der Vorlesung treibt im Lehrer selbst hervor, was ohne
sie verborgen bliebe.»[23]

Humboldt wusste, dass die ideale Verbindung von Lehre und Forschung – die «dialektische Kunst», wie es Schleiermacher nannte – nur
realisiert werden kann, wenn die Rahmenbedingungen stimmen.[24] Die
wichtigsten Voraussetzungen für das Gelingen der wissenschaftlichen
Tätigkeit sind in seinem zweiten Grundsatz mit «Einsamkeit», «Freiheit» und «Zusammenwirken» bezeichnet. Interessanterweise hat die
letzte der drei Kategorien kaum Beachtung bei den Humboldt-Histo-
rikern gefunden. Zumeist dachte man über Einsamkeit und Freiheit als
Arbeitsbedingungen und weniger über die Kollegialstruktur der deutschen Universität nach.[25] Dabei gewichtet Humboldt ganz anders,
wenn er die drei Termini in der für ihn typischen nüchternen Prosa des
Juristen als Leitbegriffe der wissenschaftlichen Bildungseinrichtungen
beschreibt: «Da diese Anstalten ihren Zweck indes nur erreichen kön-

nen, wenn jede, soviel als immer möglich, der reinen Idee der Wissenschaft gegenübersteht, so sind Einsamkeit und Freiheit die in ihrem Kreise vorwaltenden Principien. Da aber auch das geistige Wirken in der Menschheit nur als Zusammenwirken gedeiht, und zwar nicht bloß, damit einer ersetze, was dem anderen mangelt, sondern damit die gelingende Tätigkeit des einen den anderen begeistere und allen die allgemeine, ursprüngliche, in dem einzelnen nur einzeln oder abgeleitet strahlende Kraft sichtbar werde, so muß die innere Organisation dieser Anstalten ein ununterbrochenes, sich immer selbst wieder belebendes, aber auch ungezwungenes und absichtsloses Zusammenwirken hervorbringen und unterhalten.»[26]

Einsamkeit und Freiheit bilden die unabdingbaren Voraussetzungen dafür, dass das Individuum wissenschaftlich tätig sein kann. Einsamkeit schafft Konzentration und Distanz gegenüber den Ablenkungen der Welt, gewissermaßen das intellektuelle Klima der Sammlung, ohne das Denken nicht gelingt. Freiheit bedeutet hier persönliche Unabhängigkeit in materieller, ideeller und politischer Hinsicht; wer Wissenschaft treibt, darf nicht konditioniert werden. Daher soll der Staat seine Professoren angemessen alimentieren, damit sie keine finanzielle Not leiden und ungehindert ihrer Forschung nachgehen können. Ergänzt wird diese Dualität durch den Begriff des ‹Zusammenwirkens›, der anzeigt, dass die Universität ein Kollegialorgan ist. Allein in der Kooperation mit anderen Experten gelingt es, die Potentiale zu heben, die hier vertreten sind. Auch dabei allerdings gilt, dass Freiheit leitendes Prinzip bleibt, denn nur ‹absichtslos› und ohne Zwang soll die Interaktion der unterschiedlichen Disziplinen und Fakultäten vonstattengehen. Das genau macht die Universität zur «Verkörperung einer idealen Lebensform», wie es Habermas im Blick auf Humboldts Projekt nannte.[27]

In der Trias aus Konzentration, Autonomie und Kooperation hat Humboldt ein kunstvolles Balancesystem geschaffen, das für die besondere Leistungskraft der Universität sorgt. Kunstvoll ist es, weil die drei Werte sich wechselseitig ergänzen und kontrollieren. Reine Einsamkeit führt zu in sich kreisendem Selbstbezug und wissenschaftlicher Unfruchtbarkeit. Sie muss daher durch das kollegiale Miteinander und den intellektuellen Austausch ergänzt werden. Freiheit wiederum droht zu einer unverbindlichen Norm zu geraten, wenn sie kein soziales Komplement findet. Ein solches Komplement hat sie in der Idee der Zusammenarbeit, die ihrerseits keine Zweckgemeinschaft, sondern einen produktiven Zusammenschluss freier Geister erzeugen soll. Indem Humboldt seine Trias als System einander ergänzender Grundsätze fasst, folgt er den Methoden idealistischen Denkens um 1800, das – exemplarisch bei Schelling und Hegel – in ähnlicher Weise Antinomien produktiv aufzulösen suchte.

Der dritte Punkt, das Gebot wissenschaftlicher Autonomie, bezieht sich als normativer Anspruch im Unterschied zum zweiten Punkt nicht auf die persönliche, sondern auf die institutionelle Ebene. Die Universität solle «von aller Form im Staate losgemacht» sein, schreibt Humboldt lakonisch.[28] Hieran erkennt man, dass der Gedanke der Freiheit universitärer Lehre und Forschung im Gegensatz zu den übrigen Elementen seines Modells nicht dem idealistischen Denken entsprang, in dem Humboldt als Geistesverwandter Schillers, Schleiermachers, Fichtes, Schellings und Hegels verwurzelt war. Die Quelle dieses Prinzips ist stattdessen das mittelalterliche Universitätssystem mit seiner eigenen Rechtsprechung, das von allen Formen des feudalstaatlichen Herrschaftsgefüges unabhängig blieb und neben Reich und Kirche die dritte Autorität bildete.[29] Die im Jahr 1088 gegründete Universität von Bologna erhielt 1155 durch Kaiser Friedrich Barbarossa das Scholarenprivileg («authentica habita»), das den Rektor der Hochschule («dominus») zum Schutzherrn für Gelehrte und Studenten erhob. Er verantwortete fortan die Sicherheit der Universitätsmitglieder und stand einer eigenen Gerichtsbarkeit vor, die bei Verstößen gegen das interne Regelwerk Bestrafungen veranlassen konnte. Johann Gottfried Herder charakterisierte das autonome System der spätmittelalterlichen Hochschule so: «Die Universitäten waren gelehrte Städte und Zünfte; sie wurden mit allen Rechten derselben, als Gemeinwesen, eingeführt und teilten die Verdienste mit ihnen.»[30] Dieses Modell, das in Italien und Deutschland rasch weiterwirkte und zumal in der Reformationszeit institutionelle Nachahmer fand, lebt bei Humboldt fort. Den traditionellen Gedanken einer eigenständigen juristischen Ordnung, die sich in der Sozialstruktur der Universität ausprägte, übersetzt er in das Prinzip der Autonomie, die wesentlich zur Produktivität der Wissenschaft beiträgt. Gerade die wichtigste seiner Ideen basiert auf einem überlieferten Grundbestand der akademischen Institutionengeschichte.

Die rechtshistorische Konstruktion des Autonomiegedankens verknüpft sich bei Humboldt jedoch mit einem wiederum idealistischen Konzept. Die Distanz des Staates und dessen Verzicht auf Eingriffe in die innere Organisation der Universität sollen deren Rolle bei der Beförderung der Wissenschaft unterstützen. Das gelingt am besten, wenn man die Universität in die Lage versetzt, offen zu bleiben für künftige Erkenntnismethoden und Denkprozesse. Entscheidend sei, so schreibt Humboldt, «die Wissenschaft als etwas noch nicht ganz Gefundenes und nie ganz Aufzufindendes zu betrachten, und unablässig sie als solche zu suchen».[31] Sobald die Universität dazu übergeht, das Wissen nur zu sammeln und seine Bestandteile bewahrend zu verwalten, sinkt sie auf das Niveau einer Schule herab. Verhindern kann sie das, indem sie sich in permanenter Spannung erhält und der ständigen Veränderung unserer Einsichten gewachsen bleibt. Ähnlich wie Schiller, Hegel, Fichte, Schelling und Hölderlin mit im Detail sehr unterschiedlichen Leitbegriffen und Methoden ein fernes Ziel der Vervollkommnung des Menschen reflektieren, postuliert Humboldt mit seinem Gedanken der unabschließbaren Wissenschaft ein Ideal, das sich nie komplett erfüllen wird. Die Universität bildet den institutionellen Ort, an dem es sich organisieren und zumindest annäherungsweise umsetzen lässt. Das ist eigentlich ein paradoxes Modell, denn eine feste Einrichtung, die einer fluiden Idee folgt, bedeutet einen Widerspruch in sich. Wirklichkeit kann das Ganze allein gewinnen, wenn die institutionelle Ordnung auf die Bewahrung der Freiheit ungebundener Erkenntnis und die Sicherung offener, dynamischer Wissenschaftsprozesse abgestellt wird. Dazu bedarf es der Unabhängigkeit vom Staat, die nicht nur Rechtsautonomie schafft, sondern auch den nötigen Spielraum für die Erfüllung jener ungewöhnlichen Idee einer Institution mit festen Strukturen für flüssige Denkbewegungen. Dass es faktisch der Staat selbst ist, der diese Autonomie ermöglicht, indem er sie finanziert, muss dabei keinen Ziel- und Wertkonflikt auslösen.[32] In einer derartigen Spannung besteht gerade die eigentümliche Lage der Universität, die von der politischen Obrigkeit ‹losgemacht› ist, wie es Humboldt formuliert.

Wenn der Staat die Universitäten alimentiert, ohne auf ihr Lehr-

und Forschungsprogramm Einfluss zu nehmen, so dient das durchaus seinem eigenen Vorteil. Der Grund dafür liegt im vierten der Humboldtschen Wertbegriffe, dem der Persönlichkeitsentwicklung. Die Universität solle, heißt es, keine Spezialisten, sondern vielfältig qualifizierte Individuen hervorbringen. Eine «harmonische Ausbildung *aller* Fähigkeiten», die «jede Einseitigkeit» vermeidet, kann sie nur leisten, wenn sie keinen funktionalen Vorgaben gehorchen muss.[33] Davon profitiert gerade der Staat, der für Schlüsselpositionen weltoffene Persönlichkeiten benötigt – als Beamte ebenso wie im gesellschaftlich wichtigen Sektor der freien Berufe. Ihr ambitioniertes Qualifizierungsprogramm verwirklicht die Universität einzig, wenn sie auch diejenigen, die selbst später keine Forschung betreiben, an die Wissenschaft heranführt und ihnen deren Habitus nahebringt. Bildung ist hier kein Mittel zum Zweck, sondern ein Medium für intellektuelle Haltungen. Die Freiheit der Universität, die diesen Weg zu beschreiten erlaubt, spiegelt am Ende die Freiheit der Gesellschaft, die auf Persönlichkeiten und nicht auf Berufsspezialisten zurückgreift.

Humboldts Bildungskonzept ist eng mit seinem Grundverständnis des wissenschaftlichen Prozesses verbunden. Dieser bleibt letzthin unabschließbar, auch wenn er seine Methoden zu vervollkommnen und seine Ergebnisse zu verbessern suchen muss. Ebenso bleibt die durch Wissenschaft vermittelte Bildung auf Dauer imperfekt. Das Ziel einer ‹harmonischen Ausbildung› der Persönlichkeit fußt auf der Erkenntnis, dass in der Wissenschaft zwar Fortschritt, jedoch kein finaler Abschluss stattfinden kann. Besser als das in sich stets lückenhafte Fachwissen ist daher die Vielfalt einer nicht disziplinär begrenzten Bildung. Auf deren Funktion auch für die Leistungen des Staates und seiner Beamten hatte bereits Schleiermacher ein Jahr zuvor in seiner Denkschrift zur deutschen Hochschule verwiesen. Der Staat müsse in allem, was er tue, auf eine «Totalität» des Wissens zielen, die er nur durch die Universitäten erhalte.[34]

Das Gebot akademischer Freiheit, das im zweiten wie im dritten der hier vorgestellten Grundsätze erscheint, ist innerhalb der Humboldtschen Wertetafel vorrangig. Aus ihm leiten sich die beiden anderen Prinzipien ab, die Interdependenz von Forschung und Lehre sowie das Ideal der Persönlichkeitsbildung. Ermöglicht wird die Freiheit durch die Rolle des Staates als Erhalter der Universität, der zugleich auf direkte Steuerung verzichtet. Humboldts Auffassung, dass der Staat sich nicht in die Universitäten einmischen dürfe, war keineswegs zeittypisch, vielmehr stand sie gegen die damaligen Gepflogenheiten. Daran erinnert eine Definition Schellings, der im Rahmen seiner Jenaer *Vorlesungen über die Methode des akademischen Studiums* erklärte: «Die gewöhnliche Ansicht von Universitäten ist: ‹sie sollen dem Staat seine Diener bilden zu vollkommenen Werkzeugen seiner Absichten›. Diese Werkzeuge sollen doch aber ohne Zweifel durch Wissenschaft gebildet werden. Will man also jenen Zweck der Bildung, so muß man auch die Wissenschaft wollen. Die Wissenschaft aber hört als Wissenschaft auf, sobald sie zum bloßen Mittel herabgesetzt und nicht zugleich um ihrer selbst willen gefördert wird. Um ihrer selbst willen wird sie aber sicher nicht gefördert, wenn Ideen z. B. aus dem Grund zurückgewiesen werden, weil sie keinen Nutzen für das gemeine Leben haben, von keiner praktischen Anwendung, keines Gebrauchs in der Erfahrung fähig sind.»[35]

Schellings Credo, demzufolge die Wissenschaft keinem praktischen Ziel dienen dürfe, ist die Basis für Humboldts Konzept. Dieses geht davon aus, dass Wissenschaft niemals einem vorgelagerten Nutzen untergeordnet sein kann, sondern Erkenntnisse unabhängig von Fragen ihrer Verwertung und technischen Reproduktion vorantreiben soll. Bereits wenige Jahrzehnte nach der preußischen Universitätsreform galt dieser Grundsatz allerdings nur noch eingeschränkt. Denn die Hochschule hatte ab der Mitte des 19. Jahrhunderts den Auftrag, der sich etablierenden Industriegesellschaft Wissen zur Verfügung zu stellen und durch die Qualifizierung junger Menschen die Voraussetzungen für seine wirtschaftliche Anwendung zu verbessern.[36] Schon auf den ersten Blick bemerkt man, dass dieser Auftrag mit der ursprünglichen Idee Humboldts nicht wirklich übereinstimmt. Falsch wäre es jedoch, die Anwendung des Wissens im Rahmen industrieller Produktion, technischer Innovation und ökonomischer Wertschöpfungsprozesse, die seit der Mitte des 19. Jahrhunderts eng an die Leistungen der Universität gebunden ist, zum Indiz dafür zu nehmen, dass Humboldts Anspruch generell erledigt sei. Das trifft in dieser Form nicht zu, denn das Ideal der wissenschaftlichen Freiheit blieb bis heute als Prämisse auch der universitären Mission erhalten.[37]

Die Diagnose vom Fortdauern Humboldtscher Ideen gilt für die programmatische Makroebene ebenso wie für die praktische Mikroebene der Universität. Sogar dort, wo Wissen möglichen Verwertungskontexten zugeführt wird, entsteht es zunächst unabhängig von seinen potentiellen Instrumentalisierungen. Jedenfalls hat sich bis heute erwiesen, dass Neugierde und Interesse bessere Treiber der Erkenntnis als Aufträge und materielle Belohnung sind. Selbst wenn das, was man im wissenschaftlichen Prozess erfasst, später einmal nützliche Dienste leistet, bleibt es zunächst frei von den Bindungen, in denen es sich sofort funktionalisieren lässt. Grundlagenforschung ist der Ausgangspunkt für alle Formen der Anwendung und Verwertung; im Englischen spricht man von *blue sky research* und beschreibt auf diese Weise sehr treffend die intellektuelle Ungebundenheit der hier relevanten Erkenntnisdynamik. Die hochgradig idealistische Vorstellung Humboldts, dass Wissen nur durch Freiheit entsteht, bestätigt sich zumindest im Sinne einer Präambel, eines allgemeinen Prinzips. Und selbst dort, wo Forschung, wie in vielen technischen und naturwissenschaftlichen Fächern einschließlich der Medizin, Teil eines Auftragsgeschehens ist, dürfte sie dort besonders gut vorankommen, wo nicht jeder ihrer Schritte festgelegt und ein hoher Freiheitsgrad für die einzelnen Arbeitsprozesse eingeräumt wird. Auch die aktuellen Forschungsmissionen der Europäischen Union, die Leitthemen wie ‹Gesundheit›, ‹Inklusive und Sichere Gesellschaft›, ‹Digitalisierung und Industrie›, ‹Klima, Energie, Mobilität›, ‹Ernährung und natürliche Ressourcen› folgen, sind nicht reinem Zweckdenken unterworfen. Sie benötigen, wollen sie gut funktionieren, Spielräume für Unvorhergesehenes, Lust am Möglichen und am Experiment im nicht nur technischen Sinne.

Gerade die Universität bietet für derartige Forderungen, die sich an eine innovative Forschung ohne Gängelband richten, ideale Voraussetzungen. Denn die Vielzahl ihrer Fächer ergibt eine enorme Variabilität der Kombinationen und, daraus abgeleitet, eine erhebliche Bandbreite der Kooperationsformen. In keinem anderen wissenschaftlichen Milieu – weder in den Entwicklungsabteilungen der Industrie noch den Forschergruppen der außeruniversitäten Einrichtungen – ist diese Pluralität anzutreffen. Wer mit Humboldt vom Anspruch auf fachliche und institutionelle Autonomie ausgeht, hat zuallererst die Universitäten im

Blick. Sie bilden das Fundament freier Forschung und ermöglichen alle späteren Schritte ihrer potentiellen Anwendung.

Humboldt war das Besondere universitären Arbeitens, das auf der Vielfalt der Kombinationen beruht, sehr bewusst. Auch auf der Mikroebene der Universität lebt sein Konzept der Kooperation weiter. Das gilt vor allem für das kommunikative Ideal, das die Hochschule vermittelt.[38] Selbst unter den Bedingungen des Massenbetriebs erzeugt sie nämlich Muster der Reflexion über Inhalte, Lehrmeinungen und Methoden, die nicht rein praktisch-fachlichen Zwecken dienen. Das ist nur möglich, wenn der Lehrbetrieb als diskursive Formation betrachtet und als Teil eines umfassenden Austauschs zwischen Lehrenden und Studierenden organisiert wird. Universitäres Wissen bleibt, sogar nach den Maßgaben der Bologna-Reform mit ihrer starken Orientierung an berufsbefähigenden Kompetenzen, von theoretischen Elementen geprägt. Das bedeutet, dass Studierende zwar auf Handlungsoptionen im späteren Berufsleben vorbereitet werden müssen, aber die verfügbaren Instrumente, anders als im Fall der Berufsbildung, nicht unmittelbar Lösungswege und Hilfen für den Alltag eröffnen. Die von den Universitäten geleistete wissenschaftsbasierte Qualifizierung schließt neben Sachkenntnis vor allem eine eigene Reflexionskompetenz in Bezug auf Begriffe, Konzepte und Methoden ein. Auch damit steht der universitäre Lehrbetrieb noch im 21. Jahrhundert Humboldt näher, als es seinen Akteuren bisweilen bewusst ist.[39]

Wer heute behauptet, Humboldts Ideen funktionierten für den universitären Alltag nicht mehr, der ignoriert, dass es ohne sie kaum geht. Machen wir die Probe aufs Exempel, indem wir überprüfen, was geschieht, wenn seine vier Leitprinzipien außer Kraft gesetzt werden. Sehr schnell ist zu erkennen, dass wir dann allen Krisenvarianten der deutschen Universität begegnen, die jemals in deren Geschichte erschienen sind. Fehlt es an einer Interdependenz zwischen Lehre und Forschung, so kommt es zu einer Einschränkung beider Bereiche. Die Lehre mutiert zur bloßen Unterrichtsindustrie, wie wir es vielfach in den ersten Jahren nach der Bologna-Reform erlebten: Studiengänge fanden sich überfrachtet mit Stoffmassen, das Prüfungsgeschehen wurde extrem verdichtet, die Freiheit der Themenwahl fast komplett außer Kraft gesetzt.[40] Erst dort, wo der forschende Habitus als «Denkschule» auch die Lehrpraxis fundiert, unterscheidet sich die Universität von der bloßen Lern-fabrik.[41] Ohne Lehre wiederum ist die Forschung selten gedeihlich, da sie die Selbstreflexion ihrer Fragestellungen und Resultate in der Weitergabe an Jüngere benötigt. Aus diesem Grund erstreben sogar gestandene Direktorinnen und Direktoren der renommierten Max-Planck-Institute eine Rolle im universitären Lehrbetrieb. Sie suchen den Kontakt zu Studierenden, weil sie erkannt haben, dass die Wissenschaft, wie Humboldt formulierte, in ihrem ‹Vortrag› permanent neu aufgefasst wird.

Auch wenn Humboldts zweites Prinzip unzureichend erfüllt ist, gerät die Universität in eine Abwärtsdynamik. Es besteht, wie erläutert, aus den drei Elementen Einsamkeit, Freiheit und Zusammenwirken. Wesentlich ist dabei, dass diese Elemente vollständig vorhanden sein müssen, damit sie sich ergänzen und wechselseitig kontrollieren können. Einsamkeit bleibt zumal an der Universität des 21. Jahrhunderts in bestimmtem Maße nötig, damit gute Lehre und Forschung gelingen. Wir kommen allerdings den aktuellen Erfordernissen näher, wenn wir Einsamkeit als ‹Möglichkeit zur individuellen Konzentration› definieren. Professoren an Universitäten sind heute eher Multitasking-Manager als Klosterbewohner, aber gerade deshalb benötigen sie Phasen der Entschleunigung, ohne die sie nicht kreativ sein können.[42] Fehlt die Gelegenheit zum Rückzug, dann gerät die universitäre Wissenschaft zur hektischen Produktion im Mainstream der überall gängigen Themen. Die neoliberale Universität der Anträge und Evaluationen bietet in der Tat zu wenig Raum für Konzentration und führt in eine Wüste des Unoriginellen, wenn sie nicht für Auszeiten und Ausnahmen offengehalten wird.

Freiheit wiederum – als persönliche Freiheit von äußerem Zwang – ist unabdingbar für gute Lehre und Forschung. Individuelle Unabhängigkeit bildet die entscheidende Prämisse für die Wissenschaft; daher auch heute die Notwendigkeit der materiellen Absicherung der Professuren durch staatliche Alimentierung. Damit Freiheit und Einsamkeit nicht in Selbstgenügsamkeit umschlagen, ist jedoch Kooperation erforderlich. Sie sorgt für die soziale Struktur im Universitätsgeschehen, sei es durch kollegiales Miteinander, sei es durch die Verpflichtung, auf gesellschaftliche Anliegen in Lehre und Forschung kreativ zu antworten.

Wo dagegen das Kollegialprinzip allzu stark dominiert, fehlt es an persönlichen Spielräumen und der Freiheit zum Unkonventionellen. Dann erwacht die unselige Gremienuniversität zu neuem Leben, in der kollektiver Zwang zu permanenter Diskussion nicht das allgemeine Wohl, sondern die Dominanz egoistischer Standesinteressen befördert.

Das dritte Prinzip, das der Freiheit von politischer Steuerung, macht klar, dass die Universität von externer Beeinflussung unabhängig bleiben muss. Ist diese Maßgabe nicht erfüllt, so stellt sich eine institutionelle Erstarrung ein, die der Wissenschaft abträglich ist. Der Eingriff des Staates führt zur Beschränkung jener Offenheit, die Teil des Wissenschaftsprozesses in Lehre und Forschung sein muss. Zuallererst kann man hier an die Kontrolle der Universitäten durch frühere und aktuelle Diktaturen denken – kein unfreier Staat lässt seine Hochschulen autonom handeln. Allerdings treten auch in demokratischen Ländern vielfältige Formen struktureller Steuerung auf, die Humboldts Kernidee beeinträchtigen. Zu ihnen gehört primär die Verengung der universitären Freiheit durch staatliche Auflagen mit sehr engmaschigen Setzungen und nicht zuletzt die Bevormundung durch Auftragsforschung mit klaren Zielvorgaben für vorab bestellte Ergebnisse.[43]

Ehe man hier allerdings zu pauschalen Urteilen kommt, muss man bedenken, dass Humboldt der Universität auch eine soziale Mission zugeschrieben hat. Sie findet sich im Prinzip der Kooperation reflektiert, das Einsamkeit und Freiheit durch die Interaktion der wissenschaftlich tätigen Individuen ergänzt. Dahinter steht die Überzeugung, dass die Institution mehr als die Summe ihrer Einzelmitglieder ist und in ihrer organisatorischen Gesamtheit eine «allgemeine, ursprüngliche» Kraft ausstrahlt.[44] Es muss erlaubt sein, über den Sinn und Zweck dieses ‹Allgemeinen› zu diskutieren und ihm womöglich auch verschiedene Übersetzungen ins 21. Jahrhundert angedeihen zu lassen. Die Frage, inwiefern zwischen Universität und Staat verhandelte Ziele mit Humboldts Idee vereinbar sind oder nicht, lässt sich daher kaum eindeutig entscheiden. Die gesellschaftliche Bindung der Wissenschaft ist hier etwas Aufgegebenes, das immer wieder neu definiert, erschlossen und erstritten werden muss – idealiter im offenen Prozess der Wissenschaft selbst.

Auch das letzte Prinzip unserer Reihe – die Persönlichkeitsbildung –

hat seine Funktion im Kontext heutiger Universitäten, obwohl das gern bezweifelt wird. Als Topos von Festreden ist es zuweilen in Misskredit geraten, und auf den ersten Blick findet es im aktuellen Qualifizierungsauftrag der Hochschulen keinen zentralen Platz. Kann eine ‹harmonische Ausbildung aller Fähigkeiten› unter derzeitigen Bedingungen ernsthaft realisiert werden?[45] Erneut hilft hier das Gedankenspiel, was geschehen würde, wenn das Prinzip außer Kraft wäre. Keine Universität möchte bloße Berufsspezialisten hervorbringen, die allein Wissen für den Arbeitsmarkt erworben haben. Gewiss gehören die meisten Studierenden heute zu der Gruppe der «Brotgelehrten», die Schiller 1789 in seiner Jenaer Antrittsvorlesung als Klientel mit reinem Interesse am späteren beruflichen Fortkommen definiert hat.[46] Aber auch sie sind keine Auszubildenden, die nur nützliche Handgriffe erlernen und eine grobe Kenntnis technischer Abläufe gewinnen. Selbst der vielfach pragmatische Zuschnitt des Bachelorstudiums, das in sechs Semestern Kernkompetenzen mit guten Chancen für eine nachfolgende Beschäftigung auf dem Arbeitsmarkt vermittelt, verzichtet nicht auf das Humboldtsche Modell. Eine forschungsorientierte Lehre soll hier Fundamente für ein Verständnis von Theorie, Methodik und Erkenntnisprozessen schaffen, das bei der reinen Berufsqualifikation überflüssig ist. Auch hohe Studierendenzahlen dürften keinen Hinderungsgrund für eine Verwirklichung des forschungsbasierten Bildungsansatzes darstellen. Denn sogar eine primär auf Stoffpräsentation zielende Lehre kann im einführenden Sinn avancierte wissenschaftliche Herangehensformen behandeln. Ein Universitätssystem, das solche Elemente preisgibt, hat seinen Namen nicht verdient.[47]

Humboldts Modell mit seinen «Einheitsfiktionen» (Habermas) passe nicht zur Massenuniversität, so lautete die Ausgangsthese.[48] Das stimmt in dieser apodiktischen Zuspitzung, wie man sehen konnte, schwerlich.[49] Denn das Ziel der forschungsgeleiteten Lehre sollte als Richtwert für jedes Studienprogramm auch der heutigen Universität Gültigkeit besitzen. Es markiert schließlich das wesentliche Unterscheidungskriterium für die Abgrenzung gegenüber der beruflichen Qualifizierung, die im Deutschen ‹Ausbildung› heißt.[50] Von Humboldt bleibt die Verpflichtung, gerade in die heterogene Universität unserer Zeit den dialektischen Treibsatz einer Einheit von Lehre und Forschung einzubringen. Zu begreifen ist dieser Humboldtsche Treibsatz nicht als ideelle Entlastung vom Funktionalismus der aktuellen Hochschulkonzeption. Humboldt ist nicht der Universitätssonntag nach den Wochentagen der Massenvorlesungen und Drittmittelwettbewerbe. Humboldt bedeutet vielmehr ein intellektuelles Korrektiv, das den Anspruch auf die Zweckfreiheit der Grundlagenforschung und das Desiderat eines nicht-utilitaristischen Bildungsmodells sichern muss. Darin steckt die Idee der wissenschaftlichen Autonomie, die von zahlreichen Theoretikern im breiten Spektrum zwischen Schelsky und Habermas, Dahrendorf und Luhmann verteidigt wurde. Nicht zuletzt spiegelt sie sich in den Bestimmungen des Grundgesetzes Artikel 5, Absatz 3, die unmissverständlich sagen: «Kunst und Wissenschaft, Forschung und Lehre sind frei.»

Wenn Humboldts Konzept ein wirkliches Gegengewicht zum pragmatisch-utilitaristischen Universitätsmodell sein soll, dann im Sinne einer funktionalen Komplementarität. Es sorgt nämlich für einen Anspruchshorizont, an dem sich der neoliberale Pragmatismus messen lassen muss. Damit nicht das reine Zweckdenken herrscht, bedarf es der dialektischen Einheit von Lehre und Forschung. Sie erinnert uns an jene Offenheit der Wissenschaft im Sinne einer Option, die Freiheit nicht materiell konditioniert, sondern als Wert in sich selbst definiert. Damit wiederum leistungsorientierte Steuerungsziele nicht zu bürokratischen Zwängen verkommen, muss die Humboldtsche Formation als Korrektiv wirken, das Grenzen zieht, geistige Unabhängigkeit sichert und Spielräume für Experimente in der Lehre sowie Kreativität in der Forschung schafft. Mit Humboldt darf sich dann die Erwartung verbinden, dass die Universität nach dem Grundsatz der Rationalität als Mittel der Freiheitsermöglichung gestaltet werden könne.

2. Das Prinzip der Fächer

Wenige Schlagworte des wissenschaftlichen Diskurses werden seit Jahrzehnten so unhinterfragt genutzt wie das der Interdisziplinarität. Nun gehört es zu den Effekten von Sprachhülsen, dass sie in der Regel nicht Nachdenken, sondern nur bedingte Reflexe auslösen. Im Fall der Interdisziplinarität sollte man sich allerdings die Zeit nehmen, die Kette solcher Reaktionen zu durchbrechen. Denn der Begriff bezeichnet ein Programm, das universitärer Forschung allein hilft, wenn man es mit kritischem Bewusstsein für seine Vor- und Nachteile nutzt. Eilfertige Synthesen zwischen Einzelfächern führen dagegen zu kurzschlüssigen Neukonstruktionen, denen die Substanz, nämlich eine klare methodische Identität fehlt. Jürgen Mittelstraß hat schon vor 20 Jahren festgestellt, die deutsche Universität sei «von allen guten disziplinären Geistern verlassen».[1] Die Frage, was das heißen könnte, lässt sich nicht ohne einen knappen historischen Rückblick beantworten.

In der vormodernen Universitätsgeschichte verbanden sich disziplinäre Organisation des Wissens und übergreifende methodische Prinzipien miteinander. Zwar ging die mittelalterliche Artistenfakultät vom Gedanken einer Einheit der Fächer aus, doch war deren Bedingung das ausdifferenzierte Spektrum der sieben freien Künste, von Grammatik und Rhetorik bis zu Musik und Astronomie. Wer damals die Universität durchlief, kam notwendig mit einer Vielzahl von Fächern in Berührung, da diese sich nicht als geschlossene Systeme, sondern als kommunizierende Röhren begriffen. Ihnen fehlte eine jeweils spezifische Methodik, die ihre Erkenntnisformen ausbilden half. Wohl gab es unterschiedliche Techniken und Verfahren der Wissenserzeugung, jedoch schufen sie keinen je selbständigen Methodenkanon. Genau das ermöglichte das Zusammenwirken der einzelnen Wissensgebiete in einer universelleren Vorgehensweise. Sie mochte auf die aristotelische Logik, die ciceronische Topik als Lehre von den *loci communes*, den Wissensorten, oder die Hierarchien der antiken Rhetorik gestützt sein – in jedem Fall erzeugte die Methode keine Disziplinen, sondern einen allgemeinen Rahmen für die epistemische Ordnung.

Die topische Beschaffenheit des Wissens nach Cicero hatte bis tief in die Frühe Neuzeit hinein Bestand. Das Prinzip der *loci communes*, das es erlaubte, den Wissensgegenständen einen festen Platz in einem verbindlichen Gliederungsgefüge zuzuweisen, bewahrte sich noch im 16. und frühen 17. Jahrhundert – bei Cardano, Campanella, Aldrovandi und anderen – den Status einer Leitstruktur. Sowohl in den naturphilosophischen als auch in den spiritualistisch gegründeten Wissensordnungen der Alchemie, der *magia naturalis*, des Hermetismus und Paracelsismus – die ihrerseits Vorformen einer stärker empirischen Naturforschung bildeten –, lebte das topische System weiter.[2] Vom Grundsatz her war es auf alle anderen Disziplinen – Medizin und Recht, Geometrie und Arithmetik – übertragbar, weil es keine fachspezifische Ordnung, sondern eine allgemeine Organisation der Fundorte lieferte, an denen man Wissensbestände antreffen konnte.

Die fachübergreifende Gesamtstruktur der Wissenschaften änderte auch der säkularisierte Ordnungsanspruch der europäischen Aufklärung nicht. Typisch ist hier der Leibniz-Wolffsche Rationalismus, der im Gefolge des Cartesianismus ein Universalsystem ausarbeitete, das keine Spezialmethoden für einzelne Fächer kannte. Sein Grundmuster war ein deduktives Beweisverfahren, das sich auf unterschiedlichste Gegenstände von der Naturforschung bis zur Logik anwenden ließ. Den Ausgangspunkt bildete bei Christian Wolff die an Descartes geschulte Annahme einer genau durchgestalteten Welt, deren materielle Beschaffenheit (*res extensa*) und intellektuelle Ordnung (*res cogitans*) gleichermaßen rationalen Normen gehorchen. Fachliche Charakteristika wurden nicht durch die Prinzipien der methodischen Organisation, sondern durch einen sekundären Gegenstandsbezug hergestellt, der Merkmale und Strukturen über streng vereinheitlichte Beschreibungsprozesse herausarbeitete. Weder in der theoretischen Grundlegung noch in der Formalisierung des Wissens existierten disziplinentypische Methoden im engeren Sinne.

Der Weg in die Disziplinengliederung wurde erst durch den Siegeszug des Empirismus im 19. Jahrhundert geöffnet. Er erschloss den Naturwissenschaften durch experimentelle Praxis eine selbständige Methodenbasis, die wiederum mit Hilfe morphologischer, taxonomischer oder periodischer Systematiken abgesichert wurde. Parallel dazu vollzog sich im Zeichen der Säkularisierung die endgültige Emanzipation der Geisteswissenschaften von der Theologie.[3] Methoden wie die wissenschaftliche Textedition und -kommentierung, die historiographische Quellenkritik, aber auch die Verfeinerung der philosophischen Hermeneutik etablierten ein neues Bewusstsein für die Identität einzelner geisteswissenschaftlicher Disziplinen. Institutionell unterstützt wurde dieser Prozess durch den Ausbau der Fakultäten und die Organisation eines geschlossenen Institutsbetriebs. Die damit verbundene Professionalisierung der akademischen Qualifizierung hatte zwei wesentliche Aspekte. Sie führte zu einer Spezialisierung der universitären Fächer, ermöglichte aber gleichzeitig eine angemessene Förderung des Nachwuchses für komplexer werdende Berufsmärkte von der modernen Bürokratie über das Schulwesen bis zu Medizin und naturwissenschaftlich-technisch fundierter Industrieproduktion. Die Binnendifferenzierung des universitären Fächerkanons prägte das wissenschaftliche Selbstverständnis und den Bildungsauftrag der modernen Universität gleichermaßen.[4] Das gilt für ihre korporative Identität wie für ihre organisatorische Seite, also für jenen Teil von ihr, der sich über Werte definiert, und jenen anderen Teil, der sich als Betrieb begreift.[5]

Die Tendenz zu Stabilität und Geschlossenheit begründet auch an den deutschen Universitäten des 21. Jahrhunderts die Disziplinenstruktur des akademischen Lehrsystems. Sie bekundet sich noch erkennbar in der relativ konstanten Ordnung der Fakultäten, die sich ihren traditionellen Zuschnitt bis heute bewahrt haben. Reformabsichten scheitern hier stets an einem starken institutionellen Beharrungsvermögen, das die alte Fakultätsarchitektur zu erhalten sucht. Die Vertiefungsgrade der Binnengliederung fallen unterschiedlich aus – manche Universitäten wie die in Kiel oder Köln orientieren sich an der herkömmlichen Großstruktur von Mathematisch-Naturwissenschaftlicher, Sozialwissenschaftlicher, Geisteswissenschaftlicher und Juristischer Fakultät, die meisten anderen stützen sich dagegen auf eine stärkere Detailgliederung in Einzelfachbereiche. Im Kern bleibt jedoch das Organisationsprinzip formal das gleiche, weil es auf dem identischen Grundmuster der institutionellen Abgrenzung der Disziplinen beruht. Selbst viele Neugründungen der sechziger Jahre, die durch die Einführung sogenannter Fachgruppen die Ordnung der streng getrennten Institute und Fakultäten aufzuheben suchten, sind inzwischen, wie man sehen konnte, zu traditionellen Untergliederungen zurückgekehrt.[6]

Auf dem Feld der Universitätsorganisation haben mithin die früheren Disziplinenstrukturen weiterhin Bestand und Geltung.[7] Wer allerdings hinter die Kulissen sieht, erkennt, dass sich die alten Fachidentitäten an mehreren Punkten aufzulösen beginnen. Seit der zweiten Hälfte des 20. Jahrhunderts verstärkten sich interdisziplinäre Kooperationsformen in der Forschung, was kontinuierlich zur Neugründung von Fächern führte. In den vergangenen 30 Jahren ist dieser Prozess enorm beschleunigt worden. Die Praxis interdisziplinärer Zusammenarbeit schlägt sich nicht nur in den Profilen universitärer wie außeruniversitärer Forschung, sondern ebenso im akademischen Kanon nieder. Die Etablierung von Fächern wie Biochemie, Medizinmanagement, Informationsdesign oder Neuropsychologie, die wachsende Dominanz der Digitalisierung und zumal der Künstlichen Intelligenz als Forschungssektor und Querschnittsbereich für die Lehre demonstrieren das exemplarisch.[8] Sie haben nicht zuletzt für das intellektuelle Klima der Universität einen extrem positiven Effekt, von dem gleich noch zu sprechen ist.

Unter institutionellen Gesichtspunkten betrachtet ist die Etablierung neuer Gebiete durchaus sinnvoll. Wo in der Forschung produktive Grenzüberschreitungen gewagt werden, verändern sich notwendig die Zuschnitte von Fächern, Curricula und Studienprofilen. Schon auf dieser Ebene muss allerdings betont werden, dass die Evolution der akademischen Ordnung nicht nur rationale Züge trägt. Zum einen nämlich unterliegt sie den Impulsen modischer Trends – heutzutage ‹boomen› die Lebenswissenschaften, was sich in einer Hochkonjunktur von ‹Biostudiengängen› zwischen Biophilosophie und Bioinformatik niederschlägt, vor einigen Jahrzehnten war es die mittlerweile fast vergessene Kybernetik, die das Feld anführte. Zum anderen gehorcht die quantitative Entwicklung einer gefährlichen Eigendynamik; die Zahl der an unseren Hochschulen – aller Typen – angebotenen Studienprogramme beläuft sich derzeit auf fast 20 000. Wird hier keine ordnende und das heißt: mäßigende Kontrolle ausgeübt, dann droht dem deutschen Universitätssystem der Kollaps.

Die Gründe für die Erweiterung interdisziplinärer Forschungssektoren liegen aber nicht allein in der gelegentlich ungesteuerten Eigendynamik der Wissenschaft. Noch in den sechziger Jahren wurde die Forderung nach Interdisziplinarität insbesondere in den Geistes- und Sozialwissenschaften aus der Perspektive einer umfassenden Methodenkritik vorgetragen – so etwa bei Reinhart Koselleck und Wilhelm Voßkamp.[9] Interdisziplinäres Arbeiten sollte die Genügsamkeit der Einzelfächer aufbrechen, sie zur skeptischen Befragung ihrer methodischen Instrumente veranlassen und Selbstdistanz im Dialog des Gegensätzlichen ermöglichen. Heute dagegen ist ein interdisziplinäres

Konzept die Bedingung für den Erfolg von Drittmittelanträgen, oft also pragmatisch motiviert. Dieser Befund betrifft europäische Verbundvorhaben, Exzellenzcluster und Sonderforschungsbereiche, aber auch die Graduiertenkollegs der Doktorandenförderung. Betrachtet man die Liste der im letzten Jahrzehnt von der Deutschen Forschungsgemeinschaft bewilligten Promotionsprogramme, so springt die massive Dominanz fachübergreifender Themen ins Auge: «Medizinische Chemie», «Schriftbildlichkeit», «Interdisziplinäre Umweltgeschichte», «Mediale Historiographien», «Interdisziplinäre Ansätze in der zellulären Neuroforschung». Diese Tendenz zur Überschreitung der Fächergrenzen ist zunächst ein ebenso folgerichtiger wie nachvollziehbarer Prozess, der auf den ersten Blick der Notwendigkeit entspringt, nicht nur die eigene Disziplin voranzubringen, sondern neue Themen durch Schnittmengen zu finden. Zugleich existiert jedoch eine rein strategische Dimension solcher Verbundpolitik, die keineswegs unproblematisch, weil nicht intrinsisch begründet ist. Im Kontext von Förderanträgen gilt meistens, dass Projekte, die allein zum Fortschritt des eigenen Fachs beizutragen scheinen, als wenig innovativ eingestuft werden und Gefahr laufen, keine Finanzierung zu erhalten.

Luhmann hat in seiner Studie *Die Wissenschaft der Gesellschaft* aus soziologischer Sicht darauf hingewiesen, dass die Interdisziplinarität zahlreicher Drittmittelprojekte einem zunehmenden Wettbewerbsdruck entspringe. Durch Spezialisierung, so Luhmann, entziehe man sich der Konkurrenz, wobei Exklusivität über eine Verengung des Untersuchungsfokus oder über Synthesen mit weiteren Fächern herbeigeführt werden könne. Der Effekt sei jeweils die Verdrängung anderer Vorhaben durch Ausschaltung von Vergleichsmöglichkeiten. Eine ungewöhnliche Verbindung der Disziplinen wiederum – das zweite, verbreitetere Modell – erhöhe die Chance, dass ein Projekt als exzeptionell erscheine und damit erfolgreich sei. Luhmann spricht hier vom «Reputationsmanagement» der Anträge, die durch immer ausgefallenere Formen der interdisziplinären Themenorganisation Wettbewerbsgewinn und bessere Förderchancen zu erlangen suchen.[10]

Mit einer für ihn typischen Lakonie weist Luhmann darauf hin, dass die Kehrseite solcher Projektkonstruktionen das Überwintern drittmittelabhängiger Wissenschaftler in womöglich kurzzeitigen Verbünden ist. Rapide wächst im Rahmen befristeter Vorhaben zumal die Zahl der Nachwuchswissenschaftler, die sich in disziplinenübergreifenden Forschungsräumen bewegen. Nicht selten bleibt jedoch bei der programmatischen Kooperation, die fraglos Erkenntnishorizonte erweitert und Methodenarsenale durch wechselseitige Befruchtung anreichert, die spezifische Fachbasis wissenschaftlicher Tätigkeit auf der Strecke. Die daraus resultierenden Konsequenzen für die Qualifizierung des wissenschaftlichen Nachwuchses sind problematisch. Wo man zu früh in Zwischengebiete der Wissenschaft eintritt, droht die Gefahr des Verlusts disziplinärer Identität. Sie aber ist die Voraussetzung für die Überschreitung von Markierungslinien, soll nicht das Risiko der Bodenlosigkeit entstehen. Die detaillierte Kenntnis der Methoden des eigenen Fachs bleibt zentrale Prämisse für ein erfolgreiches interdisziplinäres Arbeiten. Gerade bei Doktoranden ist diese Kenntnis in den meisten Fällen noch nicht so tief, dass sie wirklich Prozesse der Grenzüberquerung erlaubt. Philologische Textanalyse, Beherrschung statistischer Auswertung, experimentelle Erschließung von Serien und Abweichungen, Prüfung juristischer Normen, Berechnung konstruktionstechnischer Grundlagen – das alles sind Basiselemente einer Forschung, die sich erst dann von den festen Verankerungen einer Disziplin lösen darf, wenn sie über ihre essentiellen Fundamente souverän verfügt. Wer die in Graduiertenkollegs und Sonderforschungsbereichen behandelten Dissertationsthemen betrachtet, den überkommt zuweilen die Sorge, dass diesen Voraussetzungen nicht immer Rechnung getragen wird.

Zur guten akademischen Kultur sollte neben der sicheren Beherrschung spezifischer Methoden auch die Kenntnis der Fachgeschichte und Wissenschaftsethik gehören, die es erlaubt, der eigenen Disziplin reflektiert zu begegnen. Eine entsprechende Reihe von Veranstaltungen muss daher zum ständigen Repertoire der qualifizierten Promotionsförderung in Kollegs und Forschungszentren zählen. Gleiches gilt für die Vermittlung wichtiger theoretischer bzw. methodologischer Fertigkeiten, die im Mittelpunkt der Einzelfächer stehen. Gerade sie sind in den Curricula der strukturierten – also durch Lehre, Praktika und Mentorierung begleiteten – Promotionsprogramme für den herausragenden Nachwuchs zu berücksichtigen. Nur so werden die Tendenz zu immer frühzeitigeren Brückenschlägen zwischen Fächern und die von der Sache her durchaus zwingende Entwicklung transdisziplinärer Forschungsansätze nicht auf Kosten der wissenschaftlichen Kernkompetenzen des Nachwuchses gehen.

Noch ein anderer Punkt kommt hinzu: Interdisziplinarität heißt nicht, die Themen einzelner Fächer einfach zu kreuzen. Wer Käse, Gurken und Hackfleisch zusammenwirft, der zerstört ihren Einzelgeschmack. Ähnlich verhält es sich in den Wissenschaften. Interdisziplinarität bedeutet hier oftmals nur eine Vermischung des Unterschiedlichen – eine Macdonaldisierung der Verfahren. Interdisziplinäre Praxis sollte sich aber vom Zwang befreien, dass ihre Resultate immer in neue Synthesen münden. Ihr Nutzen liegt anderswo, auf dem Gebiet einer Begegnung, die es zunächst erlaubt, Differenzierungen kennenzulernen. Sie hat, wie sich gleich zeigen wird, auch eine diskursiv-kulturelle Dimension mit positiven Auswirkungen auf die deutsche Universität.

Jürgen Mittelstraß konstatierte 1998 aus wissenschaftstheoretischer Sicht, dass die Rede von der Interdisziplinarität zumeist die Illusion erzeuge, man könne die Grenzen der Disziplinen sehr genau identifizieren, weshalb dann auch ihre Überschreitung präzis zu bestimmen sei. Für Mittelstraß ist es aber primär die Methodik, die eine wesentliche Trennlinie zwischen den Fachgebieten erzeugt.[11] Hervorzuheben wäre zunächst, dass sie nicht Disziplinen im akademischen Sinn, sondern formale Verfahrensweisen voneinander abgrenzt. Quantitative und qualitative Methoden determinieren etwa die unterschiedlichen Techniken in den Sozialwissenschaften; die moderne Sprachwissenschaft kann den Neurowissenschaften nahestehen, ebenso aber auch – im Bereich der Sprachgeschichte – eine historische Disziplin sein. Das Arsenal der verwendeten Arbeitstechniken und nicht die thematisch begründete Fachkultur entscheidet über die eigentliche Identität eines Gebiets. Der Sinn interdisziplinärer Tätigkeit liegt laut Mittelstraß darin, die Divergenz der Methoden in den Dienst der gemeinsamen Auseinandersetzung mit den Gegenständen zu stellen.[12] Einen wesentlichen Effekt solcher Kooperationsformen kann dabei die Erkenntnis bilden, dass die Objekte wissenschaftlicher Untersuchung nicht ontologisch vorfindbar, vielmehr durch methodischen Zugriff erzeugt worden sind. Das ist eine

Einsicht, die übrigens die Geisteswissenschaften eher als die Naturwissenschaften akzeptieren können. Ein mustergültiges Modell für einen Dialog der Disziplinen, der methodische Identität neu beleuchtet und nicht preisgibt, hat Kant in seiner Schrift *Der Streit der Fakultäten* (1798) exponiert. Kant führt das Beispiel einer echten Auseinandersetzung über Grenzen hinweg vor. Juristische, theologische und medizinische Fachbereiche repräsentieren dabei die oberen, die philosophische vertritt die untere – grundständige – der Fakultäten. Zwischen ihnen ist jeweils eine Vielzahl von Begegnungen möglich, die dafür sorgen, dass dasselbe Objekt aus verschiedensten Perspektiven wahrgenommen werden kann. Körper, Seele, Unsterblichkeit und Schuld bilden in Kants Gang durch die Fakultäten die spezifischen Bezugsfelder, an denen deutlich wird, wie stark die Bestimmung eines Begriffs vorgelagerten methodischen Prinzipien gehorcht. Voraussetzung seines Experiments ist jedoch die Gewissheit der einzelnen Fakultäten, dass ihre angestammten Verfahrensweisen in sich konsequent und wirkungsvoll bleiben. Kants Gedankenspiel verpflichtet also die jeweiligen Fachkulturen darauf, ihre besonderen Leitkategorien in diesen allgemeinen Referenzsystemen zu überprüfen und damit ihre eigene Wertigkeit auszuweisen.[13]

Die organisatorische Realität gibt an den Universitäten auch heute wenig Raum für solche Experimente. Die Architektur der Fakultäten und Institute korrespondiert den aktuellen Entwicklungen der Inter- und Transdisziplinarität kaum. Das hat zum einen pragmatische Gründe, denn die sich zügig wandelnden Kooperations-, Annäherungs- und Überlagerungsbeziehungen zwischen Fächern können nicht permanent in veränderten Organisationsstrukturen abgebildet werden. Die Institute müssen ihre Funktion als feste Größen mit nachhaltiger Grundform behaupten, da die innere Ordnung der Universität sonst zerbrechen würde. Ein Übermaß an Zersplitterung gefährdet ihren gesamtheitlichen Anspruch und erzeugt Partikularität.[14] Die «Ausdifferenzierung der Fächer» sollte also keinesfalls zu einer «Differenzierung im Inneren der Universität» führen, wie sie Habermas forderte, weil das eine Erosion ihrer organisatorischen Einheit zur Folge hätte.[15]

Der zweite Grund für strukturelle Stabilität ist sozialer Art, denn die Institute fungieren als Räume, die der abgrenzenden Identitätssiche-

rung dienen. In ihren Studien- und Prüfungsordnungen verankern sie
die Kernbestände dessen, was zu ihrem disziplinären Selbstbild gehört.
Hier bündeln sich Erwartungen im Hinblick auf Methoden und Prozesse spezifischer Wissenschaften, auf Kompetenzen und Kenntnisse
fachlicher Natur. Die Institute steuern den Lehr- und Prüfungsbetrieb,
indem sie ihre Geltungsansprüche auf formaler und thematischer Ebene
sichern. Was sich in den jeweiligen Ordnungen findet, spiegelt damit
den Konsens der Disziplin und ihrer Repräsentanten in Bezug darauf,
wie Unterricht und Studium gestaltet, welche Prioritäten gesetzt und
welche Aspekte als nachrangig angesehen werden sollen.[16] Zwar existieren inzwischen zahllose interdisziplinäre Studiengänge, doch führen
sie interessanterweise nicht zur Auflösung dieser verfestigten institutionellen Struktur. Das wäre auch weder handhabbar noch sachlich zu
vertreten; denn die universitäre Ordnung bleibt zu Recht, sofern es um
Fragen der nachhaltigen Organisations- und Geltungsmacht geht, von
den klassischen Fachzuschnitten geprägt. Wer zwischen den Stühlen sitzen möchte, benötigt zunächst einmal Stühle.

Die Institute bestehen ihrerseits aus wissenschaftlichen Einrichtungen oder, seltener, den Ordinariaten. Die erste bildet die neuere, die
zweite die traditionelle Form der disziplinären Identität, die Hochschulen sicherstellen. Lehrstühle verbanden die subjektive mit der fachlichen Dimension, indem sie den Ordinarius gleichsam zum Statthalter
seiner Disziplin erhoben.[17] Das ermöglichte große Freiheitsgrade für
den Einzelnen, führte aber auch zu unerwünschten Nebenwirkungen:
der Durchsetzung von Partikularinteressen und der Verhinderung von
Zusammenarbeit aufgrund persönlicher Eitelkeit. In den letzten zwei
Jahrzehnten haben die meisten Universitäten die Lehrstühle als Organisationseinheiten kassiert und fachnahe Professuren zu wissenschaftlichen Einrichtungen wie Botanik, Neuere deutsche Literaturwissenschaft, Festkörperphysik, Zivilrecht oder Anlagenbau verbunden. Die
Reformprozesse der vergangenen 20 Jahre schränkten die Macht der
einzelnen Ordinarien erheblich ein und ersetzten sie durch Strukturen
leistungsbezogener Selbstverwaltung. Dazu gehört, dass die Budgets
nicht mehr direkt an die Lehrstühle vergeben werden, sondern über
Institutshaushalte laufen und von dort zur Verteilung gelangen. Die
Distribution der Ressourcen erfolgt in den Instituten nach Zielpara-

metern, was konfliktträchtig sein kann – der Dissens über die Angemessenheit der hier zugrundegelegten Indikatoren hat vielerorts den Streit über Prestige und Wirkung verdrängt.

Wo im früheren System Ordinarien um Glanz und Geltung rangen, herrscht heute nicht selten der Streit um Drittmittel, Prüfungszahlen, Promotionsquoten und andere quantitative Faktoren.[18] In den alten Instituten oder ‹Seminaren›, wie sie bisweilen hießen, ging es primär um das Prestige, das sich an der Stellung des Einzelnen im akademischen Betrieb bemaß. Indikatoren für Reputation waren Veröffentlichungen in renommierten Zeitschriften und Verlagen, die Zuerkennung von Wissenschaftspreisen, Mitgliedschaften in Akademien und internationalen Gremien, der Erfolg der eigenen Schüler. Das alles spielt auch heute noch eine Rolle als das symbolische Kapital, das den Status im kollegialen Feld begründet. Aber jenseits dieser von Pierre Bourdieu exemplarisch beschriebenen Indikatorik organisiert sich heute die soziale Hierarchie in universitären Instituten nach anderen Kriterien.[19] Abstufungen innerhalb der Kollegenschaft geschehen zunehmend unter quantitativen Gesichtspunkten, die Teil des Gesamtsystems sind. Hohe Einnahmen aus Drittmitteln, die Menge internationaler Projekte, die Zahl der Mitarbeiter und Zitationsquoten entscheiden maßgeblich über die Position im Institut. Anstelle des symbolischen Kapitals zählt jetzt wirkliches Kapital, also die eingeworbene Geldsumme, die den wissenschaftlichen Vorhaben eines Professors oder einer Professorin zugute kommt.

Gemeinsam ist dem alten und dem neuen System, dass die kollegiale Ordnung des Instituts Auseinandersetzungen erzeugt. Sie manifestieren sich im Wettbewerb um Macht, Geltung und Einfluss. Dessen Regeln mögen sich unterscheiden durch die Indikatoren, die das kompetitive Handeln und Denken steuern. Aber im Kern geht es doch immer um eine Grundsituation der Spannung, die verhindert, dass ein kollegiales Miteinander auf der Basis friedlicher Koexistenz entstehen kann. Relativiert wird dieses Konfliktgeschehen durch die Tatsache, dass die einzelnen Institute auf mittlerer Ebene in Fakultäten zusammengeschlossen sind. Im Fakultätsrat, dem neben den Hochschullehrern auch Studierende, wissenschaftliche Mitarbeiterinnen und Mitarbeiter und der technisch-administrative Bereich angehören, finden sich die unterschiedlichen Fächer der Institute durch einzelne Vertreter repräsentiert.

Hier rücken die internen Querelen zumeist in den Hintergrund, weil man sich gegen Nachbarinstitute auf einer höheren Stufe der allgemeinen Mittelverteilung durchsetzen muss. In diesem Rahmen gilt erneut, dass die Dissensformen sich verändert haben. Wo früher auf der Fakultätsebene über Methoden und Fachprioritäten gestritten wurde, spielen jetzt materielle Faktoren die maßgebliche Rolle. Seit der Mitte des 19. Jahrhunderts waren Habilitations- und Berufungsverfahren die entscheidenden Schlachtfelder für divergierende Interessen. Habilitanden scheiterten an den Voten aus benachbarten Fächern, bei der Bewertung von Bewerbungsvorträgen manifestierten sich häufig prinzipielle Divergenzen methodischer Art. In beiden Bereichen wirkten sich nicht zuletzt unterschiedliche intellektuelle Haltungen aus, wie sie Bourdieu für die verschiedenen Fachkulturen identifiziert hat.[20] Heute ist das Gewicht, das diese habituellen Einstellungen innerhalb der großen Fakultäten besitzen, deutlich geringer als noch in den achtziger und neunziger Jahren. Weiterhin gelten Prozesse der akademischen Selbstergänzung als konfliktträchtig, doch werden sie inzwischen überlagert von den Auseinandersetzungen um die budgetäre Verteilung und die Bestimmung der sie begründenden Leistungsindikatoren.

Bei der inneren Fachorganisation der Universität kommt es darauf an, Egoismus zu verhindern, aber Identität zu ermöglichen. Die Disziplinen bilden das Herzstück der Universität, durch ihr historisches Gewordensein, durch ihre Gegenwart im Blick auf Lehre und Forschung und durch ihre Zukunft aufgrund der Erneuerungspotentiale, die hier bereitliegen. Es ist fatal, wenn das Miteinander der Fächer sich in Geltungsdisputen oder Gremienstreitigkeiten auflöst. Diese Tendenz trat an deutschen Hochschulen während unterschiedlicher Perioden auf. Die klassische Ordinarienuniversität neigte dazu, die Fachgrenzen scharf zu ziehen, weil sie über Macht durch Reputation entschieden. Wer seine Position sichern wollte, konnte Eingriffe in seine Kompetenzbereiche, die im Namen der Interdisziplinarität erfolgten, schwerlich dulden. Die Gremienuniversität der siebziger Jahre wiederum verdrängte den akademischen durch den politischen Disput, wobei fachliche Egoismen nicht selten durch die Frage nach der gesellschaftlichen Relevanz verkleidet wurden. Ein gedeihliches Zusammenspiel gelang in keiner der beiden Phasen, die für die deutsche Universität lange Zeit prägend waren.

Inzwischen hat sich, wesentlich befördert durch das Projektwesen und die Drittmittelabhängigkeit der Forschung, ein neuer Trend abgezeichnet. Auf der einen Seite werden durch die Vorherrschaft des Quantitativen die alten Streitigkeiten über das symbolische Kapital auf einer stärker materiellen Ebene fortgeführt; so betrachtet ändern sich die Kriterien, nicht jedoch die Muster der Auseinandersetzung. Auf der anderen Seite ist zu erkennen, dass die Bereitschaft zur Kooperation zumal durch die Dominanz der Drittmittelprojekte erheblich zugenommen hat. Sie mag, wie schon beschrieben, weniger intrinsisch als vielfach strategisch motiviert sein, aber sie bewirkt Gutes, weil sie an unseren Universitäten einen lange fehlenden gemeinsamen *Spirit* erzeugt. Fast könnte man von einem intellektuellen Sportsgeist sprechen, der Teambildung unterstützt, Arbeitsvorgänge zusammenführt und den Austausch vorantreibt. So wächst das Verständnis für andere Fächer, nicht zuletzt die Fähigkeit, schwierige Aufgaben miteinander in Angriff zu nehmen. Das ist gerade im Hinblick auf die zunehmende Spezialisierung und Zellteilung der Wissenschaften unabdingbar. Aus der Kleinstaaterei der Lehrstuhlprovinzen ist eine global funktionierende Kartographie geworden. Sie bewirkt weitaus mehr als jene von oben verordnete Reform, die vor einigen Jahrzehnten die Ersetzung der Fächer durch interdisziplinäre Institute anzustoßen suchte.[21]

Aktuell haben sich an den Universitäten neue, bewegliche Strukturen unterhalb der hergebrachten Organisationsmuster gebildet. Hier wird das interdisziplinäre Arbeiten nicht durch stabile Einrichtungen, sondern durch volatile Projekte, Netzwerke und Gruppen ermöglicht. Das Modell des festen Instituts, das ein Zusammenrücken der Fächer forcieren sollte, erweist sich seit langem als obsolet. Gerade die in der Exzellenzförderung erfolgreichen Universitäten bauen inzwischen auf Foren der Kooperation, die eher losen Kopplungen als stabilen Einrichtungen gleichen. Eine Vielzahl von Forschungsräten, Allianzen und Verbundvorhaben ist hier entstanden, vorwiegend mit der Tendenz, fluide Formen gemeinsamer Arbeit sicherzustellen. Sie sollen anlassbezogen bleiben, zur Planung von Drittmittelprojekten führen und Räume der Interaktion schaffen. Wesentlich ist, dass solche Strukturen beweglich sind und nach einigen Jahren auch wieder verschwinden können, um neuen Mustern zu weichen. Wenn dieses Prinzip wirksam ist, dann erzeugt es dynamische Modelle der Kooperation ohne institutionelle Verfestigung. Funktioniert es weniger gut, dann bildet sich ein Gewirr von unübersichtlichen Parallelwelten, bei denen unklar bleibt, wie sie sich zu den herkömmlichen Instituten und Fachbereichen mit ihren Gremien verhalten.

Wo die projektgestützte Form des Zusammenarbeitens länger anhält, resultieren aus ihr persönliche Allianzen über Fächergrenzen hinweg, die den traditionellen Egoismus der Institute überwinden helfen. Obwohl man die volatilen Tendenzen der Drittmittelforschung kritisch sehen muss, bleibt ihr Einfluss auf die Strukturen der Fächer und das Binnenklima der Universitäten unbestritten positiv. Die Dynamik der Gegenwart hat zugleich eine idealtypische Dimension, denn mit dem neuen Geist der Kooperation, der vielerorts entstand, verbindet sich die Einlösung eines alten Versprechens. Nichts anderes als Humboldts – gern ignoriertes – Gebot des ‹Zusammenwirkens› erfüllt sich hier, die Vorstellung, dass in der akademischen Gemeinschaft «einer ersetze, was dem anderen mangelt», und «die gelingende Tätigkeit des einen den anderen begeistere und allen die allgemeine, ursprüngliche, in dem einzelnen nur einzeln oder abgeleitet strahlende Kraft sichtbar werde».[22] In der Universität des kooperativen Geistes, die den Fachegoismus durch das mächtige Prinzip des Miteinander substituiert, hätte sich damit ein Humboldtsches Ideal verwirklicht. Sie ist die beste aller möglichen Welten, denn sie macht aus dem klassischen Streit ein produktives Momentum im Zeichen einer echten Kultur der Zusammenarbeit.

3. Führungsparadoxien

Universitäten gelten als schwer regierbare Institutionen, in denen ‹organisierte Anarchie› herrscht, wie Luhmann es formulierte.[1] Will man diese Aussage näher prüfen, bedarf es einer Definition: Was heißt ‹Regierbarkeit›? Top-down-Steuerung und Durchgriff von oben? Lenkung über Zielkataloge? Oder Moderation und Konfliktmanagement? Wer eine Universität führt, kann mit dem ersten Modell nur Schiffbruch erleiden. Niemand würde einen Präsidenten akzeptieren, der seine Linie ohne Abstimmung mit den einzelnen Statusgruppen durchzusetzen sucht. Man dürfte scheitern, wenn man den Anspruch auf Teilhabe verkennt, wie ihn die Universität stellt. Ebenso problematisch ist aber ein Amtsverständnis, das allein auf Mediation, Vermittlung und Ausgleich beruht. Das wird den Anforderungen einer Leitungsrolle nicht gerecht und erstrebt Konsens auch dort, wo er unproduktiv ist. Im Ringen um die beste Lösung kann Streit nicht ausbleiben. Teilhabe schließt wiederum nicht automatisch ein, dass jeder Recht bekommt.

Universitäten sind komplexe Gebilde. Sie bestehen aus Gruppen mit heterogenen Interessen, die durch ihren Status und ihre Aufgaben definiert werden: Professorinnen und Professoren, Studierenden, dem wissenschaftlichen Mittelbau und wissenschaftsunterstützenden Bereichen. In den siebziger Jahren hat der Versuch, diese Interessen möglichst detailliert zu berücksichtigen, eine massive Zerreißprobe für die Universitäten bewirkt. Im Zuge der Reformprozesse, die sich seit den späten neunziger Jahren vollzogen, ist die alte Gruppenuniversität dann weitgehend durch ein System überprüfter Verantwortlichkeiten ersetzt worden.[2] Es verschafft den Präsidien und Rektoraten Steuerungskompetenzen, berücksichtigt aber die berechtigten Partizipationsansprüche der einzelnen Fraktionen. Das bedeutet zunächst, dass die alten Gremien weiter existieren und ihre Rechte ausüben. So obliegt dem Akademischen Senat das Recht, über Grundaspekte von Lehre und Studium zu entscheiden; das Kuratorium bzw. der Hochschulrat verabschiedet den Haushalt und ist zumeist letzte Instanz in allen Budgetfragen von prinzipieller Bedeutung. Die Steuerungskompetenz des Präsidiums besteht dort, wo es um die Schaffung von Leistungsanreizen – etwa bei Berufungen – und um die faire Verteilung der Finanzen an die Fachbereiche nach Gesichtspunkten von Bedarf und Verdienst geht. Die formale Ordnung der Macht, die eine Universität jenseits von Indikatoren der Geltung und des Prestiges ausbildet, beginnt jedoch bereits auf einer mittleren Ebene, bei den Dekanen. Und hier zeigt sich, dass wir es mit einem relativ offenen, kaum definierten Raum zu tun haben, wenn wir vom Einfluss der universitären Leitung sprechen.[3]

Die Dekane stehen den Fakultäten vor, haben die häufig divergierenden Interessen der einzelnen Institute auszutarieren, müssen aber auch jeweils eine möglichst einheitliche Stellung gegenüber dem Präsidium vertreten. Ihre Zwischenposition ist entscheidend für das Gelingen der hochschulischen Steuerung und die sie unterstützende Balance der Aufgaben. Sie bringen die Erwartungen der Einzelfächer zur Geltung, wobei sie gleichzeitig die Pläne der Universitätsführung in ihrer Fakultät erläutern und gegebenenfalls durchzusetzen helfen. Für ihre Rolle bestimmend ist dabei das Kollegialprinzip, was eine gewisse Ambivalenz erzeugt. Dekaninnen und Dekane werden aus der Mitte der Fakultät gewählt, deren Angehörige sie selbstverständlich auch während ihrer Amtsperiode bleiben. Das schafft Legitimation für die Leitungsfunktion, beschränkt aber alle konkreten Durchgriffsmöglichkeiten deutlich. Kommt es im Kollegium zu Verstößen gegen disziplinarische Regularien oder Fehlverhalten, so können Dekane erste Gespräche mit den Betroffenen führen, ohne über die dienstrechtlichen Kompetenzen zu weitergehenden Entscheidungen zu verfügen.[4]

Die meisten Hochschulgesetze der 16 Bundesländer siedeln die Aufgaben der Dekane, jeweils unter Verweis auf besondere Detailregelungen der hochschulischen Grundordnungen, in einem relativ streng begrenzten Wirkungskreis an. Dazu gehört die Sicherung des vollständigen Lehrangebots, die Einhaltung der Lehrverpflichtungen und die Durchführung von Lehrevaluationen, an manchen Universitäten auch die leistungsgerechte Verteilung der zentral zur Verfügung gestellten Ressourcen und der Einsatz der Mitarbeiter in den ihnen zugewiesenen Sektoren. Die eher schwache Rechtsposition des Dekans erkennt man an einer signifikanten Bestimmung, wie sie – hier nur exemplarisch für andere – das Hochschulgesetz des Landes Nordrhein-Westfalen im Blick auf Angelegenheiten der Personalführung vornimmt. Dort heißt es, der Dekan oder die Dekanin «wirkt unbeschadet der Aufsichtsrechte des Rektorats darauf hin, dass die Funktionsträgerinnen und Funktionsträger, die Gremien und Einrichtungen des Fachbereichs ihre Aufgaben wahrnehmen und die Mitglieder und Angehörigen des Fachbereichs ihre Pflichten erfüllen».[5] Diese weiche Formulierung (‹wirkt darauf hin›) bedeutet im Klartext, dass der Fakultätsleitung keine Spielräume für dienstrechtliche Entscheidungen zur Verfügung stehen. Disziplinarverfahren werden bei Vergehen im Auftrag des Präsidiums bzw. Rektorats von der zentralen Universitätsverwaltung durchgeführt. Mit Sanktionen können die De-

kaninnen und Dekane nicht arbeiten, so dass ihnen allein das ermah-
nende Gespräch als schwaches Instrument der Steuerung verbleibt.
In den meisten Fällen dürften sie, wie die verbreitete Praxis zeigt,
auch kein wirkliches Interesse an weiteren Kompetenzen haben. Das
entspricht ihrem Rollenverständnis im Rahmen des Kollegialprinzips.
Als zahlreiche Landesgesetze im Zuge der Bologna-Reform die Deka-
natsbefugnisse bei der Auswertung von Lehrevaluationen ausdehnten,
erzeugte das vielfach Unbehagen. Wie detailliert dürfen Dekaninnen
und Dekane Kenntnis haben von den Benotungen, mit denen die Studierenden die Lehre ihrer Kolleginnen und Kollegen versehen? Sollen
sie dazu berechtigt, ja womöglich verpflichtet sein, mit jenen, die besonders schlecht evaluiert wurden, kritische Gespräche zu führen? Können
daraus praktische Konsequenzen wie die Entsendung in hochschuldidaktische Fortbildungsübungen folgen? Ist vielleicht an Gehaltskürzun-
gen zu denken? Die Neigung, in diesen Fragen erweiterte Kompetenzen
für die Fakultätsleitung zu schaffen, ist offenbar gering. Es lässt sich
vermuten, dass die meisten Dekane derzeit kein drängendes Bedürfnis
haben, ihr Amt als Schiedsrichter mit eigener Sanktionsgewalt auszu-
üben. Allzu gern überlässt man unangenehme Beschlüsse denjenigen,
die im Präsidium die Gesamtverantwortung für die Universität tragen.[6]

In den Vereinigten Staaten und Großbritannien sind die Dekane –
Deans – dagegen mit erweiterten Befugnissen versehen. Das schließt
größere Verhandlungsmacht bei Berufungsgesprächen ein; anders als
ihre deutschen Kollegen, die zumeist nur über die Sachausstattung der
Lehrstühle bestimmen, entscheiden die Deans auch über Gehaltsfragen
und Leistungsziele. Die stärkere Professionalisierung spiegelt sich darin
wider, dass die Dekane an amerikanischen und englischen Spitzenuniversitäten, ähnlich wie Vizepräsidenten und Präsidenten, von anderen
Hochschulen rekrutiert und durch große Personalberatungsfirmen
angeworben werden. Sie verbleiben in der Regel länger im Amt als ihre
deutschen Kollegen, manche von ihnen mehr als zehn Jahre. Hierzulande ist dagegen – bei Wahlen im Zweijahresrhythmus – ein häufiger
Wechsel weiterhin verbreitet.

Warum agieren Dekane an nordamerikanischen Universitäten mit
größerem professionellen Anspruch als hierzulande? Gerhard Casper,
der frühere Präsident der Stanford University, begründet das damit, dass

die meisten Professorinnen und Professoren in den Vereinigten Staaten keine Angst vor wirksamer Führung hätten, während in Deutschland noch immer die alte Arroganz der Ordinarien herrsche, auch wenn das Lehrstuhlprinzip weitgehend abgeschafft sei. Die größeren Befugnisse der US-Dekane machen die Aufgabe attraktiver; zugleich zeigt sich, dass die Professorenschaft ein starkes Management als förderlich für die eigene Institution begreift und deshalb bereit ist, den Leitungen weitere Handlungsspielräume zur Verfügung zu stellen.[7] Nicht zuletzt verbindet sich damit eine ganz andere Form der Aufgabenverteilung, die den Dekanen überwiegend akademische Funktionen zuordnet, für den Präsidenten dagegen den Part des Geldeinwerbers und Repräsentanten vorsieht.

Erste Tendenzen zu einem professionelleren Rollenverständnis zeichnen sich allerdings auch bei uns ab. Manche Landeshochschulgesetze – so in Brandenburg, Hamburg, Nordrhein-Westfalen und Sachsen – legen die Dienstzeit der Dekane inzwischen auf vier bzw. fünf Jahre fest. Damit wird signalisiert, dass Kontinuität bei der Leitung der Fakultäten im Interesse der Institution liegt. Ein längerer Verbleib im Amt, verbunden mit mehr Erfahrung und Sachkenntnis, trägt meist zur Stärkung der persönlichen Autorität bei. Nicht zuletzt ermöglicht er mittelfristige Planungen jenseits alltäglicher Managementroutinen und schafft größere Gestaltungsspielräume bei strategischen Fragen. Dass die W-Besoldung seit Jahren auch eine Leistungszulage für die Übernahme einer Führungsposition vorsieht, setzt hier ein richtiges Zeichen. Es geht dabei nicht um materielle Bereicherung, sondern um Anerkennung für die Erfüllung einer Aufgabe, die bei vielen noch immer ungeliebt ist. Eine Universität kann aber allein mit professionellen Dekaninnen und Dekanen funktionieren, die ihre intermediäre Rolle zwischen den Einzelfächern und dem Präsidium mit Verantwortungsbewusstsein und Courage wahrnehmen.

Auch die Amtszeiten der Rektoren und Präsidenten sind inzwischen länger als im traditionellen Ordinariensystem der Vergangenheit.[8] Bis in die späten sechziger Jahre wurden Rektoren, deren Befugnisse überwiegend repräsentativer Art blieben, für nur zwölf Monate gewählt. Ihr wichtigster akademischer Akt war die Rektoratsrede zur Eröffnung des Wintersemesters, von der rhetorische Brillanz, nicht aber programmatischer Gehalt erwartet wurde. Neben der finalen Verabschiedung der Berufungslisten, der Leitung der Dekaneversammlung und der regelmäßigen Rücksprache mit einzelnen Hochschuldezernaten verfügten die Rektoren in ihrer zwölfmonatigen Amtsperiode kaum über nennenswerte Aufgaben. Die Führung der Universität besaß vorwiegend symbolischen Charakter und hatte kein wirkliches Gewicht, weder im politischen noch im managementspezifischen Sinne.

Mittlerweile erlauben acht der 16 Landeshochschulgesetze eine Amtszeit von sechs Jahren. Die Befugnisse der Präsidenten und Rektoren gehen zwar weiter als früher, unterliegen aber strikten Grenzen, die durch Gremienstrukturen und Rechtsverordnungen bestimmt werden. Konsultieren wir dazu erneut das Hochschulgesetz Nordrhein-Westfalens, wo es im Paragraphen 18 heißt: «Die Rektorin oder der Rektor vertritt die Hochschule nach außen. Sie oder er wird durch eine Prorektorin oder einen Prorektor vertreten. In Rechts- und Verwaltungsangelegenheiten wird sie oder er durch die Kanzlerin oder den Kanzler vertreten. Die Rektorin oder der Rektor übt das Hausrecht aus. Sie oder er kann die Ausübung dieser Befugnis nach Maßgabe der Grundordnung anderen Mitgliedern oder Angehörigen der Hochschule übertragen. Die Rektorin oder der Rektor oder ein von ihr oder ihm beauftragtes sonstiges Mitglied des Rektorats wirkt über die Dekanin oder den Dekan darauf hin, dass die zur Lehre verpflichteten Personen ihre Lehr- und Prüfungsverpflichtungen ordnungsgemäß erfüllen; ihr oder ihm steht insoweit gegenüber der Dekanin oder dem Dekan ein Aufsichts- und Weisungsrecht zu.»[9]

Nahezu die Hälfte dieser Bestimmungen entfällt auf Vertretungsregelungen und die Delegation von Aufgaben. Im Kern sind die Rektoren für das Hausrecht, die Außenrepräsentation und die Aufrechterhaltung des Lehr- und Prüfungsbetriebs zuständig. Alle weiteren Funktionen erfüllen sie innerhalb des Rektorats, gemeinsam mit ihren Prorektoren, die Teilbereiche wie Lehre und Studium, Forschung oder Internationales verantworten. Im Paragraphen 15, der die Rolle des Rektorats beschreibt, werden deutlich mehr Kompetenzen benannt als im gesonderten Abschnitt über den Rektor bzw. die Rektorin. Zu den Aufgabenfeldern des Rektorats gehört die Verhandlung der Hochschulverträge mit dem Ministerium, die ihrerseits die Leistungsindikatoren für die Mittelverteilung festlegen; die Aufstellung von Planungsgrundsätzen und die jährliche Fortschreibung des Hochschulentwicklungsplans mit der Auflistung von Studienangeboten, Professuren und Forschungsschwerpunkten; die Sicherung des allgemeinen Hochschulbetriebs in den Feldern von Lehre, Studium, Forschung und Administration. Das Rektorat arbeitet als Kollegialorgan, das heißt: seine Mitglieder – die Prorektoren und der Kanzler – haben jeweils eine Stimme; nur bei Stimmengleichheit entscheidet das Votum des Rektors. Es ist aufschlussreich, dass die Wahl und mögliche Abwahl des Rektorats in den beiden nachfolgenden Paragraphen ausführlicher beschrieben werden als dessen Aufgaben. Das offenbart das Rollenverständnis, das Politik und Recht dem Leitungsorgan der Universität zuweisen. Dessen Legitimierung durch Wahl – aus der Mitte der Universitätsmitglieder und durch die vier Statusgruppen – ist mindestens so wichtig wie das, was es leisten und verantworten muss.

Ob das in den Hochschulgesetzen festgeschriebene und je nach Bundesland bloß geringfügig variierende Gestaltungsvolumen für Präsidien bzw. Rektorate ausreicht, wird von den akademischen Statusgruppen verschieden bewertet. In kleineren Zirkeln klagen die Rektoren gern über mangelnde Kompetenzen und Durchgriffsrechte; umgekehrt unterstellen Studierendenvertreter habituell eine Machtüberfülle bei den Leitungen, die sie kritisch anprangern.[10] Das, was der Gesetzestext sagt, ist in jedem Fall Gegenstand von Auslegungen und Rolleninterpretationen.[11] Ob Präsidien die ihnen abverlangte Sicherung des Lehr- und Forschungsbetriebs im Sinne restriktiver Kontrolle oder als offenes Motivationsexperiment angehen, bleibt ihnen überlassen. Inwiefern sie Zielvereinbarungen mit Fachbereichen als Mittel der Mikrosteuerung nutzen oder als Formalsystem betrachten, das ohnehin zu Leistendes belohnt, mag eine Frage des Selbstverständnisses sein. Gewiss aber scheitern Universitätschefs, wenn sie verkennen, dass Gremien und Organen mit eigenen Entscheidungskompetenzen – Fakultätsräten, Akademischen Senaten, Hochschulräten – ein maßgebliches Gewicht bei allen Lenkungsprozessen zufällt. Wer das ignoriert, büßt auf kurze Sicht das Vertrauen und anschließend sein Amt ein.[12]

Ob die Notwendigkeit der Interaktion zwischen Leitung und Gremien zu Reibungsverlusten oder neuen Spielräumen führt, hängt vom

Grad der Rationalität ab, in dem Streitigkeiten ablaufen. Die Gremien-
struktur der partizipativ gestalteten Hochschule schafft zwar im Idealfall Foren für Transparenz und Diskussionskultur als Voraussetzungen
eines gemeinsamen Verantwortungsbewusstseins, kann aber noch keine
institutionelle Handlungsfähigkeit, geschweige denn Handlungsratio-
nalität gewähren.[13] Der Wissenschaftsrat formuliert dazu in seiner 2018
veröffentlichten Studie zur Governance: «Die vielen unterschiedlichen
Vorstellungen, die in der Hochschule zusammengefasst sind, machen
sie als normative Instanz allerdings anfällig dafür, zugunsten der Partikularinteressen einzelner Personen angerufen zu werden. Dies wird teilweise dafür benutzt, innovative Ansätze in der Governance als dem
Kern der Institution entgegenstehend zu deligitimieren.»[14]

Das beste Fundament für richtige Entscheidungen jenseits egoistischer Gruppenpositionen und Meinungskartelle ist Sachkenntnis. Wenn
Interessen allein dominieren, ohne dass die Basiselemente des Haushalts,
des Berufungsrechts und der Forschungsstrategie bekannt sind, steigert
das die Gefahr fehlgeleiteter Beschlüsse. Das gilt für Personen und Einrichtungen des Hochschulwesens gleichermaßen. Insbesondere Gremien
mit weitergehenden Befugnissen müssen gut über Hintergründe und
Optionen, über mögliche Alternativen und Risiken informiert werden.
Je besser ein Gremium in die Materie eingearbeitet ist, desto solider
werden die Entscheidungen fundiert, die es fällt. Planungsrechte der
Rektorate bzw. Präsidien und Teilhabe der Gremien schließen sich dann
nicht aus, wenn Kompetenz in der Sache auf beiden Seiten das Prinzip
des Handelns bildet.

Die Gelehrten, so schrieb Wilhelm von Humboldt am 22. Mai 1810
in einem Brief an seine Ehefrau Caroline, seien die «unbändigste und
am schwersten zu befriedigende Menschenklasse – mit ihren sich ewig
durchkreuzenden Interessen, ihrer Eifersucht, ihrem Neid, ihrer Lust zu
regieren, ihren einseitigen Ansichten, wo jeder meint, daß nur sein Fach
Unterstützung und Beförderung verdiene».[15] Auch heute werden es
Universitätsleitungen kaum erreichen, alle Wissenschaftler durch ihre
Tätigkeit wirklich zufriedenzustellen. Aber sie können ihnen die Arbeit
erleichtern, indem sie gute Ideen, gehaltvolle Konzepte und den kreativen Wettbewerb stimulieren. Bei Fragen der allgemeinen Strategie
müssen Präsidentinnen und Präsidenten auf eine Macht bauen, die

nicht im Hochschulgesetz verankert ist: jene der Überzeugungskraft. Universitäten sind schwere Tanker, sie bewegen sich ungern in Richtungen jenseits der vertrauten Route. Wer sie steuern möchte, muss wissen, dass er nie alle Besatzungsmitglieder gleichermaßen für seinen Kurs gewinnen kann. Aber er muss versuchen, dass möglichst viele ihn bei Veränderungen unterstützen. Das gelingt allein durch gute Argumente, Begeisterungsfähigkeit, Elan, kaum mittels Sanktionen und Strafen. Für eine Einrichtung, deren Angehörige selbstbewusst und freiheitsbedürftig sind, gelten andere Regeln als für ein hierarchisch strukturiertes Unternehmen.

Auf Universitätspräsidenten bzw. -rektoren trifft zu, was Luhmann als Paradoxie der Verwendung von Macht beschrieben hat. Derjenige, der über Macht verfügt, darf sie nicht unmittelbar einsetzen, weil er sie damit verbraucht. Indem er sie benutzt, stärkt er die Verhältnisse, die ihn dazu veranlassen, sich auf seine spezifischen Befugnisse zu berufen. Er unterwirft sich einer externen Ordnung und büßt so auch seine Autorität ein: «Wer sich durch eine Sachlage gezwungen fühlt, sich in bestimmter Weise zu verhalten und damit andere zu beeinflussen, versteht sich selbst nicht als Machthaber, sondern rechnet die Macht allenfalls den Verhältnissen zu, die ihn zwingen.»[16] Macht darf also nicht benutzt werden, weil sie sonst verlorengeht. Wer eine Universität lenken will, muss dieses Prinzip sehr genau beachten. Vor allem sollte er erkennen, dass er eine gewissermaßen paradoxe Rolle spielt, die im akademischen System immer noch traditionell definiert ist.

Dazu gehört zunächst die Tatsache, dass Macht in der Universität explizit kein Thema ist. Führung und Leitung bilden Kategorien, die im Diskurs der professoralen Hochschulgemeinschaft ausdrücklich nicht verwendet werden (und unter Studierenden vorwiegend negative Konnotationen haben). Macht ist an unseren Universitäten nicht durch institutionelle Normen und Hierarchien festgelegt. Wäre das so, dann wären Präsidenten Dienstvorgesetzte, während die Professoren in den Instituten ihnen unterstünden. Jeder, der die deutsche Universität kennt, weiß, dass das nicht der Fall ist.[17] Noch immer gelten für die Spitzenposition Regeln, die aus dem 19. Jahrhundert stammen. Wer die oberste Leitungsfunktion an einer Universität wahrnimmt, ist keine klassische Führungskraft, die sich mit Talent und Ehrgeiz emporgearbeitet hat. Er erhält sein Amt durch einen Wahlakt, fungiert als *primus inter pares*, entstammt der Statusgruppe der Hochschullehrer und wird aus seinem professoralen Dienstverhältnis befristet beurlaubt.[18]

Auch in Deutschland wächst zwar die Zahl der Universitätschefs, die von einer anderen Institution in ihre Leitungsposition gewählt werden; aber sie kommen durchweg aus der Wissenschaft, nicht aus Wirtschaft oder Politik. Als besondere Qualifikation für die Führung einer Universität gilt weiterhin wissenschaftliche Exzellenz. Dass man zuvor als Dekan oder Vizepräsident überzeugend war, kann hilfreich sein, bildet jedoch keine zwingende Voraussetzung für das Amt. Kontraproduktiv sind starker Ehrgeiz und klar sichtbares Interesse an einer Machtposition. Beides wirkt abschreckend auf andere Universitätsmitglieder, weil es den geheimen Code verletzt, dass man Präsident nur werden kann, wenn man dieses Ziel zumindest explizit nicht anstrebt. Zwar sind inzwischen auch in Deutschland vielfach Personalagenturen mit der Rekrutierung universitärer Führungskräfte betraut. Die gründliche Vorbereitung der Auswahlentscheidung, die stärker als bisher Vorerfahrungen und Ambitionen gewichtet, ändert aber kaum etwas daran, dass nach dem Verständnis der meisten professoralen Hochschulmitglieder interne Führungsämter nicht mit Nachdruck angestrebt werden sollten. Im akademischen System der «Nicht-Macht», wie es Pierre Bourdieu nennt, zählt die Ausübung eines Amtes erheblich weniger als das wissenschaftliche Prestige.[19]

In Deutschland existiert oftmals eine Haltung des latenten Misstrauens gegenüber der Universitätsführung, die in Fachbereichen und Instituten zumindest punktuell und periodisch immer wieder auftaucht.[20] Ein Musterbeispiel dafür bot die Corona-Krise, die auch die Hochschulen zu einer Reihe unbequemer Entscheidungen zwang. Dazu gehörte der Beschluss, die Lehre mit wenigen, für laborspezifische und technische Übungen geltenden Ausnahmen virtuell abzuhalten. Während amerikanische Universitätspräsidenten die diesbezüglichen Weichenstellungen zügig vornehmen konnten, ohne sich dem Verdacht des Durchregierens auszusetzen, äußerten in Deutschland manche den Eindruck, die Hochschulleitungen wollten sich im Schatten der Notsituation unerlaubte Macht- und Einflussmöglichkeiten verschaffen.[21] Dabei ging es um rationale Entscheidungen für eine digitale Lehre, die Studierende lediglich temporär zum Distanzlernen verpflichtete. Das war nicht nur zumutbar, sondern auch geboten, denn eine komplette Öffnung der Universitäten für durchgehende Präsenzveranstaltungen wäre verantwortungslos gewesen. Dass trotz dieser offenkundigen Vernunftgründe professorale Kritiker ihren Leitungen verwerfliche Absichten und unlauteres Machtstreben unterstellten, verrät viel über das an deutschen Universitäten verbreitete Führungsverständnis.[22]

Hierzulande sollen die Präsidien möglichst unsichtbar agieren, durch Gremien gut kontrolliert und auf die Vorbereitung breit fundierter Grundsatzbeschlüsse beschränkt werden. Gegen diese Rollenerwartung wäre nichts vorzubringen, aber sie spiegelt nur einen Aspekt von universitärer Führung. Daneben gibt es auch die Notwendigkeit, schmerzhafte Abwägungsentscheidungen zu treffen, in Krisensituationen zügig zu agieren und bei Konflikten Prioritäten zu setzen, die nicht allen passen. Genau hier zeigt sich, ob Führung von den Universitätsmitgliedern gewollt oder als Ausdruck von Anmaßung und Egoismus verstanden wird. Eine nicht geringe Zahl deutscher Professorinnen und Professoren möchte der eigenen Leitung keine erweiterte Lizenz zu Entscheidungen besonderer Art einräumen. Zweifellos befinden sich universitäre Führung und Wissenschaftsautonomie in einer Grundspannung, die man ernstzunehmen hat. In jedem einzelnen Konfliktfall muss dieses Verhältnis neu verhandelt und definiert werden. Darf man für die schnelle Lösung eines Problems auf die Abstimmung mit den Gremien verzichten? Wie weit sollte die Kompetenz zu Eilbeschlüssen in Notsituationen reichen? Wer die Stärke der Institution und deren Absicherung durch klare Entscheidungen im Blick hat, wird bereit sein, hier Sonderregelungen zu akzeptieren. Wer dagegen die Prinzipien der Partizipation und der Wissenschaftsautonomie in ihrer Unbedingtheit vertritt, wird keine Kompromisse eingehen wollen. In Deutschland scheint die zweite Position häufiger zu sein als in den Vereinigten Staaten oder Großbritannien, wo die Identifizierung mit der eigenen Universität oftmals den Wunsch nach einer starken Führung auslöst.[23]

Grundsätzlich gibt es zwei Problemfelder, mit denen Präsidien und Rektorate rechnen müssen. Das eine betrifft die Wissensbasis für eine finale Entscheidung, das andere deren Verwirklichung.[24] Für die nötigen Hintergründe, Fakten und Daten, die Beschlüsse fundieren müssen, sorgt die Verwaltung. Sie hat das kompetent, loyal und transparent zu tun, indem sie Informationen nicht dazu nutzt, eigene Interessen zu lancieren, sondern ihrer Leitung ein zuverlässiges Fundament für den Abwägungsprozess schafft. Dabei kann es hilfreich sein, wenn Alternativszenarien und Optionen, die sich aus der Sachlage ergeben, aufgezeigt werden. Wo diese Voraussetzungen erfüllt sind, besitzen Beschlüsse die notwendige Faktenbasis, ohne die sie nicht funktionieren können. Im negativen Fall sucht die Administration dagegen die Informationen so selektiv zu vermitteln, dass dabei ihre spezifischen Vorstellungen und Einschätzungen zur Geltung kommen. Dergestalt können Angst vor Veränderung, Strukturkonservatismus oder schlichte Bequemlichkeit den Entscheidungsvorgang in gefährlicher Weise kontaminieren. Je erfahrener die Leitung ist, desto geringer wird die Wahrscheinlichkeit, dass diese Art von Einflussnahme durch die Verwaltung gelingt.

Ein zweites Problem bildet die Umsetzung der Beschlüsse, die abhängig bleibt vom Willen und Vermögen der Fachbereiche, die dafür notwendigen Prozesse anzustoßen. Auch hier gilt, dass eine besondere Interessenlage den Vorhaben der Hochschulleitung im Wege stehen kann. Günstigenfalls ist das gesamte Vorgehen durch ein Aushandlungsverfahren abgesichert worden, das bereits zu Kompromissen und dem Abarbeiten möglicher Dissenspunkte geführt hat. Dann wäre es eher unwahrscheinlich, dass ein einzelner Fachbereich die Umsetzung des Beschlusses durch Nichtstun oder nur formale Erfüllung seiner Inhalte unterminiert. Geschieht das dennoch, so dürften erhebliche Negativfolgen eintreten: Qualitätskriterien zur Verbesserung der akademischen Lehre werden ignoriert, institutionelle Leistungsziele in der Forschung (Drittmittel, Kooperationen) nicht erfüllt, bestimmte Indikatoren bei der Personalgewinnung (Frauenförderung, Internationalisierung) außer Acht gelassen. Abgesehen von den Anstrengungen, die eine Fehleranalyse kostet, würde das Dilemma solcher Obstruktionsstrategien darin bestehen, dass der scheinbar erzielte Konsens sich als Fiktion erweist. Die vielbeschworene Gemeinschaft der Hochschulmitglieder wäre dann eine Illusion, die bloß in den Hochglanzbroschüren des Universitätsmarketings beschworen wird.

Führt man hierzulande eine Universität, so sollte man das mit einer

guten Mischung aus argumentativer Überzeugungskraft, Kompromiss-
fähigkeit und Fingerspitzengefühl tun. Man muss andere in Bewegung
bringen, wenn man in der Institution etwas verändern will. Eine Berufung auf die eigenen Befugnisse wäre, wie erläutert, kontraproduktiv,
da sie einen Wert adressiert, der im deutschen Universitätssystem bei
allen Statusgruppen negativ besetzt ist. Dieses sehr spezifische Anforde-
rungsprofil bewirkte früher ein faktisches Steuerungsdefizit, weil Macht
sich, widersinnig, nur in Moderation äußerte. Die Annahme, dass Universitätsmanager eine Universität managen, sei gleichbedeutend mit der
Vermutung, dass Zitronenfalter Zitronen falten, so erklärten vor knapp
20 Jahren die Bildungswissenschaftler Stephan Laske und Claudia
Meister-Scheytt.[25] Genau darin liegt die Paradoxie einer Führung ohne
echte Führungsbefugnisse, die für das Hochschulwesen lange charakteristisch war.

Die formalen Widersprüche universitärer Leitungsmacht wirken
noch heute fort, denn die akademische Kultur ist unverändert geblieben. Allerdings haben sich in letzter Zeit die Mikrostrukturen der Führung gewandelt, da das neoliberale System bisher unbekannte Len-
kungsmöglichkeiten etablierte. Das *New Public Management*, ein
erstmals im England der Thatcher-Ära angewendetes Steuerungsinstru-
ment für die öffentliche Verwaltung, hat längst auch an deutschen
Hochschulen Einzug gehalten.[26] Zu seinen Elementen gehört hier, wie
beschrieben, die Aufhebung kameralistischer Finanzierungspraktiken
zugunsten einer leistungsbezogenen Mittelvergabe, die nicht nur den
Abfluss der Gelder, sondern gleichzeitig den Sinn und Zweck ihres Ein-
satzes prüft; daneben die Einführung eines Anreizsystems durch Zielvereinbarungen, die Dezentralisierung der Budgets bei vorherrschender
strategischer Globalsteuerung und die regelmäßige Qualitätskontrolle
durch Evaluation von Lehr- und Forschungsbereichen. Die in ihren Befugnissen gestärkte Hochschulleitung soll durch eine insgesamt flache
Hierarchie innerhalb der Administration – *lean management* – ergänzt
werden. An den Platz einer universalen Handlungsorientierung, die sich
aus der Bindungswirkung staatlicher Alimentierung ergibt, tritt als
Garantie angemessener Mittelverwendung ein dem Controlling unter-
worfenes Haushaltssystem, das gleichermaßen service- und leistungsorientiert ist. Das Gros der deutschen Spitzenuniversitäten von Konstanz

bis Berlin, von München bis Dresden wird heute – mit Abweichungen im Detail – nach Mustern des *New Public Management* geführt. Manche von ihnen, wie die Universitäten Göttingen und Frankfurt am Main, haben dabei den letzten Schritt in die Selbststeuerung ihrer Finanzierungsprozesse gewagt, indem sie als Stiftungshochschulen ihre Mittel vorab kapitalisierten und anlegten – mit welchen langfristigen Wirkungen, wird noch zu evaluieren sein.

In der Praxis stößt die Hoffnung auf gesteigerte Autonomie und größere Verteilungsgerechtigkeit allerdings an Grenzen, und das hat Konsequenzen für die Leitungsebene.[27] Das ganze System ist aus dem Mangel geboren, denn es entstand in Zeiten reduzierter Hochschulfinanzierung. Die leistungsbezogene Mittelvergabe bedeutet vor diesem Hintergrund immer auch den Einsatz des Härteprinzips. Wo Gewinner sind, stehen zugleich Verlierer; das ergebnisorientierte Verfahren führt nicht zu einem Mehr an Ressourcen, sondern geht auf Kosten der schwächeren Sektoren. Heikler noch als diese Rahmenbedingung ist das Problem der Kennziffern für die Produktivität eines Hochschulbereichs. Üblicherweise bilden die Zahl der Abschlüsse, der Promotionen, das Einhalten der Regelstudienzeit, Forschungsdrittmittel, Kriterien der Frauenförderung, Internationalisierung und Gleichstellung die Indikatoren für eine leistungsbasierte Finanzzuteilung. Das Dilemma, in dem sich Universitäten hier befinden, beruht darauf, dass Leistung durch Quantifizierung bestimmt wird. Während sich Auslastungsgrößen – die Nutzung von Räumen, Apparaten und anderen technischen Ressourcen – zahlenmäßig relativ gut erfassen lassen, ist das bei wissenschaftlicher Tätigkeit kaum der Fall. Drittmittel und Zitationsindizes messen Ausstoß, nicht aber Originalität und Kreativität. Selbst in den Naturwissenschaften, die quantitativen Verfahren weniger kritisch als die Geisteswissenschaften gegenüberstehen, herrschen inzwischen Zweifel an der Evidenz von Erhebungsmethoden, die den Wert wissenschaftlicher Arbeiten durch die Häufigkeit ihres Zitiertwerdens definieren.[28] Die vor einigen Jahren erregt geführte Diskussion über die Forschungsratings des Wissenschaftsrats hat die Problematik einheitlicher Indizierungen von Leistung im Publikationssystem sinnfällig gemacht. Wenn wissenschaftliche Güte aber nicht nach den Gesetzen der Quantifizierung zu beurteilen ist, gerät das Verfahren der ergebnisorientierten Mittelvergabe in einen Widerspruch, weil es misst, was in der akademischen Gemeinschaft selbst als Kriterium objektiver Wertung umstritten scheint. Wie lässt sich damit aus Perspektive der Präsidien und Rektorate umgehen? Zunächst, indem man offen ausspricht, was im Rahmen des aktuellen Steuerungssystems genau finanziert wird. Die Ausrichtung an Faktoren der Produktivität bewertet nicht wissenschaftliche Qualität, vielmehr die Zahl neu geschaffener Beschäftigungsverhältnisse und den Zuwachs an apparativer Ausstattung. Sie belohnt keine Forschung, sondern Forschungsermöglichung. Wer zusätzliche Gelder einwirbt, bietet noch keine Gewähr für wissenschaftliche Höchstleistungen. Doch er erzeugt Formen der Nachwuchsförderung, die im permanent reduzierten Stellengefüge des Normaletats nicht mehr vorgesehen sind. Insofern sichert das *New Public Management* primär die personaltechnischen Effekte der Drittmittelforschung und weniger die Qualität ihrer Resultate. Es springt als Anreizsystem in dem Bereich ein, der das Zukunftspotential einer Universität bedeutet, allerdings durch öffentliche Landesressourcen unzulänglich ausgestattet ist. Das bleibt nützlich genug, darf aber kein Selbstzweck werden. Fatal wäre es, wenn sich die Tendenz weiter verfestigte, in den Volumina der Drittmitteleinwerbung schon per se einen Ausweis wissenschaftlicher Exzellenz zu erkennen. Das ist für Personen und Institutionen gleichermaßen unangemessen, weil es Ankündigungsoriginalität mit faktischer wissenschaftlicher Qualität kurzschlüssig gleichsetzt.

Universitäten versammeln unterschiedliche Fachkulturen mit sehr spezifischen Bedürfnissen. Da auch ihre Leistungen auf heterogene Weise zustandekommen, lassen sie sich weder einheitlich vermessen noch einsinnig steuern. Es gibt lehrstarke und forschungsschwache Fächer; Disziplinen, die unaufhörlich Drittmittel einwerben, aber kaum Absolventen hervorbringen; Bereiche, die mit Leibniz-Preisträgern punkten und gleichzeitig exzellente Lehre betreiben; Institute mit niedriger Studierendenzahl und hohem Grad an internationaler Reputation. Diese Diversität der Leistungsprofile muss durch das Finanzierungssystem fair erfasst werden, was nur mit Kompromissen und Nachjustierungen möglich scheint. Zwischen Anreizen und Sanktionen, Belohnung und Androhung bewegen sich die Steuerungsstrategien der meisten Präsidien. Dabei dürfen sie nicht außer Acht lassen, dass gerade der Reichtum der Fächer, der die besondere Stärke akademischer Institutionen ausmacht, eine abgewogene Bewertung wissenschaftlicher Leistungen in Lehre und Forschung verlangt. Wer allein auf die Auslastung der Studienplätze blickt, kann eine Universität mit Jura, Wirtschaftswissenschaften und Psychologie betreiben und alle anderen Fächer abwickeln; bloß ist sie dann keine Universität mehr. Wer einzig die Drittmitteleinwerbungen gewichtet, müsste auf manche Geisteswissenschaften, aber eben auch auf Jura und Betriebswirtschaftslehre verzichten – mit demselben Effekt. Hochschulische Steuerung sollte anders funktionieren, ausnahmesensibel und differenziert.

Dass die *Universitas* nur als *Communitas* arbeitsfähig bleibt, ist ein Eigengesetz, das von den neuen Steuerungsmechanismen durchaus zur Geltung gebracht wird. Im Kern unterstützen sie Gemeinschaftsaufgaben, sofern diese von Drittmittelforschung und Nachwuchsförderung erfüllt werden; denn zusätzliche Projekte kommen über neues Personal auch der Lehre, der Betreuung und der Fachvielfalt zugute. Sie bezeichnen damit keinen Widerspruch zum Gedanken der hochschulischen *Communitas*, weil sie für weitere Ressourcen und mehr Handlungsoptionen sorgen. In einer Welt komplexer Leistungskriterien, wie sie die Wissenschaft darstellt, mag die quantitative Ausrichtung des *New Public Management* ein Paradoxon bedeuten. Doch seine strikte Zielorientierung, die dem Hochschulsystem zuvor fremd war, erzeugt Freiheitsgrade, die das alte Universitätsmodell angesichts knapper Mittel gerade nicht besaß. Vor allem verschafft sie den Rektoraten bzw. Präsidien über die Steuerung der Budgets erhebliche Spieläume, die in den Hochschulgesetzen der Länder auf den ersten Blick kaum sichtbar werden. Zwar taucht der Begriff «Top-down» bei öffentlichen Verlautbarungen der Universitätsleitungen zumeist nur in der Negation auf («Das haben wir *nicht* Top-down entschieden»), aber diese Tendenz hat häufig rhetorischen Charakter.[29]

Die eigentliche Auswirkung der neuen Hochschulsteuerung über Leistungsindikatoren liegt darin, dass sie universitäre Planung ermöglicht. An die Stelle verlässlicher Grundbudgets sind temporäre Projekte getreten, die vielfach für eine solide Finanzierung der Institution sorgen (welche zusätzlichen Kosten sie durch erhöhten Infrastrukturbedarf

auslösen, darf allerdings nicht verschwiegen werden). Die Drittmittel-
kultur zeigt, dass wissenschaftliche Forschung heute nur noch bedingt
autonom ist, da sie in der Verantwortung für den Gesamtunterhalt der
Hochschule steht. Man mag das bedauern, auf die Unfreiheiten des Betriebs verweisen und sich im Kokon der Anklage einschließen. Besser ist
es dagegen, mit Luhmann an den allgemeinen Zusammenhang von Erwartung und Entscheidungshandeln zu erinnern.[30] Jede Entscheidung
nämlich verletzt einzelne Erwartungen, die gegenüber anderen zurück-
gestellt werden müssen, damit überhaupt etwas geschieht. Wer Lösungen für soziale Systeme sucht, hat zu akzeptieren, dass sie der Totalität
aller individuellen Interessen niemals adäquat sind. Angesichts dieser
Erkenntnis muss man mit den Paradoxien des modernen Hochschulmanagements leben, ohne gleich Zitronen zu falten.

Für den Begriff der Autonomie hat das Konsequenzen, obwohl
sein Humboldtscher Kern grundsätzlich nicht in Frage gestellt wird.
Autonomie bleibt für Forschung und Lehre auch in Zeiten neoliberaler Leitungsprinzipien die entscheidende Prämisse des universitären
Geschehens. Thematische Vorgaben, Aufträge für Projekte, Zwangs-
allianzen mit der Wirtschaft, Sanktionen bei ‹falschen› Schwerpunkten – das alles ist tabu. Aber der Wert der Autonomie untersteht jetzt,
ebenso wie das Konzept der Freiheit, einem Zweck, da er instrumen-
telle Funktionen erfüllt. Akademische Autonomie bietet die beste
Gewähr für gute Forschung, die wiederum zusätzliche Finanzmittel,
Patente, Top-Personal und exzellente Rankingplätze sichern hilft.
Autonomie wird als Element des *New Public Management* zur Organisationsautonomie. Das ist weder gut noch schlecht, sondern einfach
nur anders als im klassischen Universitätssystem früherer Jahre. Man
könnte es auch so formulieren: Der Präsident oder Rektor überträgt
die Paradoxie, in der er gefangen war, auf die Wertkategorien des
hochschulischen Handelns und Denkens. Die alte Paradoxie beruhte
darauf, dass Leitungspersönlichkeiten als Erste unter Gleichen kollegial fundierte Beschlüsse zu fällen hatten, für die sie vorab Mehrheiten
in den Gremien gewinnen mussten. Die neue Paradoxie besteht jetzt
darin, dass Freiheit und Autonomie als Werte instrumentalisiert werden, damit es der gesamten Institution möglichst gut geht. Das macht
die Universitäten entscheidungsfähiger und flexibler, hinterlässt aber

ein Unbehagen in normativer Hinsicht. Mit Paradoxien verhält es sich eben wie mit Energie – man kann sie nie vernichten, nur in andere Zustandsformen umwandeln.

4. Über den Streit

Viele Universitäten befinden sich regelmäßig im internen Konfliktmodus. Das muss kein Krisensymptom sein; in etlichen Fällen spiegelt sich darin die Praxis der Wissenschaft, deren Kommunikation schon seit Jahrhunderten über Dispute zu Sach- und Methodenfragen bestimmt wird. Nicht zuletzt können persönliche Animositäten auftreten, die den akademischen Streit befeuern. Wilhelm Weischedel berichtet über die Philosophische Fakultät der Berliner Universität kurz nach ihrer Gründung: «Es ist nicht verwunderlich, daß es auch mit den Kollegen gelegentlich Reibereien gibt. Da ist der widerspenstige Privatdozent Schopenhauer. Da ist vor allem Schleiermacher, mit dem Hegel zwar kollegial Adressen von Weinhandlungen austauscht, mit dem es aber sonst nicht zum besten geht. Man erzählt sich sogar bei Hofe, die beiden seien anläßlich einer Besprechung über eine Dissertation mit Messern aufeinander losgegangen, und es bleibt ihnen, um das Gerücht öffentlich zu dementieren, nichts anderes übrig, als einträchtig miteinander im Tivoli die Rutschbahn hinunterzugleiten.»[1] Anders als zu Hegels Zeiten gibt es heute nicht nur den Disput innerhalb der Professorenschaft, sondern daneben die Konflikte zwischen den Statusgruppen. Entscheidend bleibt aber auch in der gegenwärtigen Universität, mit welchen Mitteln man Streit führt und wie man ihn von Fall zu Fall wieder beendet. Eine wichtige Voraussetzung für ein gedeihliches Miteinander unter den Bedingungen des unvermeidlichen Disputs wäre das möglichst objektive Verständnis, dass in ihm und durch ihn sehr verschiedene Ziele verfolgt werden. Genau daran mangelt es zumeist, und der wesentliche Grund dafür liegt in der unzureichend reflektierten Rollendifferenz, die das Agieren der Statusgruppen in Gremien und universitärer Öffentlichkeit trennt.

Nehmen wir ein fiktives, aber durchaus wirklichkeitsnahes Beispiel, um zu zeigen, welche Interessenlagen den hochschulischen Streit bestimmen können. Es geht, so der Ausgangspunkt, an einer großen deutschen Universität um die Verabschiedung eines neuen Strukturplans. In ihm sind die einzelnen Professuren der Institute mit ihren Aufgabenbereichen beschrieben, die Lehr- und Forschungsschwerpunkte gelistet, jedoch auch die Zukunftssektoren definiert, die weiterentwickelt werden sollen. Dazu gehört, dass der Plan besonders potentialstarke Felder benennt, in anderen Fällen Fachgebiete als schwächer ausweist – mit der Konsequenz einer finanziellen Kürzung bei den leistungsärmeren zugunsten der herausragenden Disziplinen. Der Entwurf spiegelt die Anstrengung der Universitätsleitung, eine möglichst große Vielfalt von Professuren zu erhalten, gleichzeitig jedoch die im Hinblick auf Lehre und Forschung hervorstechenden Bereiche tendenziell auszubauen. Er repräsentiert also selbst schon einen Kompromiss, der im Übrigen von einer Arbeitsgruppe mit Professorenmehrheit entwickelt und mit den einzelnen Fakultäten vorab ausgehandelt worden ist. Im Kern initiiert die Diskussion über den Strukturplan im Akademischen Senat eine universitätsöffentliche Debatte über die Wertigkeit einzelner Disziplinen, über Leistungsindikatoren und die daran gebundene Ressourcenverteilung, aber auch über die künftige Ausrichtung der Hochschule. Alle vier Statusgruppen – Professoren, Studierende, wissenschaftsunterstützendes Personal und Mittelbau – vertreten dabei divergierende Positionen; sie weichen von denen des Präsidiums bzw. Rektorats auf signifikante Weise ab.

Aus der Perspektive der Hochschulleitung ist der Streit, den der neue Strukturplan im Akademischen Senat auslöst, eine Zwischenstation auf dem Weg zum Ziel. Sie wird ihn als notwendiges Übel sehen, das im günstigen Fall dazu führt, den Entwurf punktuell zu modifizieren, ohne seine Generallinie zu verändern. Der Streit gehorcht aus ihrem Blickwinkel instrumentellen Zielen, und er soll am Ende die vorab fixierten Grundsätze nicht fundamental verändern. Das ist eine zweckrationale Sichtweise, die das diskursive Streitgeschehen vom angestrebten Ergebnis aus betrachtet. Mit Max Weber kann man sie als jenes Handlungsprinzip beschreiben, das «ausschließlich orientiert ist an (subjektiv) als adäquat vorgestellten Mitteln für (subjektiv) eindeutig gefaßte Zwecke».[2] Habermas hat Webers Bestimmung weitergedacht, indem er sie als allgemeine Handlungsmaxime für politische und wirtschaftliche Operationsfelder bestimmt: «Der Erfolg ist definiert als das Eintreten eines erwünschten Zustandes in der Welt, der in einer gegebenen Situation durch zielgerichtetes Tun oder Unterlassen kausal bewirkt werden kann.»[3] Für die Strategie der Hochschulleitung heißt das, dass man die Diskussion möglichst schnell auf konkrete Zielvorgaben zu steuern sucht und im Zweifel handhabbare Kompromisse anstrebt, die nicht das ganze Konzept verderben. Übergreifender Handlungszweck bleibt die Verabschiedung des Strukturplans und seiner Inhalte.

Für die professorale Fraktion, die sich an manchen Universitäten in Subgruppen nach institutionellen, seltener nach politischen Interessen gliedert, gilt als wesentliches Ziel, dass man die mit den Fakultäten ausgehandelten Kompromisse nicht gefährden möchte. Jedoch beziehen diejenigen Fachvertreter, die eine Kürzung bei den Professuren ihrer Disziplinen befürchten müssen, eine abweichende Position. Sie wünschen sich eine ausgedehnte Debatte, die im Ergebnis eingreifende Änderungen des Strukturplans bewirken soll. Die Diskussion ist also für größere Teile der Fraktion ein Ritual, das man mit möglichst wenig Modifikationen des ursprünglichen Entwurfs durchlaufen muss, für einen kleineren Teil eine Chance zur Überzeugung des Gremiums, Änderungen im Interesse des eigenen Fachs herbeizuführen.

Die Studierenden waren gemäß ihren Rechten in die Arbeitsgruppe zur Vorbereitung des Entwurfs einbezogen, besaßen jedoch, ebenso wie die anderen nicht-professoralen Mitglieder, nur den Status einer Minorität. Diese Mehrheitsverhältnisse werden von der professoralen Fraktion mit dem Hinweis auf ihre Kompetenzen in Forschung und Fachentwicklung, aber auch mit Rekurs auf ihre unbefristete Hochschulzugehörigkeit aus der Sicht des Körperschaftsrechts verteidigt. Die Studierenden fordern dagegen für den Entstehungsprozess eine demokratietheoretisch begründete Parität der Stimmen.[4] Sie möchten die Diskussion im Senat nutzen, um den Entwurf ausführlich zu erörtern. Dabei geht es ihnen nicht um einzelne Fächer oder Forschungsperspektiven, sondern um eine stärkere Berücksichtigung von Lehraspekten im Hinblick auf Studienfreiräume und Angebotsvielfalt, den Abbau von Prüfungsdruck und die Verdichtung der Beratungsservices. Vorrangig bleibt für sie die Sicherung des Bestands an Professuren und

der Verzicht auf Umschichtungen zwischen den Disziplinen. Die Debatte ist für sie insofern ein Mittel zum Zweck und gleichzeitig ein
Selbstzweck, weil sie ein konkretes Ziel verfolgt, daneben aber ein von
ihnen wahrgenommenes Demokratiedefizit wenigstens temporär beheben soll und kann. Je länger der Streit dauert und je später eine finale
Entscheidung fällt, desto eher erfüllt die Diskussion im Senat den Charakter eines offenen und transparenten Prozesses, wie ihn die Studierenden wünschen. Für sie ist der Weg das Ziel, während das Präsidium
allein die Beschlussfassung avisiert.

Die Vertreter der wissenschaftsunterstützenden Statusgruppe haben
primär arbeits- und personalrechtliche Interessen im Auge. Sie stellen in
der Debatte Fragen nach möglichen Konsequenzen für Dienstzeiten,
Betriebssicherheit, Datenschutz und interne Hierarchien. Sie gehen also
mit einer Reihe von Themen in die Sitzung, die ihre eigene Situation
betreffen, und wünschen sich, wo das nötig ist, eine diesbezügliche
Konkretisierung des Strukturplans. Die im engeren Sinne fachspezifi-
schen Probleme spielen für sie keine vorrangige Rolle; auch ist der Gesichtspunkt der Disziplinenbalance für sie nur am Rande wesentlich.
Den Positionen der Studierenden können sie sich im Hinblick auf die
Relevanz der Lehre anschließen, ebenso dem Votum für eine Bewahrung der bestehenden Profile. Wie bei den Studierenden dominiert hier
eine formal konservative Haltung, die Kritik an den Umschichtungen
im Personaltableau auslöst.

Die Vertreter des Mittelbaus wiederum verfolgen ihrerseits eine
klare Interessenpolitik, die sich an den Beschäftigungsmöglichkeiten für
Doktoranden und Postdocs orientiert. Der Strukturplan wird von ihnen
als Instrument der Personalförderung betrachtet und danach bewertet,
was er dort leistet. Ihre Sitzungsstrategie ist vor allem auf dieses Teilziel
bezogen. Entscheidender Indikator des Debattenerfolgs wäre eine Erhöhung der Zahl der Dauerstellen unterhalb der Professur. Eine solche
Intention bindet sich nicht an einzelne Fachkulturen, sondern bleibt am
Gesamtbild der Fächer orientiert. Die Diskussion ist kein Selbstzweck,
vielmehr Instrument zur Erreichung eines interessenpolitischen Pro-
gramms.

Fasst man die hier sichtbare Gemengelage zusammen, so lässt sich
sagen: Alle Fraktionen vertreten Partikularinteressen in unterschied-

licher Schärfe und Ausprägung. Sie operieren dabei mit quantitativen und qualitativen Begründungen, die sie häufig miteinander vermischen. Die Studierenden verweisen darauf, dass sie die größte Gruppe der Universität bilden, die obendrein der Institution ihr wesentliches Funktionsrecht gibt, weshalb man sie stärker hören müsse; die Professorinnen und Professoren rekurrieren auf ihren Status und ihre Expertise, betonen ihre Verantwortung für die Langzeitplanung der Universität, deren Leistungsfähigkeit und akademische Reputation; der Mittelbau reklamiert für sich das Anrecht, den wissenschaftlichen Nachwuchs und damit die entscheidende Zukunftsressource der Institution zu repräsentieren; das wissenschaftsunterstützende Personal schließlich erinnert an seine zentrale Funktion für den Gesamtbetrieb, ohne die nichts läuft.

Die Hochschulleitung wiederum argumentiert formal mit Blick auf die ganze Institution und betont ihre Zuständigkeit für Studium und Lehre, die Studierenden und den Mittelbau ebenso wie die Mitarbeiterinnen und Mitarbeiter. Faktisch aber vertritt sie ebenfalls ein – allerdings gewichtiges – Partialinteresse, nämlich die Sicherung der staatlichen Zuschüsse durch den Erhalt der Studienplätze und entsprechende Forschungserfolge. Sie richtet ihre Strategie primär daran aus, mit welcher Wahrscheinlichkeit einzelne Fächer eine Gewähr für hohe Abschlusszahlen und Projektfinanzierung bieten. Der Strukturplan, den die Leitung verabschieden lassen möchte, bildet damit das Produkt aus formalen Indikatoren und politischen Rahmenbedingungen. Das ist letzthin ebenso interessenorientiert wie das Agieren aller anderen Gruppen, obgleich es sich gut als Ausdruck des institutionellen Gemeinwohls vermitteln lässt.[5]

Die Argumente unterscheiden sich also ähnlich wie die Erwartungen, die der Diskussion und ihrem Verlauf gelten. Für die Studierenden ist die Debatte im Akademischen Senat ein Wert an sich, der ihren Status angemessen berücksichtigt. Mit der Entscheidung über den Entwurf, in der sich dann ihr geringeres Stimmgewicht spiegelt, ändert sich das aus ihrer Sicht. Ihr Ziel wird daher nicht nur sein, Verbesserungen der Vorlage im Hinblick auf ihre oben genannten Interessen zu erlangen, sondern zugleich den Abschluss des Aushandlungsprozesses selbst zu verzögern. Am anderen Ende des Spektrums steht die Hochschulleitung, die eine möglichst zügige Beschlussfassung anstrebt, weil sie gegenüber ihrem Ministerium in der Pflicht ist, pünktlich einen Strukturplan zu liefern. Sie will die Diskussionsdauer beschränken und orientiert sich an einer zweckrationalen Strategie, für die das Erreichen eines Ziels vorrangig bleibt. Sowohl die zeitlichen als auch die inhaltlichen Erwartungen an den Ablauf der Debatte divergieren also zwischen beiden Gruppen extrem. Die Professorenschaft neigt wiederum mehrheitlich der Strategie der Leitung zu und wünscht einen zügigen Beschluss, während die Vertreter von Mittelbau und wissenschaftsunterstützendem Personal ihre Einzelthemen gründlich diskutieren wollen, damit sie womöglich die Stimmen anderer Fraktionen für ihre Vorstellungen gewinnen können. Da sie auf weitere Voten angewiesen sind und ohne Partner keine Mehrheit erreichen, hat die Debattendauer für sie ein eigenes Gewicht. Je länger die Auseinandersetzung währt, desto eher dürfte das anzeigen, dass andere Fraktionen sie in ihrer Position stärken.

Es kann kein Zweifel sein, dass hier eine langwierige, schwierige Sitzung ins Haus steht. Die Interessen sind so unterschiedlich wie die Erwartungen, die sich auf den Verlauf der Diskussion richten. Der Streit über die Inhalte des Strukturplans verdeckt die Tatsache, dass sich in jeder Gruppe – auch im Präsidium – Partikularinteressen offenbaren. Verfolgt man diese Interessen im Detail weiter, dann ist zu erkennen, dass die Fraktionen oft keine geschlossene Meinung, sondern Einzelauffassungen ihrer Mitglieder artikulieren. Sie speisen sich aus persönlich-biografischen, fachwissenschaftlichen und politischen Komponenten, sind also in sich extrem heterogen. Wer angesichts dieser Situation einen rationalen Kompromiss finden möchte, müsste zuallererst definieren, welche dieser Komponenten er priorisieren möchte. Soll es den Mitgliedern der Universität als Individuen gutgehen? Steht die Zukunft der Institution und die Vielfalt ihrer Disziplinen auf dem Spiel? Sind einzelne Fächer zu bevorzugen? Wie wichtig ist die Lehre? Muss die Verwaltung stärker berücksichtigt werden? Dreht sich alles nur ums Geld?

Der Ausgang unserer fiktiven Debatte ist schwer zu prognostizieren. Wenn die Interessen der Professorenschaft weitgehend homogen bleiben und der Strukturplan sie gut abbildet, dann sind der Hochschulleitung ihre Stimmen sicher. Mit einem Antrag auf Beschlussfassung

wird ein Vertreter dieser Gruppe nach mehrstündiger Diskussion weitere Erörterungen unterbinden; der Strukturplan erhält mit kleineren
redaktionellen Änderungen die Mehrheit der Voten. Es kann aber auch
anders ausgehen, wenn die Professorenschaft gespalten ist und die Debatte über mögliche Streichungen in Einzelfächern mit Heftigkeit ent-
brennt. Dann verbünden sich die Kritiker mit der Fundamentaloppos-
tion der Studierenden, und es dürfte, bei partieller Unterstützung durch
die beiden anderen Gruppen, zu einer Abstimmungsniederlage des Präsidiums kommen. Der Strukturplan wandert bei diesem Ergebnis in den
Arbeitskreis zurück und muss revidiert werden. Vermutlich ist seine
zweite Version moderater, verzichtet auf Änderungen bei der Verteilung
der Professuren und lässt alles beim Alten. Oder die Hochschulleitung
kommuniziert erfolgreicher als zuvor mit den ablehnenden Gruppen
und gewinnt einzelne ihrer Vertreter für den ersten Entwurf. Das Haupt-
problem aller universitären Gremiendebatten lässt sich damit nicht
lösen: der Dissens darüber, was eigentlich zur Entscheidung steht.

Das fiktive Beispiel bezog sich auf eines von vier zentralen Wirkungsfeldern der hochschulischen Governance, das der akademischen
Selbstverwaltung. Im Anschluss an eine von 2018 stammende Analyse
des Wissenschaftsrats kann man drei weitere Sektoren benennen, die
in unserem Exempel ebenfalls wirksam werden: den Wettbewerb, das
Verhandlungsprinzip und die hierarchische Organisation.[6] Zu wettbewerblichen Formationen kommt es bei der Umsetzung des Strukturplans, insofern die Fachbereiche ihre Finanzmittel nach Maßgabe ihrer
Erfolge in Lehre, Forschung, Gleichstellung und Internationalisierung
erhalten. Verhandlungen zwischen Leitung, Dekanaten und Studieren-
denvertretern hat es im Vorfeld der Gremienentscheidung gegeben. Sie
ermöglichten die Erarbeitung des nun vorliegenden Strukturplans im
Rahmen eines Gruppenprozesses, der aufwendig, zeitintensiv und konfliktträchtig war. Hierarchische Elemente spielten gleichfalls eine Rolle,
denn der ursprüngliche Entwurf des Strukturplans mit seinen internen
Akzentuierungen nach der Leistung von Fakultäten bzw. Fächern entstand innerhalb eines kleinen Kreises von Hochschulmitgliedern unter
Führung des Präsidiums. Diese Top-down-Komponente ist wichtig,
weil die Gremiendiskussion nicht am Nullpunkt beginnen kann, sondern einer groben Richtungsangabe bedarf. Es muss klar sein, wohin

die Reise gehen soll und welche Indikatoren das maßgebliche Gewicht bei der künftigen Binnendifferenzierung der Universität haben. Der Verhandlungsprozess bildet dann das intermediäre Element zwischen Hierarchie und Partizipation, zwischen Steuerung und Gremienvotum. Er ermöglicht einen kompromissförmigen Ausgleich unterschiedlicher Interessen und dergestalt eine Vorbereitung auf die finale Beschlussfassung. Im positiven Fall gelingt es, mit diesen Vorschaltinstrumenten eine gute Entscheidungsbasis zu etablieren, sodass der Strukturplan im Akademischen Senat verabschiedet werden kann. Vorstellen lässt sich aber auch die negative Variante, dass die Gremiendiskussion in einen langwierigen Disput mündet, der zu einer Wiederholung des oben geschilderten Verfahrens führt. Und schließlich wäre noch ein Zwischenzustand denkbar, der in der Wirklichkeit des Universitätslebens häufig vorkommt; in ihm bedeutet der gefundene Kompromiss den höchstmöglichen Grad der Anpassung der Neuerung an das bestehende Alte und damit eine störungsfreie, aber unergiebige Fortdauer des Status quo. Der final ausverhandelte Strukturplan würde in diesem Fall die herrschenden Verhältnisse zementieren und Veränderung ausschließen, obwohl er ursprünglich das genaue Gegenteil umsetzen sollte.

Streit bleibt ein wesentliches Element der Gremienarbeit, ist aber auch auf anderen Ebenen der Universität möglich. Das Politische kann in zahlreiche Diskursfelder eindringen und Konflikte auslösen. Ein Hochschullehrer hat einen AfD-Politiker zum Vortrag in ein Seminar eingeladen; eine Lehrbeauftragte bezeichnet Israel als imperialistischen Staat; eine Professorin veranstaltet eine Podiumsdebatte, die das Kopftuch im Islam kritisch erörtert; eine studentische Initiative organisiert einen Kurs über das Ende des Spätkapitalismus, dessen Teilnehmer einen Hörsaal okkupieren; eine amerikanische Gastdozentin erklärt die Frauenförderpolitik an deutschen Hochschulen für überholt und postuliert mehr Rechte für inter- und transsexuelle Personen; eine Virologin fordert angesichts der Corona-Pandemie radikale, langfristige Kontaktbeschränkungen; ein Mediziner erklärt in einem Vortrag, dass Tierversuche durch nichts zu ersetzen seien; eine Metereologin behauptet in einem Seminar, der Klimawandel bilde eine Fiktion. In sämtlichen dieser realitätsnahen Fälle entladen sich heftigste Debatten in sozialen Medien, auf dem Campus, in den Gremien. Die einen verlangen Redeverbote, die anderen dienstrechtliche Sanktionen, die dritten rufen nach der Hochschulleitung und klagen klarere Regelungen für Gastvorträge und Lehrfreiheit ein.

Über welche Themen und Werte darf man auf einem Universitätscampus diskutieren, ohne dass die Gebote des demokratischen Miteinander verletzt werden? Ist das eine Frage der Form, also der Art und Weise, wie man etwas ausspricht? Oder existieren generelle inhaltliche Tabus? Einen allgemeinen Konsens gibt es hier nicht mehr. Auf der einen Seite stehen rechtspopulistische Gesinnungen, auf der anderen Seite die Vertreter der Political Correctness, die sichere Räume fordern, in denen die Prinzipien der Liberalität, Toleranz und Gleichbehandlung aller Menschen Beachtung finden. Aus einer dritten Perspektive argumentieren die, denen die Wissenschaft vor allem ein Medium für freien, uneingeschränkten Diskurs auch mit Andersdenkenden ist. An nordamerikanischen Hochschulen hat es sich inzwischen eingebürgert, dass man Redeverbote für bestimmte Gruppen – Rechtspopulisten, Kritiker der Genderforschung, Verschwörungstheoretiker, religiöse Prediger – verlangt. Viele Studierende wünschen, dass literarische oder philosophische Werke der Antike, des Mittelalters und der Aufklärung, die Gewalt gegen Frauen, rassistische Ausgrenzung oder koloniale Anmaßung beschreiben, im Lehrbetrieb nicht mehr behandelt werden. Zumindest fordern sie den Einsatz sogenannter *Triggerwarnungen*, die potentielle Besucherinnen und Besucher der betreffenden Kurse darauf hinweisen, dass die dort erörterten historischen Texte sie womöglich rassistisch oder sexistisch beleidigen könnten. Seminarräume werden daher als *Safe Spaces* definiert, die Schutz vor unerwünschten, politisch respektlosen Diskursen bieten. An deutschen Universitäten ist dieser Trend zum moralischen Verdikt – die *Cancel Culture* – noch nicht so dominant, aber schon merkbar.[7]

Wie kann eine Hochschulleitung mit solchen Entwicklungen umgehen? Angesichts der zunehmenden Emotionalisierung und Aggressivität des Streits über Rederechte gründete die Universität Chicago 2014 eine Kommission, die sich mit der aktuellen Situation auf dem Campus befasste. Ein Jahr später legte sie ihren Bericht vor, der die Prinzipien einer offenen Debattenkultur und des toleranten, rationalen Diskurses als Fundamente des akademischen Alltags beschrieb.[8] Auf dieser Basis teilte John Ellison, der Studiendekan der Universität von Chicago, im August 2016 in einem Willkommensschreiben an die Neuimmatrikulierten mit, man trete für Redefreiheit ein und akzeptiere daher keine *Triggerwarnungen* oder *Safe Spaces* auf dem Campus.[9] Dieses Schreiben löste vielfach Kritik bei Studierenden aus, die darauf hinwiesen, dass Warnungen vor womöglich verletzenden Inhalten lediglich als Empfehlungen zu verstehen seien. Alle hätten die Option, solchen Empfehlungen zu folgen oder sich eine andere Meinung zu bilden.[10] Das verkennt allerdings, dass es eine Mikropolitik der *Triggerwarnungen* gibt, die moralischen Druck aufbaut.[11] Wer historische Texte mit aus heutiger Sicht rassistischen Sichtweisen liest, setzt sich dann dem Verdacht aus, dass er sich ihre Aussagen zu eigen macht. Das Verbot der Universität Chicago will genau diesen Wirkungsmechanismen impliziter Zensur begegnen und eine offene Diskussion kontroverser Themen ermöglichen. Das ist allein dort gesichert, wo es keine mikropolitischen Automatismen gibt, die indirekt selektieren, indem sie eine bestimmte Reaktion oder Haltung ‹nahelegen›.[12]

Ein Diskussionsverdikt wäre gerade im universitären Milieu generell falsch.[13] Wo, wenn nicht in der Wissenschaft, ist Streit nötig? Die neue Gegenaufklärung der missverstandenen Political Correctness schafft an Hochschulen eine fundamentalistische Diktatur der Meinungen, wenn ihr nicht die Stirn geboten wird. Rede- und Denkverdikte passen niemals zum freien Geist der Wissenschaft. Betrachtet man die jüngeren Kontroversen über Vorträge rechtskonservativer Politiker an deutschen Universitäten, dann erkennt man allerdings, dass darüber nicht wirklich Einigkeit herrscht. Die einen sehen in der studentischen Störung einer Vorlesung den Untergang der akademischen Freiheit, die anderen fordern Auftrittsverbote für Redner, deren politische Meinung ihnen nicht gefällt. Manche rufen nach Polizeiaktionen, die einen sicheren Campus garantieren sollen; anderen geht es um gesellschaftliche Debatten als Ausdruck wissenschaftlichen Engagements. Universitätspräsidenten können es in dieser Situation niemandem recht machen. Greifen sie zu Schutzmaßnahmen, so werden sie als reaktionär beschimpft; lassen sie alles laufen, dann verstoßen sie gegen ihre Pflicht, einen geregelten Hochschulbetrieb zu gewährleisten.[14]

Im Vordergrund steht zunächst die Frage, ob Hochschulen überhaupt geeignete Orte für politische Debatten sind. Es bleibt unbestreitbar, dass wissenschaftliche Einsichten gesellschaftliche Prozesse verändern können. Ja, es ist auch denkbar, dass sie selbst zum Auslöser von Meinungsstreitigkeiten werden – in den jeweiligen Disziplinen ebenso wie unter Laien. Aber es wäre fatal, wenn man Wissenschaft gleichsam programmatisch darauf ausrichtete, die Lebenswelt direkt zu lenken oder politische Debatten zu befeuern. Hier sind Absicht und Wirkung sehr genau voneinander zu trennen. Zwar kann wissenschaftliche Forschung Einfluss auf die öffentliche Diskussion gesellschaftlicher Werte und politischer Fragen nehmen. Doch darf sie intentional auf diesen Einfluss niemals zielen, will sie ihren objektiven – im Wortsinn: sach- und gegenstandsbezogenen – Erkenntnisanspruch nicht dem Meinungsgeschäft preisgeben. Daher wäre es auch falsch, die Wissenschaft ihrerseits mit Forderungen nach ‹engagierten› oder ‹politischen› Interventionen zu belegen, wie dieses in der Tradition von 1968 häufig geschieht. Denn für ihre Problemstellungen, Methoden und Lösungsangebote ist nichts fataler als eine Funktionalisierung im Dienste sei es noch so ehrenwerter gesellschaftlicher Zwecke. Spätestens dann, wenn diese Zwecke nicht mehr ehrenwert sind, wird sichtbar, dass die Subordination der Wissenschaft unter politische Programme zu gefährlichen Konsequenzen führt. Gleichzeitig ist evident, dass man bei der Öffnung der Universitäten für soziale Debatten kaum mit zweierlei Maß messen darf. Wer hier den offenen Diskurs will, der muss auch zugänglich für verschiedene Seiten sein. Die Vertreter aller politischen Parteien, die in deutsche Parlamente gewählt wurden, sollten dann das Recht haben, an der Hochschule zu sprechen. Es gibt aber gute Gründe, genau dieses Recht kritisch zu hinterfragen.

Habermas hatte 1969 von der «Vergesellschaftung der in Hochschulen organisierten Lehre und Forschung» gesprochen.[15] Eine solche Formel führt in die Irre, weil sie eine soziale Verpflichtung der Wissenschaft als deren Funktion festschreibt. Es geht dabei nicht um mögliche politische Impulse, die von ihr ausgehen können, sondern um deren Zweckbindung. Wissenschaft benötigt gerade Distanz zur Gesellschaft, um ihren gesellschaftlichen Auftrag zu erfüllen. Das ist nur scheinbar eine Paradoxie, vielmehr ein produktiver Grundsatz. Allein dann, wenn Wissenschaft sich auf ihre Gegenstände konzentriert, ohne sich vor den

Karren externer Ziele spannen zu lassen, kann sie ihre Qualitäten entfalten. Die Freiheit, die Staat und Gesellschaft ihr zubilligen, gibt sie
aber wieder zurück: als Lizenz zu Debatten über ihre Resultate und
zum Streit über die Lösungen, die sich aus ihren Befunden ableiten lassen. Genau hier endet die Wissenschaft, und es beginnt das Terrain der
meinungsgestützten Diskurse und Dispute. Sie können, ja müssen zuweilen politisch sein – bei Fragen der medizinischen Ethik, der Gen-
forschung, des Klimawandels, der künftigen Energieversorgung, der
sozialen Integration und vielen weiteren Themen.

Nichts ist so schlimm für öffentliche Debatten wie ungenaues
Denken, aus dem falsche Erwartungen resultieren. Auch dort, wo es
um Freiheit geht, benötigt man Regeln. Dazu gehört, dass politische
Meinungsäußerungen an Hochschulen in einen wissenschaftlichen Diskurs eingebettet werden sollten. Wer akademische Institutionen für die
Interessen von Parteien nutzt, missbraucht die Autonomie der Wissenschaften. Aus diesem Grund akzeptieren viele Universitäten Auftritte
von Politikern nur, wenn sie in Lehrveranstaltungen oder Forschungskolloquien integriert sind. Das bietet die Gewähr dafür, dass die hochschulische Öffentlichkeit nicht für Wahlkampf und Meinungskampa-
gnen zweckentfremdet wird. Und es sorgt für klare Verhältnisse, denn es
unterstreicht den Vorrang des Wissenschaftlichen vor Fragen der politischen Positionierung.

Die Einbettung in die akademischen Kommunikationsregeln wiederum schafft die Möglichkeit, auch schwierige Debatten nach den Maßgaben des wissenschaftlichen Disputs zu organisieren. Eines seiner
wesentlichen Elemente ist die Offenlegung der jeweils bestimmenden
Voraussetzungen, von denen sich eine Argumentation leiten lässt. Anzugeben ist, was den Ausgangspunkt der eigenen Darstellung bildet und zu
welchen Methoden man greift, um sie abzusichern. Sodann muss von
den Zielen gesprochen werden, die man verfolgt; Gegenpositionen, die
man ablehnt, sind genau zu markieren, Kategorien, Verfahrenswege und
Hypothesen, die man für falsch hält, exakt zu benennen. Zu den wichtigsten Regeln der wissenschaftsförmigen Debatte zählt es, dass man
dogmatische Fixierungen vermeidet und die eigene Auffassung als vor-
läufigen Schritt in einem unabschließbaren Prozess betrachtet. «In der
Diskussion als geistiger Kommunikation», schreibt Karl Jaspers, «gibt

es keine festen Prinzipien und keinen bis zum Siege festgehaltenen Standpunkt.»[16] Es ist erkennbar, dass diese Offenheit sich von den hektischen Meinungsrhythmen der meisten politischen oder pseudopolitischen Debatten unterscheidet. Gerade deshalb sollte die Universität ihre eigenen Argumentationsregeln anwenden, wenn sie sich als Institution zum Schauplatz von gesellschaftlich relevanten Auseinandersetzungen macht.

Streit an Universitäten ist nicht zwangsläufig destruktiv, doch muss er durch strenge, vernunftgegründete Maximen bestimmt werden. Dazu gehört, dass Hochschulen keine Parlamente, ihre Gremien keine politischen Talkshows und ihre Mensafoyers keine Marktplätze für den Wahlkampf sind. Die Einbettung kontroverser Debatten in die Prinzipien eines wissenschaftsförmigen Diskurses kann zwar Dispute nicht verhindern, aber dafür sorgen, dass sie angemessenen Regularien gehorchen. Alles andere käme einer Unterwerfung des Wissenschaftssystems unter die Gesetze des politischen Meinungsgeschehens, der Social-Media-Kommunikation oder sonstiger Teilöffentlichkeiten gleich. Wer es mit der universitären Freiheit ernst meint, wird sie gegen diejenigen schützen müssen, die sie für fremde Zwecke instrumentalisieren. Allein deshalb sollen Hochschulen ihre Streitkultur bei allen Themen, auch solchen von gesellschaftlicher Brisanz, durch wissenschaftsgeleitete Grundsätze sichern.[17]

Universitäten sind ein Teil unserer demokratischen Gesellschaft, aber sie können deren Spielregeln, anders als man 1968 forderte, nicht direkt auf ihre innere Ordnung übertragen.[18] Wesentlich bleibt eine gute Mischung aus Partizipation, Transparenz und Entscheidungsfähigkeit, die im Alltag nicht natürlicherweise gegeben ist, sondern stets neu verhandelt und erarbeitet werden muss. Die akademische Freiheit, der jegliche universitäre Organisationsstruktur dienen sollte, bedeutet keinen Selbstzweck, denn sie ermöglicht etwas anderes, nämlich unabhängige Forschung und Lehre. Löst man sie aus diesem Zusammenhang, so gerät sie entweder zur Beliebigkeit oder zur Ideologie. Beliebig wird Freiheit dann, wenn sie sich in einer Haltung des Alles-Laufen-Lassens bekundet; ideologisch dann, wenn sie nicht mehr die Unabhängigkeit anderer Positionen einschließt. Die wissenschaftliche Freiheit verpflichtet zur rationalen Auseinandersetzung mit abweichenden Erkenntnissen und einem argumentativen Konfliktmanagement. Das schuldet sie ihrem traditionell begründeten Anspruch, Wahrheitssuche auf der Basis objektiver Verfahren zu betreiben. In diesem und nur in diesem Punkt ist die Universität vorbildgebend auch für die Freiheit der Gesellschaft, die sich durch die Freiheit Andersdenkender definieren sollte.

5. Gute Lehre

Man liest es überall: Zu wenig Aufmerksamkeit werde an unseren Universitäten der Lehre geschenkt. Massenabfertigung, Desinteresse, unzureichende Rahmenpläne, Bürokratie statt Engagement – so lauten die Kurzdiagnosen. Das Problem an solchen Befunden besteht darin, dass die meisten kritischen Beobachter den Betrieb gar nicht von innen kennen. Man gibt Vorurteile weiter, ohne die aktuelle Situation angemessen zu beschreiben. Und die ist besser als ihr Ruf, wenngleich nicht in allen Punkten perfekt.

Während der letzten zehn Jahre ist an deutschen Universitäten ein tiefgreifender Wertewandel vonstatten gegangen. Unterstützt wird er durch die detaillierten Lehrpläne der Seminare und Übungen, Kurse und Vorlesungen. Sie sind so gebaut, dass die Lehrenden zu einer genauen Strukturierung ihres Pensums angehalten werden. Wilde Improvisation, manisches Monologisieren oder unsystematisches Assoziieren haben hier keinen Platz. Der akademische Unterricht ist durch eine exakte Vorgabe von Themen, Qualifizierungszielen und Prüfungsformen festgelegt. Kritiker bemängeln die Einschränkung universitärer Freiheit, die das mit sich führt. Aber gerade Vergleichbarkeit der Leistungsstandards und geordnete Lehrprozesse lassen sich nur durch Regelungen schaffen.

Rückenwind für eine Verbesserung der Lehre gab es im letzten Jahrzehnt durch den *Qualitätspakt Lehre*, der vom Bund aufgelegt wurde. Seit 2011 flossen rund zwei Milliarden Euro in dieses Programm. Es existierten drei Schwerpunktbereiche: Einstellung zusätzlicher Lehr- und Beratungskräfte, Weiterbildung in Lehre und Betreuung, Entwicklung und Erprobung origineller Unterrichtskonzepte. Das Programm sah zwar einen Wettbewerb vor, jedoch wollte man auch in die Breite wirken; in der ersten Förderperiode kamen 186 Hochschulen, in der zweiten 156 zum Zuge. Im Juni 2019 wurde das Nachfolgeprogramm *Innovation in der Hochschullehre* beschlossen, das 2021 starten darf. Kritisch anzumerken bleibt, dass sein jährliches Volumen von maximal 150 Millionen Euro eine 25-prozentige Kürzung gegenüber dem auslaufenden *Qualitätspakt* bedeutet. Positiv ist dagegen die langfristige Förderung, die für Nachhaltigkeit sorgt. Die Alfred-Toepfer-Stiftung hat als Trägereinrichtung die Administration des neuen Konzepts übernommen. Zu ihren Aufgaben zählt die Durchführung von Wettbewerben zur Erprobung neuer Unterrichtstechniken. Daneben treten eine Plattform für den Erfahrungsaustausch und ein wissenschaftlicher Beirat, der aktuelle Standards der Forschung zur Hochschullehre diskutiert. Im Idealfall erfährt das Förderprogramm auf diese Weise die nötigen Inspirationen durch innovative Ideen im Feld akademischer Lehre.

Genau das ist auch nötig, wenn man nicht beim Status quo stehenbleiben möchte. Zum Kulturwandel, der sich seit einiger Zeit vollzieht, gehört die verbreitet debattierte Frage, wie die Lehre weiter aufgewertet werden kann. Noch immer zählt bei universitären Karrieren die Forschungsaktivität mehr als das, was Bewerber im Bereich des Unterrichts leisten. Die Situation kann sich nur ändern, wenn die Lehrqualifizierung an allen Hochschulen, wie es in den Niederlanden seit längerem der Fall ist, ein tragendes Element der akademischen Laufbahn wird.[1] Schon vor 15 Jahren postulierte der Wissenschaftsrat, dass die Universitäten standardmäßig «Seminare und Fortbildungen zur Professionalisierung des wissenschaftlichen Lehrens anbieten» sollten.[2] Früher galt hochschuldidaktische Weiterbildung als Orchideen-Thema der Erziehungswissenschaftler. Heute verfügen viele Universitäten zumindest über einen Basis-Pool an Kursen, in denen man das Lehren lernen kann. Aber noch immer gehören solche Programme nicht an sämtlichen Hochschulen zum Alltag, und insbesondere fehlt es an verbindlichen Bestimmungen für den Kursbesuch. Erforderlich wären feste Verabredungen für Doktoranden, Postdocs, Neuberufene und erfahrene Professoren, die fixieren, welche Angebote in welcher Phase der akademischen Karriere wahrgenommen werden sollten.

Die Zurückhaltung gegenüber genauen Regelungen für die Lehrqualifizierung, die an etlichen Hochschulen herrscht, verwundert umso mehr, als die Bedeutung des Unterrichts bei der Arbeitsverteilung zweifel-

los ist. Wo früher die Forschung im Mittelpunkt stand, zeigt sich heute
im universitären Alltag eine ausgeglichenere Balance der Tätigkeits-
felder. Bei einer Befragung, die das Deutsche Zentrum für Hochschul-
und Wissenschaftsforschung 2016 durchführte, gaben knapp 5000
Wissenschaftler aus 59 Universitäten an, dass sie jeweils ein Drittel
ihrer Arbeitszeit auf Lehre, Forschung und Verwaltung bzw. Projektmanagement verwendeten.[3] Eine von INCHER in Kassel organisierte
Erhebung kam bereits 2012 zu ähnlichen Ergebnissen, wobei die Zahlen
je nach Situation schwankten. Während des Vorlesungsbetriebs entfällt
mehr als ein Drittel auf die Lehre, in der vorlesungsfreien Periode liegt
die Quote zwangsläufig niedriger. Auf den ersten Blick überraschend ist,
dass sich seit 2012 der Zeitanteil, den der Unterricht und seine Vorbereitung bei Professoren bindet, nach einem vorübergehenden Anstieg wieder gesenkt hat.[4] Diese Tendenz steht scheinbar im Widerspruch zu der
verbreiteten Klage über das mit neun Semesterwochenstunden im internationalen Vergleich zu hohe universitäre Lehrdeputat.[5] Und sie passt
auch nicht zu der Tatsache, dass das Bologna-System durch die kompli-
zierten Prozeduren der Registrierung, Leistungspunktzuteilung und
Prüfungsverwaltung im Alltag einen gewachsenen administrativen Aufwand mit sich bringt. Obwohl das Zeitbudget für die Lehre geringfügig
gesunken ist, relativieren sich solche Aspekte jedoch keineswegs. In den
vorliegenden Zahlen spiegelt sich nämlich primär eine Wirkung der
Drittmittelforschung, deren Programme für die projektverantwortlichen
Wissenschaftler auch nennenswerte Möglichkeiten der Lehrreduktion
einschließen. Wenn der Zeitanteil der Lehre niedriger als noch vor acht
Jahren ist, so dokumentiert das die Effekte der Exzellenzinitiative und
anderer Förderformate, die etlichen Professorinnen und Professoren mit
großer Forschungsaktivität neue Gelegenheiten der Entlastung von
ihren Unterrichtsaufgaben bieten.[6]

Unabhängig von temporären Schwankungen und institutionellen
bzw. fachlichen Diskrepanzen weisen jedoch alle Studien den akademischen Unterricht als ein gegenüber Forschung und Selbstverwaltung
im universitären Arbeitsleben quantitativ gleichrangiges Element aus.
Will man die hier manifeste Bedeutung der Lehre auch qualitativ ab-
sichern, dann müssen die Kurse zur wissenschaftlichen Unterrichts-
tätigkeit durch aktuelle Forschungsergebnisse fundiert sein. Wichtig ist

zu klären, was anspruchsvolle Pädagogik im hochschulischen Bereich wirklich heißt. Es wäre falsch, den Innovationsbegriff der Forschung umstandslos auf die Lehre zu übertragen. Gute Lehre besteht nicht aus permanenten Neuerungen und dauernden Umbrüchen. Entscheidend bleibt die richtige Mischung aus Kontinuität und Experiment, ohne die Veränderungen nicht greifen können. Unabdingbar ist, dass Lehrende sich offen und kreativ auf neue Entwicklungen in den Verfahrensweisen des akademischen Unterrichts einstellen. Was für die Forschung eine Selbstverständlichkeit bildet, sollte für die Lehre ebenso gelten: die Notwendigkeit, dass man sich intellektuell bewegt und aufgeschlossen für Alternativen zeigt.

Die Universität war bis zur Bologna-Reform im Sektor der Lehre durch einen geringen Grad an Regelungsdichte gekennzeichnet. Genau genommen gab es zwei Aspekte des in der Humboldtschen Universitätsidee angelegten Freiheitsversprechens: die Autonomie der Lehrenden, die ihren Unterricht ohne externe Vorschriften anbieten durften, und jene der Studierenden, die in vielen Fächern unabhängig wählen konnten, welche Veranstaltung sie besuchten. Beide Freiheitsformen bargen Risiken, die während der achtziger Jahre durch das wachsende Hochschulsystem immer augenfälliger zutage traten. Im Namen der Freiheit wurde schlechte, unvorbereitete Lehre erteilt; und im Schutz der Freiheit verliefen sich etliche Studierende in den Dickichten ihrer Fächer, ohne je einen Abschluss zu erreichen.

Hegel und Adorno, Planck und Einstein pflegten ihre Lehre überwiegend monologisch anzulegen. Forschungsbasierter Unterricht bedeutete, über das zu sprechen, was einem gerade wissenschaftlich durch den Kopf ging. Das mochte ganz allgemein Humboldts Konzept erfüllen, lässt sich aber auf das Heute schlecht übertragen. In Zeiten, da mehr als 50 Prozent eines Jahrgangs die Hochschulen besuchen, muss die Qualität der Lehre anders als durch die Verheißung unbedingter Freiheit gesichert werden. Geschehen kann das über Curricula und Weiterbildungsangebote, nicht zuletzt durch eine institutionelle Politik, die dem Unterricht höhere Wertschätzung verleiht. Dazu gehört, dass bei Berufungen nicht nur Forschungsleistungen zählen, sondern von den Kandidaten im Rahmen einer Vorlesung oder eines Seminars Proben der Lehrbefähigung abgelegt werden müssen. Ein solches Konzept, das der Wissenschaftsrat bereits 2005 verlangte, gehört an vielen Hochschulen zur mittlerweile alltäglichen Praxis und sollte generell verbindlich werden.[7]

Zu einer wirklichen Kultur der Lehre zählt eine Voraussetzung, die scheinbar simpel, aber im alltäglichen Universitätsbetrieb kaum erfüllt ist: der regelmäßige Erfahrungsaustausch zwischen den Lehrenden. Die Mitglieder eines Instituts verständigen sich routinemäßig über Fragen der Selbstverwaltung, über Tagungen und Projekte, Forschungsanträge und Evaluationen, über Leitungsentscheidungen und Aspekte der Gremienarbeit. Nur die Lehre, die doch ein Drittel des gesamten Tätigkeitsvolumens ausmacht, kommt in solchen Gesprächen fast nie vor. Am ehesten noch diskutiert man Gesichtspunkte der allgemeinen Qualitätssicherung, der Akkreditierungsprozesse und entsprechende Berichte, Antragstexte und Instrumente. Auf einer ganz elementaren Ebene versagt allerdings das System der kollegialen Kommunikation, nämlich dort, wo es um den Austausch über die eigenen Lehrerfahrungen, um Problemlösungsstrategien, Motivationsanreize, die Aufbereitung des Stoffs, Fragetechniken oder das Zeitmanagement geht. Ein völliges Tabu bildet die wechselseitige Hospitanz; eine hochrangige Wissenschaftsmanagerin spottete kürzlich, dass ein Professor seinem Kollegen eher die eigene Zahnbürste leihen, als ihm den Besuch seiner Unterrichtsstunden erlauben würde. Weil es an informellen Routinen fehlt, haben einzelne Institute inzwischen Foren für den Erfahrungsaustausch der Lehrenden geschaffen. Solche auch vom Wissenschaftsrat empfohlenen Initiativen zeigen, dass man die Probleme allmählich erkannt hat und praktisch angehen möchte.[8] Ihre Behebung ist ausnahmsweise nicht mit höheren Kosten verbunden, lediglich mit einem gewissen Zeitaufwand. Es steht jedoch außer Frage, dass persönliches Engagement in derartigen Lehrforen sich für alle Betroffenen lohnt und durch eine verbesserte, womöglich effektivere Vorbereitung des eigenen Unterrichts auch wieder amortisiert.

Der Austausch über Lehre ist umso dringlicher, als der akademische Unterrichtsbetrieb gerade im Praktischen eine Weiterentwicklung erfordert. Flexible didaktische Ansätze, die in Schulen selbstverständlich sind, spielen an Universitäten nur selten eine Rolle. Die Einführung der aus dem britischen System geläufigen Tutorien, in denen ältere Studierende jüngeren Semestern bei der Bewältigung des Stoffs helfen, war eine der wenigen Errungenschaften der sechziger Jahre, die bis heute nachwirken.[9] Dass Gruppen in Kleingruppen geteilt, Unterrichtsgespräche nicht bloß von Lehrenden moderiert und Pausen sinnvoll eingesetzt werden müssen, bildet ein didaktisches Erfahrungswissen, das an Hochschulen noch nicht in der Breite angekommen ist. Allzu häufig fehlt es an Variabilität der verwendeten Unterrichtsformen, an einem Wechsel der Techniken und Vermittlungsperspektiven. Die aktive Einbeziehung der Studierenden beschränkt sich auf die Übernahme von Referatsaufgaben, spielt aber im Seminargespräch nur eine nachgeordnete Rolle. Gerade der ununterbrochene Lehrvortrag verfehlt die Zuhörer, weil er sie überfordert. Das wusste bereits Schleiermacher, der in seiner Denkschrift zur deutschen Universität 1808 verlangte, die Katheerrede müsse «die Natur des alten Dialogs haben» und das Auditorium an der Entwicklung eines Gedankens partizipieren lassen.[10]

Die Kritik am Typus der klassischen Vorlesung, die reine Stoffmassen transportierte, hat schon seit geraumer Zeit Tradition. Max Horkheimer nannte diese Darstellungsform 1952 in seiner Frankfurter Rektoratsrede «eine mißglückte Säkularisierung der Predigt».[11] Der religiöse Inhalt stehe außerhalb des Zweifels und sei daher monologisch vorzutragen, was fatalerweise das Modell für die wissenschaftliche Vorlesung abgebe. Wenn man aber den Begriff der Wissenschaft ernstnehme, dann dürfe genau dieses Vorbild nicht mehr gelten. Für den Vortrag an Universitäten, so erklärte Horkheimer, könne die Predigt kein Muster sein. Vielmehr gehe es um eine diskursive Form der Auseinandersetzung mit Wissen, die mehr als bloße Stoffvermittlung sein müsse. Sie verlange allerdings auch einen hohen Grad an Selbständigkeit bei den Studierenden, die sich intensiv vorzubereiten hätten, wenn sie ihre Rolle als Diskussionspartner angemessen versehen wollten. Das war 1952 ein Desiderat, und es scheint zuweilen, als gelte Horkheimers Befund noch heute. Viele Vorlesungen sind zu oft Predigten und zu selten eine Einladung zur gemeinsamen Problemerörterung. Die an etlichen Universitäten etablierte Lehrqualifizierung mag hier einiges geändert haben. Aber weiterhin ist festzustellen, dass Neuerungen in der Hochschullehre zu langsam und nicht breitenwirksam genug vonstattengehen.

Die herkömmlichen Akkreditierungsverfahren überprüfen überwiegend den Grad der Ergebnissicherung durch die Organisation von Arbeitsprozessen und die formale Erfüllung inhaltlicher Standards, kaum jedoch die konkrete Umsetzung in einzelnen Veranstaltungen. Sie fragen nach normierten Prüfroutinen, der Verfügbarkeit finanzieller, technischer und personeller Ressourcen für den Unterricht, nach den Zuständigkeiten im regelhaften Ablauf zwischen Planung eines Curriculums, Durchführung der Kurse und Evaluation ihrer Qualität. Derartiges kann im Rahmen der Programmakkreditierung anhand einzelner Fachangebote oder im Prozess der Systemakkreditierung mit Blick auf den universitätsinternen Aufbau eines Organisationsschemas für die Sicherung der Lehrleistungen durchleuchtet werden. Selbst im zweiten Fall vermag aber niemand genau zu ermitteln, ob alle Unterrichtenden sich an die proklamierten Standards wirklich halten. Die kleinen Schritte des Erfahrungsaustauschs, der wechselseitigen Anregung, des Voneinander-Lernens und der transparenten Diskussion über gute Lehre dürfte ein Akkreditierungsprozess niemals erfassen. Gerade weil es in diesem Bereich vielfach an einer gelebten Kultur fehlt, hat man oftmals den Eindruck, dass man nur langsam vorankommt. Doch die Weichen sind richtig gestellt, und zumal die jüngere Generation neu berufener Professorinnen und Professoren bewegt sich jenseits der traditionellen Pfade, wo es um die Lehre geht. Sie ist offener im Hinblick auf den Austausch, an Weiterqualifizierung interessiert, nimmt neue didaktische Formate auf, lebt in einer vernetzten Welt aus virtueller und analoger Lehrpraxis. Das ist nicht zufällig so, sondern das Resultat einer gewachsenen Gewichtung des akademischen Unterrichts, wie sie sich seit zehn Jahren im Angebot von Kursen zur Lehre bereits in Doktorandenprogrammen, in Diskussionsforen und einer regen Forschung zum Thema spiegelt.

Was zeichnet gute Lehre aus? Betrachten wir zunächst die individuelle Dimension der Frage, die das persönliche Engagement der Lehrenden betrifft. Guter akademischer Unterricht muss forschungsorientiert, abwechslungsreich und prozessual sein. Er sollte im Sinne der ursprünglich von Schleiermacher und Humboldt formulierten Konzeption den Studierenden die Chance bieten, wissenschaftliche Erkenntnis in ihrer Genese zu erfahren. Nicht nur der Stoff, sondern auch eine methodische und intellektuelle Haltung ist zu vermitteln. Vielfältig gestaltet sich die Lehre dann, wenn sie aus einer guten Mischung von Präsenz und Distanz, aus einem Wechsel von größeren und kleineren Gruppenkonstellationen, aus einer Mixtur verschiedener Diskurs- bzw. Untersuchungsstile besteht. Analoge und digitale Prozesse müssen gut balanciert sein, will man Monotonie verhindern. Variation als Prinzip – das gilt für Unterrichtsformate wie für technische Instrumente gleichermaßen. Am besten gelingt dieses Muster im Übrigen, wenn Lehrende sich bemühen, eingefahrene Routinen zu vermeiden. Auch dafür sind kontinuierliche Programme der Weiterqualifizierung sinnvoll und geboten. Aufzuräumen wäre vorab mit dem von Karl Jaspers exemplarisch artikulierten, noch heute verbreiteten Grundsatz, man könne das akademische Lehren nicht lernen: «Daher gibt es keine Regeln, wie eine gute Vorlesung zu machen sei.»[12]

Es gehört zu den wesentlichen Merkmalen des universitären Fächerspektrums, dass es nach Graden der Freiheit bzw. Lernintensität gegliedert ist. Auf der einen Seite stehen diejenigen Studiengebiete, die ein relativ hohes Maß an Selbstbestimmung, dafür aber große Unsicherheit im Hinblick auf die spätere Berufslaufbahn bieten; auf der anderen Seite diejenigen, die beträchtliche Lern-und Prüfungsanforderungen stellen, nach dem Examen jedoch beste Karrierechancen offerieren. Studierende der Medizin und der Ingenieurwissenschaften müssen hohen Zeitaufwand innerhalb strikt vorgegebener Curricula treiben, um zu einem erfolgreichen Abschluss zu kommen, während in einigen Geistes- und Sozialwissenschaften deutlich mehr Raum für Selbststudium und Lektüre besteht. Auch wenn das Bologna-System mittlerweile zu einer gewissen Vereinheitlichung der Prüfungsformen geführt hat, unterscheiden sich die Freiheitsgrade nach den Fachkulturen.[13]

Grundsätzlich und unabhängig von den eben genannten Differenzierungen gibt es eine institutionelle Seite, die Rahmenbedingungen guter Lehre betrifft. Es gehört zur Selbstverpflichtung deutscher Universitäten, dem akademischen Unterricht besondere Aufmerksamkeit zu schenken, seine Qualität beständig weiterzuentwickeln und den Lehrenden eine optimale Wahrnehmung ihrer Aufgaben zu ermöglichen.[14] Diese Zielsetzung ist auch deshalb von spezifischem Gewicht, weil an unseren Universitäten ein im internationalen Vergleich sehr hohes Lehrdeputat besteht. Will man verhindern, dass der Unterricht als leidige Pflicht betrachtet wird, die von der für die wissenschaftliche Reputation wichtigeren Forschung ablenkt, muss man geeignete Maßnahmen ergreifen. Zu erstreben ist eine Kultur, die Lehre als zentrales Gebiet des akademischen Systems mit nachhaltigen Qualifikationsprofilen, Karriereeffekten und Anerkennungswirkungen etabliert. Aus diesem Anspruch ergeben sich im Sinne einer offenen Liste insgesamt acht Kriterien, die Grundlage einer für alle Universitäten gültigen Lehrverfassung sein könnten. Sie sollen im Folgenden kurz skizziert werden.

Angesichts der herausgehobenen Bedeutung der akademischen Lehre stellen die meisten Hochschulen die Verankerung des Themas in der Leitung – durch Ressortverantwortung – und in der zentralen wie dezentralen Verwaltung – durch eine feste Abteilung für Studienfragen – sicher. Viele haben darüber hinaus einen Beirat oder ein vergleichbares Gremium eingerichtet, dessen vorwiegend externe Mitglieder die Führungsebene und die Verwaltung im Bereich der Lehre durch Empfehlungen unterstützen; das sollte allgemeine Praxis an allen Universitäten werden (1). Akademischer Unterricht ist im Interesse eines hohen Studienniveaus der Verbindung von Forschung und Lehre verpflichtet. Er dient der vertieften Qualifizierung der Studierenden und muss daher an den aktuellen Inhalten des betreffenden Fachs und dem neuesten Stand der Forschung ausgerichtet sein. Der im Jahr 2008 vom Wissenschaftsrat formulierte Vorschlag zur Einführung einer Professur mit Hauptaufgaben im Unterricht fiel aus nachvollziehbaren Gründen durch, weil er die Funktion aktiver Forschung für die Lehre ignorierte (2).[15] Im Bereich von Formaten und Methodik sind Vermittlungsmodelle angezeigt, die sich an den gegenwärtig bestehenden Standards einer modernen Didaktik und Infrastruktur orientieren. Daraus ergibt sich erst die Gelegenheit, individualisierte Lehr-Lernwege zu realisieren und diese optimal zu fördern. Seitens der Hochschulen bedeutet das, dass die Lehrenden beim Erwerb bzw. bei der Weiterentwicklung ihrer entsprechenden didaktischen Kompetenzen – und übrigens auch ihrer Prüfungstechniken – unterstützt werden müssen (3). Grundlage für die Verbesserung akademischer Lehre ist ein detailliertes Wissen über den Status quo. Eine fundierte Beratung in allen Disziplinen sollte die Hochschuldidaktik ermöglichen, die als Querschnittsfach breiter als bisher zu etablieren wäre. Die regelmäßige Überprüfung praktischer Unterrichtsstandards muss sich notwendigerweise auf die hier vorliegenden aktuellen Forschungsergebnisse beziehen (4). Für die Auswahl akademischen Personals mit Lehraufgaben ist eine geeignete Überprüfung von einschlägigen Vorerfahrungen und Kompetenzen sinnvoll. Bei Besetzungsprozessen für Positionen mit Unterrichtspflichten – vor allem aber beim Berufungsgeschehen – haben die Hochschulen durch verbindliche Lehrproben sicherzustellen, dass entsprechende Fertigkeiten bei den Bewerberinnen und Bewerbern nachgewiesen werden. Diese Prozesse, die «Lehrleistungen als Karrierefaktor stärken», müssen Hochschulleitung und Dekanate als Regelbetrieb organisieren (5).[16] Es sollte auf der Ebene von Fakultäten und Fachbereichen garantiert sein, dass die an der Hochschule versammelten Disziplinen untereinander, mit externen Fachvertreterinnen und Fachvertretern sowie mit Repräsentanten der Berufspraxis einen kontinuierlichen Austausch zu Fragen des Unterrichts und der Lernziele durchführen (6). Besondere Leistungen in der Lehre und Beiträge zu ihrer konzeptionellen Verbesserung müssen durch die Hochschule analog zu Erfolgen in der Forschung anerkannt und belohnt werden. Zu solchen Formen der Anerkennung gehören zentrale bzw. dezentrale (fachbereichsbezogene) Lehrpreise, aber auch, sofern im System der Hochschule praktiziert, die Berücksichtigung der Lehre bei Zielvereinbarungen (7).[17] Lehrwettbewerbe – ggf. unter Experimentiervorbehalt – können der Förderung neuer, unkonventioneller Lehrtechniken dienen und diese für den Alltag erproben helfen. Bei derartigen Wettbewerben sollten studentische Initiativen berücksichtigt und Studierende zur Einreichung von Vorschlägen ermuntert werden (8).

Für diese Rahmenbedingungen ist nicht die Universitätsleitung allein zuständig. Die Weiterentwicklung des Lehrbetriebs bildet eine Aufgabe für alle Statusgruppen, weil sie Sache der hochschulischen Gemeinschaft ist. Besondere Bedeutung hat hier die studentische Beteiligung, die in jedem Fall durch Hochschulgesetze und universitäre Grundordnungen zu gewährleisten bleibt. Wenn irgend die Partizipation der Studierenden erforderlich ist, dann auf diesem Gebiet, das ihre eigenen Interessen unmittelbar betrifft.[18] Im Gegensatz zu den meisten europäischen Hochschulsystemen bietet Deutschland den Studierenden durchweg die Gelegenheit zur aktiven Mitwirkung in Fragen von Lehre und Studium. An keiner Universität entstehen Studienordnungen ohne Beteiligung der Studierenden; auf der Ebene der Institute wie der Fakultäten gilt gleichermaßen, dass ihr Votum zählt. Im Detail sind ihre Einflussmöglichkeiten unterschiedlich groß, je nachdem, wie stark die Stimmenverhältnisse gewichtet werden. So hat die Freie Universität Berlin in sämtlichen ihrer elf Fachbereiche eine Lehrkommission eingerichtet, in der die Studierenden die Mehrheit bilden und den Vorsitz führen. Das sorgt dafür, dass Studienordnungen gegen das Votum dieser Gruppe dezentral nicht verabschiedet werden können. Es wäre überlegenswert, ein solches Modell auch andernorts umzusetzen. Sein Vorzug beruht darauf, dass ein sachlicher Konsens mit den Studierenden auf der Fakultätsebene erarbeitet werden muss, ehe die jeweiligen Ordnungen abschließend von den Akademischen Senaten verabschiedet werden. Ob dort generell eine professorale Mehrheit oder Viertelparität bei Fragen der Lehre besteht, ist dann relativ nebensächlich, da das, worüber man abstimmt, im Miteinander von Studierenden und Unterrichtenden auf der dezentralen Ebene der Fachbereiche entwickelt und vorbereitet wurde. Die Besetzung einer Vizepräsidentenposition für Studium und Lehre mit Studierenden mag sich wiederum für kleinere Hochschulen – wie die private Zeppelin-Universität in Friedrichshafen – bewährt haben; für größere Institutionen mit einer entsprechenden Bandbreite an Leitungsaufgaben, deren Bewältigung akademische Erfahrung verlangt, ist sie nicht sinnvoll.

Studentische Mitsprache bei der Gestaltung der Studienordnungen kann natürlich zu Auseinandersetzungen mit der professoralen Gruppe führen, wenn das Grundverständnis divergiert. Für genau diese Fälle gilt weiterhin das Karlsruher Urteil vom Mai 1973.[19] Es bietet einen gewissen Spielraum bei der Ausgestaltung von Stimmenverhältnissen in Fragen der Lehre, sollte freilich in seinem prinzipiellen Tenor nicht missverstanden werden: Bei Konflikten entscheidend für die allgemeine und besondere Organisation der Universität sind diejenigen, die an ihr dauerhaft beschäftigt sind und Lebenszeitprofessuren bekleiden. Das bedeutet, dass man im Bereich der curricularen Planung Studierende der betreffenden Fächer paritätisch in alle Arbeitsprozesse einbeziehen sollte, aber bei einem Dissens im finalen Beschlussgremium, dem Akademischen Senat, die professorale Mehrheit den Ausschlag gibt. Die bewusste

Verwechslung von Wertbegriffen führt zwangsläufig zur Funktionalisierung der Universität im Dienste falscher Zwecke. Das gilt für den Bezug
auf wirtschaftliches Handeln – die Hochschule ist eben kein Unternehmen. Es gilt jedoch auch für die Berufung auf einen ‹Demokratie-Impe-
rativ› bei der Lösung von inneruniversitären Konflikten.[20] Wo es um die
förderliche Weiterentwicklung der Universität geht, sollte Expertise und
Erfahrung den Vorzug vor ökonomischen Interessen oder formalen
Paritätsansprüchen haben.

Ein typisches Beispiel für einen Dissens der Gruppen bei Fragen der
Lehre bietet das Thema der Anwesenheitspflicht, das in manchen Bundesländern zum Gegenstand erbitterter hochschulpolitischer Streitigkeiten wurde. So folgte die rot-grüne Landesregierung Nordrhein-Westfalens der verbreiteten Kritik der Studierendenvertreter und verbot 2014
im Hochschulgesetz die verbindliche Forderung einer Anwesenheitspflicht. Das wurde mittlerweile in der neuen Gesetzesfassung durch die
CDU-FDP-Regierung wieder korrigiert – jetzt dürfen die Hochschulen
selbst darüber entscheiden, ob sie bei bestimmten Lehrveranstaltungen
Präsenz verlangen möchten. Alles andere als diese Regelung ist wenig
sinnvoll und lässt sich rational kaum rechtfertigen. Es geht wohlgemerkt
nicht um einen Automatismus, der Studierenden permanent in allen
Kursen die Teilnahme verordnet. Vielmehr bedarf es einer Begründung
für Anwesenheitspflicht, die sich aus den Besonderheiten der Stoffvermittlung – etwa im Rahmen praktischer Übungen – oder aus der
zentralen Bedeutung eines Themas ergibt. Damit diese Kriterien nicht
inflationär herangezogen werden, legen manche Universitäten exakte
Bedingungen für die Forderung obligatorischer Präsenz fest. Wer sogar
dieses Verfahren für zu scharf hält, sollte sich fragen, ob er die Idee der
Universität richtig verstanden hat. Die Universität ist keine Schule und
keine Stätte beruflicher Qualifizierung, sondern ein Ort, an dem das
Selbstlernen entscheidende Bedeutung gewinnt. Aber sie ist auch keine
Satelliteneinrichtung, die nur das Fernstudium organisiert. Präsenz
bleibt unabdingbar für die Vermittlung wissenschaftlicher Erkenntnis-
verfahren durch anschauliche Beispiele, wie sie seit Humboldt zur akademischen Bildung wesentlich gehört. Dass die Aussicht auf Teilhabe
am Wissenschaftsprozess mit einer gewissen Verbindlichkeit verknüpft
sein muss, liegt auf der Hand.

Weil also direkte Anwesenheit für den Erfolg eines Studiums maßgeblich ist, sollten gerade digitale Unterrichtsangebote ergänzend, jedoch nicht flächendeckend vorgehalten werden. Die Corona-Krise zeigte seit dem Sommer 2020, dass die Hochschulen auf diesem Feld mehr leisten können, als ihnen zumeist selbst bewusst war.[21] Aber die technischen Optionen der digitalen Lehre dürfen die Präsenzveranstaltung nicht ersetzen, sondern lediglich variieren. Der Regelfall müsste die analog durchgeführte Veranstaltung in den Räumen der Hochschule sein. Nur eingeschränkt gilt das für Vorlesungen, die in Zukunft sicher noch stärker als bisher auf der Basis von Videostreams offeriert werden – mit dem Vorteil, dass Studierende sie nach ihren Möglichkeiten zeitflexibel wahrnehmen können. Für die meisten Seminare und Übungen ist allerdings eine gute Mischung aus Präsenz- und Digitalelementen unabdingbar. Allein schon im Interesse der Studierenden bleibt eine solche Mischung zwingend, denn sie behebt Defizite, die im traditionellen wie im digitalen Lehrbetrieb gleichermaßen bestehen. Wer zwölf Stunden am Tag mit dem Streamen von Vorlesungen und der Teilnahme an webbasierten Seminaren verbringt, dürfte unter der Monotonie der medial einseitigen Vermittlung psychisch wie physisch leiden. Umgekehrt erfährt derjenige, der ausschließlich in Massenvorlesungen sitzt, kaum die nötige Vielfalt an intellektuellen Anregungen, die neben dem reinen Lernen zu einem erfolgreichen Studium gehört. Es geht also um eine vernünftige Kombination virtueller Elemente mit Strukturen des Präsenzunterrichts. Dabei ist zu betonen, dass genau diese Mischung vor der Krise nur selten genutzt wurde. Jetzt ergibt sich die Chance, ein reichhaltigeres und variableres Lehrangebot durch *Blended Learning*-Formate zu entwickeln, bei denen sich Anwesenheitsphasen mit solchen verstärkter Online-Elemente abwechseln.[22] Das wiederum bildet die Voraussetzung dafür, dass die universitäre Präsenzkultur nicht nur ein Gegenstand der angesichts seiner akuten Gefährdung wachsenden Sehnsucht, sondern ein echter Mehrwert für alle Beteiligten ist.

Eine sehr wichtige Bedingung guter Lehre sollte gerade im digitalen Zeitalter die Kontinuität von Stoff und Thema sein. Wesentlich für die vertiefende Aneignung bleibt deren Betrachtung von verschiedenen Seiten, ihre Durchdringung im Wortsinn. Heute zeichnen sich zahlreiche Curricula an Hochschulen dadurch aus, dass sie bereits kleinste Leistungen zertifizieren. Sogenannte *Micro-Degrees* und *Badges* bestätigen den Besuch des Abschnitts eines Lehrmoduls, zumeist im Rahmen virtueller Teilnahme. Das entspricht einer dynamischer gewordenen Qualifizierungslandschaft, in der sich die Anforderungsprofile kontinuierlich ändern. Es ermöglicht die zügige Anpassung der Unterrichtsinhalte an den neuesten Stand der Forschung, aber auch an die volatilen Erwartungen des Arbeitsmarkts. Für eine vertiefende wissenschaftliche Bildung sind *Micro-Degrees* allerdings nicht das richtige Instrument, denn sie dokumentieren nur eine kurzzeitige, oberflächliche Beschäftigung mit einem Thema. Gerade die Universität sollte bei allem verständlichen Interesse an den Anforderungen der Berufswelt darauf achten, dass sie nicht den oft wechselnden Wünschen des Marktes folgt, sondern für ein grundständiges und substantielles Qualifizierungsprogramm sorgt.

Digitale Lehre hat dort einen positiven Effekt, wo sie im Studienverlauf individuelle Lern- und Konzentrationskapazitäten besser berücksichtigen hilft. Eine der gefährlichsten Fiktionen des traditionellen akademischen Unterrichts bestand darin, dass man bei allen Studierenden gleiche intellektuelle Aufnahmefähigkeiten unterstellte. Das bewirkte dramatische Fehlsteuerungen, gerade bei der Organisation obligatorischer Einführungsveranstaltungen. Je häufiger dieser Lehrtypus in Zukunft digital angeboten wird, desto stärker dürften die individuellen Lerntempi zur Geltung kommen. Studierende können den Ablauf einer Online-Vorlesung unterbrechen, Begriffe nachprüfen, Fragen notieren und in der digitalen Sprechstunde an die Unterrichtenden adressieren. Die Online-Vorlesung bietet einen weitaus flexibleren und angemesseneren Umgang mit dem Lehrstoff als die alte Frontalveranstaltung in Echtzeit. Hier liegt einer der Gründe, weshalb die wie Pilze aus dem Boden schießenden kommerziellen Offerten virtueller, rein auf den Online-Betrieb gestützter Universitäten in den letzten Jahren so erfolgreich waren.

Selbstverständlich darf sich virtuell erteilte Lehre nicht auf das bloße Angebot online abrufbarer Informationen beschränken. Es ist ein Irrglaube, dass man mit der audiovisuellen Vermittlung der Inhalte, die man technisch beliebig reproduzieren kann, das Modell schon angemessen nutzt. Eine gute Online-Vorlesung, ein sinnvoll aufgebautes Online-Seminar verlangen den Lehrenden mehr Zeitaufwand ab als entsprechende Präsenzveranstaltungen. Sie fordern persönliche Beratung und spezifische Reaktion auf studentische Fragen, mithin häufigere Verfügbarkeit. Es geht also nicht nur um die technische Bereitstellung von Unterrichtsformaten, deren Instrumente in bestimmten Abständen aktualisiert werden müssen. Geboten ist auch die gute Mischung aus fachlichen Standards und individueller Kommunikation. Abträglich wäre dagegen eine Verschärfung der Prüfungsintensität, mit deren Hilfe die virtuelle Anwesenheit überwacht werden soll. Die Tendenz dazu gab es bei einigen Lehrenden nach dem Einstieg in den umfassenden Online-Betrieb im Frühjahr 2020. Sie mag aufgrund der neuen Lernsituation nachvollziehbar sein, sollte aber keinesfalls zur dauerhaften Praxis werden.

Die Universität ist eine Anwesenheitsinstitution, insofern sie Lehre und Forschung an konkreten institutionellen Orten und nicht außerhalb organisiert. Diese Tatsache begründet Stärken und Schwächen gleichermaßen. In Zeiten hoher Studierendenzahlen bedeutet sie massive Überfüllung, oft anonyme Lernbedingungen und mangelnde Betreuung. Daneben ermöglicht die Präsenz von Lehre und Forschung jedoch soziale Interaktion, ständigen Austausch, also Lern- und Erkenntnisfortschritt über das zwischenmenschliche Miteinander. Die Corona-Krise hat gezeigt, dass Distanzveranstaltungen auf virtueller Basis zu Verlusten an jener intellektuellen Authentizität führen, die zu vermitteln institutionelle Aufgabe der Universität ist.[23] Zwar erzeugte der digitale Betrieb neue Formen der Betreuungskultur und eine Flexibilisierung von Lernprozessen. Aber er reduzierte zugleich den direkten Austausch in allen zentralen Handlungsfeldern, vor allem jenen des Unterrichts. Das alte akademische Gespräch ist gerade im Zeitalter elektronischer Medien von hoher Bedeutung, selbst wenn es unter den Bedingungen des Massenbetriebs nur noch partiell zustande kommt.[24]

Virtuell anbieten soll man, was in der heutigen Universität zu authentischer Kommunikation nichts mehr beiträgt. Großvorlesungen vor dreihundert und mehr Studierenden haben mit einer Kultur der Interaktion, wie sie zu Recht als besondere Qualität akademischer Institutionen beschworen wird, wenig gemeinsam. Sinnvoll ist es daher, solche Veranstaltungen auf überwiegend digitaler Basis zu organisieren, wobei man die damit verbundenen Möglichkeiten der Flexibilisierung und Individualisierung von Rezeptionszeiten nutzen sollte. Dadurch erreicht man eine bessere Substanz der Lehre, weil die unterschiedlichen Bedürfnisse der Studierenden stärker berücksichtigt werden können. Die Gelegenheit zu Unterbrechungen, Online-Nachfragen und Kommentaren schafft einen auf spezifische Anforderungen zugeschnittenen, in der Sache allerdings auch aufwendigeren Vorlesungsbetrieb, der das realisiert, was Humboldt vorschwebte: eine pädagogische Vermittlung von Forschung. Für Kurse, Übungen und Seminare gilt dagegen überwiegend das Präsenzprinzip, das den direkten Austausch sicherstellt. Perioden digitaler Lernprozesse können dabei eingeschaltet werden, dürfen aber nur kurzfristig sein. Im Idealfall dienen sie dazu, Seminargrößen durch Aufgliederung zu verkleinern. Der Präsenzunterricht läuft für die Lehrenden kontinuierlich, lediglich die Teilnehmenden wechseln. Während die eine Gruppe sich in einer Online-Phase befindet, arbeitet die andere im Kursraum. Das führt zu einer stärkeren Individualisierung des Unterrichts und damit zu einer Lehrkultur, die in der Massenuniversität fehlte. Auch hier jedoch gilt, wie im Fall der Online-Vorlesung, dass der Aufwand für die Unterrichtenden wächst und zusätzliche Kapazitäten bindet.

Die zuweilen von der Politik vertretene Auffassung, dass digitaler Unterricht Kosten einsparen hilft, ist definitiv falsch. Richtig wäre das Gegenteil: Die zukünftige Universität mit ihrer Mischung aus An- und Abwesenheitszeiten, digitalem und analogem Studienangebot braucht mehr Mittel für weiteres Lehr- und Servicepersonal. Wer Vorlesungen, Seminare und Übungen regelmäßig durch didaktische Neuerungen auffrischen will, benötigt zusätzliche Finanzierung. Denn Innovationen in der Lehre unterscheiden sich von denen des industriellen Sektors dadurch, dass sie Kosten nicht senken, sondern häufig erhöhen. Das muss jeder wissen, der besseren Unterricht an unseren Universitäten fordert.[25]

6. Verwaltete Wissenschaft

Unter deutschen Hochschullehrern wird rituell über wachsende Administrationszwänge geklagt.[1] Sie betreffen, wie es heißt, das Projektmanagement ebenso wie die alltägliche Reisekostenabrechnung, die Erfüllung technischer Sicherheitsvorschriften, den Datenschutz, die

Ausgestaltung von Beschäftigungsverträgen, die Gremientätigkeit und die Durchführung des Unterrichts. Kritisiert werden Tendenzen zur Verschiebung des Gleichgewichts, mit dem unheilvollen Effekt unangemessener Größenrelationen. Während sich die Zahl der Professuren seit Jahren stetig vermindere, betreibe die Administration – auch im Zuge der Exzellenzprogramme – einen stetigen Ausbau ihrer Stellen und Ressourcen. Trifft diese Klage zu, so sollte man zunächst überlegen, in welcher Beziehung Forschung und Administration prinzipiell zueinander stehen. Anschließend bleibt zu fragen, in welchen Bereichen des Universitätssystems die Verwaltung genau expandiert und mit welchen Wirkungen das geschieht.

Jede Verwaltung hat die Tendenz, sich über Verfahren zu legitimieren. Im Sinne Luhmanns bedeutet das, dass sie sich ihre funktionale Begründung durch die effektive Gestaltung der ihr zugrunde liegenden Arbeitsvorgänge verschafft.[2] Ohne Administration ist eine Formalisierung von Organisations- und Entscheidungsprozessen nicht möglich. Ohne Formalisierung wiederum geraten solche Prozesse in ein Chaos, zumindest aber in unkontrollierbare Eigendynamiken. Dass etwas auch zufällig gelingen kann, wäre kein Argument gegen die formale Gestaltung von Governance und Beschlussfassung. Soweit die interne Rationalität etwa budgetärer oder personaltechnischer Abläufe in sozialen Institutionen betroffen ist, lässt sich über die Evidenz administrativer Verfahren nicht streiten. Sie sind geboten, weil sie ein Minimum an Vergleichbarkeit, ein System der Kriterienbildung und damit die Aussicht auf Entscheidungsgerechtigkeit schaffen. Was die Verwaltung für schwierige Organisationsstrukturen leistet, lässt sich am besten mit Luhmann als ‹Reduktion von Komplexität› beschreiben.[3] Verzichtet man auf administrative Formalisierung, so wären Beschlussfassungen kontingent, unsteuerbar und willkürlich – in einer chaotischen Weise ‹komplex›.

Wissenschaft und Administration verhalten sich in vielfacher Hinsicht antagonistisch zueinander.[4] Der Gegensatz beider Systeme entsteht durch eine prinzipiell unterschiedliche Beurteilung zentraler Werte, die, wie Michael Daxner schrieb, eine ‹platonische Feindschaft› zwischen ihnen begründet.[5] Wissenschaft sieht Rationalität als dienende Kategorie, die wildwüchsige Prozesse in theoriefähige Formen bringt. Rational

sind Methoden und Analyseverfahren, die empirische Befunde so auf-
bereiten, dass aus ihnen allgemeine Erkenntnisse abgeleitet werden
können. Am Beginn wissenschaftlicher Tätigkeit steht aber nicht die
ordnende Methode, sondern das Interesse für das Unwahrscheinliche,
die Ausnahme, das Spezialphänomen. Selbst diejenigen Wissenschaften,
die sich über Taxonomien, Morphologien oder Genealogien als primär
systematisierend begreifen, leben aus der Faszination, die von der Regel
abweichende Erscheinungen auslösen. Der Zoologe, der seltene Arten
beobachtet, die Humangenetikerin, die ungewöhnliche Ausprägungen
des Erbguts überprüft, die Kriminologin, die extreme Typen der Devianz
erforscht, die Islamwissenschaftlerin, die sich mit Grenzfällen religiöser
Sekten beschäftigt, der Ökonom, der plötzliche Unsicherheit als Ent-
scheidungskomponente im Managementprozess analysiert: In sämtlichen dieser Fälle stimuliert der zunächst unerklärliche Einzelfall die
wissenschaftliche Suchbewegung. Was sich dem Zugriff des normativen
Gesamtsystems entzieht, entfacht szientifische Neugierde. Wissenschaftliche *curiositas* ist ausnahmeorientiert und damit an individuelle, grundsätzlich offene Reflexionsvorgänge gebunden.

Dass die von Neugierde getriebene Erkenntnis bei der Erfassung
singulärer Phänomene wiederum Regeln folgt und verbindliche Unter-
suchungsformate benutzt, ist sie ihrem Anspruch schuldig, Element der
Wissenschaft zu sein. Aber die Methode und die aus ihr abgeleitete
Verallgemeinerung darf das Spezifische nicht einfach einebnen. Wissenschaftliche Klassifizierung ordnet Erscheinungen, Prozesse und Sachverhalte bestimmten Gruppen zu. Nur dient diese Zuordnung nicht der
endgültigen und dauerhaften intellektuellen Bewältigung der Vielfalt,
sondern ihrem besseren Verständnis. Selbst die strengste Formalisierung
eines Phänomens bleibt der Pluralität der Vorkommensweisen verpflichtet, in deren Rahmen sie es erfasst.

Anders organisiert sich das Verwaltungshandeln. Sein oberster Wert
ist die übergreifende Systematik, der sich jeder Einzelfall unterzuordnen
hat. Ihre spezifische Leistungskraft entfaltet die Administration dort,
wo sie Formalisierungen so einsetzt, dass man die Komplexität dieser
Einzelfälle abarbeiten kann. Vielfalt muss sich der Einheit unterwerfen,
Pluralität in Kohärenz übertragen werden. Gelingt das nicht, droht die
Gefahr des Wucherns von Ausnahmefällen. Die interne Rationalität der

Verwaltung stabilisiert sich in dem Maße, in dem sie Exzeptionelles beherrschbar macht. Es ist offenkundig, dass diese Verfahrensrationalität ganz anderen Absichten gehorcht als der Methodeneinsatz in der Wissenschaft. Deren System ziele, wie Bourdieu schrieb, nicht auf eine «Logik ‹praktischer› Entscheidungen», sondern auf jeweils individuelle Grundsätze, die sich in Einzelfällen behaupten und erproben müssen.[6] Wo die Verwaltung nach Regeln verfährt, operiert die Wissenschaft auf der Basis spezifischer Modelle und Konstellationen.

Die universitäre Administration zerfällt in drei Elementarbereiche, die unterschiedlichen Aufgaben dienen; sie besteht aus akademischer Selbstverwaltung, Behördenstruktur und Wissenschaftsmanagement. Das wissenschaftliche Personal folgt dem Prinzip der Selbstverwaltung, wozu gehört, dass die Leitungen – Dekanate, Präsidien – als Kollegialorgane arbeiten. In ihnen entscheidet zwar bei Konflikten das Votum von Dekanen bzw. Präsidenten oder Rektoren, aber im Normalfall treffen sie Beschlüsse im Ensemble gemeinsam mit Prodekanen und Vizepräsidenten bzw. Prorektoren. Alle Positionen sind Wahlämter auf Zeit, die in der Regel für mindestens zwei Jahre besetzt werden. Die Wahl erfolgt durch Gremien, in denen auch die nicht-professoralen Gruppen – Mittelbau, Studierende, wissenschaftsunterstützende Bereiche – Stimmen führen. Selbstverwaltung beruht auf einer Legitimation, die durch Mehrheiten und Vertrauen, nicht jedoch durch administrative Erfahrung begründet ist – über sie verfügen Professoren nur ausnahmsweise.[7] Die häufige Fluktuation in Leitungsfunktionen zumal auf der Fachbereichsebene bewirkt, dass eine gewisse Diskontinuität herrscht; so gerät die akademische Selbstverwaltung oft zum ‹bürokratischen Laienspiel›, wie es André Kieserling bissig formuliert hat.[8] Wo Wissen bei Amtswechseln nicht weitergegeben wird, besteht das Risiko des Abreißens von Kompetenzketten. Große Bedeutung hat daher eine reibungslos arbeitende Fakultäts- und Präsidialverwaltung, die das institutionelle Gedächtnis für Entscheidungsprozesse darstellt.

Generell soll die Administration die akademische Selbstverwaltung im Sinne einer Behörde unterstützen, indem sie Serviceleistungen für den technischen, finanziellen und personalbezogenen Bereich erbringt. Es liegt auf der Hand, dass zwischen diesen verschiedenen Funktionsmodellen erhebliche Spannungen entstehen können. Die Behörden-

struktur gehorcht dem Muster der Linienverwaltung mit klaren Hierarchien und strikt formalisierten Prozessabläufen. Die akademischen
Kollegialorgane dagegen definieren sich nicht als Teile der Administration, sondern als selbständige Entitäten mit eigenen Entscheidungskul-
turen, die partizipativ und weniger hierarchisch aufgebaut sind, als das
bei Unternehmensvorständen der Fall ist. Als dritte Gruppe kommt seit
etwa 15 Jahren das Wissenschaftsmanagement hinzu.[9] Seine Vertreter
sind zumeist Promovierte, die ihre Karriere nach dem Doktorat in der
Verwaltung fortsetzen. Idealerweise verstehen sie von Wissenschaft und
Administration gleichermaßen viel; sie repräsentieren ein intermediäres
Funktionssystem mit Aufgaben, die Service, Verwaltung und Strategie-
entwicklung verbinden. Forciert wurde die Dominanz des Managements durch die Drittmittelforschung und die nationalen wie internationalen Förderprogramme der letzten beiden Dekaden. Diese Bereiche
verlangen komplexe Verwaltungskompetenzen, aber auch strategisches
Denken für die Planung künftiger Projektanträge und deren professionelle Ausgestaltung mit Datenanhängen, Budgetaufstellung und Statistiken.

Aus der triadischen Struktur der Verwaltung resultieren diverse
Konflikte und Spannungsfelder, die das Universitätssystem beherrschen
können. Aufgrund ihres Wahlamtes und der damit verbundenen Kompetenzen haben Dekane Zugriff auf die Verwaltung; sie können deren
Mitarbeiter beauftragen, für sie bestimmte Sachaufgaben zu erledigen,
ergänzende Informationen zu liefern oder Beschlüsse umzusetzen. Gleiches gilt für Vizepräsidenten bzw. Prorektoren, die in manchen Universitäten qua Grundordnung einzelnen Verwaltungsbereichen – etwa den
Abteilungen für Forschung, Lehre und Studium oder Internationales –
vorstehen können. Hier drohen Konflikte, wenn die Verwaltung ihre
professoralen Chefs aufgrund ihrer mangelnden Administrationserfah-
rung nicht als Autoritäten akzeptiert. Umgekehrt kommt es vor, dass
Dekane oder Vizepräsidenten kein wirkliches Vertrauen in die Verwaltung fassen, weil ihnen diese Art der Zusammenarbeit neu und fremd
ist. Dissens kann auch zwischen Administration und Wissenschaftsmanagement auftreten, genährt von divergierenden Interessen und wechselseitigen Unterstellungen. Die Verwaltung hält dem Wissenschaftsmanagement unzureichendes Verständnis für administrative Prozesse

vor, das Wissenschaftsmanagement der Verwaltung fehlendes Gespür für die Anforderungen von Forschung und Lehre. Inmitten dieser Konfliktfelder fällt den Kanzlern eine entscheidende Funktion zu. In der heutigen Universität macht der Kanzler vieles, manchmal sogar alles.[10] In einigen Verfassungen ist er der Chef der ganzen Verwaltung, in anderen nur zuständig für Finanzen und Personal. In jedem Fall besetzt er eine Gestaltungsposition, die ihn zur starken Figur im Spiel universitärer Herrschaftsstrukturen werden lässt. Das Spektrum seiner möglichen Aufgaben reicht von Haushalt und Stellenwesen, Controlling, Planung für Zielvereinbarungen mit den Fakultäten, Abstimmung zwischen zentralen und dezentralen Prozessen bis zu Bauen, Technik, Campusentwicklung, Energie, IT, Berufungen, Drittmittelprojektion, Forschungsausstattung, Bibliotheksplanung, Kapazitätsfragen, Studium und Lehre. Natürlich kann niemand die hier stichwortartig benannten Funktionsfelder gleichzeitig abdecken.[11] Es existieren demnach unterschiedliche Interpretationen der Rolle des Kanzlers. Manche von ihnen denken die Universität allein über das Budgetäre, das den Kernbereich hochschulischen Verwaltungshandelns bildet; stimmt er nicht, stimmt auch alles Sonstige nicht. Andere – zumal die Juristen unter den Kanzlern – gehen ihre komplexe Aufgabe über formale Prozesse und Themen vom Satzungswesen bis zu den Dienstverordnungen an. Das kann man so machen, da die Universität administrativ wie eine Behörde organisiert ist. Dass sie sich darin nicht erschöpft, gerät bei der rechtsförmigen Rollenauffassung freilich aus dem Blick. Neben den Haushältern und den Juristen gibt es die Strategen, die sich als Chefplaner sehen und das Kerngeschäft – Finanzadministration, Bauen, Campusgestaltung – anderen überlassen. Das mag für die Projektion künftiger Ziele hilfreich sein, birgt aber große Gefahren im Alltag. Unabhängig von ihren fachlichen Prioritäten sollten die Kanzler nämlich primär als pragmatische Verwaltungsmanager agieren. Nicht die Vogelperspektive, sondern das Handeln aus der Zentrale ist für sie vorrangig.

Da Kanzler zumeist für längere Zeit gewählt werden als Präsidenten bzw. Rektoren, können sie eine starke Hausmacht in Verwaltung und Fakultäten aufbauen. Häufig treten sie als eigentliche Protagonisten im Entscheidungsgeschehen einer Universität auf, wobei sie klug genug sein sollten, ihre Einflussmöglichkeiten nicht zu überdehnen. Ein gestörtes

Verhältnis zu Präsident bzw. Rektor, das in der Praxis nicht ganz selten ist, wirkt sich fatal auf hochschulische Beschlüsse und Kommunikationskulturen aus. Hinzu kommen signifikante Änderungen in der universitären Governance, die eine gute Kräftebalance verlangen. Die für Kanzler in früheren Jahren typische Neigung zur Handsteuerung und Kartellbildung bekundete sich meist darin, dass bevorzugte Professorinnen und Professoren Mittel für Vorhaben oder Stellen direkt erhielten. Heute folgen Universitäten durchweg strategischen Langfristplanungen, die weniger Spielraum für solche Mechanismen lassen. An den Platz der Improvisation ist die Projektion einer zukünftigen Handlungsratio mit genau festgelegten Zwischenschritten getreten. Sie erfordert von allen Beteiligten ein hohes Maß an Disziplin und Vernunft jenseits von Seilschaften, Spontanentscheidungen und Intuition.

Verwaltung ist Formalisierung von Verfahren durch regelhafte Rationalisierung. Blickt man auf die Situation der Universitäten, dann erkennt man, dass in ihr Bereiche existieren, die solchen Rationalisierungsnotwendigkeiten umfassend unterworfen sind. Budgetsteuerung und Personalwirtschaft, das Liegenschaftsmanagement und der gesamte technische Sektor vom Bauen bis zur apparativen Grundsicherung folgen der Logik administrativer Prozesslenkung. Dass auch Lehre und Forschung von formalen Lenkungsansprüchen beherrscht werden, ist allerdings relativ neu. Beide Felder unterstehen seit zehn Jahren einer massiven Bürokratisierung, deren Ursachen sehr schnell benannt sind. Im Sektor der Studiengänge bildet zweifellos die Bologna-Reform das Einfallstor für administrative Regulierungen; ohne EDV-gestützte Verfahren und abgestimmte Planung sind die Curricula eines Bachelorprogramms heute nicht umzusetzen. Bezogen auf die Forschung war es die Drittmittelförderung, die einen Verwaltungsschub auslöste; administrative Koordination ist hier erforderlich, um den Projektablauf im Licht von Ressourcenverteilung und Durchführung der Einzelvorhaben sinnvoll zu ordnen. Für Lehre und Forschung gleichermaßen gilt, dass die den Universitäten durch ihre Aufsichtsbehörden zugedachten Berichtspflichten einen weiteren Administrationsdruck erzeugen. Evaluationen begleiten regelhaft den Unterricht, weil sie Bedingung für die Akkreditierung der Studiengänge sind. In ähnlichem Umfang werden Drittmittelvorhaben zur Dokumentation ihrer Arbeit angehalten, da sie

Rechenschaft über die ihnen zur Verfügung gestellten Gelder ablegen müssen. Folgerichtig ist daher, dass Lehre und Forschung stärker als früher administrativen Vereinheitlichungen durch interne Synchronisierung und externe Beobachtung gehorchen. Selbstverwaltung wird zunehmend zum Management und bedarf der professionellen Unterstützung. Luhmann gemäß entsteht die universitäre Bürokratie dadurch, dass man Organisation «in Anspruch nimmt», um diejenigen Prinzipien zu verwirklichen, «zu denen man sich bekennt.»[12] Typisch ist in diesem Zusammenhang die durchgreifende Formalisierung von Gremienprozessen und -entscheidungen, die Teilhabemöglichkeiten für die einzelnen Statusgruppen auf der Grundlage komplizierter Rechtsvorschriften sicherstellt.[13] Die universitäre Administration spiegelt damit eine in unserer gesamten Gesellschaft – bei Gesetzgebungsverfahren und Verordnungen – auftretende Dialektik wider, insofern sie durch Regelungsverdichtung Freiräume schützt und gleichzeitig verengt.

Das führt zur Frage, ob der Prozess der Bürokratisierung organische Kooperation oder unproduktive Widersprüche erzeugt. Wer deutsche Universitäten in ihren Binnenverhältnissen kennt, weiß, dass die Systeme einander aufgrund ihrer oben erörterten Funktionsunterschiede keineswegs friedlich, sondern in scharfem Antagonismus gegenüberstehen. Wissenschaftler schimpfen auf nichts so gern wie auf eine unfähige, anmaßende, langsame, kurzum: unprofessionelle Verwaltung. Die Verwaltung wiederum beschwert sich über schlampige Hochschullehrer, die Fristen verpassen, Formulare falsch ausfüllen und sich vorsätzlich den Normen geregelter Verfahren entziehen. Beide Systeme gehen dabei von einem Idealbild der anderen Seite aus, das durch die Wirklichkeit nicht gedeckt wird. Eine optimale Administration wäre aus Sicht der Hochschullehrer dem Grundsatz der *invisible hand* verpflichtet: ein geschmeidiges Gefüge, das sich den manchmal spontanen und sprunghaften Erwartungen der Wissenschaft flexibel anschmiegt, ohne eigene Ansprüche zu vertreten.[14] Die Wissenschaft, die sich die Verwaltung wünscht, wäre pünktlich, regelkonform und normorientiert: ein berechenbares Ganzes ohne individuelle Abweichungen.

Bemerkenswert am Status quo deutscher Universitäten scheint, dass nicht nur die Anforderungen, sondern auch die Prinzipien der Verwaltung sukzessive in die Wissenschaft eindringen. Großprojekte müssen heute strategisch ausgerichtet und dementsprechend administrativ begleitet werden. Voranträge, externe Evaluationen, taktische Kooperationen und Konkurrenzanalysen bilden wesentliche Elemente des Antragsprozesses. Je länger eine Universität erfolgreich an der Drittmittelforschung partizipiert, desto höhere Vereinheitlichungsroutinen entwickelt sie im Antragsverfahren. Vielfach geht es dabei weniger um wissenschaftliche Dignität als um ein «Reputationsmanagement», das Qualität für organisierbar hält.[15] Im Effekt führt das Übergewicht administrativer Steuerung an diesem Punkt zur Entindividualisierung von Forschungskonzepten und zur formalen Einebnung des Ungewöhnlichen.

In seiner Schrift *Wissenschaft als Beruf* erklärte Max Weber bereits 1919: «Nun können wir bei uns mit Deutlichkeit beobachten: daß die neueste Entwicklung des Universitätswesens auf breiten Gebieten der Wissenschaft in der Richtung des amerikanischen verläuft. Die großen Institute medizinischer oder naturwissenschaftlicher Art sind ‹staatskapitalistische› Unternehmungen. Sie können nicht verwaltet werden ohne Betriebsmittel größten Umfangs.»[16] Webers Befund war hellsichtig: Heute nimmt die Administration im Zentrum der Wissenschaften Platz, indem sie ihre Prozesse unter dem Gesetz der Antragsrationalität organisiert. Kennzeichnend für die gegenwärtige deutsche Universität ist nicht das vermeintliche Anschwellen der Verwaltung; amerikanische Hochschulen verfügen allein in den Bereichen des Marketings und Fundraisings über weitaus größere Administrationsstäbe als hierzulande üblich. Maßgebend für aktuelle Tendenzen ist vielmehr der Einzug bürokratischer Steuerungselemente in die drittmittelgestützte Forschung. Das wäre kein Schaden, wenn auf diese Weise wissenschaftliche Erkenntnis unterstützt würde. Das eigentliche Risiko liegt anderswo, nämlich in der vorschnellen Reduktion jener Komplexität, deren reichhaltige Erscheinungen die Forschung zu beobachten hat. Wenn das Management der Projekte das Spektrum ihrer Fragen von vornherein schematisiert, droht die Gefahr der Austrocknung wissenschaftlicher Kreativität. Das festzustellen ist keine Kritik universitärer Verwaltung, sondern eine Warnung vor administrierter Forschung.

Es wäre jedoch zu einfach, wenn man in diesem Zusammenhang auf die Macht der Wissenschaft selbst verwiese, die ihre Produktivität sichern könnte, indem sie sich auf ihre genuinen Werte besinnt. Denn die Grenzen zwischen den früher getrennten Distrikten der Universität haben sich im Zuge der Digitalisierung verflüssigt. Es ist nicht allein das Antrags- und Projektmanagement, das die Administration ausgerechnet in einem ursprünglich geschützten Raum der Forschung stärkt. Daneben führt die wachsende Bedeutung digitaler Techniken in allen Bereichen der Wissenschaft zu einer Ausweitung rein organisatorischer Elemente. Die alten Gegensätze zwischen Verwaltung als Service und Forschung als Selbstzweck gelten nicht mehr. In dem Maße, in dem Forschung auf digitaler Basis stattfindet, nimmt das Gewicht des Datenmanagements zu. Diejenigen, die dieses Geschäft betreiben, müssen ein wissenschaftliches Grundverständnis mitbringen, weil sie nicht, wie die Bürokraten des alten Systems, lediglich die Rahmenbedingungen für institutionelle Abläufe erzeugen. Wer für die digitale Infrastruktur, für Programme, Plattformen und Server zuständig ist, erfüllt seine Aufgabe nicht mehr im Sinne der reinen Ermöglichung. Er muss, unterschiedlich detailliert, in die Forschungsprozesse selbst Einblick haben und ihre Fragestellungen, Ziele, Erwartungen kennen.

Ein typisches Beispiel für die Annäherung zwischen Forschung und Verwaltung bietet das Publikationswesen. Eine Vielzahl wissenschaftlicher Artikel ist heute online im sogenannten Open-Access-Modus verfügbar. An den meisten Universitäten übernehmen die Bibliotheken die Aufgabe, dafür die entsprechenden technischen Hilfsmittel zur Verfügung zu stellen. Sie wandeln sich damit in ihrem Rollenverständnis vom klassischen Literaturversorger zur Infrastruktureinrichtung, die hochsensible Elemente des Forschungsprozesses und seiner Effekte – etwa die Wirkungsmessung – koordiniert. Dasselbe gilt für Datenbanken und Repositorien, die eine wesentliche Basis der Forschung bilden. Auch sie müssen regelmäßig durch Administratoren geprüft und aktualisiert werden. Stärker noch als im Fall des Publikationswesens setzt das voraus, dass die Grundlagen des fachlichen Themas, über das geforscht wird, von denen, die hier verwalten, gekannt werden. Es macht schließlich einen Unterschied, ob man archäologische Fundstücke aus Syrien digital archiviert, die Innenansichten einer Zelle visualisiert, eine mediävistische Textedition mit Software-Tools erarbeitet oder Daten über die Einkommensstruktur in Ländern des globalen Südens vorhält.

Administrativer Service für die Forschung und Forschung selbst lassen sich im digitalen System nicht mehr streng trennen. Man kann das unter zwei Gesichtspunkten bewerten, als Zeichen einer Enthierarchisierung und als Einschränkung der Wissenschaftsautonomie. Als Enthierarchisierung erweist sich die Annäherung von Service und Forschung, weil es kein Zentrum und keine Peripherie mehr gibt. Forschung ist überwiegend ein Gruppenprozess, der in Teams mit Spezialisten für verschiedenste Aufgaben stattfindet. Dazu gehören auch diejenigen, die früher nur für die Wartung der Geräte oder die Bereitstellung der Literatur zuständig waren. Sie sind heute wissenschaftlich qualifizierte Administratoren, die digitale Strukturen auf die Bedürfnisse eines Forschungsprojekts abstimmen. Forschung als Teamwork kennt kein oben und unten, kein innen und außen, sondern allein die Vernetzung unterschiedlicher Spezialtätigkeiten. Dass diese Tendenz Grenzen hat, zeigt sich allerdings an den Publikationsformen. Hier stehen in den meisten Natur-, Lebens- und Technikwissenschaften immer noch diejenigen an der Spitze der Autorenverzeichnisse, die als Professorinnen oder Professoren die Gruppe leiten und die Verantwortung für ein Labor tragen.

Als Einschränkung der Wissenschaftsautonomie kann man die eben beschriebene Entwicklung einstufen, wenn man sich vergegenwärtigt, dass es keine Forschung ohne administrative Steuerung mehr gibt. Datenqualität wird zum Synonym für Erkenntnisqualität; die ursprünglich als Voraussetzung für den Eintritt in den Forschungsprozess gedachte Ebene rückt ins eigentliche Zentrum. Wenn keine Peripherie mehr existiert und eine allumfassende Vernetzung von Aktivität herrscht, kann Forschung nicht mehr als autonome Tätigkeit betrachtet werden. Sie unterliegt vielen Faktoren von den Daten über die technische Simulation bis zu Algorithmen bei der Ergebnisdarstellung, sodass die Differenzierung zwischen Vorarbeiten, Durchführung und Resultatsicherung kaum aufrechtzuerhalten ist. Die Wissenschaft erweist sich an diesem Punkt selbst als administrierter Vorgang, der über die Omnipräsenz digitaler Strukturen netzwerkartig organisiert werden muss.

Hat also die Verwaltung die Wissenschaft okkupiert? Drittmittelformate und Digitalisierung sorgen in der Tat für eine neue Welt der administrierten Forschung, die es vor dreißig Jahren noch nicht gab. Die Vor- und Nachteile betreffen die institutionelle Dimension von

Arbeitsprozessen und deren Wirkung auf die involvierten Individuen. Ob die Aufhebung der Differenz von Peripherie und Zentrum am Ende neue Freiheitsoptionen durch stärkere Teamorientierung in enthierarchisierten Beschäftigungsverhältnissen oder eine Entfremdung einstmals autonomer Forschung durch strukturelle Abhängigkeiten bedeutet, lässt sich momentan schwer entscheiden. Womöglich ist die Frage falsch gestellt und das eine der Preis des anderen: Eine nicht mehr hierarchische Forschung wird erkauft mit der Unterwerfung von Erkenntnisvorgängen unter den Primat der Organisation. Darin bestätigt sich am Ende wieder die Dialektik vieler Entwicklungsprozesse in sozialen Systemen, bei denen Freiheit und Unfreiheit miteinander verschränkt sind.

III. Vielfalt gestalten.
Risiken und Chancen für die Universität

1. Wachstum als Problem?

1946 erklärte Karl Jaspers, es vollziehe sich an der Universität ein «Absinken der Idee in der Institution».[1] 15 Jahre später klang seine Diagnose noch alarmistischer: «Entweder gelingt die Erhaltung der deutschen Universität durch Wiedergeburt der Idee im Entschluß zur Verwirklichung einer neuen Organisationsgestalt oder sie findet ihr Ende im Funktionalismus riesiger Schul- und Ausbildungsanstalten für wissenschaftlich-technische Fachkräfte.»[2] Im gleichen Jahr – 1961 – bemerkte die schon erwähnte Untersuchung *Student und Politik*: «Man kann in der Tat die Tendenz feststellen, daß sich Universitäten zu Fachhochschulen entwickeln, Bildung der Ausbildung angleicht, und das Studium selber Formen der Berufsarbeit annimmt.»[3] Ein solcher Befund, der noch heute gültig ist, verband sich meist mit der Klage darüber, dass die alte Idee der Universität untergegangen sei. Der Vorwurf, die deutsche Hochschule ertrinke in prosaischer Betriebsamkeit, ohne Raum für Selbstreflexion zu bieten, ist ein Topos, der sich durch ihre Geschichte seit dem Ende des Zweiten Weltkriegs zieht. Nun muss man sehen, dass auch im 19. Jahrhundert nicht dauernd nach dem Modell Humboldts oder anderer idealistischer Geistesväter verfahren wurde, wenn man Hochschulen organisierte. Aber das eine darf man konstatieren: Die Universität der letzten Jahrzehnte hat kaum ein tieferes Verständnis ihrer je aktuellen Identität ausgeprägt. Sie hat sich permanent öffentlich zu Wort gemeldet und um ihre auskömmliche Alimentierung gerungen, ohne wirklich ein klares Bild davon zu entwickeln, was sie sein will und soll. Die berechtigte Forderung nach mehr Geld für bessere Betreuung der Studierenden adressiert einen materiellen Mangel und verbirgt ein immaterielles Defizit – die Unklarheit von Begriff und Mission der Universität im 21. Jahrhundert. Insofern formuliert der

Topos von der Hochschule ohne Idee nicht nur die rituelle Klage über eine Verfallsgeschichte nach dem Ende des Planungsoptimismus. Er ist auch der angemessene Ausdruck des Unbehagens angesichts eines fehlenden Gestaltungswillens jenseits pragmatischer Entscheidungszwänge und gleichförmiger Strategiekonzepte.[4]

Der Mangel an Reflexion über die institutionelle Idee hat zunächst etwas mit der wachsenden Unübersichtlichkeit und Inkohärenz der Universitäten zu tun. Einfacher gesagt: mit Wachstum überhaupt. Die eigentliche Phase der Hochschulexpansion waren dabei nicht die siebziger Jahre, sondern die Jahrzehnte zwischen 1995 und 2015. In dieser Zeit erhöhte sich laut Statistischem Bundesamt die Zahl der Studienanfängerinnen und -anfänger von 261 427 auf 506 580. Parallel dazu kam es zu einer zweiten Gründungswelle, die eine gewaltige institutionelle Diversifizierung mit sich führte. Allein zwischen 1990 und 2016 wuchs der Anteil der Hochschulen von 232 auf 619 – ein Prozess, der weniger durch die öffentliche Planung als durch das vermehrte Aufkommen privater Bildungseinrichtungen vorangetrieben wurde. Heute gibt es in Deutschland keinen Postleitzahlbezirk, der weiter als 59 Kilometer von einer Hochschule entfernt liegt.[5] Jürgen Mittelstraß sprach schon 1998 von einer «Ausbaukrise», der die Universität als Institution im Zuge permanenten Wachstums unterworfen sei.[6]

Diese Expansion, die übrigens ein weltweites Phänomen darstellt, löst auch eine qualitative Veränderung mit weitreichenden Konsequenzen aus.[7] Die Gruppe der Studierenden ist heterogener denn je – viele haben bereits eine Berufsausbildung, ziehen Kinder groß, wurden nicht in Deutschland geboren. Nicht nur diesem Zuwachs an Diversität verdankt es sich, dass die Aufgaben der Universität andere als noch vor 20 Jahren sind. Die Ausdehnung der Hochschulen bewirkte zwangsläufig, wie Armin Nassehi formuliert, den Aufbau eines «Erwartungshaushalts», zu dem die verschiedensten Handlungssektoren gehören.[8] Das Spektrum universitärer Funktionen reicht heute von der Grundlagenforschung bis zu unternehmerischen Aktivitäten, von der engmaschigen Betreuung ständig sich vergrößernder Studierendenkohorten bis zur Sicherung ihrer internationalen Konkurrenzfähigkeit, von der Drittmitteleinwerbung bis zur genauen Supervision ihrer Projekte, von der leistungsorientierten Steuerung bis zur Erzeugung institutioneller Kohäsion in divers ausgebildeten Personengruppen ihrer Mitgliederschaft, von Entwicklung und Technologietransfer, Nachhaltigkeitsmanagement und Alumnipflege bis zur professionellen Öffentlichkeitsarbeit im Blick auf die Bringschuld gegenüber einer sie finanzierenden Gesellschaft. Peter Strohschneider spricht an diesem Punkt von einer «Überdehnung» der Universitätsaufgaben, die zu einer Überforderungskrise führen müsse.[9]

Die Vielzahl heterogener Funktionen, denen die Universität unterworfen ist, erzeugt aber nicht nur eine Überlastung, sondern auch innere Widersprüche durch klassische Zielkonflikte. Die Zukunftskonzepte der zurückliegenden Exzellenzwettbewerbe spiegelten diese Problemlage wider, indem sie eine möglichst große Menge an Querschnittsaufgaben reflektierten. Die in Konkurrenz stehenden Universitäten überboten sich darin, alles auf einmal zu versprechen. Dieser Befund galt für das weite Spektrum der Themen vom Anwendungsbezug über die Internationalisierung bis zur Kooperationskultur; er betraf jedoch ebenso die Grundausrichtung der Hochschulen, die nahezu unisono ankündigten, sie wollten Entscheidungsprozesse wirksamer gestalten und zugleich die Teilhabe aller ihrer Mitglieder sicherstellen. Dabei wurde selten berücksichtigt, dass strategische Ziele, die sowohl die Effizienz der Institution als auch deren besondere Partizipationsstruktur betonen, in sich widersprüchlich sind. Erhalt der *communitas*, Unterstützung der Fächerdiversität, Stärkung der Gemeinsamkeit, offene Verständigung, Entwicklung zentraler Ziele, Erarbeitung einer unverkennbaren institutionellen Mission, Wettbewerbsfähigkeit, Entscheidungshandeln – es ist evident, dass derartige Programmatiken nicht zur Deckung kommen. Hier gilt es Kompromisse zu finden; eine einheitliche Strategie gibt es an diesem Punkt so wenig wie ein einheitliches Milieu der Universität, das längst eine soziologische Konstruktion vergangener Tage ist.[10] Wo Karl Jaspers noch 1923 den einzigartigen *genius loci* einer jeden Universität als deren Spezifikum hervorhob, herrscht heute eine starke Tendenz zur Nivellierung vor.[11]

Die Ähnlichkeit der strategischen Konzepte, die Universitäten benutzen, spiegelt sich in der Verwechselbarkeit ihrer Leitbilder. Auf die Monotonie, die in diesem Bereich herrscht, hat vor 20 Jahren schon Dieter Lenzen hingewiesen.[12] Die Lage ist seitdem nicht besser, sondern eher schlechter geworden. Kaum etwas wirkt eintöniger als die Sprache der *Mission Statements*, mit denen Universitäten auf der ganzen Welt ihr institutionelles Profil, ihren Wertekanon und ihre Selbstverpflichtung beschreiben. Ausgerechnet die Textsorte, die wie eine Magna Charta das Außergewöhnliche einer Institution beleuchten sollte, verkommt zu einem Stück geistiger Sterilität und Durchschnittlichkeit. Überall tauchen die gleichen Stichwörter auf: Forschungsexzellenz, Nachwuchsförderung, Innovationskraft, Gleichstellung, Synergien, Kooperation, Diversität, Kommunikationskultur, Partizpation, Chancenparität, Toleranz, Nachhaltigkeit. In ihrer Kombination aus Rechts-, Wert- und Funktionsbegriffen, mit ihren Anleihen aus Wirtschaft, Ethik, Politik und Medienwelt bieten die meisten *Mission Statements* ein trauriges Gemisch von Schlagwörtern ohne klaren Programmgehalt. Wer gezwungen wäre, aufgrund solcher Selbstbeschreibungen die konkrete Universität zu erraten, der sie gelten, müsste kapitulieren. Die spezifische Identität der Einrichtung ließe sich an den Leitbildtexten nicht erkennen, weil sie zu gleichförmig und verwechselbar klingen.[13]

Woher kommt das? Es sind zwei Tendenzen, die für die Nivellierung von Leitbildern und Strategiekonzepten sorgen: Universitäten ertrinken, wie schon betont, in quantitativen Zielvorgaben, sodass sie über das, was sie besonders auszeichnet, zu wenig nachdenken können; und der globale Wettbewerb erweist sich als gigantische Maschine, die alles aufsaugt, um es danach in einheitlicher Form auszuspucken. Betrachten wir zunächst das erste Problem. Im hochschulischen Alltag spielen Kennziffern für sämtliche zentralen Bereiche die entscheidende Rolle. Lehre und Studium werden bewertet nach der Menge der Studierenden, der Auslastung der Programme, nach Regelstudienzeit-Kohorten und Absolventen. Forschungsleistung bemisst sich an Drittmitteln, Zitationshäufigkeiten, Publikationszahlen, Berufungen, Preisen und Patenten. Internationalisierungserfolge liest man am Anteil der mit Nicht-Deutschen besetzten Professuren, der weltweiten Institutspartnerschaften, der ausländischen Studierenden und der Austauschkontingente ab. Hinzu kommen quantitative Kriterien für Frauenförderung, Diversität und Geflüchtete; für das Energiemanagement, die nachhaltige Bewirtschaftung, die Bibliotheksetats, das Kopiervolumen; für Online-Prüfungen, digitale Lehrveranstaltungen und die Nutzung der Campusflächen. Inmitten dieser Tonnenideologie verlieren die meisten Universitäten das Gespür dafür, was sie besonders macht und gegenüber anderen auszeichnet. Noch schlimmer aber ist, dass dieses Besondere sich zunehmend in einem Nivellierungsgeschehen auflöst, das alle Universitäten einander anzugleichen droht.[14]

Die Ursachen für derartige Einebnungsprozesse liegen auf der Hand. Die globale Vernetzung führt zu einer Anpassung an verbreitet gültige Normen und lässt selbst in der Wissenschaft kaum Raum für Individuelles. Die großen Herausforderungen für die Forschung sind bekannt und benannt; sie geben den Förderprogrammen weltweit ihre Stichwörter vor, von der Gesundheit über Ernährung bis zu Klimawandel, Sicherheit und Migration. Auch die Methoden konvergieren oftmals, und mit ihnen kommt es zu einem Mainstream der Schlagwörter. Die Terminologie, in der wir über Wissenschaft sprechen und Wissenschaft in Fachkontexten betreiben, ist einheitlicher als früher. Das liegt nicht allein am Englischen als *lingua franca* des Systems, sondern darüber hinaus an der Schnelligkeit, mit der sich über soziale Medien und Kommunikationsforen neue Begriffe verbreiten. Niemand mag sich dem entziehen, selbst wenn seine Wissenschaft per se auf das Originelle, Außergewöhnliche zielt.[15]

In starkem Maße gilt dieser Trend zur Einebnung auch für Leitbilder und Strategiekonzepte. Die immer gleichen Imagefilme der Universitäten zeigen moderne Büroarchitektur, divers zusammengesetzte Gruppen junger Menschen in Labors, Krankenhäuser mit Pflegekräften und Patienten, bunte Blumen in Gewächshäusern, antike Skulpturen auf Rasenflächen, Gemälde der Renaissance in Repräsentationsräumen, Reagenzgläser im Gegenlicht, Campus-Situationen mit Studierenden aus aller Welt und Hörsaal-Vorträge von charismatisch wirkenden Professorinnen und Professoren, das alles unterstützt durch dynamisch aufschwellende Gitarrenakkorde und wabernde Synthezisertöne. So monoton diese Szenerien und Klänge anmuten, so unoriginell ist das, was Universitäten über ihre Mission zum Besten geben. Die globale Disziplinierungsmaschine sorgt dafür, dass individuelle Vorstöße keine Chance hätten. Man denke sich eine Universität, die ihre Selbstbeschreibung mit einer Liste dessen beschließt, worüber sie nicht forscht und was sie in der Lehre nicht anbietet. Die erklärt, dass sie nicht überall die erste und beste sein wolle, weil sie das niemals leisten könne. Die systematisch die Verwendung des Exzellenzprädikats meidet und neben ihren Profilstärken auch ihre Schwächen offenlegt – zu wenig Frauen in Leitungspositionen, zu viele Abbrecher in den meisten Studiengängen, veraltete Laborausstattung, kaum internationale Berufungen, mangelhafte Digitaltechnologie. Schwer vorstellbar, dass das im Wettbewerb der universitären Marketing-Eitelkeiten funktionieren würde.

Wie viel Wachstum ist gut? Seit 40 Jahren hört man bei uns die Kritik, dass die Hochschulen zu schnell expandieren und daher ihre Kernaufgaben nicht mehr erfüllen können. Andererseits ist nachweisbar, dass Größe durchaus mit Leistungsstärke korreliert.[16] Eine nennenswerte Bandbreite der Fächer mit entsprechenden Optionen für Forschungszusammenarbeit und reichhaltige Lehre hilft deutlich, das eigene Profil zu schärfen. Zugleich wäre es fatal, wenn Universitäten ihre Lehrangebote immer weiter ausbauen würden. Die Zahl der Studierenden ist längst so hoch, dass man sich fragen muss, wohin die Reise noch gehen soll.[17] Die Bereitschaft zur Umschichtung im System – etwa durch Verlagerung von Studienplätzen in die Fachhochschulen – ist bei den meisten Universitäten gering, weil ihre Etats an der Quote der Studierenden hängen.[18] Niemand kann im Augenblick erwarten, dass er für weniger Studienplätze dasselbe Budget erhält. Denn für die politischen Rahmenbedingungen gilt in besonderem Maße, dass sie quantitativen Gesichtspunkten unterliegen.

Gibt es überhaupt Alternativen, mit denen das System entlastet wird? Zu nennen wären die privaten Hochschulen, die anders als die öffentlichen stärker auf Spezialisierung setzen können.[19] Ihre Zahl ist in Deutschland seit dem Jahr 2000 kontinuierlich gewachsen. Den 240 staatlich finanzierten Hochschulen stehen heute 119 private Institutionen gegenüber, die sich primär über Gebühren tragen. Unter ihnen sind 21 Universitäten – mit entsprechend breitem Fächerspektrum –, 95 Fachhochschulen und drei Kunst- und Musikhochschulen. Im Wintersemester 2018/19 waren 246 739 Studierende an Privathochschulen immatrikuliert; 18 Jahre zuvor lag diese Zahl bei 24 574, also bei unter zehn Prozent des jetzigen Bestands. Betrachtet man jedoch das Gesamtspektrum, so ist die Quote der an privaten Einrichtungen Eingeschriebenen immer noch relativ niedrig. 2,9 Millionen Studierende waren 2019/20 an deutschen Hochschulen immatrikuliert. Davon entfallen lediglich 244 000 – acht Prozent – auf private Hochschulen, wohingegen der überwältigende Anteil an öffentlichen Einrichtungen studiert. Unter den Erstsemestern wuchs die Bereitschaft, die oft hohen Studiengebühren in Kauf zu nehmen, während der letzten Jahre allerdings kontinuierlich. Mittlerweile ist jeder zehnte der Neuimmatrikulierten an einer privaten Bildungsinstitution eingeschrieben.[20]

Private Hochschulen werben zumeist mit klar umrissenen Angebots- und Serviceprofilen. Sie versprechen bessere Betreuungsrelationen als die staatlichen Einrichtungen, intensiveres Studium, gute Kontakte zur Arbeitswelt, in einzelnen Fällen auch höhere Chancen beim erfolgreichen Einstieg in den Berufsmarkt. Viele private Hochschulen bieten duale Studiengänge mit Industriepartnern an, die aus Studium und Betriebspraxis bestehen. Die Mehrzahl von ihnen offeriert ein knappes Fächerprogramm, wobei die sozialwissenschaftlichen Disziplinen – primär Wirtschafts-, Rechts- und Medienwissenschaft – vorherrschen. Die Nachfrage gerade bei dualen Studiengängen ist in den letzten Jahren massiv gestiegen. Inwiefern sich hier ein genereller Trendwandel vollzieht, lässt sich noch nicht prognostizieren. Es dürfte jedoch zu erwarten sein, dass für die meisten Studierenden in Deutschland öffentliche Hochschulen weiterhin Priorität genießen. Das gilt insbesondere in den Natur- und Geisteswissenschaften, wo eine hohe Forschungsreputation auch für die Universitätswahl der Erstsemester ein ausschlaggebender Faktor ist.

Die Antwort auf die Frage, ob die privaten Hochschulen mittelfristig die Universitäten entlasten können, hängt davon ab, inwieweit junge Menschen zunehmend bereit sind, für ihr Studium Gebühren zu entrichten. Denn die privaten Anbieter verlangen, sieht man von den dualen Modellen mit der Wirtschaft ab, für den Besuch ihrer Studienprogramme finanzielle Beiträge. Deren Spektrum ist sehr breit; im Durchschnitt kostet ein Bachelorstudium an einer privaten Hochschule heute 520 Euro im Monat. Das ist deutlich niedriger als in vielen anderen Ländern, vor allem Großbritannien und USA. Aber es berührt eine der Grundfragen, über die man nach der Jahrtausendwende im Zuge des neoliberalen Umschwungs hierzulande intensiv diskutiert hat. Das Hochschulrahmengesetz des Bundes hatte Gebühren ausgeschlossen und diese Position in seiner 2002 novellierten Version bekräftigt. Einer Klage der unionsgeführten Länder gegen die langjährige Regelung gab das Bundesverfassungsgericht am 26. Januar 2005 statt. Es wertete die betreffende Verbotsklausel als unzulässigen Eingriff des Bundes in die hochschulpolitische Kompetenz der Länder und machte damit den Weg zu Gebühren frei. Zwischen Dezember 2005 und Herbst 2007 führten mehrere CDU/CSU-regierte Bundesländer sogenannte Studienbeiträge ein: Baden-Württemberg, Bayern, Hamburg, Hessen, Niedersachsen, Nordrhein-Westfalen und das Saarland.[21] Bedingt durch diverse Regierungswechsel kam es bis 2012 unter den neuen rot-grünen Koalitionen in den meisten Bundesländern zu einer Rücknahme der Gebührenlösung. Zuletzt hoben Bayern zum Wintersemester 2013/14 und Niedersachsen zum Wintersemester 2014/15 die Studienbeiträge auf. Die Ministerien stellten häufig eine Kompensation für die ausfallenden Gebühren in Form lehrbezogener Zuwendungen bereit. Das half zwar beim Übergang, löste aber im föderalen Gesamtgefüge einen wettbewerbsverzerrenden Effekt aus, weil Hochschulen in diesen Ländern besser finanziert sind als dort, wo man Gebühren aus sozialpolitischen Gründen von Beginn an ablehnte.

Im Kern ging es bei der Kontroverse um die Frage, inwiefern Studiengebühren vorherrschende Ungleichheiten im Bildungssystem verstärkten. Waren die bestehenden Darlehensmodelle ausreichend, um Härtefälle zu verhindern, oder erzeugten sie langfristige Abhängigkeiten? Zwar ermittelte eine Studie des Wissenschaftszentrums Berlin im Jahr 2011, dass durch Gebühren die Studienneigung junger Menschen aus bildungsfernen Familien nicht beeinträchtigt wird.[22] Jedoch blieb der Aspekt der monetären Belastung davon unberührt, denn er betraf weniger die Motivation als die objektiven materiellen Nachteile für sozial Schwächere. Verfechter der Studienbeiträge argumentierten gern mit dem Hinweis darauf, dass ein öffentlich alimentiertes Hochschulsystem sich über Steuern finanziere und dadurch Schieflagen erzeuge. Die Krankenschwester, deren Tochter eine Berufsausbildung erhält, zahlt mit ihren Steuern das gebührenfreie Studium des Arztsohnes, so dass Lasten und Nutzen nicht angemessen verteilt sind. Die Einführung von Beiträgen bewirkt allerdings keine Korrektur dieses Mechanismus, was klar wird, wenn man sich ein weiteres mögliches Beispiel vergegenwärtigt: Der Sohn des Taxifahrers studiert, und der Vater zahlt Gebühren, unterstützt aber weiterhin mit seinen Steuern die überwiegend öffentlich getragenen Hochschulen. Daraus ergibt sich, dass Gebühren zwar die ungerechte Querfinanzierung der Vermögenden durch die Ärmeren im alten Modell begrenzen, jedoch zugleich doppelte Lasten bedeuten. Der soziale Effekt ist also nicht gegeben, und das Gebührensystem enthüllt sich als das, was es im Kern immer sein sollte: ein Instrument, das den unterausgestatteten Hochschulen zu mehr Geld in den Kassen verhelfen kann.

Dass diese Zusatzfinanzierung allerdings langfristig nicht verlässlich ist, zeigt der Blick auf zwei Staaten, in denen es seit Jahrzehnten Gebühren gibt: die USA und das Vereinigte Königreich. Hier haben sich die Regierungen sukzessive aus der öffentlichen Alimentierung der Hochschulen davongestohlen und auf diese Wiese einen exorbitanten Anstieg der Studiengebühren ausgelöst. Wer glaubt, dass das bei uns anders wäre, ist naiv. In dem Maße, in dem Universitäten privates Geld eintreiben, wird sich der Staat seiner Finanzierungsaufgabe entziehen. Das gilt übrigens auch für das sozial attraktive, insgesamt gerechtere Modell nachgelagerter Studiengebühren durch die Einführung von Zusatzsteuern für Akademiker, die den Hochschulen zugutekommen könnten. Es steht außer Frage, dass in diesem Fall ähnliche Effekte wie bei direkten Gebühren eintreten würden. Wenn die Hochschulen sich über eine Bildungssteuer ihrer beruflich gut etablierten Absolventen zusätzlich finanzieren, dauert es gewiss nicht lange, bis der Staat seine Zuschüsse um entsprechende Anteile kürzt.

Studiengebühren sind weder ein verlässliches Instrument für die Ergänzung öffentlicher Zuwendungen noch taugen sie dazu, den Zustrom an die Hochschulen einzudämmen. Das eine Ziel wird verfehlt, weil der Staat sein Engagement reduziert, wenn für die Universitäten Mehreinnahmen fließen; das zweite verpasst man, da sich junge Menschen zum Glück durch Gebühren nicht davon abhalten lassen, eine Hochschule zu besuchen. Dass Handlungsbedarf besteht, zeigen jedoch die quantitativen Verhältnisse. Während sich hierzulande die Zahl der Studienanfänger zwischen 1993 und 2017 fast verdoppelte, sank im selben Zeitraum die Zahl der abgeschlossenen Ausbildungsverträge von 570 000 auf 513 000. Insgesamt stehen heute 2,9 Millionen Studierenden 1,3 Millionen Auszubildende gegenüber. Der Befund ist eindeutig: Die berufliche Qualifizierung verliert an Attraktivität, die Mehrheit der jungen Generation zieht ein Studium vor. Die Gründe für diese Entwicklung liegen auf der Hand: Ein Studium bietet, auch unter den strengeren Bedingungen der Bologna-Reform, mehr Freiräume als die Berufsausbildung; das Gehalt für die Berufsanfänger ist nach einem akademischen Abschluss erheblich höher; und die Aufstiegsmöglichkeiten sind anschließend besser als im Fall einer beruflichen Qualifizierung.

In zentralen Ausbildungsberufen bestehen mittlerweile dramatische Engpässe. Wie kann man hier Abhilfe schaffen und zugleich die Universitäten entlasten? Vor allem müsste die Bezahlung angehoben werden, um die Attraktivität der beruflichen Bildung zu steigern. Das gilt für die Qualifizierungsphase ebenso wie für das Arbeitsleben nach der Gesellen- bzw. Fachprüfung. Es sollten zudem verstärkte Anreize gesetzt werden, damit diejenigen, die nach einer Berufsausbildung noch studieren, hinterher den Weg zurück in ihren erlernten Beruf finden. Wer nach einer Qualifizierung als Mechatroniker ein wirtschaftswissenschaftliches Studium aufnimmt, hat gute Chancen, später einmal als Selbständiger mit eigenem Betrieb erfolgreich zu sein. Solche Perspektiven müssen in der Beratung für die Berufsanfänger früh erläutert und verdeutlicht werden.

Insgesamt benötigen wir flexiblere Übergänge zwischen den Bildungssystemen. Nicht wenige der Studienanfänger kommen nach kurzer Zeit zu der Einsicht, dass sie an einer Hochschule nicht richtig aufgehoben sind, und entscheiden sich für den Weg in die Berufsausbildung. Erbrachte Studienleistungen sollten bei diesem Wechsel angerechnet werden, ebenso wie umgekehrt Qualifikationselemente einer Berufsausbildung beim Studieneinstieg.[23] Berufliche und hochschulische Bildung gelten zu Recht als gleichwertig. In der Praxis sind sie es nicht, solange eine schlechtere Bezahlung die eigentlich längst überwundene Diskriminierung der Ausbildungsberufe zementiert. Die 2019 beschlossene Novellierung des Berufsbildungsgesetzes führte durch eine Erhöhung der Mindestvergütung und durch die Anerkennung bereits erbrachter Prüfungsleistungen bei aufeinander aufbauenden Ausbildungsberufen zwei richtige Änderungen ein. Der definitiv falsche Schritt war jedoch die Verwendung der akademischen Abschlussbezeichnungen ‹Bachelor› und

‹Master› für praktische Berufsabschlüsse. Unter den Betroffenen wollte diese vom Bund forcierte Neuerung eigentlich niemand – weder das Handwerk noch die Arbeitnehmervertretungen. Und sie nutzt auch niemandem, sondern sorgt nur für Verwirrung im Verhältnis zwischen Berufsbildung und Hochschulen. Wir dürfen in Deutschland auf die Substanz unseres dualen Berufsbildungssystems mit Praxis- und Theorieelementen stolz sein. Daher sollten wir konsequent an den bewährten Bezeichnungen vom Gesellen über den Fachwirt bis zum Meister festhalten. Die berufliche Ausbildung macht man attraktiv, indem man gute Löhne für gute Arbeit zahlt und genügend Aufstiegsmöglichkeiten für Qualifizierte bietet. Alles andere ist Fassadenmalerei und hilft keinem.

Kommen wir zurück zu den eingangs vorgetragenen Diagnosen. Universitäten leiden heute unter einer Nivellierung ihrer Profile und Programme, weil sie allein auf quantitative Zielsetzungen schauen – ein Befund, der global, nicht allein für Deutschland gilt. Der stetige Anstieg der Studierendenzahlen führt dazu, dass der Betrieb nur mit Mühe aufrechterhalten werden kann. Zeit für eine Reflexion der eigenen Rolle findet niemand mehr, denn das System verlangt Vollzug und lässt keinen Raum für Selbstdistanz. Gegen die Tendenz zur Nivellierung hilft die Bereitschaft, die unterschiedlichen Sektoren der Bildungslandschaft sachgerecht zu stärken. Ausschlaggebend ist dabei, dass Aufgaben differenziert erfüllt und institutionelle Profile komplementär entwickelt werden müssen. Gewiss sind die einzelnen Bereiche nicht mehr so strikt voneinander abgegrenzt wie noch vor 20 Jahren. Das bestätigte der kurze Blick auf die berufliche Bildung und die Übergänge zwischen den Qualifizierungsfeldern. Aber spezifische Überlagerungen dürfen nicht bewirken, dass die funktionale Unterscheidung der Einzelsektoren als wesentliche Grundlage für den Erfolg des deutschen Bildungssystems aufgegeben wird. Ihre Bedeutung zeigt sich an einem Hochschultyp, der mit dem Anspruch eingeführt wurde, die Aufgabenteilung im Bildungssektor auf komplementärer Basis zu befördern.

2. Zur Mission der Fachhochschulen

Politische Beschlüsse können weitreichende Wirkungen haben. Am 5. Juli 1968 formulierten die Ministerpräsidenten der Länder eine Grundsatz-erklärung zum Aufbau eines neuen Hochschultyps. Wenig später, am 31. Oktober 1968, folgte der Abschluss des Abkommens zur «Verein-heitlichung auf dem Gebiet des Fachhochschulwesens».[1] Das Ziel war im Klartext die Umwandlung der meisten ‹Höheren Fachschulen› in ‹Fachhochschulen›. Die Realisierung wurde sehr geschlossen und mit erheblichem Tempo von allen Ländern vorangetrieben. Am Ende der sechziger Jahre herrschte, was man bald als «kooperativen Föderalis-mus» bezeichnete – ein relativ starker Gleichklang der Interessen unter Bezug auf den unabdingbaren, bildungspolitisch zwingenden Ausbau des Hochschulsystems.[2] Am 12. Mai 1969 wurde im Rahmen der Finanzverfassungsreform das Grundgesetz geändert, um künftig An-gelegenheiten der Hochschulentwicklung als Gemeinschaftsaufgabe von Bund und Ländern definieren zu können. Der Staat reagierte mit der neuen Initiative auf einen verstärkten Bedarf an technisch gut quali-fizierten, aber auch wissenschaftlich vorbereiteten Fachkräften. Im Vor-dergrund stand damals die Förderung der technischen Intelligenz, weil mehr Ingenieure für eine ständig wachsende Volkswirtschaft mit gro-ßem Binnenmarkt und zunehmender Aktivität im internationalen Sek-tor benötigt wurden. Man suchte eine starke regionale Verankerung des neu geschaffenen Hochschultyps zu ermöglichen, die sich idealerweise mit der Versorgung lokaler Arbeitsmärkte verband; man stützte sich auf einen programmatischen Praxisbezug, der auch bei der Auswahl des professoralen Lehrpersonals ausschlaggebend war; und man wollte eine gute Betreuungsrelation gewährleisten, wie sie Ende der sechziger Jahre an deutschen Universitäten kaum mehr existierte.

Es ging also um eine Entlastung der überfüllten Universitäten, deren ursprünglich elitäres Leitbild durch die Realität nicht mehr abgesichert war. Der entscheidende Effekt bestand jedoch darin, dass hier ein neuer Typus von Hochschule etabliert wurde, der nicht nur zusätzliche Stu-dierende aufnahm, sondern obendrein praxisnäher qualifizierte – mit Blick auf berufliche Tätigkeiten, die Fachkompetenzen ebenso wie die

Anwendung wissenschaftlicher Erkenntnisse und Methoden verlangten. Was als Entlastung des Systems geplant war, führte zum Verlust der Einheitsidee, zu einer funktionalen Differenzierung der Hochschulen. Allerdings bedeutete diese Differenzierung, wie Peter Strohschneider gezeigt hat, zunächst keine Gleichberechtigung; vielmehr ermöglichte sie den Universitäten für lange Zeit, ihre eigenen Prioritätsansprüche gerade mit Verweis auf die bloße Praxiszuständigkeit der Fachhochschulen zu behaupten.[3]

Die Einrichtung der ersten Fachhochschulen begann 1969, zwei Jahre später war die frühe Etablierungsphase beendet. Als erstes Bundesland beschloss Schleswig-Holstein, schnell gefolgt von Nordrhein-Westfalen, ein eigenes Errichtungsgesetz. Im Paragraphen 2, Abschnitt 1 heißt es dort: «Die Fachhochschulen vermitteln durch praxisbezogene Lehre eine auf wissenschaftlicher oder künstlerischer Grundlage beruhende Bildung, die zu selbständiger Tätigkeit im Beruf befähigt. Sie betreiben auch Fortbildung und Weiterbildung. Sie können im Rahmen ihres Bildungsauftrags eigene Untersuchungen durchführen sowie Forschungs- und Entwicklungsaufgaben wahrnehmen.»[4] Klar war hier, dass für die beiden Hochschultypen in Deutschland verschiedene Zielsetzungen galten. Zwar existierten bei Fachhochschulen und Universitäten dieselben Handlungsfelder, aber sie wurden nicht einheitlich bespielt. Um drei zentrale Bereiche zu nennen: Hochschulische Lehre ist in allen Fällen wissenschaftsbasiert, jedoch gestützt auf ungleichgewichtige Praxisanteile (1). Hochschulische Forschung unterliegt je nach Anwendungsbezug heterogenen Innovationskonzepten (2). Die Kooperation mit Partnern aus Wirtschaft und Gesellschaft folgt verschiedenen Modellen im Spektrum zwischen Vernetzung, gemeinsamem Projektaufbau und Personalaustausch (3). Genau diese Distinktionen waren Ende der sechziger Jahre leitend bei der Einführung des neuen Hochschultyps.

Sie gelten, so ist zu betonen, auch heute noch in bestimmten Modifikationen. Diese Modifikationen werden diktiert von der quantitativen und qualitativen Weiterentwicklung, die alle Fachhochschulen über die Zeit durchlaufen haben. Im Wintersemester 2017/18 gab es in Deutschland bereits 217 Fachhochschulen mit 978 826 Studierenden insgesamt (Universitäten: 1 782 369); das entspricht 34,44 Prozent aller Immatrikulierten, wobei die Zahl in den letzten elf Jahren um 77,80 Prozent gestiegen ist.[5] Der Anteil der Studienanfänger, die sich an Fachhochschulen einschrieben, wuchs seit dem Jahr 2000 bis 2019 von 98 000 auf 220 000; heute beträgt er 43 Prozent aller Erstsemester. Längst geht es nicht mehr nur um Ingenieure, wenngleich das technische Segment stark geblieben ist. Zur regionalen Orientierung tritt inzwischen die internationale Vernetzung, zur Versorgung der lokalen Arbeitsmärkte eine globale Bildungsaufgabe. Und es existiert eine sehr eigene fachhochschulische Forschungspraxis mit selbständigem Profil, die das erste Errichtungsgesetz noch als ‹Kann›, als Optionsfall definiert hatte. Nicht zuletzt stehen Technologieentwicklung und Wissenstransfer im Zentrum der Fachhochschulen – davon war 1969 zumindest explizit nicht die Rede.

Der Wissenschaftsrat legte 2002 und 2010 Empfehlungen zu Status und Rolle der Fachhochschulen vor, denen sich 2016 eine dritte Publikation zur Personalgewinnung und -förderung anschloss. Betrachtet man die Texte vergleichend, so vereint sie, dass den Fachhochschulen eine positive Dynamik und eine entscheidende Funktion im Qualitätsgefüge des deutschen Hochschulsystems bescheinigt wird. 2010 nannten die Empfehlungen drei wesentliche Merkmale von Fachhochschulen, die für diesen Erfolg verantwortlich seien: 1. die «standortabhängigen Rahmenbedingungen» (also das Prinzip der regionalen Verankerung), 2. die «bedarfsgerechte Akademisierung von Berufsfeldern», 3. die «Durchlässigkeit zwischen beruflicher Bildung und Hochschulbildung».[6] Daneben führte der Wissenschaftsrat bereits 2010 mehrere Handlungsbereiche an, die aus seiner Sicht besonders verbesserungswürdig waren. Er leitete sie im Wesentlichen aus dem dynamischen Wandel der Fachhochschulen ab, der Anpassungen ihrer Struktur verlangte, ohne dass ihr Kernauftrag und damit die Abgrenzung gegenüber den Universitäten generell in Frage gestellt wurde: 1. Der Wissenschaftsrat konstatierte das Fehlen einer profilbezogenen, sachgerechten Förderung von Forschung und Entwicklung an Fachhochschulen. 2. Der Wissenschaftsrat empfahl die Etablierung eines akademischen Mittelbaus mit der doppelten Zielsetzung, Lehrdeputate und Potentiale für künftige Professuren zu schaffen, um dem drohenden Nachwuchsmangel in diesem Bereich zu begegnen. 3. Der Wissenschaftsrat forderte ausdrücklich die Ermöglichung der

Promotion für geeignete Absolventinnen und Absolventen von Fachhochschulen.[7] Aus heutiger Sicht kann man sagen, dass auf diesen drei Feldern auch zehn Jahre nach der Veröffentlichung des Berichts Handlungsbedarf herrscht, weil die damals schon angemahnten Korrekturen nicht eingetreten sind. Es gibt also eine Erfolgsgeschichte, aber gleichzeitig einen Fluch des Erfolgs, der in der Erzeugung neuer Desiderate und Finanzierungserfordernisse besteht.

Beginnen wir mit der Forschung. Welche Forschung wird an Fachhochschulen betrieben und welche Förderung wäre demnach geboten? Die Unterscheidung zwischen anwendungsnaher (oder angewandter) Forschung und Grundlagenforschung führt hier nicht sehr weit.[8] Berücksichtigt man die Forschungsprofile Technischer Universitäten, dann gerät die Grenze zwischen den Hochschultypen ins Wanken.[9] Mit der ihm eigenen Nüchternheit hat Luhmann 1990 in seiner umfangreichen Studie *Die Wissenschaft der Gesellschaft* das Verhältnis von Forschung und Anwendung bzw. Technologie beschrieben. Die Differenz zwischen beiden liege weniger in der Richtung bzw. im Objekt wissenschaftlicher Untersuchung als in der jeweiligen Haltung. Angewandte Forschung ziele auf die Behebung praktischer Problemlagen durch das Ausprobieren von Lösungsvarianten und die Kombination verschiedener Modelle. «Technologie», so Luhmann, «ist eine Art der Beobachtung, die etwas unter dem Gesichtspunkt betrachtet, dass es kaputt gehen kann.»[10] Der forschende Habitus, auf den es hier ankommt, entspringt keineswegs einem praktischen Verständnis von Kausalität im Sinne eines mechanischen Verhältnisses von Ursache und Wirkung. Es ist beim angewandten Forschen nicht das Ziel, die Gründe für optimale Effekte zu ermitteln. Vielmehr entstehen Wissenstransfer und technologische Innovation durch, wie Luhmann sagt, einen «Beobachtungskontext, der besondere Interessen an der Aufrechterhaltung regelmäßiger Verläufe auch bei Störfällen zum Ausdruck bringt. Das Problem ist dabei die Identifikation von Störquellen oder Fehlern, und diese Identifikation setzt eine hohe Technisierung (Vereinfachung) der Verläufe mit verlaufsunabhängigen, gegen Rückwirkungen immunisierten Konditionierungen voraus.»[11] Daraus leitet Luhmann die sehr lapidare Folgerung ab, dass die Bereitstellung von Technologien für die Gesellschaft eine ‹Leistung› der Wissenschaft sei, nicht aber ihre ‹Funktion›. Die

Funktion von Wissenschaft ist laut Luhmann immer dieselbe, nämlich die Produktion evidenzbasierter Erkenntnis, losgelöst von Fragen theoretischer oder praktischer Relevanz.

Dort, wo die wissenschaftliche Haltung ihr Untersuchungsinteresse an die Optimierung von Abläufen und die mögliche Korrektur von Fehlern bindet, entstehen technologische Innovationen. Dort, wo sich dieses Interesse auf theoretische Modelle konzentriert, gebiert es dagegen Wissen ohne direkte praktische Bedeutung. Die Differenzierung zwischen grundlegender und angewandter Forschung ist nach Luhmann nicht konstitutiv für das, was Wissenschaft tut. Vielmehr handelt es sich nur um Ausprägungen zweier unterschiedlicher Haltungen, die sich auf sehr spezifische Funktionen von Forschung beziehen. Im Zuge moderner Entwicklungen vernetzen sich beide Sektoren zusehends, denn die Grundlagenforschung bedarf immer häufiger technologischer Unterstützung durch Rechnersysteme oder Materialeinsatz, und die angewandte Forschung baut regelmäßig auf Erkenntnisse der Theorie.[12] Mit souveräner Konsequenz erteilt Luhmanns Bestimmung allen Versuchen, die angewandte Forschung als nachgeordnete und reflexionsarme Praxis abzuwerten, eine Absage. Stattdessen zergliedert sie das Feld der forschenden Beobachtung in divergierende Formen des intellektuellen Habitus, die sich durch ihre Blickwinkel und Zielsetzungen voneinander abgrenzen, ohne streng geschieden zu sein.

Luhmanns Ansatz beschreibt eine Konstellation, die durch die Forschungsrealität des 21. Jahrhunderts bestätigt wird. Die oftmals beschriebene Annäherung zwischen grundlegender und angewandter Forschung spiegelt den Umstand, dass es auf Haltungsdifferenzen, nicht aber auf Erprobungsdifferenzen ankommt. Und genau das ist wesentlich für die an Fachhochschulen betriebene Forschung, denn auch hier geht es um einen Habitus, der praktische Probleme – etwa solche in wirtschaftlichen oder technischen Prozessketten – mit systematischen Mitteln zu lösen sucht. Nun mag man argumentieren, dass dieses Verfahren selbst eher mit Aktivitäten wie Ausprobieren, Kombinieren, Verbessern oder Reparieren zu tun hat. Doch genau das ist eng an Operationen der Grundlagenforschung gebunden, die ebenfalls in Testformaten, Experimenten und Korrekturmodi stattfindet. Gemäß Luhmanns Überlegungen verfolgen beide Forschungshaltungen einen

176 III. Vielfalt gestalten

ähnlichen Handlungsansatz, nur mit heterogenen Bezugsfeldern. Die Bundeswissenschaftsministerin Anja Karliczek hat im Juni 2018 in einem Interview mit der *Frankfurter Allgemeinen Zeitung* konstatiert, das Land der Dichter und Denker benötige wieder mehr «Tüftler und Bastler».[13] Im Blick auf das oben Ausgeführte wäre zu betonen, dass diese beiden Kulturen sich so fern nicht sind, wie man manchmal vermutet. Lediglich ihre Anwendungsgebiete unterscheiden sich grundlegend, nicht aber ihre *modi operandi*.

Entscheidend für die an Fachhochschulen betriebene Forschung bleibt das Modell der Innovation durch Entwicklung. Das schließt institutionell die Verkoppelung mit regionalen, bisweilen auch internationalen Wirtschaftspartnern ein. Und es bedeutet in Hinsicht auf die Wirkung, dass fachhochschulspezifische Forschung direkt auf technische, prozessuale oder organisatorische Veränderungen in Systemen zielt. Das macht ihre Dynamik und zugleich ihre Gestaltungskraft aus. Aus der Kooperation mit regionalen, zumeist mittelständischen Wirtschaftsunternehmen erwachsen neue Möglichkeiten für wissenschaftlich fundierte Optimierungen bei Anwendungen und Verfahren. Forschung verbessert nicht nur innerbetriebliche Abläufe, sondern schafft auch zusätzliche Arbeitsplätze. Der aus dem Jahr 2018 stammende Bericht der Bundesregierung zu Forschung und Innovation setzt seinen Schwerpunkt genau hier. Deutschland müsse, so heißt es, mehr tun, um bei seinen mittelständischen Unternehmen die nötige Entwicklungsgeschwindigkeit im Wettbewerb mit China, Korea oder Singapur entfalten zu können. Gerade der Mittelstand sollte durch «wissensbasierte Dienstleistungen» mehr Arbeitsplätze generieren.[14] Der Innovationsbedarf, den Deutschland hat, wäre demnach eine Chance, die Förderung angewandter Wissenschaft für eine Beschleunigung von Entwicklung und Technologie zu nutzen.

Die diesbezüglichen politischen Signale sind zunächst positiv. 3,5 Prozent des Bruttoinlandsprodukts sollen laut Koalitionsvertrag vom 7. Februar 2018 für Forschung und Innovation aufgewendet werden. Für die Förderung der Forschung an Fachhochschulen ist dieses eine gute Aussage, wenn sie richtig verstanden wird: nämlich als Ankündigung zur Initiierung geeigneter Programme. Innovation kann nicht erfolgen ohne Forschung und Entwicklung. Das gilt für den digitalen

Sektor ebenso wie für die klassischen technischen Felder Hoch- und Tiefbau, Verkehrswesen, Luftfahrt, Maschinen- und Anlagenbau. 2017 förderte der Bund Forschung und Entwicklung mit einem Gesamtvolumen von 17 Milliarden Euro. Davon übernimmt 60 Prozent das Ministerium für Bildung und Forschung; die Unterstützung durch die Wirtschaft belief sich auf 61 Milliarden. In ihrem Bericht aus dem Jahr 2018 verweist die Bundesregierung nicht ohne Stolz auf die folgenden Zahlen: 371 Patente pro eine Million Einwohnerinnen und Einwohner wurden im Jahr 2015 aus Deutschland angemeldet; 11,6 Prozent der weltweit gehandelten forschungsintensiven Waren kamen im Jahr 2016 aus Deutschland; 719 Milliarden Umsatz erzielte unsere Wirtschaft im Jahr 2016 mit Produktinnovationen.[15]

Aber absolute Zahlen sagen hier gar nichts aus. Wichtiger ist der weltweite Vergleich, der dem seit 2007 von der amerikanischen Cornell University, der französischen Business School INSEAD und der World Intellectual Property Organization (WIPO) zusammengestellten Global Innovation Index (GII) entnommen werden kann. Im GII 2020 erreicht Deutschland wie auch in den vergangenen Jahren mit Rang neun unter 131 Staaten eine Position hinter der Schweiz, Schweden, den USA, Großbritannien, den Niederlanden, Dänemark, Finnland und Singapur, wobei der Indexwert seit 2012 langsam steigt. Im Subindex, der die Innovationsausgaben misst, ist Deutschland auf dem siebenten Platz anzutreffen.[16] Von einer herausragenden Rolle kann, gerade im Blick auf die europäische Konkurrenz, nicht die Rede sein, auch wenn man bei den Patenten hervorsticht und die deutsche Innovationsqualität als exzellent bewertet wird. Insgesamt sind die Befunde des Berichts kaum beruhigend für ein Land, das den Anspruch erhebt, in vielen Sparten Weltmarktführer zu sein und seinen bisherigen Reichtum auf innovationsgestützte Exporte gründet.[17] Wie ausschlaggebend wissenschaftsbasierte Strukturen für die Arbeitsmarktpolitik sind, erkennt man an den Beschäftigungszahlen. 2016 waren hierzulande immerhin 658 000 Personen im Forschungs-und Entwicklungssektor tätig. Zwischen 2008 und 2017 hat sich diese Quote um mehr als ein Drittel (38 Prozent) erhöht.[18] Es bleibt also folgerichtig, wenn der Bund dort mehr finanziert, denn die entsprechende Wertschöpfung ist offensichtlich.

Die Bundesregierung investierte zuletzt vor allem in digitale Gesundheitsservices – seit der Pandemie-Krise das Spitzenthema –, Medizintechnologie, smarte Verkehrssteuerung, Elektromobilität, Künstliche Intelligenz und eine nationale Wasserstoffstrategie. Das war dringend nötig, denn Deutschland hat zuletzt in wichtigen Wachstumsfeldern wie den erneuerbaren Energien, den Automotive Cars, der Batterieforschung und der digitalen Infrastruktur dramatisch an Boden verloren. Notwendig wäre neben der inhaltlichen Fokussierung im Sinne des oben Gesagten auch die Förderung der Innovationsformen und -prozesse selbst, also die Bereitstellung von Mitteln für die Unterstützung der wissenschaftsbasierten Transfer- und Austauschvorgänge. Im Bundesbericht heißt das ein wenig irreführend «indirekte Projektförderung», obgleich es sich doch um einen Kernbereich der Innovationsdynamik handelt, wenn Transfer-, Austausch- und Implementierungsvorgänge nach vorangehender Potentialanalyse optimiert werden.[19] Inwiefern die neu geschaffene Agentur für Sprunginnovationen hier einen nützlichen Beitrag leisten kann, ist noch offen. Generell sollte man bei aller Sympathie für das Vorhaben skeptisch sein, ob zentrale Maßnahmen für die Beschleunigung von kreativen Lösungen der richtige Weg sind. Gerade die Corona-Krise zeigt, dass sich die Anforderungen an eine wissenschaftlich fundierte Problembewältigung in kürzester Zeit ändern können.

Wo muss die Förderung im Innovationssektor überhaupt ansetzen? Relevante Themen sind zunächst über die Identifizierung von Entwicklungsfeldern zu definieren. Dafür benötigen wir Formate, die auch die Strukturen der Innovation selbst betreffen. Die Innovationsleistungen der Forschung können nur gesteigert werden, wenn man die Programme nicht allein vom Verwertungsspektrum aus konzipiert. Hier gewinnt die intermediäre Kategorie der anwendungsorientierten Forschung spezifische Bedeutung. Anwendungsorientierung entsteht dadurch, dass man den Forschungsprozess im Detail offen, im Großen jedoch zielgerichtet gestaltet; dass Projekte sich von praktischen Sachfragen inspirieren lassen, ohne ihnen ihre Agenda komplett zu unterwerfen. Die anwendungsorientierte Forschung geht von konkreten Problemlösungen aus, kann aber durch ihren – mit der Grundlagenforschung geteilten – freieren Erkenntnisansatz unterschiedlichste Applikationen ermöglichen. Materialwissenschaften leisten Beiträge zur besseren Auflösung von OP-Fäden; die angewandte Mathematik berechnet neue Modelle der Hüftprothetik; die chemische Fluorforschung hilft beim Bau rutschfester Oberflächen – es gibt zahlreiche Beispiele für eine anwendungsorientierte Wissenschaft, die nicht durch einen Auftraggeber ausgelöst wird, sondern, zwischen Theorie und Praxis stehend, Innovationen im autonomen Erproben ihrer Methoden schafft.

Wer diesen Forschungssektor stärkt, hilft auch den Fachhochschulen. Aber, das ist nachdrücklich zu betonen, es fehlt derzeit an wirklich überzeugenden Programmen mit entsprechenden Finanzvolumina. Man sollte dafür etablierte Strukturen der regionalen Wirtschaftsförderung besser als bisher nutzen, um die Forschungsaktivitäten der Fachhochschulen abzusichern. Das böte den Vorteil, dass die innovationsfähige Kooperation mit Firmen unterstützt, der Wissensaustausch intensiviert und zugleich arbeitsmarktpolitisch klug gehandelt wird. Wir reden hier nicht von Tröpfchen auf den heißen Stein – erforderlich sind für den Anfang jährlich mindestens 500 Millionen Euro, will man die Forschung an Fachhochschulen wirklich voranbringen. Eine nationale Innovationsagentur für Transferförderung nach dem Vorbild der Schweiz könnte genau diesen Bedarf befriedigen. Bündelt man unter ihrem Dach die bereits existierenden regionalen Programme, dann wäre bereits ein vernünftiges Finanzvolumen vorhanden, das erste Aktivitäten ermöglichte.[20]

Das zweite Handlungsfeld, das der Wissenschaftsrat 2010 adressierte, betraf die Schaffung eines akademischen Mittelbaus, das dritte die Möglichkeiten der Promotion für geeignete qualifizierte Absolventinnen und Absolventen der Fachhochschulen. Aus systematischen Gründen liegt es nahe, mit dem letzten Punkt zu beginnen. Das Thema des Promotionsrechts ist aufgeladen und war über viele Jahre Gegenstand heftiger innerinstitutioneller Debatten. Die zunehmend selbstbewussteren Fachhochschulen, die in den meisten Bundesländern mittlerweile *Hochschulen für Angewandte Wissenschaften* heißen, kämpfen um das Promotionsrecht, da es ihre gewachsene Forschungsreputation spiegeln und obendrein die Chance zur besseren Nachwuchsrekrutierung bieten würde. Die Universitäten verteidigen dieses Recht wiederum als ihr Proprium, das ihnen allein deshalb zufallen muss, weil nur sie Forschungsqualität durch Vielfalt der Fächer und ihrer Kombinationen gewährleisten. Man kann den Streit versachlichen, indem man ihn aus der symbolpolitischen Ebene entfernt und auf seinen objektiven Kern zurückführt. Die Universitäten sollten auch weiterhin die Organisationszentren der Promotion bleiben. Sie haben in der Tat ein einzigartiges Spektrum unterschiedlicher Disziplinen, deren Zukunft durch das Doktorat fachlich und institutionell gesichert werden muss. Sie verfügen über die nötige Forschungssubstanz als Grundlage für eine gute Förderung junger Wissenschaftlerinnen und Wissenschaftler. Und sie haben aus den Fälschungs- und Betrugsskandalen der letzten Jahre gelernt, indem sie ihre Kontrollsysteme verbesserten. Alle drei Prämissen sind unabdingbar, wenn die Universitäten weiterhin die Schlüsselrolle für die Promotion spielen wollen. Sie sollten sich nicht gemäß einfachen Effizienzkriterien ihrer Vielfalt begeben, sondern ihre Fächer-Pluralität im Rahmen einer komplementären Gesamtstruktur erhalten. Ihre Forschungsexzellenz ist zwingende Prämisse dafür, dass sie den Anspruch auf ein breitflächiges Promotionsrecht überzeugend vertreten können. Und sie müssen selbstkritisch mit Pannen und Versagen umgehen, damit sie das öffentliche Vertrauen in ihre Steuerungsfähigkeiten nicht aufs Spiel setzen. Gelingt es ihnen, die genannten drei Bedingungen zu erfüllen, dann dürfen sie ihre führende Rolle bei Promotionsverfahren weiter wahrnehmen. Diese Rolle unterscheidet sie nicht nur von den Fachhochschulen, sondern auch von den außeruniversitären Forschungseinrichtungen.

Dennoch müssen belastbare Regelungen gefunden werden, die forschungsstarken Fachhochschulen das Promotionsrecht auf klar nachvollziehbare, unbürokratische Weise einräumen. Der Wissenschaftsrat sprach 2010 von ‹Möglichkeiten der Promotion› und benannte relativ unverbindlich «Kooperationsplattformen» mit Universitäten als Bedingung für die gemeinsame Promotion.[21] Bis heute hat sich auf diesem Gebiet einiges entwickelt. Mittlerweile sind Kollegs entstanden, Kooptationsversuche wurden unternommen, es gibt Erprobungsmodelle wie in Hessen und Nordrhein-Westfalen. Am wichtigsten bleibt, unabhängig von den Varianten der Durchführung, dass die Absolventinnen und Absolventen der Fachhochschulen ihre eigenen wissenschaftlichen Interessen verfolgen können. Daher sind Kollegs mit sachspezifischen Programmen sinnvoll und geboten. Sie ermöglichen die Förderung von praxisnahen Themen für Promotionsvorhaben und bieten Gelegenheit zur propädeutischen Vorbereitung auf das wissenschaftliche Arbeiten, die ebenso für Promovenden mit Universitätsabschluss hilfreich ist. Ein positiver Nebeneffekt liegt darin, dass in den gemeinsamen Kollegs Professoren aus Universitäten und Fachhochschulen nicht nur in der Betreuung der Doktoranden kooperieren, sondern auch auf anderen Ebenen, bei der Organisation und Durchführung der Programme oder in der Forschung.

Neben der Promotionsförderung ist die Personalentwicklung – der zweite Punkt des Wissenschaftsrats – eine zentrale Zukunftsaufgabe. Die Unterstützung von Promovierenden bildet letzthin einen Teil des Gesamtproblems, das der Wissenschaftsrat 2016 adressierte, als er von den Schwierigkeiten der Nachwuchsgewinnung an Fachhochschulen sprach. Die Zauberformel lautet sehr allgemein: Wer auf eine Professur an einer Fachhochschule vorbereitet sein möchte, muss neben der Promotion ausreichende, mindestens dreijährige Berufsleistungen vorweisen. Folgerichtig wird in den meisten Empfehlungen, nicht nur denen des Wissenschaftsrats, inzwischen ein Doppelkonzept favorisiert, das wissenschaftliche Tätigkeit parallel zur Professionserfahrung ermöglichen soll. Die Einschätzungen darüber, ob drei Jahre der Praxis genügen oder nicht, weichen allerdings voneinander ab. Immerhin muss es um Kompetenz auch bei der Vermittlung betrieblicher Prozesse und Strukturen gehen – da erscheinen drei Jahre sehr knapp. Gewiss hängt die endgültige Entscheidung jeweils von der Fachdisziplin ab. Gerade technische Fächer verlangen langjährige Erfahrungen im Fertigungs- und Entwicklungsbereich, ehe man auf eine Professur angemessen vorbereitet ist.

Ziel für alle Fachhochschulen sollte die Etablierung eines akademischen Mittelbaus sein, die der Wissenschaftsrat schon 2002 zur Diskussion stellte. Er kann, verknüpft mit dualen Elementen im Doppelfeld von Berufspraxis und Wissenschaft, die Rekrutierung des Professurnachwuchses gewährleisten, Karrieren fachhochschulspezifisch anbahnen und zudem in der ganzen Kaskade von der Promotion bis zur Berufung eine bedarfsgerechte Qualifizierung ermöglichen. Integriert man schon die Promotionsphase in den Karrierepfad, dann sollte man das mit dem Modell der Kollegs verknüpfen; die Kollegpromotion bereitet idealiter Kontakte zur Wirtschaft vor, die anschließend gut für den Praxisabschnitt der Karriere genutzt werden können. Sicher ist die Schaffung des akademischen Mittelbaus keine Pauschallösung, aber sie hilft dabei, eine von Universitäten unabhängige Personalentwicklung zu betreiben, wie sie heute erforderlich ist. Allein die Tatsache, dass die fortschreitende Ausdifferenzierung der Disziplinen oftmals Gebiete etabliert hat, die nur an Fachhochschulen und nicht an Universitäten vertreten sind, verlangt eine institutionenspezifische Förderstruktur. Sie schließt die Möglichkeit der Promotion in forschungsstarken Bereichen ein und macht eigene Karrierepfade für den Professurnachwuchs an Fachhochschulen notwendig. Die Universitäten sollten diese Entwicklung nicht blockieren, sofern sie qualitätsgestützt bleibt. Die Komplementarität unseres Hochschulsystems wird durch sie nicht in Frage gestellt, sondern auf höherem Niveau gestärkt.

Der Wissenschaftsrat hat häufiger auch das Thema des Unterrichts an Fachhochschulen angesprochen, ohne aber ganz klare und einheitliche Handlungsfelder zu benennen. Die Bologna-Reform brachte für die Fachhochschulen den förderlichen Effekt, dass sie neben dem hohen Anteil an Bachelorstudiengängen, die sie vorhalten, über die von ihnen angebotenen Masterprogramme mehr forschungsbasierte Lehre betreiben können. Gerade im Hinblick auf das mit 18 Semesterwochenstunden sehr hohe Lehrdeputat wäre eine engere Verzahnung zwischen Unterricht und innovativer wissenschaftlicher Praxis notwendig. Auf diese Weise könnte die Lehre stärker auf die Forschungstätigkeiten ausgerichtet und produktiver mit ihnen verbunden werden. Der Master an Fachhochschulen ist der objektive Spiegel ihrer vielfältigen Aktivitäten im Bereich angewandter Wissenschaften. Er sollte in diesem Sinne ambitioniert organisiert werden, auch im Bewusstsein, dass hier zukünftige Promovenden heranwachsen könnten.

In letzter Zeit ist häufig gefragt worden, ob wir eine klarer abgegrenzte Fächeraufteilung zwischen den Fachhochschulen und den Universitäten benötigen. Eine generelle Verlagerung ganzer Disziplinen ist sicher nicht angezeigt. Es schadet dem Prinzip der Differenzierung keineswegs, wenn Fachhochschulen und Universitäten in bestimmten Bereichen dieselben Fächer anbieten. Der Bachelor hat vieles angenähert und ähnelt sich in seiner Ausgestaltung und seinen Praxisanteilen an den verschiedenen Hochschultypen durchaus. Notwendig wäre es, die Unterscheidung stärker über die Inhalte zur Geltung zu bringen. Warum sollten nicht wirtschaftswissenschaftliche Studiengänge an Fachhochschulen im Detail anders organisiert sein als an Universitäten? Das erzeugt Wahloptionen und passt daher gut zum Wesen der deutschen Hochschullandschaft mit ihrer attraktiven Diversität. Definitiv benötigen wir bessere Übergänge zwischen Universitäten und Fachhochschulen, in beide Richtungen – für jene, die ein Universitätsstudium durch mehr Praxis ersetzen wollen, und umgekehrt für jene, die nach dem Fachhochschul-Bachelor den Zugang zum universitären Master avisieren. Erneut gilt hier: Die Qualität unseres Systems hängt gleichermaßen von der Differenz und Flexibilität seiner Teilsysteme ab.

Die Herausforderungen im Bereich der Lehre sind an Fachhochschulen derzeit dieselben wie an Universitäten. Im Zusammenhang mit dem Bologna-Prozess haben auch sie Verantwortung für immer mehr junge Menschen übernommen. Der Ausbau ihrer Immatrikulationszahlen von 600 000 (2008) auf eine Million (2018) unterstreicht das in eindrucksvoller Weise. Mittlerweile ist ein gutes Drittel unserer Studierenden an Fachhochschulen eingeschrieben. Der verstärkte Zustrom auf Studienplätze hat die Betreuungsqualität, die gesetzgeberisch durch günstige Normwerte abgesichert war, tendenziell verschlechtert.[22] Hier hilft nur eine andere, verbesserte Finanzierung und die dringend gebotene Flexibilisierung des Kapazitätsrechts. Es fehlt, ähnlich wie an den Universitäten, ein systematischer Einsatz von Qualifizierungsprogrammen für die Lehre. Das lässt sich schon leichter ändern, durch karrierespezifische, individuelle Offerten für verschiedene Kompetenzstufen, zusammengeführt in einem für alle verbindlichen Katalog. Zu diesem Katalog sollte das Lehrtraining definitiv gehören, aber ebenso der Rückgriff auf Lehrproben bei Berufungsverfahren und der regelmäßige Praxischeck von Studiengängen durch Fachgespräche mit Kollegen oder Vertretern des Arbeitsmarktes. Hier würde es helfen, wenn das gesamte Hochschulsystem eine übergreifende Lehrverfassung mit Kriterien verabschiedete, die Grundlage künftiger Förderung wären.[23]

Die deutschen Fachhochschulen haben sich in den 52 Jahren ihres Bestehens Reputation und Anerkennung verdient. Sie haben, weit über ihren ursprünglichen Auftrag hinaus, Forschung und Entwicklung gefördert, Spezialisten für den Arbeitsmarkt qualifiziert und wesentliche Beiträge zum wirtschaftlichen Wohlstand unseres Landes geleistet. Sie haben die Herausforderung stetig steigender Akademisierungsbedarfe bewältigt und ihren Lehraufwand kontinuierlich verstärkt. Das Geheimnis ihres Erfolgs liegt darin, dass sie trotz eines Zuwachses an Aufgaben nicht funktionsgleich mit den Universitäten sind.[24] Weiterhin existieren trotz einzelner Überlappungen im Portfolio der Studiengänge, Forschungsprojekte und Kooperationsprofile konstitutive Unterscheidungen zwischen den Hochschultypen.[25] Die Fachhochschulen kennzeichnet dabei gerade das Zusammenwirken von drei Eigenschaften, die sie in besonderer Weise charakterisieren: ein Konzept der Forschung, das mit Innovation und Entwicklung – im weiteren Sinne mit Praxis – verknüpft ist; ein Unterrichtsangebot, das von berufsspezifisch und wissenschaftlich gleichermaßen ausgewiesenen Lehrkräften vorgehalten wird; und eine Kooperation mit Wirtschaft und Nonprofitunternehmen, die enger als an den Universitäten, oft regional verankert, betrieben wird.

Das Prinzip der Differenzierung ist von vielen Seiten zu Recht als das Grundmuster der deutschen Hochschullandschaft bezeichnet worden. Es geht dabei, wie die ehemalige Vorsitzende des Wissenschaftsrats Martina Brockmeier erklärt hat, auch um eine «Vermehrung des Alternativenreichtums».[26] Je reichhaltigere Optionen in einem Bildungssystem existieren, das sich wachsender Beliebtheit bei Schulabsolventinnen und -absolventen erfreut, desto bessere Möglichkeiten für eine den individuellen Fähigkeiten gemäße Qualifizierung bestehen. Dabei kann und soll es nicht um strikte Arbeitsteilung gehen, wie sie zuweilen gefordert wird.[27] Die Forschung den Universitäten, die Lehre den Fachhochschulen – das ist kein hilfreiches Modell, da es gerade die Verbindungsstellen kappt, die unterschiedliche Aufgabenfelder zusammenhalten. Anwendungsorientierte Forschung benötigt ebenso wie Grundlagenforschung die Interaktion mit dem Unterricht, damit die Hochschule ihre besten Potentiale entfaltet. Differenzierung heißt nicht scharfe Trennung, sondern funktioniert als komplementärer Ansatz. In diesem Sinne hätte man früher gesagt, dass die Fachhochschulen das deutsche Bildungssystem ergänzen. Heute darf man sagen: Sie sorgen wesentlich für den Reichtum, der dieses System in intellektueller, praktischer und institutioneller Hinsicht durch die Diversität seiner Formen auszeichnet.

3. Promotionskultur

In dem von Jürgen Kolbe 1969 herausgegebenen Sammelband *Ansichten einer künftigen Germanistik* publizierte Herbert Heckmann, der spätere Präsident der Deutschen Akademie für Sprache und Dichtung, eine Satire auf den zeittypischen Werdegang eines Philologen. Unter dem Titel *Lebenslauf eines Germanisten in aufsteigender Linie* ließ er den fiktiven Peter Wind durch die Mühen der universitären Ebenen wandern. Vom Studium bis zur Professur führt sein Weg, der zugleich eine Reise im Zeichen von Mediokrität und Opportunismus ist. Über die Promotion heißt es: «Eines Tages mußte Peter Wind zu seinem Entsetzen feststellen, daß sich sein Professor seiner Dissertationsbemühungen gar nicht mehr erinnern konnte.»[1] Nachdem er seine Arbeit eingereicht hat, wartet er ein geschlagenes Jahr, ehe sich der Ordinarius dazu bequemt, sie auch zu lesen. Er bescheinigt ihm wissenschaftliche Befähigung und bietet ihm eine Beschäftigung als Assistent an. Die Berufung auf einen Lehrstuhl folgt nach der Habilitation sehr konsequent. Sie verschafft Peter Wind die willkommene Gelegenheit, sich von den Methoden seines universitären Mentors zu distanzieren und auf seiner Professur «wie ein Monarch» zu herrschen.[2] Der Protagonist dieser kleinen Geschichte liefert damit das abschreckende Beispiel für einen opportunistischen Doktoranden, der in einem auf Anpassung und Unterwerfung setzenden akademischen System sozialisiert wird. Mit der ursprünglichen Idee einer Universität, die Bildung durch Wissenschaft vermittelt, haben die Studien- und Promotionserfahrungen des Peter Wind nichts gemeinsam. Die Satire Heckmanns ist heute allerdings historisch, weil sie eine Ordinarienuniversität im Spätstadium vorführt, die nur die Älteren unter uns erlebt haben. Als zukunftsfähiges Modell galt sie niemandem – weder den Reformern der sechziger Jahre noch denen, welche die Massenuniversität seit den siebziger Jahren kritisierten.

In der alten Ordinarienuniversität stand die persönliche Beziehung zum Lehrstuhlinhaber im Zentrum. Das konnte gutgehen, zu inspirierenden Prägungen und einem Optimum an Betreuung, Vertrauen und Erkenntnisintensität bei gleichzeitiger Sicherung von Freiräumen führen.

Aber es konnten auch die gegenteiligen Effekte auftreten, Drill und Schikane, daraus folgend Orientierungslosigkeit und Demotivation entstehen. Es gab ein Geflecht individueller Abhängigkeiten, in dem die Promovierenden als ‹Schüler› ohne echten Status und akademische Reputation behandelt wurden. Die künstlich verlängerte Adoleszenz führte, wie Bourdieu für die französische Universität alten Typs festhält, zu «gehorsam-unterwürfigen» Haltungen und strengen Rollenverteilungen.[3] In manchen Forschungskolloquien soll die Regel gegolten haben, dass nur Promovierte redeberechtigt waren. Die Doktorprüfung wiederum trug Züge eines Initiationsrituals, zu dessen Ablauf bekanntlich auch der symbolische Tod des Initianden gehört – also die Degradierung, gelegentlich die Demütigung des Einzuweihenden. Der generelle Nachteil des traditionellen hierarchischen Modells bestand in der fehlenden Steuerbarkeit persönlicher Beziehungen und den daraus abgeleiteten Zufällen des gesamten Promotionsprozesses. Autonomie und Willkür gehörten hier eng zusammen, ebenso wie Scheitern und Erfolg. Die an Humboldt angelehnte Doppelformel von «Einsamkeit und Freiheit», mit der Schelsky, wie erinnerlich, die deutsche Universität noch 1963 vermaß, spiegelt genau dieses dialektische Verhältnis wider. Aus ‹Einsamkeit› kann Isolation, aus ‹Freiheit› Beliebigkeit werden. Es existiert kein erprobtes Programm, das diesen Umschlag des Positiven ins Negative unterbinden hilft. Die idealistische Herkunft der beiden Humboldtschen Zentralwerte akademischen Arbeitens sorgt dafür, dass sie nicht planbar, steuerbar oder validierbar sind. Sie entziehen sich gerade dem Zweckdenken eines universitären Funktionalismus, wie er im neoliberalen Hochschulmodell unserer Tage angelegt ist.

Im Ordinariensystem ist der Doktorand der Schüler ohne eigene Rechte. Die Leidenszeit in Abhängigkeit versüßt er sich durch die Aussicht, dass er später, nach der Habilitation, in einem Tigersprung vom Assistenten selbst zum Lehrstuhlinhaber wird. Eine genaue Vorbereitung auf die Phase nach der Promotion, die neben der Forschungstätigkeit Lehr- und Verwaltungsaufgaben mit sich bringt, findet in diesem Rahmen nicht statt. Die Humboldtsche Formel der ‹Bildung durch Wissenschaft› sollte ihren universellen Charakter dadurch erweisen, dass sie für jede Qualifikation jenseits der Forschung beanspruchbar war.[4] Wer sich wissenschaftlich bewährt, indem er eine Dissertation anfertigt, vermag auch zu unterrichten und zu administrieren – so lautete die recht gewagte Annahme, die den weiteren Werdegang erfolgreicher Doktoranden im System der Ordinarienuniversität bestimmte. Die neben der Forschung relevanten Tätigkeiten des Universitätsbetriebs könne man nicht lernen, hieß das im Klartext. Mit Humboldts Doppelformel ‹Bildung durch Wissenschaft› kommt man also überall hin, sogar zu guter Lehre und Selbstverwaltung. Die alte Universität bestand in dieser Hinsicht aus Illusionen und Idealen. Das funktionierte in vielen Fällen recht gut, ging aber auch oft schief. In der Situation des Scheiterns gab es dann keine Hilfestellung, weil das Misslingen als Naturprozess galt, der sich jeder Beeinflussung entzog. Wer in der Promotionsphase oder in der späteren Postdoc-Zeit in Schreib- oder andere Arbeitskrisen stürzte, wer Lampenfieber beim Unterrichten oder sogar Vortragsangst hatte, lernte nicht, seine Probleme zu lösen. Die Universität war für ihre jungen Wissenschaftler kein Labor kontinuierlicher Weiterentwicklung, sondern eher ein geheimnisvolles Gebäude, in das man Einlass erhielt, wenn man nur lange genug wartete. Manchen erging es dabei wie dem Landvermesser aus Franz Kafkas *Schloss*-Roman, und sie erlangten den Zutritt niemals.

In der seit den siebziger Jahren entstehenden Massenuniversität gab es andere Faktoren, die eine qualitativ hochwertige Förderung der Promotionen bedrohten. Hier waren es oft die schieren Quantitäten, an denen der Anspruch auf eine angemessene Unterstützung der Doktoranden scheitern konnte. Zwischen 1982 und 1992 stieg die Zahl der jährlich abgeschlossenen Promotionen in Deutschland überproportional im Verhältnis zur Entwicklung der Examensquoten von 12 963 auf 20 038. Das war der größte Aufwuchs, der überhaupt jemals in diesem Bereich stattfand. Selbst nach der Etablierung der Graduiertenschulen im Zuge der Exzellenzinitiative blieb der Anstieg geringer als in den achtziger Jahren. Heute liegt die Zahl der jährlichen Promotionsabschlüsse bei 28 000, und zwar auf relativ stabilem Niveau seit 2013.[5]

Spätestens als in den neunziger Jahren einzelne Bundesländer zu einem Anreizsystem übergingen, in dem Universitäten mehr Geld für höhere Promotionszahlen erhielten, traten die Probleme offen zutage. An manchen natur- oder sozialwissenschaftlichen Lehrstühlen konzentrierten sich mehr als 60 Doktoranden, es entstanden ganze Dissertationsfabriken mit unübersehbaren Konsequenzen für die Qualität. Regelmäßige Sprechstundenberatungen und Kolloquiumsangebote existierten oft nur auf dem Papier. Promovieren wurde für viele ein Distanz-Projekt, der direkte Kontakt zu den Betreuern unterblieb meist, und ein Coaching geschah bloß punktuell über die Postdocs, die Doktoranden anleiteten. Mittlerweile hat man erkannt, dass dieser Weg nicht weiter verfolgt werden kann und die Institutionen unter kontinuierlich gesteigerten Promotionszahlen zusammenbrächen. Politische Steuerungsanreize, die Doktorandenquoten gratifizieren, spielen für aktuelle Hochschulverträge in den 16 Bundesländern inzwischen keine Rolle mehr. Aber es dauerte lange, ehe sich ein Umdenken bemerkbar machte und die Tonnenideologie vergangener Tage kritisch betrachtet wurde.

Es wäre falsch, würde man pauschal behaupten, dass das alte System im Bereich der Promotionskultur grundsätzlich schlecht gewesen sei. Das zeigt allein die Tatsache, dass ein sehr hoher Prozentsatz derjenigen etablierten Wissenschaftlerinnen und Wissenschaftler, die in einer einschlägigen Rubrik des Magazins *Forschung und Lehre* zur Person interviewt werden, die Zeit ihrer Promotion als ‹glücklich› und ‹produktiv› bezeichnen – fraglos auch ein Lob für das alte System. In der traditionellen Ordinarienwelt und in der Massenuniversität konnte es durchaus zu einer ambitionierten Doktorandenförderung kommen, die spezialisierte wissenschaftsbefähigte Experten für hochschulische oder industrielle Forschung heranbildete. Entscheidend blieb jedoch, dass der Erfolg zu stark auf Einzelleistungen jenseits einer qualitätsorientierten Steuerung beruhte. Aus diesem Grund war es schwierig, das Modell insgesamt zu verbessern. Das gelang nur durch neue Formen der Promotionsorganisation; nicht zufällig verbanden sie sich mit dem Attribut ‹strukturiert›, das den wesentlichen Unterschied gegenüber dem alten System zum Ausdruck bringt. Denn ‹strukturiert› war die Doktorandenförderung dort gerade nicht. Sie brachte häufiger wegweisende Arbeiten hervor, manchmal führte sie zum Scheitern, gelegentlich blieben die Kandidatinnen und Kandidaten sich selbst überlassen. Von einer klar gegliederten Ordnung des Promotionsablaufs konnte jedoch keine Rede sein.

An deutschen Universitäten kamen erste Ansätze der strukturierten Promotion in den neunziger Jahren auf. Es begann mit den Graduiertenkollegs der Deutschen Forschungsgemeinschaft in der zweiten Phase der Förderung ab 1995. In der ersten Periode nach der Einführung des Formats – also während der frühen neunziger Jahre – waren Graduiertenkollegs noch verkappte kleine Sonderforschungsbereiche, in deren Zentrum ein wissenschaftliches Leitthema stand. Die Betreuung der Doktoranden unterschied sich kaum von den Mustern, denen man beim Promovieren auf Assistentenstellen begegnete. Das änderte sich Mitte der neunziger Jahre, als die Deutsche Forschungsgemeinschaft für die Kolleg-Beantragung klarere Konzepte zum Ablauf der Promotion, zur Förderkultur und zum Umfeld erwartete.[6] Auch das Bologna-System verlangte nach 1999 verbindliche Strukturen für ein sogenanntes Promotionsstudium, zu denen der Besuch von außerfachlichen Kursen in Gebieten wie IT, Fremdsprachen oder Projektmanagement gehörte. Der nächste Schritt folgte hierzulande 2006 mit den Graduiertenschulen der Exzellenzinitiative, die nicht nur feste Curricula einsetzten, sondern darüber hinaus ein interdisziplinäres Umfeld für den wissenschaftlichen Austausch der Promovierenden und ein genaues Regelwerk für ihre Betreuung etablierten.[7]

Wie detailliert die Beschreibung des zu absolvierenden Lehrprogramms in einem Kolleg oder einer Graduiertenschule sein soll, ist hier nicht zu diskutieren. Generell lässt sich aber festhalten, dass durch die Förderformate der Deutschen Forschungsgemeinschaft und der Exzellenzinitiative neue Modelle der strukturierten Promotion geschaffen wurden, die geeignet scheinen, den früheren Zustand kontingenter oder okkasioneller Betreuung, nicht zuletzt der persönlichen Abhängigkeit zu überwinden.[8] Heute gibt es Universitäten, an denen fast 50 Prozent der Doktoranden in strukturierten Programmen promovieren. Vielfach hat man deren Grundmuster auch dort eingeführt, wo keine Drittmittelförderung vorliegt. Sogar außerhalb der Curricula der Schulen und Kollegs gelten nun häufig die Regeln des Bologna-Modells. Aber ein Selbstläufer ist die strukturierte Promotion deshalb nicht.[9] Versteht man sie als Teil eines Systems der organisierten Freiheit, das die erfolgreiche Universität begründet, dann muss eine gute Balance zwischen Autonomie und Steuerung gerade in der Promotionsphase sichergestellt sein. Es bedarf einer Promotionskultur, damit das gegeben ist.

Die Promotionskultur ruht, so lautet der erste Grundsatz, auf der

wissenschaftlichen Freiheit, die für alle Stufen der selbständigen Forschung unabhängig von Fächern und Themen absolute und unein-
geschränkte Gültigkeit hat. Wenn Doktorandinnen und Doktoranden
erfolgreich sein sollen, dann benötigen sie eine umfassende Autonomie
als Voraussetzung für das Gelingen intellektueller Arbeit. Diese Autonomie muss aber durch Organisation geschaffen werden, weil sie sonst
Risiken birgt. Sie darf weder zu Isolation noch zu Beliebigkeit führen;
sie sollte Beratung, gelegentlich sogar Anleitung einschließen. Doktoranden lernen also in der Promotionsphase den produktiven Umgang
mit Selbständigkeit und Unabhängigkeit. Das bedeutet keineswegs, dass
man sie ins kalte Wasser wirft und dann allein schwimmen lässt. Vielmehr gehört zur organisierten Freiheit die Kombination aus Ermöglichung und Konsultation, aus Coaching und Spielraum.

Wie in jedem guten Balancesystem sollten diese Kategorien wechselseitig als Korrektiv dienen, damit es nicht zu unerwünschten Neben-
effekten kommt. Das Beraten hilft dort, wo Freiheit bei den Doktoranden sporadisch zu Belastung und Orientierungsmangel führt, was
irgendwann immer der Fall ist; die Autonomie sorgt für Gestaltungs-
räume und gewährleistet, dass die Promotionszeit keine bloße Lern-
phase bildet, sondern ihrerseits der Dynamik eines Erkenntnisprozesses
unterliegt. Von Humboldt bleibt hier ein wichtiger Gedanke erhalten,
nämlich die Erwartung, dass die Wissenschaft selbst ein Organisations-
modell ist, das umfassende Qualifizierung ermöglicht. Nur sollte dieser
Ansatz nicht so begriffen werden wie im alten Universitätssystem, wo
er zum Alibi für jeden Verzicht auf pragmatische Orientierung oder
spezifisches Training wurde.

Ein maßgebliches Element der strukturierten Promotion ist die Ausdifferenzierung der Betreuungsverhältnisse. Dazu gehört, dass die Funktionen der Begutachtung und Mentorierung strenger als früher unterschieden werden. Im Normalfall gibt es neben dem ersten einen zweiten
Mentor, der das spätere Forschungsresultat nicht notwendig auch be-
gutachten muss. In manchen Fachkulturen wird dieses Prinzip mit
großer Konsequenz und Strenge verfolgt, sodass die Betreuenden von
jeder Gutachterpflicht entbunden sind, damit es nicht zu Rollenkonflik-
ten kommt. Generell bildet das Modell mit mindestens zwei Betreuern
die Chance, den Doktoranden in schwierigen Phasen wirklich quali-

tative Hilfestellung zu leisten. Früher suchte man sich gegen Ende der Promotionszeit einen Zweitgutachter, heute gibt es Mentorierungsteams mit geteilten Aufgaben. Das schafft neue Formen der unabhängigen Betreuung schon von Beginn an.

Dass die Bemühungen Früchte getragen haben, zeigt die NACAPS-Studie des *Deutschen Zentrums für Hochschul- und Wissenschaftsforschung*, deren erste Ergebnisse im Februar 2020 veröffentlicht wurden. Demnach sind über zwei Drittel aller befragten Doktoranden – mehr als 20 000 Personen insgesamt – mit der fachlichen Betreuung ihrer Arbeit zufrieden. Auch die Aussagen über die Motivation, die Unabhängigkeitsgrade und die Mentorierung allgemein belegen einen positiven Trend.[10] Aber nicht alles steht zum Besten im Bereich der strukturierten Promotion.[11] Wie sensibel die eben genannte Balance von Freiheit und Organisation, von Autonomie und Steuerung ist, offenbart ein Blick auf die begriffliche Selbstdarstellung, die Universitäten heute im Rahmen ihrer Promotionskultur vermitteln. Wer Hochschulleitungen, Dekane und Vertreter der Graduiertenkollegs über die Promotion reden hört, hat oft den Eindruck, als gehe es um eine bloße Berufsqualifikation. Gesprochen wird von ‹Promotionsstudierenden› und ‹Promotionsausbildung›, von ‹skills› und Kreditpunkten.[12] Gewiss sind die Doktoranden heute, anders als früher, immatrikuliert; aber ihre Einschreibung ist keine akademische Existenzform, sondern ein Organisationsmodus, der ihre Registrierung auf statistischer Ebene erlaubt. Die curriculare Ordnung der Lehrveranstaltungen, die sie besuchen, soll Verbindlichkeit erzeugen, ohne dass es hier um eine Lernfabrik geht. In den Selbstbeschreibungen der Universitäten ist mehr Reflexion der wissenschaftlichen Autonomie nötig, die in jedem Promotionsprojekt steckt. Geboten wäre auch mehr Widerspruchsgeist der Promovierenden, wenn es um Ansätze der Verschulung geht. Frühere Doktorandengenerationen hätten sich bedankt, wären sie als Studierende tituliert worden. Die Politik ist übrigens ausnahmsweise nicht schuld an der Tendenz zu Lernmetaphern beim Sprechen über die Promotion. Für die Herstellung eines angemessenen Selbstbildes sind die Universitäten allein zuständig; sie müssen sich wieder auf das Wesentliche besinnen, wenn es um die Promotionskultur geht.

Zu nennen sind im Folgenden vier Aspekte, die eine moderne Promotionskultur neben dem formalen Kriterium qualitativer Verfahrenssicherung kennzeichnen sollten. Das erste Stichwort lautet: Vermittlung. Wir müssen unseren Doktorandinnen und Doktoranden aufzeigen, wie eng Forschen und Erklären verbunden sind und weshalb also das Modell Humboldt gerade für die Promotionsphase unverändert gilt. Dazu zählt, dass Promovierende lehren sollten, unabhängig von der Frage, ob sie eine akademische Karriere anstreben oder nicht. Für die Zeit der Promotion gilt die Humboldtsche Idee der dialektischen Verbindung von Forschung und Unterricht in besonderer Weise. Daher müssen wir unsere Doktorandinnen und Doktoranden an die Lehre, im weiteren Sinne an den gesamten Bereich der Wissenschaftskommunikation heranführen.[13] Es geht nicht nur um akademischen Unterricht, vielmehr auch um profunde Information über schwierige Sachverhalte. Gerade junge Wissenschaftlerinnen und Wissenschaftler müssen lernen, ihre Arbeitsresultate einer breiteren Öffentlichkeit mitzuteilen. Sie müssen lernen, das Komplexe verständlich zu machen, soweit das in den Grenzen, die hier objektiv gegeben sind, möglich ist. Humboldt für die Promotion bedeutet also: Erkennen und Vermitteln als Einheit zu begreifen, in Forschung, Lehre und Wissenschaftskommunikation.

Zur Promotionskultur gehört zweitens, dass der Umgang mit Fragen der Wissenschaftsethik eingeübt wird. Sie erschließen sich nicht abstrakt, sondern aus abschreckenden oder vorbildhaften Beispielen der Vergangenheit. Die beste Schule für die methodische Sensibilisierung ist die Wissenschaftsgeschichte des eigenen Fachs. Genau hier liegt aber auch ein Versäumnis aktueller Promotionsprogramme, die wissenschaftshistorische Veranstaltungen nur sehr selten anbieten. Gerade für die Natur- und Technikwissenschaften ist ein Blick in die Vergangenheit – auf Kolonialismus, Drittes Reich, die Zeit des Kalten Kriegs – wesentlich, weil er zur ethischen Sensibilisierung beiträgt. Dasselbe gilt für Doktoranden der Rechtswissenschaft oder der Germanistik, die frühere Verstrickungen und politische Instrumentalisierungen ihrer Fächer kennen müssen, um angemessene Standards für ihre eigene akademische Unabhängigkeit entwickeln zu können. Die Auseinandersetzung mit Mustern des Wissensmissbrauchs und Fehlverhaltens sollte dabei bewusst den eigenen Handlungsstatus einbeziehen. Dazu zählt auch die Frage: Wie hätte ich selbst damals agiert? Was kann ich tun, um so etwas künftig zu verhindern? An welchem Punkt beginnt die Instrumentalisierung meines Wissens zu unethischen Zwecken?

Ein dritter Punkt gehört ebenfalls zum Gebiet der Promotionskultur. Doktorandinnen und Doktoranden müssen die Kommunikationsformen in ihren Fächern kennenlernen, ohne sich aber komplett dem Betrieb auszuliefern. Das sollte implizieren, dass sie mit einer gewissen Vorsicht an das Publizieren herangeführt werden. Gewiss sind die Zeiten vorbei, in denen, wer promovierte, noch keine eigenen Texte erscheinen lassen durfte – dieses Prinzip galt bis tief in die neunziger Jahre. Mittlerweile bemühen sich Doktoranden aktiv um Tagungseinladungen und entsprechende Veröffentlichungschancen, damit sie sich und ihr Thema einer breiteren Fachwelt bekannt machen können.[14] Das ist gut und richtig, sollte aber nicht zur Ablenkung vom Wesentlichen, nämlich dem Promotionsvorhaben führen. Die hektische Betriebsamkeit des akademischen Marktes ereilt junge Wissenschaftlerinnen und Wissenschaftler früh genug. Deshalb muss man ihnen in der Promotionsphase die notwendige Muße und Konzentration ermöglichen, die unabdingbar für die Bearbeitung komplexer Fragestellungen sind. Gerade das Konkurrenzdenken, das in einigen Graduiertenkollegs und Graduiertenschulen ähnlich wie im traditionellen Doktorandenkolloquium um sich greift, sollte eingedämmt werden. Der Wettbewerb um die häufigsten Tagungsauftritte, Poster und Artikel ist ein Teil des heutigen Systems (früher ging es eher um die Gunst der akademischen Lehrer, deren Lob und Anerkennung). Aber wenn der Befund stimmt, dass momentan in allen Fächern zu viel, zu unkontrolliert und undiszipliniert veröffentlicht wird, sollte eine Regel gelten: Man kann die Verhältnisse nur ändern, wenn man mit gutem Beispiel vorangeht und seine eigenen Doktoranden im Sinne einer optimalen Publikationskultur zur selbstkritischen Reflexion der eigenen wissenschaftlichen Hervorbringungen führt.

Die Bedeutung der strukturierten Promotion liegt schließlich, viertens, in der disziplinenübergreifenden Organisation einer wichtigen Qualifikationsphase. Ihr Proprium besteht darin, dass sie Doktoranden unterschiedlicher Fächer, die in früheren Zeiten kaum zusammengefunden hätten, nun regelmäßig interagieren, sich austauschen und ihre Projekte sich wechselseitig erläutern lässt. Der Germanist Jochen Hörisch

postulierte vor Jahren in einer feinsinnigen Studie über die deutsche
Universität, Hochschulpräsidien sollten die Gremiensitzungen «weitgehend» abschaffen und «alle fest angestellten Dozenten» zu zweimal
wöchentlichen gemeinsamen Mittagessen verpflichten.[15] Das klingt nur
auf den ersten Blick exzentrisch; jeder, der einmal einen Forschungsaufenthalt in Oxford, Cambridge oder Harvard genossen hat, weiß, dass
interdisziplinäre Arbeit dort beim Lunch beginnt. Durch ein größeres
Maß an alltäglichem Miteinander würde in der Tat entstehen, was
Peter Glotz schon vor 25 Jahren in seinem polemischen Traktat zur
deutschen Universität einforderte: die Entwicklung eines «neuartigen
kommunikativen Ethos».[16] Dieser Anspruch gilt ebenso für die Modelle der strukturierten Promotion, die Doktorandinnen und Doktoranden in einen fachübergreifenden Gesprächszusammenhang bringen
sollen. Auch sie könnten im Sinne Hörischs den gemeinsamen Lunch
zur Pflichtveranstaltung machen, die wichtiger als etliche Formen der
Gremienarbeit sein dürfte.

Die Balance von Freiheit und Anleitung, der Komplex von Lehre
und Kommunikation, Wissenschaftsethik, Publikationsdisziplin und
Konstitution eines akademischen Miteinander – das sind die Themen,
die sich unter der Rubrik *Promotionskultur* versammeln lassen. Wir
müssen sie ernst nehmen, wenn wir unsere Förderstrukturen weiterentwickeln. Dazu gehört, dass wir Doktoranden nicht als Studierende betrachten, dass wir sie bilden, nicht ausbilden, sie behutsam in den Raum
der universitären *communitas* einführen, dass wir sie befähigen, ihre
Forschung in der Lehre und gegenüber der Öffentlichkeit zu vermitteln,
dass wir ihnen wissenschaftshistorische Einblicke in ihr Fach eröffnen,
sie nicht nur methodisch, sondern auch ethisch schulen und ihre akademische Sozialisation in Hinsicht auf einen verantwortungsvollen Umgang mit ihren Arbeitsergebnissen gut vorbereiten. Wenn wir ehrlich
sind, dann erkennen wir, dass unsere Graduierteninstitutionen diesen
Aufgaben teilweise, aber sicherlich nicht ausreichend nachkommen.
Hier ist also noch einiges zu tun.

Damit man die genannten Formen der Promotionskultur umsetzen
kann, müssen die Rahmenbedingungen stimmen. Seit den achtziger
Jahren hat die Deutsche Forschungsgemeinschaft Graduiertenkollegs
gefördert; ihnen folgten die zumeist größer dimensionierten Graduier-

tenschulen. Insgesamt 45 von ihnen wurden seit 2006 eingerichtet, 39 bestanden seit Januar 2019 mit einer dreißigprozentigen Auslauffinanzierung fort. Ab dem 1. Oktober 2019 wurde die Förderung durch die Deutsche Forschungsgemeinschaft gemäß den Empfehlungen der Imboden-Kommission eingestellt. Das hat tiefgreifende Konsequenzen für die generelle Situation der Schulen, denn ein großer Teil ihrer Services löst erhebliche Kosten aus. Betroffen ist die Absicherung der Doktorandenpositionen (oder, in manchen Fällen, vor allem bei internationalen Promovenden: der Stipendien), der Austauschprogramme, Lehrangebote und Fellowships für Gastwissenschaftlerinnen und -wissenschaftler. Probleme gibt es aber auch für die Administration der Schulen, die Organisation der aufwendigen Zulassungsprozesse mit Interviews und Projektbegutachtung, für die Durchführung internationaler Kooperationen und die professionelle Öffentlichkeitsarbeit.

Nahezu jede Universität, die eine Graduiertenschule einwarb, geriet mit dem Beschluss, die Förderung einzustellen, in Bedrängnis. Die Budgets sind durch Aufgabenschwerpunkte genau definiert und erlauben kaum Umschichtungsmöglichkeiten, sodass man die fehlenden Mittel für die Promotionsstrukturen nicht kompensieren kann. Ein Notfallservice mit Minimalangeboten wäre jedoch unseriös, weil eine Einrichtung mit massiv reduziertem Etat kaum unter ihrem ursprünglichen Exzellenz-Label fortbestehen kann. Einige wenige Bundesländer – Baden-Württemberg bietet hier ein vorbildliches Beispiel – haben die Förderung teilweise oder ganz übernommen, sodass die Schulen ihren Standard zu halten vermögen. Aber viele Universitäten müssen die Finanzierung aus eigener Kraft leisten, was kaum gelingen dürfte; Kompromisse, Programmreduktionen und Zuschusskürzungen sind die Konsequenz.

Das ist ärgerlich, denn die Graduiertenschulen waren ein Erfolgselement der Exzellenzinitiative.[17] Sie haben Deutschland als Promotionsstandort sichtbarer gemacht, seine internationale Attraktivität gesteigert und neue Kulturen der Doktorandenförderung geschaffen. Hier wäre ein nationaler Auftrag gegeben: Bund und Länder müssten dauerhaft Mittel für die Basisleistungen der Graduiertenschulen bereitstellen, die allen Einrichtungen zugute kommen. Derzeit gerät vieles in die Abhängigkeit von volatilen Teilfinanzierungen, woraus Wettbewerbsverzerrung und, was mindestens ebenso schlimm ist, ein improvisierter, uneinheitlicher Umbau der Graduiertenschulen selbst resultieren. An manchen Universitäten fungieren diese nun als Dacheinrichtungen für die Promotion, erfüllen also primär administrative Funktionen; anderswo werden sie mit Graduiertenkollegs fachlich ähnlichen, aber meist knapperen Zuschnitts verheiratet; oder sie wandern als reine Promotionsprogramme in Sonderforschungsbereiche und Exzellenzcluster ein. Die Unübersichtlichkeit, die hier entstand, ist groß, und niemand durchschaut auf den ersten Blick die institutionelle Ratio, die hinter den jeweiligen Formaten steckt.

Aus der Organisationstheorie wissen wir, dass struktureller Wildwuchs kaum eingefangen und kontrolliert werden kann. Das Label der Graduiertenschulen wird seine Reputation einbüßen, wenn sich dahinter unterschiedlichste Rollenmodelle und Finanzierungsansätze verbergen. Der Bund hat vor wenigen Jahren die innovativen Max-Planck-Schools ins Leben gerufen, und zugleich die Graduiertenschulen aus den Augen verloren.[18] Das ist typisch für eine diskontinuierliche Hochschulpolitik, die sich von immer wieder neuen Programmen und Wettbewerben treiben lässt, aber das exzellente Bestehende vernachlässigt. Vor einiger Zeit erklärte ein englischer Wissenschaftler auf die Frage, warum die englischen Top-Universitäten seit Jahrzehnten so erfolgreich seien: «Wir haben nie irgendetwas geändert.» Soweit muss man nicht gehen, abgesehen davon, dass die lakonische Selbsteinschätzung kaum ganz der Wahrheit entspricht. Doch ein wenig mehr von dieser Haltung könnte auch das deutsche System vertragen. Denn Exzellenz beruht nicht zuletzt darauf, dass man mit Geduld und Ausdauer das fördert, was man für gut befunden hat.

Fragen wir zum Schluss dieses Kapitels nach der Mission, die jungen Wissenschaftlerinnen und Wissenschaftlern auf den Weg zu geben ist. Ganz oben auf der Liste sollte die Kultivierung und Weiterentwicklung der Neugierde stehen, denn sie bildet die entscheidende Triebfeder der modernen Wissensgesellschaft. Bis ins 18. Jahrhundert hinein bedeutete die Neugierde eine Todsünde, entsprang sie doch aus der Perspektive der Kirchen einem Verstoß gegen das göttliche Privileg der Allwissenheit. Der Schwarzkünstler Johann Faust paktiert mit dem Teufel, weil er vom Verlangen nach Überschreitung der Grenzen seiner beschränkten irdischen Kenntnisse beherrscht wird. Die *Historia* von 1587 – der Roman eines anonymen Autors – erzählt uns die Geschichte Fausts als Exempel in warnender Absicht. Fausts Neugierde ist eine Anmaßung, für die es keine Entschuldigung und auch keine Entschuldung gibt. Hans Blumenberg hat gezeigt, wie sich die wissenschaftliche Modernisierung im Europa der Frühen Neuzeit über die Entfaltung der theoretischen Neugierde als gleichsam häretischer Prozess ausbildet.[19] In dem Grade, in dem sie sich aus dem Bannkreis der kirchlichen Verbote befreien konnte, trieb sie eine Bewegung voran, die das Denken der Welt im wissenschaftlichen Maßstab ermöglichte.

Neugierde wurde fortan die entscheidende Kraft, die den forschenden Habitus beherrschte. Sie galt nicht nur als persönliche Haltung, sondern auch als ein epistemologisches Prinzip mit gewaltiger Wirksamkeit. Von Giordano Bruno über Kant und Alexander von Humboldt bis zu Albert Einstein verläuft ein Deutungskonzept durch die neuere abendländische Wissensgeschichte, das Erkenntnis mit dem Begriff der Suche verbindet. Es ist intrinsisch getragen, insofern es von innen nach außen, vom individuellen Interesse zum Verständnis von Natur und Metaphysik führt. Am Anfang steht das subjektive Motiv, am Ende ein belastbares objektives Resultat; darauf beruht die spezifisch neuzeitliche Programmatik intellektueller Entdeckungsdynamik. Den eigentlichen Weg zum Wissen bahnen dann die Methoden, die in verschiedenen Techniken, Verfahrens- und Argumentationsformen manifest hervortreten.

Wissenschaftliche Neugierde ist eine Einstellung, die das Verhältnis der Forscherin oder des Forschers zum Thema bestimmt. Stets bedeutet sie die Lizenz zur Überschreitung geltender Grenzen und Normen. Neugierde begnügt sich nicht mit dem Erkennen des Status quo, sondern richtet ihre Aufmerksamkeit auf die Hinterbühne des Weltgeschehens, auf die verborgenen Ursachen und Mechaniken seines Arrangements. In diesem Sinne gehorcht sie dem Gesetz der Kritik; sie erweist sich als genuin aufklärerisches Muster der Selbstermächtigung des forschenden Verstandes, der sich externen Spielregeln und Konventionen, aber auch materiell begründeten Limitierungen und Markierungen entzieht. Moderne Forschung ist seit der europäischen Aufklärung durch die Dualität von subjektiver Motivation und permanenter Dynamik gekennzeichnet. Ihre besondere Qualität entsteht aus dieser doppelten Prägung, die persönliche und sachliche Beweggründe für wissenschaftliches Denken verbindet.

In der Moderne ist die Neugierde die Garantin aller zukünftigen Wissenschaft. Was aber bleibt in der gegenwärtigen Wissensgesellschaft tatsächlich von ihr erhalten? Betrachtet man die Programmatik aktueller akademischer Karriereplanungen, so lässt sich sagen: Neben der Förderung von Strukturen und Projekten wird bei der Qualifizierung junger Wissenschaftler zu wenig auf die Entwicklung der Neugierde als Erkenntnisprinzip geachtet. An ihre Stelle tritt eine pragmatische oder strategische Ausrichtung an wissenschaftlichen Zielen, die als karriererelevant eingestuft werden. Die Befassung mit solchen Zielen ersetzt nicht selten die intrinsische Motivation. Der akademische Nachwuchs wird zunehmend auf die Instrumente des Selbstmanagements durch Kommunikation, Vermarktung und Vernetzung orientiert. Die Werbung für die eigene Person steht im Vordergrund und beeinflusst das öffentliche Auftreten. Publikationen und Projekte unterliegen in diesem Zusammenhang externen Zweckbestimmungen, weil sie zu Elementen individueller Imagekampagnen degradiert werden.

Netzwerke sind, wie Jürgen Osterhammel in seiner großen Studie *Die Verwandlung der Welt* erläutert, eine Erfindung des 19. Jahrhunderts. Entstanden durch die Systeme technischer Versorgungseinrichtungen, die Haushalte an zentrale Energiequellen anschlossen, entwickelte sich das Netzwerk in der Moderne zunehmend zu einem Modell der Kommunikation.[20] In diesem Sinne veranschaulichen Begriff und Konzept des Netzwerks heute den Anspruch des handelnden und denkenden Individuums, sich auf der Höhe des technisch Möglichen in globale Prozesse des Austauschs einzuschalten. Allerdings sollte darin kein purer Selbstzweck im Interesse persönlicher Imagepflege liegen. Wer sich vernetzt, nutzt sein Wissen über Menschen und Sachen, indem er Informationen in der Erwartung streut, auf diese Weise Gegenleistungen zu erhalten, die seinen Kenntnishorizont erweitern. Das ist kein Widerspruch zu wissenschaftlicher Forschung, sondern begünstigt deren Fortschreiten. Ein Missverhältnis entsteht erst dort, wo Vernetzung per se schon als Wert betrachtet wird, ohne Ansehung der Resultate, die sie zeitigt. Die reine Kommunikation dient noch nicht der Förderung von Wissen; sie kann allein strategischer Natur sein, wenn sie Vorteile bei Bewerbungen, eine bessere Platzierung des eigenen Namens oder der aktuellen Projekte anstrebt. Im akademischen Betrieb spielen solche Ziele zunehmend eine wichtigere Rolle. In Berufungskommissionen wird, gerade von Jüngeren, ‹gute Vernetzung› als Ausweis wissenschaftlicher Qualifikation gewertet. Was eine solche Vernetzung genau bedeutet, hinterfragt man nur selten. Entscheidend ist, dass die betreffenden Bewerber über vielfältige Kontakte verfügen, die bei der Beantragung künftiger Drittmittelprojekte und bei der Sicherung strategischer Perspektiven großes Gewicht haben. Individuelle und institutionelle Karriereplanung ist an diesem Punkt in einem Missverständnis befangen. An den Platz sachbezogener Neugierde tritt das Selbst-Marketing, das von externen Zwecken beherrscht wird. Der Austausch über Forschungsresultate, der heute in Netzwerken geschehen muss, findet sich ersetzt durch die Bildung von Agenturen zur Beförderung von Karrieren oder Antragserfolgen.

Netzwerke sind als Modelle offener, innovationsorientierter, experimentierfreudiger Forschungskooperation absolut unabdingbar für moderne Wissenschaftsorganisation. Aber Vernetzung ist nur ein Werkzeug zur logistischen Entwicklung und insofern eine Ermöglichungsform, die Zusammenarbeit optimiert, ohne schon Erfolgsgarant zu sein. Wissenschaftler, die individuelle Vernetzung bereits für gleichbedeutend mit der Steigerung ihrer Forscherqualifikation halten, verwechseln Strategie mit Taktik. Nicht zuletzt verraten sie das Prinzip der intrinsischen Motivation an ein externalisiertes Anreizmodell. «Ich bin so gut wie meine Reputation», lautet hier das Credo. Das akademische System sollte an dieser Stelle umsteuern und Sorge dafür tragen, dass solche Tendenzen nicht unterstützt, sondern unterbunden werden.

Anzusetzen ist bei den akademischen Junioren, in den Graduiertenprogrammen und Promotionskollegs. Frühzeitig wird dort die Erwartung genährt, dass Netzwerkbildung im Zentrum der Karriereplanung zu stehen habe. Doktoranden, die Publikationen nach rein taktischen Gesichtspunkten anlegen, Zitierkartelle bedienen und ‹Networking› im Sinne eines Aufbaus von Laufbahnagenturen betreiben, sind keine Seltenheit. Manche Coaching- und Mentorierungofferten für akademischen Nachwuchs leisten dem noch Vorschub. Jungen Wissenschaftlern wird dabei suggeriert, dass man überall präsent und dauerhaft ansprechbar sein müsse. Wie die Etablierten organisieren die Junioren Tagungen mit den ‹richtigen› (also einflussreichsten) Kollegen, verabreden wechselseitig Rezensionen ihrer Arbeiten und praktizieren systematisch Zitatpolitik. Rein quantitative Forschungsmessung und der Fetisch der Sichtbarkeit drohen alle anderen Qualitätskriterien zu verdrängen. Wie kann hier gegengesteuert werden?

Erstens durch das Pflegen jener alten Sünde, der Neugierde. Denn nichts ersetzt das ursprüngliche, fundamentale Motiv, das Forschung antreibt: die Lust, Verborgenes aufzudecken. Zweitens durch eine Förderung der Nebenwege, die dem Zufall als Erkenntnisprinzip größeren Raum gibt. Dazu gehört auch, dass junge Wissenschaftler bei der Suche nach unkonventionellen Lösungen ermutigt werden. Drittens durch Vorbildfunktionen der etablierten Gelehrten, die schon ihren Doktoranden beibringen müssen, dass man nicht jede Tagungseinladung annehmen und keineswegs ständig publizieren muss. Denn anstelle von Umtriebigkeit oder Hektik sind Beharrlichkeit und Ausdauer die entscheidenden Bedingungen wissenschaftlichen Erfolgs.

«Wer sucht, findet nicht, wer nicht sucht, wird gefunden», heißt es bei Kafka.[21] Wie wichtig der nicht-steuerbare Zufall in der Forschung ist, zeigt die Geschichte der neuzeitlichen Wissenschaft immer wieder. Die Biophysik stößt bei der Überprüfung thermodynamischer Prozesse unbeabsichtigt auf Fundamentalgesetze der Entstehung terrestrischen Lebens; die Multivalenz chemischer Bindungen wird in ihrer Bedeutung für die Krebsforschung erkannt, obgleich das Erkenntnisziel zunächst ein ganz anderer war. Vorgänge der Klimaentwicklung, geologische Konstellationen, Immunisierungen gegen Viren und molekulare Fundamente der Biodiversität werden oft über Zufälle erschlossen, nicht über strikte Planung. Das eben ist das Geheimnis erfolgreicher Grundlagenforschung, dass sie Spielräume für produktive Irrtümer, Assoziationen und Korrekturen bietet. Wissenschaftliche Institutionen müssen Kreativität durch eine Kultur der Entschleunigung unterstützen, die das Prinzip des Zufalls als Bestandteil des Forschungsprozesses anerkennt. Gerade für die Qualifizierung der Promovierenden bildet das eine entscheidende Prämisse.

Netzwerke sind gut, aber sie sollten das Primärziel der Wissenschaft – intrinsisch motivierte Forschung – nicht außer Kraft setzen, sondern fördern. Wie viele Instrumente der utilitaristisch gewordenen Universität bedürfen sie einer strengen Einhegung, damit sie nicht zum Selbstzweck geraten. Der mit den Mächten der Hölle verbündete Faustus wird am Ende, nach 24 Jahren, vertragsgemäß vom Teufel geholt, der seinen irdischen Leib zerfetzt und seine Seele ins Feuer schleppt. Heute, mehr als 430 Jahre nach der *Historia,* haben sich die Verhältnisse umgekehrt. Zum Teufel geht die Wissenschaft nur, wenn sie mit der Taktik paktiert, statt ihre ursprüngliche Aufgabe – Erkenntnis aus Neugierde – ernst zunehmen. Das ist die wichtigste Botschaft, die Universitäten ihren Doktorandinnen und Doktoranden mitgeben sollten.

4. Akademische Laufbahnen oder Sackgassen

Seit der Jahrtausendwende hat sich die Situation junger Wissenschaftlerinnen und Wissenschaftler stark verändert. Für viele Universitäten der alten Bundesrepublik galt, dass ein relativ breiter akademischer Mittelbau unterhalb der Professur existierte, der meist zu 50 Prozent mit Dauerstellen besetzt war. Inhaber dieser Stellen erbrachten Leistungen in der grundständigen Lehre und in der Verwaltung; sie erfüllten damit wichtige Funktionen im Unterrichtsbetrieb, aber ebenso bei Betreuung und Sicherung des internen Systems – in Labors und Bibliotheken. Die andere Hälfte des Mittelbaus bildeten befristete Stellen, zunächst allein solche, die nur Promovierten offenstanden und zur Habilitation führten; später zunehmend auch Doktorandinnen und Doktoranden mit dem Ziel der Promotion. Gemeinsam war beiden Typen der befristeten Stelle, dass sie ein klares Qualifikationsprofil aufwiesen – eben die Promotion oder Habilitation.

Die Chance auf eine Berufung nach der Habilitation blieb bis in die frühen achtziger Jahre hinein sehr groß. Mit dem Einstieg in die universitäre Hierarchie nach der Promotion begann eine Laufbahn im Wortsinn; sie war genau vorgezeichnet und führte zu einem klaren Ziel. Wer eine genügende Zahl von Jahren mit der Anfertigung wissenschaftlicher Publikationen verbrachte, konnte damit rechnen, dass er eine Professur erlangte. Pierre Bourdieu beschreibt dieses alte Universitätssystem so:

«Ausgestattet mit den gleichen akademischen Adelsprädikaten, das heißt mit demselben Wesen, haben die Jungen und die Alten jeweils nur unterschiedliche Grade der Vollendung des Wesens erreicht. Die Karriere ist lediglich die Zeit, die gewartet werden muß, bis das Wesen sich vollendet. Der Assistent stellt ein Versprechen dar; im Meister ist es wahr geworden – er hat seine Prüfungen bestanden.»[1] Dieses Modell gehört längst der Vergangenheit an, da die Expansion des Hochschulsystems für neue quantitative Verhältnisse sorgte. Während die Zahl der Studierenden und Doktoranden sprunghaft anstieg, kam es bei den Professuren zu einem weitaus geringeren Wachstum. Daraus resultierte eine größere Unsicherheit der Karriereerwartungen im Hinblick auf die Berufung und die Erfolgschancen nach der Qualifizierungsphase.

Universitäre Lebenszeitstellen neben der Professur gibt es heute kaum noch. Im Mittelbau existieren fast durchweg befristete Positionen, deren Zahl in dem Maße wuchs, in dem der Anteil extern geförderter Projekte an deutschen Hochschulen zunahm. Inzwischen sind an den meisten Universitäten mehr als 50 Prozent dieser Stellen durch temporär begrenzte Vorhaben finanziert. Ein nennenswerter Anteil davon weist eine Laufzeit von höchstens drei Jahren auf. Viele Universitäten haben sich inzwischen selbst verpflichtet, Kontrakte nicht unter 36 Monaten Dauer abzuschließen. Sie sorgen damit für ein Minimum an Planbarkeit, auch wenn die Projektmittel häufig nur im jährlichen Rhythmus bewilligt werden. Das im Dezember 2017 durch den Bundestag verabschiedete novellierte Wissenschaftszeitvertragsgesetz regelt zudem, dass die Befristung von Arbeitsverhältnissen genau begründet werden muss. Und hier beginnt das Dilemma.

Früher gab es im universitären Sektor klar umrissene Qualifikationsziele, aus denen sich die Dauer eines Beschäftigungsverhältnisses ableitete. Heute ist das einzige formale Ziel, das noch Bestand hat, die Promotion. In der Phase danach galt die Habilitation für lange Zeit als wichtigste Voraussetzung, die man erfüllen musste, um auf eine Professur berufen zu werden. Im Zuge einer Anpassung an das angloamerikanische Modell haben die meisten Fachkulturen mit Ausnahme der Rechts- und Geisteswissenschaften die Habilitation aufgegeben. An ihre Stelle tritt heute als Karriereschritt nach der Promotion die Berufung auf eine Juniorprofessur mit sechs Jahren Dauer. Aber nur ein geringer Prozentsatz der Promovierenden hat eine Chance auf den permanenten Verbleib im System. Knapp 174 000 Doktoranden zählte man 2018 in Deutschland. Ihnen stehen nach Angaben des Statistischen Bundesamtes vom November 2019 47 592 Professuren gegenüber (darunter 24 683 an Universitäten und 20 035 an Fachhochschulen). Berücksichtigt man die durchschnittliche Verweildauer auf einer Professur, so lässt sich errechnen, dass aktuell sechs Prozent der Doktorandinnen und Doktoranden die Chance auf eine Berufung haben. Einer im Jahr 2020 veröffentlichten Studie ist zu entnehmen, dass jedoch 32 Prozent aller Promovierenden eine Professur anstreben.[2] Die Enttäuschung persönlicher Erwartungen und akademischer Ambitionen ist hier vorprogrammiert.

Im Zuge der Sparwellen seit den neunziger Jahren und der nachfolgenden neoliberalen Umgestaltung strichen die Universitäten zahlreiche Dauerstellen im Mittelbau. Heute ist zu konstatieren, dass dadurch zwar eine größere Forschungsdynamik erzeugt, aber manches neue Problem geschaffen wurde. Viele Beschäftigte mit Zeitverträgen leisten wichtige Standardaufgaben für den akademischen Betrieb jenseits der Lehre, bei der Sicherung der Infrastruktur, der technischen Wartung und der Organisation des Unterrichtssystems. Es wäre angemessen, den Anteil der Dauerstellen moderat zu erhöhen – geboten erscheint eine Entfristung von 30 Prozent aller Mittelbaustellen zumindest bei größeren Volluniversitäten. Das setzt aber eine Anhebung der Grundfinanzierung für die Hochschulen voraus, wenn dieser Schritt nicht die Chancengleichheit einschränken soll. Die nachrückenden Jüngeren müssen wie vorangehende Jahrgänge die Gelegenheit zur Qualifikation auf Zeitstellen haben. Damit verbietet sich eine komplette Entfristung solcher Positionen von selbst. Angesichts der gegebenen Doktorandenzahlen bleibt außer Frage, dass nur ein Budgetaufwuchs zur Etablierung neuer Dauerstellen führen kann. Ob man dabei Quoten von 50 und mehr Prozent erreicht, wie es die Gewerkschaften fordern, hängt primär vom verfügbaren Etat ab. Wichtig wäre es aber auch, die Fehler der Vergangenheit zu vermeiden und neu eingerichtete Dauerpositionen in längerfristigen Zeitabständen auszuschreiben. Ein Problem besteht darin, dass die Fluktuation auf solchen Positionen minimal ist. Wer mit 35 Jahren unterhalb der Professur fest auf einer wissenschaftlichen Stelle beschäftigt wird, verlässt diese gemäß den vorliegenden Zahlen erst mit der Pensionierung, also nach drei Jahrzehnten. Daraus ergibt sich folgerichtig, dass schnell Generationsblockaden auftreten, wo man neue Dauerstellen auf einen Schlag besetzt.[3]

Probleme entstehen auch bei dem von der Jungen Akademie 2017 vorgeschlagenen Department-Modell, das die klassische Lehrstuhl-Struktur substituieren sollte.[4] Ziel der Empfehlung war es, die Zahl der Professuren durch Umwandlung aller bisherigen Postdoc-Positionen des Mittelbaus zu verdoppeln. Da Professuren jedoch aufgrund von Raum- und Ausstattungsbedarf teurer als Assistentenstellen sind, bedeutet eine solche Transformation zusätzliche Kosten. Ein weiterer Nachteil besteht darin, dass durch den Wegfall befristeter Stellen eine gewisse Statik im System selbst eintritt. Nicht zuletzt ist die Beschäftigung auf einer Mittelbau-Stelle für die Dauer einiger Jahre im Interesse des Erfahrungsgewinns nützlich, ehe die Berufung auf eine erste Professur erfolgt – diese Option entfällt im Department-Modell. Mehr als ein Denkexperiment blieb der Vorschlag der Jungen Akademie nicht. Bewegten sich die Universitäten bei der Frage der Befristung überhaupt, so taten sie das innerhalb der alten Mittelbau-Struktur. Die Fortschritte, die hier in den letzten Jahren erzielt wurden, blieben jedoch gering. Auch wenn einige Hochschulen einen Richtwert von 30 Prozent permanent Beschäftigter anpeilten, dürfte sich die Chance auf eine Dauerstelle für die meisten Promovierten in Zukunft nicht signifikant erhöhen.

Das Dilemma liegt dabei weniger in der mangelnden Absicherung der Nachrückenden als in der zu hohen Promoviertenquote. Man muss diese Quote an deutschen Universitäten kritisch durchleuchten und mittelfristig reduzieren. Wofür benötigen wir 174 000 Doktoranden? Von seiten der Fakultätentage wird häufig argumentiert, man brauche Promotionen für die Entwicklungsvorhaben der Industrie, etwa bei Ingenieuren und Chemikern. Die Frage ist jedoch, ob die hier geforderten Fertigkeiten nicht auch schon in forschungsorientierten Masterstudiengängen erlangt werden können. Die Promotion sollte primär denjenigen offenstehen, die an einer wissenschaftlichen Karriere interessiert sind und die Voraussetzungen dafür mitbringen. Diese strikte Limitierung wäre auch deshalb zweckmäßig, weil die Betreuungssituationen längst kritische Ausmaße erreicht haben. In manchen Fachdisziplinen sind

Professorinnen und Professoren für mehr als 30 Promovierende zuständig. Eine anspruchsvolle Mentorierung kann bei solchen Relationen nicht erwartet werden. Es wäre also ein Gebot der angemessenen Substanzsicherung, bessere Verhältnisse zu schaffen und die Zahl der Doktorandinnen und Doktoranden zu begrenzen. Dass wissenschaftliche Qualifikationen erworben werden müssen, wenn man eine leistungsfähige Wirtschaft wünscht, ist klar. Aber mehr denn je sieht sich die junge Generation mit einem Wandel der Technologien konfrontiert, die ihr schnelles Umdenken im beruflichen Alltag abverlangt. Im Zuge der Digitalisierung sind Flexibilität und Dynamik gefordert – stärker als früher hängen Karrieren heute von der permanenten Adaptionsbereitschaft der Menschen und weniger von dem ab, was sie einmal gelernt haben. Wichtiger als eine Promotion, die mindestens drei Jahre Lebenszeit kostet, wäre für die meisten ein methodisch anspruchsvolles, nicht allein auf Stoffvermittlung setzendes Masterstudium, das diesen Erwartungen Rechnung trägt.

Nötig ist künftig gegenüber allen, die eine wissenschaftliche Karriere einschlagen, ehrliche Beratung und Sensibilisierung für persönliche Risiken. Das gilt auch für den Fall, dass wir durch Beschränkung der Promotionszahlen die individuelle Chance auf eine Professur nach der Promotion in den nächsten Jahren merklich erhöhen. Zu einer fairen Mentorierung gehört es, nicht nur auf die statistischen Berufungsaussichten, sondern zugleich auf die enorme Zeitbelastung zu verweisen, die wissenschaftliche Tätigkeit mit sich bringt. Professorinnen und Professoren müssen hier eine transparente Beratungskultur aufbauen; sie sollte allen, die eine Promotion erwägen, das Für und Wider eines Einstiegs ins universitäre System deutlich machen. Daher sind klare Orientierung und illusionslose Information unabdingbar. Dazu zählt auch, dass man unangenehme Wahrheiten nicht verschweigt, Belastungen und Unsicherheiten benennt. Wer das ignoriert und Unmögliches verspricht, handelt als Hochschullehrer unverantwortlich.

Der Hinweis darauf, dass akademische Laufbahnen schwer planbar seien, war lange Zeit ein Topos universitärer Selbstbeschreibung. Vielzitiert ist Max Webers vor 100 Jahren formulierte Behauptung, eine wissenschaftliche Karriere bedeute «Hazard»: «Gewiß: nicht nur der Zufall herrscht, aber er herrscht doch in ungewöhnlich hohem Grade.

Ich kenne kaum eine Laufbahn auf Erden, wo er eine solche Rolle spielt.»[5] Christian Graf von Krockow sprach 1959 davon, die wissenschaftliche Karriere nach der Habilitation sei eine «Leiter ohne Sprossen».[6] Heute wird man niemanden mehr mit solchen Formeln abspeisen können. Wir müssen also die Sprossen einbauen, die früher fehlten. Wir müssen Chancen und Risiken benennen und ein Weiterbildungsgefüge etablieren, das auch nach dem Wegfall der Habilitation in den meisten Fächern gut strukturiert ist. Dazu gehört, dass sich universitäre Karrieren nicht allein auf die Forschungsleistung stützen dürfen. Lehre und Wissenschaftskommunikation, Führungsqualifizierung und Befähigung zur organisatorischen Arbeit haben ebenso große Bedeutung, wenn es um eine Laufbahn im Universitätssystem geht. Das sind die Sprossen, aus denen eine erfolgreiche akademische Karriere bestehen sollte. Ein Blick auf die aktuelle Realität zeigt jedoch, dass deutsche Universitäten trotz guter Ansätze noch an der Leiter bauen müssen, die junge Wissenschaftler für ein geordnetes Fortkommen benötigen.[7]

Als auf Initiative der damaligen Wissenschaftsministerin Edelgard Bulmahn vor 20 Jahren die Juniorprofessur eingeführt wurde, sollte der neue Stellentyp einen gegenüber der Habilitation anderen Weg zur Berufung vorzeichnen. Die ersten rund 1000 Juniorprofessuren erwiesen sich schnell als Erfolgsmodell, das den späteren Verbleib im System ermöglichte. Nicht wenige Universitäten dokumentierten Berufungsquoten von mehr als 90 Prozent – das hieß, dass die überwältigende Mehrheit aller Juniorprofessorinnen und -professoren nach Ende ihrer sechsjährigen Tätigkeit auf eine Dauerprofessur gelangte. Ihr Avancement ging häufig zu Lasten derjenigen, die sich aus einer traditionellen Mittelbaustelle um eine Professur bemühten. Ein wesentlicher Grund für das optimale Abschneiden der Juniorprofessoren in Bewerbungsprozessen lag in der größeren Vielfalt der Aufgaben, die sie im Rahmen ihrer Tätigkeit wahrnahmen. Sie besaßen mehr Erfahrungen in der selbständigen Betreuung von Doktoranden, der Akquise von Fördergeldern und der Organisation eigener Forschungsprojekte als ihre Konkurrenten auf Mittelbaupositionen, die weisungsgebunden, mithin abhängig von ihren professoralen Dienstvorgesetzten blieben.

Der diesbezügliche Erfolg der Juniorprofessur bestätigte die Erwartungen, die sich mit ihrer Etablierung verbanden. Das wesentliche Ziel war es, jungen Wissenschaftlern größere Freiräume in Unterricht und Forschung zu verschaffen. Auf dem Weg zur klassischen Habilitation, der sich zumeist über mehr als fünf Jahre erstreckte, unterstanden die Assistenten einem streng hierarchischen Reglement. Es führte zu Abhängigkeiten von Lehrstuhlinhabern, zu einer künstlichen Adoleszenz und unzumutbaren Beschränkungen. In der Sache war und ist ein Habilitationsverfahren sinnvoll und qualitätsfördernd; im Ergebnis darf man konstatieren, dass Habilitationsschriften über Jahrzehnte die wichtigsten akademischen Einzelleistungen in etlichen Disziplinen – vor allem den Geistes- und Sozialwissenschaften – darstellten. Aber die hierarchischen Strukturen, die sich mit dem System insgesamt verbanden, wurden internationalen Standards nicht mehr gerecht. In der amerikanischen und britischen Universitätskultur begann die wissenschaftliche Selbständigkeit durchweg mit der abgeschlossenen Promotion, zu einem Karrierezeitpunkt, an dem hierzulande die klassischen Assistenten noch in allen Punkten weisungsgebunden waren. Heute wird zu Recht erwartet, dass bereits Postdocs eigene Doktoranden betreuen und beraten dürfen. Das alte System hat sich erledigt und sollte auch als sentimentaler Sehnsuchtsort mit entsprechenden Verklärungseffekten keine Rolle mehr im Bild der modernen Universität spielen. Festhalten muss man allerdings an der strengen Ergebnissicherung, die das Habilitationsmodell ermöglichte. Sie wäre zumindest für die buchgestützt arbeitenden Wissenschaften, in denen die Monographie als Einzelleistung der wichtigste Ausweis von Forschungsqualität ist, weiterhin erforderlich. Nur sollte man sie keinen Kommissionen mehr übertragen, sondern die Überprüfung eines Manuskripts auf das übliche Peer-Review-Verfahren durch Fachgutachten für die Wissenschaftsverlage stützen.

Heute ist die Juniorprofessur, anders als noch vor zehn Jahren, an manchen Universitäten mit einer Option auf die bei erfolgreicher Evaluation stattfindende Überführung in eine Dauerprofessur verbunden.[8] Die Ausrichtung an diesem aus den Vereinigten Staaten vertrauten Tenure-Track-System bewirkte einen kurzzeitigen Schub in Hinblick auf die bessere Planbarkeit der Karriere. Bis heute ist das Tenure-Modell aber hierzulande nicht der Standardfall – es kommt nur bei einem knappen Drittel aller Juniorprofessuren zur Anwendung.[9]

Deutsche Universitäten führen parallel Berufungen aufgrund von Aus-
schreibungen und Berufungen nach positiver Evaluation auf einer Junior-
professur durch. Üblicherweise hängt das gewählte Verfahren von den
Zufällen der projektgebundenen Finanzierung und den Wünschen der
Einzelfächer ab. Ähnlich inkonsistente Praktiken, die keinem klaren
Konzept folgen, zeugen sich in anderen Ebenen fort. Ein Beispiel: Wer
sich auf eine Juniorprofessur bewirbt, darf das nur tun, solange seine
Promotion nicht länger als vier Jahre zurückliegt. So lautet die gängige
Regelung, die allerdings in den meisten Landesgesetzen um eine Viel-
zahl von Modifikationen und Sonderbestimmungen ergänzt wurde.
Ausnahmen herrschen, wo immer man hinsieht. In Bayern gab es zu-
nächst keine Juniorprofessuren; in Baden-Württemberg hat man alle
W2-Professuren – die niedrigere Besoldungsstufe für die Dauerprofes-
sur – abgeschafft und beruft einzig noch auf dem höheren W3-Niveau.
Auch der sogenannte Nachwuchs gelangt auf gänzlich unterschied-
lichen Wegen an sein Ziel, das Doktorat. Es gibt Promotionskollegs und
Graduiertenschulen, die Promotion auf Haushaltsstellen, die berufs-
begleitende Promotion und die Promotion mit dem Stipendium einer
Stiftung. Für Postdocs existieren Mittelbaustellen (Assistenzen) alten
Typs, neue Nachwuchsgruppenleitungen, Projektverträge oder Juniorprofessuren. Die Grade der Unabhängigkeit, die jungen Wissenschaft-
lern auf diesen Positionen zugebilligt werden, variieren ebenso wie die
Dauer und die Planungssicherheit, die durch sie determiniert ist.[10]

Samuel von Pufendorf nannte im Jahr 1667 das Heilige Römische
Reich Deutscher Nation mit seinen 300 Territorialstaaten, 1500 selbständigen Reichsritterschaften, 51 Reichsstädten und 17 Bistümern ab-
fällig «einen irregulären und einem Monstrum ähnlichen Körper»[11].
Betrachtet man die deutschen Universitäten mit ihren heterogenen Stellentypen, Rechtsbestimmungen für die akademische Qualifizierung und
daraus abgeleiteten Karrierepfaden, dann drängt sich die gleiche Metapher auf. Wir haben es mit einem ‹irregulären Monstrum› zu tun, das
geboren wurde aus den Launen des Föderalismus und den Wellenbewe-
gungen diverser Reformperioden. Weil alle 16 Länder ihre Universitäten mit unterschiedlichen Hochschulgesetzen steuern, entsteht ein Bild
heilloser Unübersichtlichkeit. Entsprechend schwierig ist es, Bewerberinnen und Bewerber aus dem Ausland für eine Position zu gewinnen.

Viele verspüren tiefe Irritation angesichts der uneinheitlichen Strukturbedingungen, denen die Universitäten unterliegen, sowohl im Hinblick auf das Personal als auch im Sektor der Qualifikationswege. Heterogen sind nicht zuletzt die Besoldungsverhältnisse; das Grundgehalt für eine W3-Professur liegt in Bayern um knapp 1000 Euro höher als in Thüringen, obgleich die Dienstaufgaben identisch sind.[12]

Der russische Marxist Leo Trotzki vertrat bekanntlich das Konzept der ‹permanenten Revolution›. Die moderne sozialistische Gesellschaft sollte niemals stillstehen und sich dauernd verändern. Die deutsche Hochschulpolitik bietet das Bild eines weichgespülten Trotzkismus – sie folgt dem Modell der ‹permanenten Reform›. Seit 50 Jahren wird an Institutionstypen, Karrierewegen, Qualifikationsprofilen und Lehrplänen herumgeschraubt, als handele es sich um beliebig einsetzbare Bauteile. Wer heute internationale Experten zur Evaluation seiner Universität einlädt, benötigt mindestens einen Tag, um ihnen die Nomenklatur, die Grundstrukturen und Organisationsmodelle des deutschen Hochschulwesens nahezubringen. Selbst wer alles versteht, wird Schwierigkeiten haben, in dem Gewirr von Reformansätzen unterschiedlichster historischer Schichten und Programmabsichten eine klare Linie zu erkennen. Die Reputation einer Institution hat nicht allein mit Leistung, sondern auch mit klarer Architektur und einheitlichen Ordnungsmustern zu tun. Für die Zukunft wäre daher eine größere Geschlossenheit des deutschen Universitätssystems zwingend geboten. Sie ist notwendig, weil nur so eine ausreichende internationale Verständigung über seine Grundlagen möglich wäre. Und weil nur so die Kernelemente dieses Systems klar vermittelt werden können.

Welches sollten derartige Kernelemente sein? Zunächst eine Standardpromotion in Graduiertenschulen im Rahmen fester Stellen, die übergreifend auf vier Jahre befristet sind. Sodann die Sicherung eines aus Postdocs bestehenden Mittelbaus, wobei ein hoher Grad an Selbstbestimmung zu gewähren ist, unter anderem bei der Betreuung eigener Doktoranden und der autonomen Lehrtätigkeit. Schließlich die Regelberufung auf eine Juniorprofessur mit Tenure-Option bei erfolgreicher Evaluation; Berufungsverfahren anderer Art sollten eine absolute Ausnahme bilden. Nicht zuletzt müssen alle Universitäten ein durchlaufendes Qualifizierungsprogramm für den Hochschulunterricht anbieten, zugeschnitten auf je spezifische Vorkenntnisse bei Promovierenden, Postdocs, Junior- sowie Seniorprofessorinnen und -professoren. Flächendeckende Angebote in diesem Gebiet würden unterstreichen, dass die wachsende Bedeutung, die unsere Hochschulen in den vergangenen zehn Jahren der Lehre beimaßen, zu homogenen Praktiken führt. Dieser Prozess ist vielfach schon in Gang gesetzt worden, aber es bedarf, gerade im Bereich der Berufungskriterien, einer größeren Verbindlichkeit, als sie bisher gegeben ist. Auch deshalb benötigen wir einheitliche Standards und Organisationsformen für akademische Qualifikationen an unseren Universitäten. Das betrifft Promotionen, Karrierewege und Berufungen ebenso wie die Kriterien, die ihnen zugrunde liegen.

5. Harvard, Oxbridge und wir

Amerika, Land der unbegrenzten akademischen Möglichkeiten? Paradies Harvard? Universitäre Idylle Cambridge und Oxford? Wo möchten wir am liebsten studieren und promovieren, wo forschen und lehren? Ist Deutschland mit seinen Hochschulen derzeit konkurrenzfähig? Was lässt sich tun, wenn das nicht der Fall wäre? Und worin liegen, bei aller begründeten Kritik, unsere Stärken? Wer sich auf internationale Vergleiche einlässt, muss diese und andere Fragen beantworten. Denn der Vergleich verlangt die Einbettung in Kontexte und die Klärung der Maßstäbe, nach denen unterschiedliche Universitätskulturen aufeinander bezogen werden.

Grundsätzlich gilt auch für andere Länder, dass es, wie bei uns, kein kohärentes Hochschulsystem gibt. Oxford und Cambridge sind nicht der englische Normalfall – sogar ihre Vorlesungszyklen werden anders organisiert. Jedes ihrer Colleges hat seine einzigartige Geschichte, und niemand kann sagen, er kenne die gesamte Institution.[1] Für die Top-Universitäten der amerikanischen Ivy League gilt Ähnliches; Cornell, Princeton, Stanford und Yale unterscheiden sich in vielen Punkten. Und dasselbe lässt sich über die rund 3000 Universitäten der Volksrepublik China sagen. Allein Peking mit seinen fast 50 Hochschulen bietet ein buntes Soziotop heterogener Campusstrukturen und Organisationsmuster. Jeder Hinweis auf eines dieser nationalen Modelle kann daher bloß tentativ sein und einen Annäherungswert bieten, weil es das einheitliche Hochschulwesen eines Landes nicht gibt. Wie verwirrend der allgemeine Bezug auf ‹internationale› Verhältnisse ist, offenbarte die vor einigen Jahren in Deutschland geführte Diskussion über die Semesterzyklen. Argumentiert wurde damals, man müsse die Rhythmen für die Vorlesungen an ‹internationale Gepflogenheiten› anpassen. Dabei existiert gar keine global einheitliche Regelung der Semester- oder Trimesterarchitektur. Alles ist möglich, jeder nur denkbare Zeitzuschnitt findet sich im weltweiten System. Die suggerierte normative Kraft des Schlagworts ‹international› verpufft, wenn man sich die Vielfalt der akademischen Wirklichkeit vor Augen hält.

Besonders sichtbar wird diese Vielfalt in den Vereinigten Staaten. Ein größerer Teil der US-Hochschulen ist privat und finanziert sich vorrangig durch Gebühren. Öffentliche Universitäten wiederum unterstehen den Bundesgesetzen, nicht jedoch zentraler Steuerung. Sie werden regional alimentiert, über die Budgets der 50 Bundesstaaten.[2] Rund 4300 akkreditierte Universitäten gibt es in den USA. Mit den 106 deutschen Universitäten sind aber nur etwa 40 von ihnen vergleichbar. Sie bieten ein akademisches Studienprogramm, das in Breite und Qualität unseren Standards entspricht. Eine kleine Gruppe von ihnen gehört zu den besten Hochschulen der Welt: Harvard, Princeton, Stanford, Yale, Columbia. Der Jahresetat dieser Super-Tanker liegt selten unter vier Milliarden Dollar – die drei Berliner Universitäten müssen, bloß zum Vergleich, mit Summen von jeweils 330 bis 360 Millionen Euro per annum auskommen. Die Eliteuniversitäten der USA haben aufgrund ihres Ansehens und ihrer modernen Infrastruktur keine Probleme, die originellsten Köpfe aus aller Welt zu berufen. Kein Zufall, dass sie zahlreiche Nobelpreisträger stellen und gerade auf dem Gebiet der naturwissenschaftlichen Forschung mit ihrem internationalen Spitzenpersonal Maßstäbe setzen.

Wer an amerikanischen Privatuniversitäten einen Abschlussgrad erwerben will, muss kräftig zahlen. An der Columbia in New York betragen die Gebühren für ein akademisches Jahr derzeit 44 000 Dollar, wenn man kein US-Bürger ist. Für Einheimische liegt der Satz niedriger, aber er ist gleichwohl gewaltig. In Harvard sind 31 456 Dollar pro Jahr zu erübrigen, einschließlich Verpflegung und Unterkunft 45 000 Dollar. Einige Fächer, vor allem die Wirtschaftswissenschaften, verlangen sogar höhere Sätze; knapp 60 000 Dollar kostet das Studium jährlich, wenn man an der Stanford Business School eingeschrieben ist. Damit sind die normalen Lebenshaltungskosten noch nicht abgedeckt. Die Miete für ein Zimmer im meist auf dem Campus gelegenen College und die Verpflegung erhöhen die Lasten für die Studierenden weiter. Auch die staatlichen Universitäten fordern häufig Gebühren, denn ihr Budget reicht kaum aus, um den Unterrichtsbetrieb zu ermöglichen. Öffentliche Universitäten der Spitzenklasse wie Berkeley unterscheiden sich daher, was die Studienbeiträge angeht, kaum von den privaten Hochschulen. Zwar gibt es für Begabte wie Bedürftige universitäre Stipendien, jedoch wächst die Zahl derjenigen, die nach dem Studium mit drückenden Schuldenlasten ins Berufsleben wechseln.[3]

Die Finanzierung amerikanischer Top-Universitäten setzt sich, anders als die der durchschnittlichen privaten Hochschulen, aus sehr verschiedenen Quellen zusammen. Neben die Studiengebühren, die vielfach kaum ein Viertel des Gesamtvolumens ausmachen – in Harvard sogar nur 20 Prozent –, treten Drittmittel, Spenden, wirtschaftliche Aktivitäten und Zinserträge aus dem institutionellen Vermögen.[4] Diese Praxis stützt sich auf das Prinzip der «unternehmerischen College-Organisation», die seit dem Beginn des 19. Jahrhunderts existiert.[5] Sie schloss die autonome Bewirtschaftung, die Sammlung von Spenden und die nach Maßgabe von Zwecken und Erträgen effiziente Mittelverwendung ein. Das über lange Zeiträume angehäufte Grundkapital bildet ein sicheres Fundament für die Handlungsfreiheit der leistungsstarken US-Privatuniversitäten. Trotz sporadischer Rückschläge durch globale Finanzkrisen – zuletzt in der Corona-Pandemie – wächst das Stiftungsvermögen dank professionellen Aktienmanagements auf lange Sicht stetig an. Harvard besitzt derzeit 32 Milliarden Stiftungskapital, Yale 29,4 Milliarden, Princeton 21 Milliarden. Private Fördergelder durch Wirtschaftsunternehmen und Alumni spielen eine entscheidende Rolle. Die großen Administrationsstäbe der erfolgreichen Privatuniversitäten sind daher überwiegend für Mitteleinwerbung und kontinuierliche Pflege der Beziehungen zu ehemaligen Studierenden zuständig. Die Columbia-Universität in New York beschäftigt über 10 000 Mitarbeiter in der Verwaltung, in Harvard sind mehr als 6000 Angestellte für die Einwerbung von Forschungsgeldern zuständig – stolze Zahlen, verglichen mit deutschen Verhältnissen.[6] In den USA spricht aber niemand von einer Aufblähung der Administration, weil man weiß, dass ohne deren Engagement die Gelder aus privaten Quellen nicht üppig genug fließen würden, um den aufwendigen Betrieb zu unterhalten. Der akademische Kapitalismus mit seiner ausschließlichen Ausrichtung auf die Verwertung des Wissens bedarf einer starken Verwaltung, um handlungsfähig zu bleiben.[7]

Auf der anderen Seite ist festzuhalten, dass es an amerikanischen Universitäten keine akademische Selbstadministration wie in Deutschland gibt. Die Dekane agieren als Top-Manager mit großen Kompetenzen, nicht in der Rolle eines Primus inter pares. Die Boards dienen der Kontrolle von außen, und konsequenterweise werden sie primär durch Repräsentanten aus Wirtschaft und Politik besetzt. Mit den Gremien unserer Universitäten haben sie wenig Ähnlichkeit, denn sie folgen bei ihren Empfehlungen primär finanzstrategischen Leitlinien. Die Studierenden finden sich zwar in diversen Zirkeln und Clubs zusammen, haben jedoch keine korporative Vertretung, wie das bei uns durch die Allgemeinen Ausschüsse oder die Fachschaften der Fall ist. Zu Fakultätsräten und Akademischen Senaten existieren in den Hochschulen der Vereinigten Staaten keine Pendants.

Es ist nicht nur das stark ökonomisch geprägte Rollenmuster, das viele amerikanische Universitäten als *Profit Institutions* von deutschen Hochschulen unterscheidet. Hinzu tritt eine andere Erwartung der Öffentlichkeit, was Budgetmanagement, Kapitalbildung und akademische Führung betrifft.[8] Während hierzulande die Kooperation von Universität und Wirtschaft kritisch beobachtet wird, herrscht in den USA ein äußerst utilitaristisches Denken vor. Bei uns ist eine Hochschule, die Industriepartner oder private Stiftungen zur Finanzierung ihrer Projekte nutzt, stets auf dem Prüfstand. Sie muss den Beweis erbringen, dass sie ihre Autonomie nicht leichtfertig zugunsten des großen Geldes aufs Spiel setzt. Sie soll Verträge offenlegen, Fördermodalitäten transparent machen und sichtbar dokumentieren, inwiefern sie ihre Autonomie auch gegenüber mächtigen Mäzenen bewahrt. In den USA wertet die Öffentlichkeit die Gewinnung solcher Mäzene bereits als Zeichen von Stärke, Unabhängigkeit und Reputation. Man käme kaum auf den Gedanken, dass eine Universität ihre Freiheit an den

Partner aus der Wirtschaft verkauft, weil man davon ausgeht, dass die Verhandlungen über die Finanzierung auf gleichberechtigter Ebene stattfinden. Im weiteren Sinne passt diese Einstellung zur Zuschreibung ökonomischer Handlungsspielräume, die es den Hochschulen erlaubt, selbst als Unternehmer aufzutreten und ihre Kapitalbildung aktiv voranzutreiben. In Deutschland sind dagegen die Grenzen für ein wirtschaftliches Engagement der Universitäten eng gezogen. Zumeist ist es ihnen untersagt, im Bauherrenmodell über ihre Liegenschaften zu verfügen oder die ihnen anvertrauten Mittel an der Börse zu investieren. Akademische Freiheit wird als wesentliche Bedingung wissenschaftlicher Tätigkeit und Grundvoraussetzung für eine erfolgreiche Universität betrachtet. Typisch für die Situation hierzulande ist, dass im Fall der Universitäten 74 Prozent der Drittmittel aus öffentlichen Quellen stammen, vorrangig aus dem Budget der Deutschen Forschungsgemeinschaft. Industriepartner, Nonprofit-Unternehmen und private Stiftungen sind demgegenüber deutlich weniger am Fördergeschehen beteiligt. Die Sicherung der finanziellen Ressourcen übernimmt der Staat, sodass die Kooperation mit der Wirtschaft nur ergänzenden Charakter hat. Es ist verständlich, wenn dann auch die Regulierungen, denen solche Zusammenarbeit unterliegt, strenger ausfallen als in Ländern, die akademischen Kapitalismus im Wortsinn betreiben.

Nicht alle können an amerikanischen Spitzenuniversitäten aus dem Vollen schöpfen. Die Gehälter wachsen nicht in den Himmel, die Personalausstattung an den Instituten ist oftmals bescheiden, die bauliche Infrastruktur in manchen Bereichen veraltet. Einen wesentlichen Vorsprung aber gibt es, wo es um die Schnelligkeit von Entscheidungen und deren Umsetzung geht. Die üppigen Finanzreserven erzeugen vor allem Flexibilität, und sie werden für die Stärkung besonders innovativer Gebiete genutzt. Die Stanford University mit ihrer Schlüsselrolle für das Silicon Valley hat in den letzten Jahren exemplarisch gezeigt, dass beschleunigtes Handeln ein Vorzug der amerikanischen Top-Hochschulen ist. Anders als in Deutschland kann man in wenigen Monaten ein neues Forschungsgebäude errichten, sofern es ein Großprojekt oder die Kooperation mit Wirtschaftspartnern erfordert. Bei Berufungen ist man in der Lage, attraktive Job-Offerten auch für die jeweiligen Lebenspartner der zu gewinnenden Wissenschaftler zu machen. Aus den USA zurückkehrende deutsche Professorinnen und Professoren loben neben der niedrigeren Lehrverpflichtung und der guten Forschungsinfrastruktur zumal das Tempo und die unbürokratische Erfüllung von Verwaltungszusagen.[9] Dagegen dauern hierzulande Berufungsprozesse immer noch sehr lange – in der Regel mindestens ein Jahr –, und der Flexibilität sind bei der Personalgewinnung deutlich Grenzen gezogen. Doppellösungen für Karrierepaare gelingen kaum, weil frei nutzbare Finanzmittel fehlen. Wo man an den amerikanischen Spitzenuniversitäten auch für Lebenspartner mit akademischer Laufbahn attraktive Offerten bereithält, müssen deutsche Hochschulen auf die Unterstützung benachbarter Institutionen setzen und hoffen, dass diese eine passende Position vorhalten können. Das funktioniert nur selten, weshalb sich etliche Berufungen aus dem Ausland zerschlagen.

Eine Stärke des amerikanischen Systems liegt fraglos auch in der größeren Flexibilität und Allgemeinheit der Qualifizierung. Nur in geringem Maße bieten die Universitäten eine disziplinäre Bildung mit konkretem Profil. Im Vordergrund stehen generelle Kompetenzen wie abstraktes Denken, Führungsfähigkeiten, soziales Bewusstsein, Verständnis demokratischer Regeln und Kommunikationsstärke. Das Konzept der *education* umfasst, darin dem Humboldtschen Modell vergleichbar, Aspekte der Persönlichkeitsentwicklung und individuellen Selbstbestimmung. Ihnen räumt es Vorrang gegenüber den *skills*, also den fachlich definierten Fertigkeiten, ein.[10] In einer Zeit, da unsere Berufswege in hohem Grade Flexibilität und permanente Adaptionswilligkeit verlangen, ist das zweifellos ein höchst wirkungsvolles Konzept. Längst kommt es bei vielen Karrieren weniger auf die detaillierte Expertise in Rechnungswesen, Zellanalyse oder Molekülchemie an. Internationale Unternehmen stellen heute kaum nach fachlicher Bildung, stattdessen nach allgemeinen Kompetenzmerkmalen ein. Dazu gehören jenseits konkreter Fertigkeiten Aspekte wie Führungs- und Motivationsfähigkeit, Lernbereitschaft und Abstraktionsvermögen. Spezifische Kenntnisse benötigt man eher als Grundlagen für weitere Qualifizierungsprozesse, nicht als präzise Instrumente für genau eingegrenzte Problemlösungen. In diesem Sinne ist die amerikanische *education* sicherlich ein äußerst zukunftsträchtiges Konzept, das zur wachsenden Flexibilisierung unserer Arbeitsmärkte bestens passt. Würde es sich hierzulande durchsetzen, hätte es einen entscheidenden Einfluss auf die Studienwahl. Denn die derzeit fortschreitende Tendenz zur Einschreibung in beliebte Großfächer wie Jura, Wirtschaftswissenschaften und Psychologie könnte aufgehalten werden, weil allen Studierenden klar wäre, dass die besondere Fachbildung zweitrangig gegenüber den allgemeinen Qualifikationen ist.

Die neidvolle Feststellung, dass es Amerika mit seinen Universitäten besser habe, gehört zu den Leitmotiven unserer öffentlichen Diskussionen. Sie ist jedoch in einigen Punkten zu relativieren, wenn man auf das Gesamtsystem mit seinem großen Leistungsgefälle blickt.[11] Die meisten der über 4300 amerikanischen Universitäten jenseits der schmalen Spitzengruppe können qualitativ mit den deutschen nicht Schritt halten. Sie sind in der Regel Community Colleges, also Berufsakademien, die auf technische, administrative oder pflegerische Tätigkeiten vorbereiten. Strenge wissenschaftliche Standards existieren hier nicht, denn im Mittelpunkt steht die Praxis. Unter den Community Colleges gibt es sehr ansehnliche Einrichtungen mit gutem Ausbildungsniveau, aber auch Institute mit skurrilem Kursangebot – Studiengänge zur Vorbereitung auf eine Tätigkeit als Bestattungsunternehmer, Hausmeister oder Fitnesstrainer inbegriffen. Ganz und gar wildwüchsig erscheint das Spektrum der privaten Profit-Universitäten. Eine dieser oft halbseidenen Institutionen hat Donald Trump gemeinsam mit Michael Sexton und Jonathan Spitalny ins Leben gerufen. Die 2004 etablierte Trump University offerierte Kurse über Immobilienhandel, Wertpapiermanagement und Vermögensaufbau. Die Gebühren lagen pro Veranstaltung bei 1500 bis 35000 Dollar, je nach Thema und Dauer. Wirklich erfolgreich war das Projekt nicht; es gab Betrugsvorwürfe, Schadensersatzforderungen, Klagen, Prozesse. Seit längerem ist die Trump University nicht mehr aktiv – bereits im Jahr 2010 stellte sie ihr Programm ein. Man darf hoffen, dass ihr Gründer die Lust verloren hat, sich auf dem Gebiet akademischer Bildungsangebote künftig nochmals zu betätigen.

Ein wesentliches Merkmal der für US-Universitäten typischen Marktorientierung ist der hohe Grad an internationalen Studierenden und Doktoranden. Je stärker man diese Gruppe für die eigene Hochschule interessieren kann, desto mehr Studiengebühren fließen in die Kasse. Denn wer als Ausländerin oder Ausländer in den Vereinigten Staaten studiert, zahlt in der Regel höhere Gebühren als diejenigen, die über einen amerikanischen Pass verfügen. Als unter dem Einfluss der ersten Corona-Welle im Sommer 2020 knapp ein Viertel der Studienplätze an US-Universitäten unbesetzt blieben, bedeutete das vor allem einen gravierenden finanziellen Verlust für das gesamte Hochschulwesen.[12] Die Verwundbarkeit des akademischen Kapitalismus zeigt sich aber auch in anderen Punkten. An den Universitäten der Vereinigten Staaten stammt mittlerweile jeder zweite Doktorand aus dem Ausland; der höchste Anteil – rund 20 Prozent – entfällt auf chinesische Staatsbürger.[13] Es versteht sich, dass solche Zahlen Abhängigkeiten erzeugen. Sinken die hohen Quoten internationaler Gastwissenschaftler, so verliert das Forschungssystem seine Innovationsfähigkeit. Ohne die jungen Talente aus Asien, Afrika und Europa büßen die US-Universitäten wesentliche Teile ihrer Leistungskraft ein. Der Wettbewerb um akademische Reputation verläuft zwar in den Rahmen nationaler Vergleiche, aber gewinnen kann man ihn nur, sofern man die Expertinnen und Experten global anwirbt.[14]

Wenn wir uns an den großen Traditionen anderer Länder orientieren, sollten wir also genau hinsehen. Was lohnt die Nachahmung, was nicht? Schauen wir beispielsweise auf den Nachbarn von der Insel, auf das Vereinigte Königreich. Etliche britische Hochschulen sind berühmt für wissenschaftliches Spitzenniveau und intellektuelle Originalität. Von hektischen Reformen hielt man lange Zeit nichts, jeder durfte nach seiner Façon selig werden, und die Freiheit der Forschung stand über allem. Kaum anderswo ist die Zahl der Nobelpreisträger so hoch wie in Oxford und Cambridge. Man kann dort großartig arbeiten, in dichter Nähe zu üppig ausgestatteten Bibliotheken und Labors, stilvoll in Colleges mit pittoresker Architektur wohnen und akademische Festrituale bei altem Sherry und gutem Wein genießen.[15] Studierende, die nach aufwendigen Vorbereitungen für die Aufnahmeprüfung einen Platz an einer der traditionsreichen Universitäten ergattert haben, erfahren eine intensive Betreuung und einen Rundum-Service, der ihnen die Konzentration auf das intellektuell Wesentliche erlaubt. Die sehr kurzen Trimester verlangen ihnen nur wenige Kursverpflichtungen, aber hohe Lektüre- und Praxiszeiten ab. In den Tutorien erleben die Studierenden ein persönliches Mentoring, das die Grundlage für individuelle Lernerfolge bildet. Ihre Karriereaussichten sind, unabhängig vom jeweiligen Studienfach, bestens, da allein der Abschluss an einer der beiden englischen Top-Universitäten als Nachweis intellektueller Exzellenz gilt. Wer hier ein Examen absolviert hat, den hält man für geistig selbständig, belastbar und originell. Die Frage, ob die akademische Qualität eine *self-fulfilling prophecy* oder eine objektiv belegbare Tatsache ist, wird je nach politischem Standpunkt und sozialer Zugehörigkeit unterschiedlich beantwortet. Auch Kritiker müssen jedoch einräumen, dass die Lernbedingungen, verglichen mit vielen deutschen Universitäten, paradiesisch sind.

Die Colleges – 31 in Cambridge, 39 in Oxford – bilden eigene Organisationseinheiten mit autarker Verwaltung, traditionell gewachsener Geselligkeit und intellektueller Anziehungskraft. Sie verfügen, ähnlich wie die amerikanischen Top-Universitäten als Ganzes, über umfangreiche Geldressourcen und entsprechende Finanzspielräume. Ein großes College wie St. John's in Cambridge besitzt ein Vermögen von über 780 Millionen Pfund, dazu gewaltige Ländereien, die sich bis ins 130 Kilometer entfernte Oxford erstrecken.[16] Die damit verbundene Autarkie erzeugt einen hohen Grad von Unabhängigkeit auch gegenüber der zentralen Universitätsverwaltung und den gutbezahlten Präsidenten, die als *Vice Chancellors* vor allem das Stiftungsgeschäft und die Wirtschaftskontakte vorantreiben. Die Colleges dienen nicht nur als Unterkünfte für die Studierenden, sondern organisieren die Lehre und die Räume für den Unterricht.[17] Hier findet man zwanglos zu fachübergreifenden Gesprächen zusammen und praktiziert einen kollegialen Austausch, der nicht durch forcierte Projektstrategien herbeigeführt werden muss. Noch heute gehört es für viele Professoren zum guten Ton, auf Visitenkarten anstelle ihres Themengebiets allein ihre Collegezugehörigkeit anzugeben. Denn mindestens so wichtig wie die Disziplin, die sie vertreten, ist der institutionelle Ankerpunkt auf dem Campus. Wer in Oxford oder Cambridge lehrt, zählt zu einer akademischen Gemeinschaft, deren Strukturen seit dem späten Mittelalter in Kernbereichen wenig verändert wurden. Dass es in manchen College-Speisesälen bis jetzt kein elektrisches Licht gibt, weil man vor 100 Jahren gegen die Einführung der modernen Stromversorgung votiert und seitdem das Thema *ad acta* gelegt hat, ist eines der vielen anekdotischen Beispiele für den stolzen Konservatismus, der sich hier mit moderner Forschungsarbeit verbindet.

Aber es existiert auch eine andere Seite, die man bei uns gern übersieht. Die Idyllen von Oxford und Cambridge dürfen nicht darüber hinwegtäuschen, dass das Königreich seine Hochschulen respektvoll, allerdings finanzpolitisch völlig unzulänglich behandelt. Der Staat hat sich seit der Regierungszeit Margret Thatchers zunehmend aus der Förderung seiner Universitäten zurückgezogen. Ausgerechnet der Labour-Mann Tony Blair – ein Oxford-Absolvent – sorgte dann 2004 als Premierminister gegen den Widerstand großer Teile seiner Partei mit einem neuen Rahmengesetz für ein verändertes Finanzierungssystem, das den Hochschulen die Möglichkeit bot, ihre Studienbeiträge selbst festzulegen. Schon vorher konnten die Universitäten Gebühren erheben, jedoch waren sie vom elterlichen Einkommen abhängig und auf 1250 Pfund jährlich begrenzt.[18] Blairs Gesetzesnovelle hob sie auf 3225 Pfund (3570 Euro) an und gestattete künftig dynamische Erhöhungen.[19] Der Effekt war verheerend; inzwischen haben sich die Summen gegenüber dem Niveau von 2004 nahezu verneunfacht, ohne dass ein Ende des Wachstumstrends in Sicht ist.[20] Derzeit betragen die Gebühren umgerechnet zwischen 27 000 und 36 000 Euro pro Jahr für Studierende aus Übersee. Immerhin noch 10 200 Euro müssen die britischen Inländer für ein Jahr in Oxford oder Cambridge aufbringen. Trotz eines breiten Stipendiensystems verlässt das Gros der Studierenden, das keine reichen Eltern hat, die Spitzenuniversitäten mit nennenswerten Schuldenlasten.[21]

Nur die Hälfte der universitären Etats stammt aktuell aus öffentlichen Zuwendungen, der Rest wird durch private Spenden, die Verwaltung der eigenen Liegenschaften, Wirtschaftskooperationen und Gebühren erbracht.[22] Vor allem die Studienbeiträge müssen Lücken stopfen und für die nötige Grundausstattung der Hochschulen sorgen. Das beeinflusst natürlich die Auswahlprozesse bei internationalen Bewerbungen, denn der Blick richtet sich hier verstärkt auf die gewünschten Finanzierungseffekte. Besonders willkommen sind die nicht-europäischen Studierenden, weil sie höhere Beiträge als die Inländer leisten.[23] Mit dem Vollzug des Brexit hebt das Vereinigte Königreich auch die Gebühren für Studierende vom Kontinent, die bisher wie jene für Inländer bei 10 000 Euro lagen, auf das Spitzenniveau an. Ausnahmeregelungen im Sinne eines gemeinsamen europäischen Verständnisses, auf das sich englische Hochschulleitungen gern berufen, sind nicht erwartbar, da es hier um rein ökonomische Interessen geht. Auch sonst haben sich die Verhältnisse an britischen Universitäten verändert. Ein Ende April 2017 vom Parlament beschlossenes Gesetz öffnet die Hochschulen privaten Anbietern, die kurze Studiengänge von zweijähriger Dauer für den Erwerb eines Bachelor offerieren. Neuere Bestimmungen verschärfen zudem die Evaluationsregularien in Lehre und Forschung erheblich. Die Zeiten, da man jedem Wissenschaftler sein Steckenpferd ließ, sind längst vorüber. Publikationen werden gezählt, Zitationen registriert, Preise gewogen, Ranking-Ergebnisse verglichen. Alle fünf Jahre müssen die Universitäten ihre Forschungsleistungen für ein sogenanntes Rating dokumentieren, wobei vor allem der Impact, also der Einfluss auf wirtschaftliche und soziale Prozesse, die öffentliche Wahrnehmung und den Transfer in die Bewertung eingeht. Frühzeitig wurden eine Reihe kritischer Nebeneffekte dieses Systems sichtbar, darunter die Benachteiligung der Geistes- und Sozialwissenschaften mit ihren schwer erfassbaren Wirksamkeitsformen, die Bevorzugung großer Institutionen und die Schwächung der Grundlagenforschung zugunsten einer Ausrichtung an reinen Anwendungskriterien.[24] Unabhängig von der Problematik der Messverfahren selbst kam die Einführung der neuen Ratingpraxis einer Vertreibung aus dem Paradies universitärer Idealzustände gleich. Die Berichtspflichten sind extrem umfangreich, binden enorme Kräfte und sorgen dafür, dass vielfach hektische Umtriebigkeit im früher so kontemplativen Milieu der Colleges herrscht. An den Platz der alten Idyllen ist ein nervöses, stark marktorientiertes Universitätssystem mit massiven administrativen Zwängen getreten. Seine ökonomischen Abhängigkeiten dürften nach dem Brexit, der die Hochschulen stärker als bisher an die Vereinigten Staaten und Asien bindet, kaum geringer sein.[25]

In den internationalen Rankings spiegeln sich solche Hintergründe nirgends wider.[26] Die schwerwiegenden Konsequenzen, die eine strikte Impact-Orientierung für die betroffenen Universitäten zeitigen kann, kommen in ihnen nicht vor. Unter dem Strich sieht man nur die Zahlen, und die vermitteln eine scheinbar eindeutige Botschaft. Die Statistiken zeigen zunächst, dass deutsche Hochschulen auch 15 Jahre nach der Einführung der Exzellenzinitiative zu den Konkurrenten aus den USA und Großbritannien nicht aufschließen können. Reputation, Forschungsleistungen, Internationalisierungsgrad, Kooperationsmodelle, Innovationsdynamik – in sämtlichen dieser Bereiche liegt man nach den Zahlen zurück. Die einstmals – vor allem im späten 19. Jahrhundert – herausragende deutsche Universität ist offenkundig kein Aushängeschild mehr. Das erklärt sich vor allem aus den Budgets, die im Vergleich mit denen der privaten Spitzenuniversitäten erheblich niedriger sind. Folgt man der letzten Statistik des Bildungsfinanzberichts, so kommen wir in Deutschland nicht recht vorwärts, wenn es um die Steigerung unserer diesbezüglichen Investitionen geht. 4,2 Prozent unserer Wirtschaftsleistung gaben wir 2018 für Bildung aus. Damit liegt Deutschland unterhalb des Durchschnitts der 36 OECD-Mitgliedsstaaten, der sich bei fünf Prozent einpendelt. Es reicht also bloß zu Mittelmaß, trotz wachsender Studierenden- und Absolventenzahlen und immer höherer Qualifizierung – jeder dritte Deutsche in der Gruppe der 25- bis 34-Jährigen hat heute einen Studienabschluss. Dem stehen allerdings in derselben Alterskohorte 13 Prozent ohne jede Berufsausbildung entgegen. Nur etwa die Hälfte aller Geringqualifizierten geht in Deutschland einer geregelten Arbeit nach. Das sind Werte, die Anlass zur Besorgnis geben.

Andererseits ist ein kritischer Blick auf die seit 1986 jährlich veröffentlichten OECD-Zahlen geboten.[27] Denn nationale Besonderheiten erzeugen hier, wie in vielen Statistiken, erhebliche Verzerrungen. Deutschland gereicht einer der Vorzüge seines Bildungssystems zu Bewertungsnachteilen. Die duale Berufsausbildung mit ihrer Kombination aus Praxis und Theorie führt seit langem zu einer soliden, auch international anerkannten Qualifikation. In anderen OECD-Ländern werden Fachkompetenzen, die bei uns die Berufsschulen vermitteln, an Universitäten erworben. Das muss keineswegs heißen, dass die Standards dort höher sind; nicht selten ist das Gegenteil der Fall. Aber für die deutsche Position in der OECD-Statistik wirkt sich unser System nachteilig aus. Was nicht durch ein Studium erlernt wird, gilt als geringwertig. Die duale Ausbildung, um die uns etliche Länder beneiden, erscheint als Manko, weil sie nicht angemessen verortet werden kann.

Zwar lobt der OECD-Bericht das deutsche Modell regelmäßig, doch lässt es sich in der Statistik für die Höhere Bildung nur schwer dokumentieren.[28]

Ein zweites Beispiel ist mindestens so gravierend wie das erste. Neben dem öffentlichen Beitrag zum Bildungswesen erfasst die offizielle OECD-Statistik auch Studiengebühren. Länder wie die USA oder das Vereinigte Königreich weisen dementsprechend Gesamtausgaben für den Erziehungs- und Unterrichtssektor auf, in denen neben staatlichen zugleich private Leistungen enthalten sind. Das ist umso problematischer, als viele Regierungen ihre Finanzierung der Universitäten, wie erwähnt, in den letzten zehn Jahren rücksichtslos heruntergefahren und das System sich selbst überlassen haben. Natürlich kann man argumentieren, dass die ausschließlich öffentliche Alimentierung der Hochschulen in Deutschland über Steuereinnahmen – mithin private Anteile – abgedeckt wird. Andererseits gilt es zu betonen, dass Bürger in den USA und England doppelt zur Kasse gebeten werden, wenn ihre Kinder an den besten Hochschulen ihres Landes studieren; sie zahlen Steuern und sie erbringen die zumeist exorbitant hohen Studiengebühren. Dass das angloamerikanische System für diese Art von Bezuschussung auch noch durch eine Statistik belohnt wird, in der die privaten Gebührenlasten der Bürger mitzählen, benachteiligt erkennbar das deutsche Modell. Die beachtliche Leistung einer allein staatlichen Finanzierung der Hochschulen, wie sie bei uns üblich ist, wird in der OECD-Statistik nicht angemessen widergespiegelt. Allerdings verschwindet hinter den Zahlen, was zumal die Corona-Krise an den Tag brachte: dass angloamerikanische Universitäten dramatisch unter dem Rückgang ihrer Einnahmen durch das Fernbleiben internationaler Studierender leiden mussten. Bis zum Juni 2020 hatten die US-Hochschulen bereits 13,4 Prozent ihres Vermögens aufgrund der Pandemie eingebüßt.[29] Diese Art materieller Abhängigkeiten gibt es in Deutschland dank der staatlichen Finanzierung der Universitäten zum Glück nicht.

Zu den besonderen Merkmalen des deutschen Systems gehört auch, dass es Internationalisierung anders definiert, als das in vielen anderen Ländern der Fall ist. Bei den Studierenden geht es um eine gute Balance zwischen der Zahl derer, die aus dem Ausland zu uns kommen, und denen, die ein Gastsemester anderswo verbringen. Während die angloamerikanischen Universitäten möglichst hohe Gebühreneinnahmen zu erzielen suchen und daher an Gaststudierenden stärkeres Interesse als an Entsendungen haben, steht im deutschen Modell eine idealerweise ausgewogene Bilanz im Vordergrund. Eine Institution wie der Deutsche Akademische Austauschdienst, der mit einem Jahresbudget von 594 Millionen Euro für die Förderung internationaler Gaststudierender ebenso sorgt wie für die Aufenthalte Deutscher im Ausland, ist weltweit einzigartig. Anstelle einer rein markwirtschaftlichen Ausrichtung, die vor allem auf die Anwerbung internationaler Spitzenkräfte zielt, sucht das deutsche System einen Ausgleich zwischen verschiedenen Strategien. Zwar liegt auch hierzulande die Gewinnung wissenschaftlicher Top-Talente im Interesse der Universitäten, aber daneben fällt der Aktivierung und Vermittlung internationaler Erfahrungen für die eigenen Studierenden eine wichtige Rolle zu.

Nicht alles läuft allerdings richtig und erfolgreich, wo es um internationale Konstellationen geht. Dafür ein Beispiel, das aus dem Sektor der Personalgewinnung stammt. Ungefähr 5360 deutsche Wissenschaftlerinnen und Wissenschaftler forschen aktuell an US-amerikanischen Universitäten. Nach Chinesen, Indern und Südkoreanern bilden sie die viertgrößte Gruppe unter den Nicht-Amerikanern. Die meisten loben die perfekten Arbeitsbedingungen, die vorzügliche Ausstattung von Labors und Bibliotheken, die gute Lehrsituation, die internationale Atmosphäre mit Kollegen aus aller Welt und das attraktive Freizeitangebot auf dem Campus. Für Naturwissenschaftler, die eine akademische Karriere anstreben, gehört es seit langem zur Selbstverständlichkeit, dass sie nach der Promotion einige Jahre in den USA verbringen. Manche bleiben für immer, viele kehren später nach Europa zurück. Deutsche, die dauerhaft an den Spitzenhochschulen der Vereinigten Staaten oder Großbritanniens arbeiten, schwächen zweifellos das nationale Wissenschaftssystem. Das nämlich hat sie auf hohem Niveau ohne Gebühren qualifiziert, ihnen einen stipendienfinanzierten Auslandsaufenthalt ermöglicht und muss sie nun als hochspezialisierte Experten ziehen lassen. Der Konstanzer Evolutionsbiologe Axel Meyer, der selbst in den USA studiert und gelehrt hat, schlug vor Jahren bereits vor, dass diejenigen Forscher, die langfristig im Ausland bleiben, zumindest ihre Stipendien an die deutschen Institutionen zurückzahlen sollten, die ihnen

erste internationale Erfahrungen erschlossen.[30] Ein solches Verfahren,
wie es in diversen außereuropäischen Staaten üblich ist, könnte zwar
ein Bewusstsein für die Kosten unserer großzügigen Fördermodelle
schaffen, würde aber die Heimkehrquote nicht automatisch erhöhen.
Will man das erreichen, so muss man versuchen, den deutschen For-
schern an ausländischen Exzellenzeinrichtungen das hiesige Wissen-
schaftsgefüge und die besondere Situation seiner Universitäten besser
als bisher nahezubringen.

Gehen wir, um die dabei mögliche Argumentation zu skizzieren, zunächst von einem einfachen Befund aus. Es wird sich in absehbarer Zeit
wenig daran ändern, dass unsere Universitäten in Rankings nicht mit
den amerikanischen oder englischen Top-Institutionen mithalten können. Das deutsche System sei, so hieß es in den letzten Jahren, durch
‹verteilte Exzellenz› gekennzeichnet. Diese Formel hat Martin Stratmann, der Präsident der Max-Planck-Gesellschaft, erstmals im Juni
2015 bei einer Rede in Berlin verwendet.[31] Was besagt sie für die Hochschulen genau? Zunächst bekundet sie, dass nicht alle Universitäten
alles gleichermaßen gut können.[32] Exzellenz ist ein Merkmal, das stets
für Teilbereiche einer wissenschaftlichen Einrichtung, niemals für die
Gesamtheit ihrer Institute gilt. Das betrifft übrigens alle Universitäten,
auch die besten der Welt. Selbst Oxford, Harvard, Stanford und Yale
haben leistungsschwächere Gebiete im Portfolio ihrer Fächer. Sie weisen zwar eine eindrucksvolle Ansammlung innovativer Wissenschaftler
auf; doch nicht jeder ist dort sofort nobelpreisverdächtig, nicht alles
Top-Forschung. Die Formel von der verteilten Exzellenz adressiert freilich noch etwas anderes. Sie bezieht sich auf die Tatsache, dass Deutschland kein Oxford, kein Harvard, Stanford oder Yale hat – also keine
Universität, an der die Verdichtung von herausragender Forschung derart groß ist wie an diesen Einrichtungen. Exzellenz zeigt sich an zahlreichen Standorten, sie erscheint distribuiert und gerade nicht konzentriert. Das betrifft die Lage der Universitäten, aber auch die Besonderheit, dass herausragende Forschung in Deutschland durchaus außerhalb
der Hochschulen stattfinden kann. Nirgends auf der Welt gibt es so
starke außeruniversitäre Forschungseinrichtungen wie bei uns. Die
institutionellen Welten des Max-Planck-, Helmholtz-, Leibniz- und
Fraunhofer-Kosmos sind durch stabile Finanzierung, bemerkenswerte

Leistungsdichte, hohe Internationalisierungsgrade und ein relativ gut funktionierendes komplementäres Profil geprägt. Die Max-Planck-Gesellschaft steht für exzellente Grundlagenforschung, die Helmholtz-Gemeinschaft für große Programmforschung in zentralen Innovationsfeldern, die Fraunhofer-Gesellschaft für die Kooperation mit der Wirtschaft, die Leibniz-Gemeinschaft für die Diversität starker Institute im breiten Spektrum von den Lebenswissenschaften bis zu Forschungsmuseen.

Für den internationalen Vergleich, wie er sich in Rankings auf nicht unumstrittene Weise spiegelt, ist die Qualität der außeruniversitären Forschung allerdings ein Nachteil. Denn deren Leistungen fließen sogar dann unvollständig in die Bilanzen der Universitäten ein, wenn die betreffenden Institutsleiter, wie meistens, auch Professoren einer Hochschule sind. Würde man die Veröffentlichungen, Patente und Preise der vier großen außeruniversitären Systemträger mit denen der ihnen kooperativ verbundenen Universitäten zusammenrechnen, stünden die deutschen Hochschulen in den Rankings deutlich besser da. Sie würden dann nicht erst in den Rangplätzen ab 50 auftauchen, sondern schon erheblich früher. Exzellenz verteilt sich bei uns mithin auf unterschiedliche Sektoren, auf Universitäten ebenso wie auf Max-Planck-, Helmholtz-, Leibniz- und Fraunhofer-Einrichtungen. Die deutsche Wissenschaftslandschaft weist keine derart hohen Grade von institutioneller Leistungskonzentration auf wie die britische oder amerikanische. Ihre innere Ordnung ist eine andere, und deshalb schneidet sie bei den international üblichen, an angloamerikanischen Vorbildern orientierten Formen der Reputationsmessung nicht gut ab.

‹Verteilte Exzellenz› bezeichnet also zunächst eine strukturelle Besonderheit, die sich, mit negativerem Tenor, als Fragmentierung des Wissenschaftssystems beschreiben lässt. Unter inhaltlichen Gesichtspunkten stellt sich die Frage, ob man Exzellenz überhaupt *verteilen* kann, wenn man sie aus qualitativen Gründen nicht *teilen* darf. Eine Distribution ist durchaus möglich, setzt aber voraus, dass es an den betreffenden Universitäten bzw. Einrichtungen in Einzelbereichen herausragende Substanz gibt. Vernetzung erzeugt dann Synergien, die für die Etablierung von Spitzenforschung erforderlich sind.[33] Die deutsche Formel artikuliert mithin keinen Euphemismus, der Leistungsschwäche verbirgt. Sie bezeichnet eine Organisationsstruktur, die komplementär funktioniert, eher horizontal als vertikal ausgerichtet ist und auf Kooperation noch stärker angewiesen bleibt als die Wissenschaftseinrichtungen anderer Länder. Ihre Qualität beruht auf regionalen Schwerpunkten, die idealerweise in Netzwerken verbunden und interdisziplinär ausgebaut werden können. Ziel ist die bestmögliche Nutzung einander ergänzender Wissenschaftsfelder, nicht jedoch deren maximale Konzentration in einer einzelnen Einrichtung. Dort liegt ein wesentlicher Auftrag für die zukünftige Entwicklung unseres Systems. Die Zusammenarbeit zwischen Universitäten muss intensiviert werden; dasselbe betrifft die Beziehung zur außeruniversitären Forschung. Auf Projektebene hat sich hier schon einiges getan, angestoßen durch die Drittmittel-Dynamik der letzten beiden Jahrzehnte. Aber noch immer fehlt die Bereitschaft zur gemeinsamen Langfristplanung, zu intensiverer Kooperation bei der Personalgewinnung und generell bei den Berufungen.

Weiterhin gilt, dass das Prinzip des institutionellen Nutzens vorherrscht. Was der eigenen Einrichtung hilft und sie im Wettbewerb weiterbringt, ist gut. Wettbewerb bedeutet dabei logischerweise, dass man selbst nur erfolgreich sein kann, wenn der Konkurrent schlechter abschneidet. Seine Stärke wäre die eigene Schwäche, und umgekehrt. Aus dieser Denkhaltung muss sich das deutsche – ja das globale – Wissenschaftssystem lösen. Die bedrohlichen Krisen unserer Tage – Klimawandel, Krankheiten und Ungleichheit – lassen sich schwerlich im Gegeneinander der Wissenschaftseinrichtungen bewältigen. Kompetitive Forschung kann zuweilen befeuern und motivieren; aber sie schwächt uns dort, wo man sich wechselseitig Wissen und Erkenntnisse vorenthält. Verteilte Exzellenz ist daher die richtige Programmformel auch für die Zukunft. Der Verbund der europäischen Universitäten (EUA) hat sie bereits für sich entdeckt und begriffen, dass sie großes Potential bietet. Nicht nur Deutschland, sondern Europa insgesamt wäre geholfen, wenn man sie jenseits der Beschreibung eines Status quo als Handlungskonzept verstünde. Verteilte Exzellenz funktioniert dort am besten, wo sie die Zusammenarbeit zwischen den Institutionen der Wissenschaft durch Komplementarität befördert. Sie muss sich zu einer vernetzten Exzellenz weiterentwickeln – so können zwar nicht alle, aber viele von ihr profitieren.[34]

In den letzten beiden Jahrzehnten hat sich das deutsche Hochschulsystem sehr stark an amerikanischen Mustern orientiert. Zumindest die allgemeine Tendenz lief in diese Richtung: die Einführung von Graduiertenschulen, die Juniorprofessur, die Etablierung eines Tenure-Track-Modells, das Abrücken von Habilitation und Ordinariatsstrukturen, die Organisation von Welcome Centers, Leadership-Akademien und Lehr-Lernprogrammen bilden bloß einige Beispiele. Charakteristisch für solche Entwicklungen war aber zumeist, dass sie mit dem Festhalten an traditionellen Elementen einhergingen. Der *Tenure Track* erwies sich als alternative Praxis für die Berufung, ohne dass das hierzulande übliche, auf Ausschreibung beruhende Verfahren außer Kraft gesetzt wurde. Stattdessen kam es zu einem Nebeneinander von altem und neuem System, ähnlich wie im Fall der Promotion, wo Graduiertenschulen nur ein Modell unter anderen waren. Derselbe Befund vermittelt sich im Blick auf die interne Ordnung der Fächer, die neben Instituten neuerdings Schools nach amerikanischem Muster kennt. Institutionelle Vielfalt ist auch in Ländern mit hoher akademischer Leistungsfähigkeit wie Großbritannien anzutreffen, jedoch besitzen sie in ihren zentralen Aufgabenbereichen – Graduiertenprogramme, Berufungspraxis, Beschäftigungsformen – ein klares Profil. Solche Einheit wird verbürgt durch Geschichte, Tradition und einen damit verbundenen organisatorischen Konservatismus, der interessanterweise eine gute Basis für intellektuelle Neugierde ist, mithin keine bremsende, sondern produktive Wirkung zeigt. Das deutsche System leidet dagegen an einem Wildwuchs bei Karrieremodellen, Förderlinien und Stellentypen, ohne dass es den langen Atem hätte, seine Grundelemente langfristig zu sichern. Die schlechte Konsequenz besteht darin, dass nur noch Insider dazu in der Lage sind, die Organisationsstrukturen unserer Hochschulen in ihrer Komplexität und Unübersichtlichkeit zu erfassen.

Es fällt schwer, den Trend zur Fragmentierung aufzuhalten; jedoch wäre es für die Steigerung der internationalen Reputation und die Rückgewinnung deutscher Wissenschaftler im Ausland unabdingbar, unsere Universitäten wieder erkennbarer zu machen. Vor allem drei Bereiche sollten, wie bereits erläutert, einheitlich entwickelt werden: die Lehrqualifizierung, die Promotionskultur und das Berufungswesen. Alle Universitäten müssten identische Weiterbildungsprogramme für den Unterricht in verschiedenen Erfahrungsstufen anbieten; sie müssten Dachgraduiertenschulen für die formalen Regularien der Promotion etablieren und sämtlichen Doktoranden ein thematisch vielfältiges strukturiertes Curriculum offerieren; sie müssten schließlich Berufungen konsequent nach dem Tenure Track-Prinzip durchführen, auf der Grundlage der Evaluation ihrer Juniorprofessorinnen und -professoren. Wenn das gelänge, wäre die Universität hierzulande kein Labyrinth mit tausend verschlungenen Wegen, sondern ein klar gegliedertes System, das Bewerber aus aller Welt anzöge. Für Abweichungen und Speziallösungen gäbe es dann immer noch genug Raum.

6. Die ‹Multiversität› – ein gesellschaftliches Modell

In Umberto Ecos Roman *Der Name der Rose* (1982) begegnen William von Baskerville und sein Schüler Adson von Melk dem teuflisch hässlichen Salvatore, der ein wirres Gemisch von Sprachen spricht. Alle Idiome Europas haben sein Hirn durchzogen, bei allen bedient er sich, indem er spanische, italienische, französische und lateinische Brocken kombiniert. Er redet, so bemerkt Adson, im Stadium «der primären Konfusion» wie am ersten Tag nach der Sprachverwirrung Babylons. In seinen Sätzen gibt es keine Grammatik, keine Regeln: «Es war, wie wenn seine Zunge gleich seinen Zügen zusammengeflickt worden wäre aus Teilen und Stücken anderer Zungen (...)».[1] Unter der scheinbar unsortierten Sprachoberfläche schimmert allerdings stets die Dominanz des Lateinischen durch. Italienisch, Spanisch und Französisch sind 1327, in dem Jahr, da die Handlung des Romans sich zuträgt, dem Latein noch eng verwandt. So spricht Salvatore wirr, aber zugleich im Bann des gelehrten Diskurses, aus dem er sich seine Redebrocken leiht. Die Priorität des Lateinischen galt für die Klöster ebenso wie für die Universitäten. Die Hochschulen des mittelalterlichen Europa waren internationale Institutionen, und die Studierenden kamen aus aller Welt. Unterricht und Lektüre folgten jedoch einer *lingua franca*, der gegenüber die Nationalsprachen nachrangig blieben – sie dienten allein der alltäglichen Verständigung.

Bis zum Ende des 13. Jahrhunderts bildeten an den meisten Universitäten nicht die Fächer, sondern die Herkunftsländer der Studenten und Scholaren das Leitprinzip der Organisation. An der 1170 gegründeten Pariser Universität gab es ab 1249 vier Nationes, die Großgruppen für die Fakultäten konstituierten: Gallikaner (einschließlich der Griechen, Italiener, Spanier und Araber), Picarden, Normannen und Engländer (zu denen auch die Deutschen zählten). Jede dieser Nationenfakultäten agierte selbständig und bestimmte aus ihrer Mitte einen Prokurator als Vorsteher. Die vier Prokuratoren wählten ihrerseits den Rektor, was den internationalen Charakter der Universität unterstrich. Entscheidender als das jeweilige Fach war die Repräsentanz der Nationen, deren Rolle für den Wahlakt maßgebliches Gewicht hatte.[2] Statt über den Kanon der Fächer definierte sich die Pariser Universität über die vielzähligen Heimatländer ihrer Mitglieder. Das änderte sich nur wenige Jahre später, als die Disziplinen größeres Selbstbewusstsein entwickelten und den Anspruch erhoben, ihre wissenschaftlichen Interessen auch auf rechtlich-organisatorischer Ebene – zumal bei der Rektoratswahl – zur Geltung zu bringen. Die Vertretung der wissenschaftlichen Gebiete war fortan wichtiger als der Querschnitt der europäischen Herkunft, der im allerersten Entwurf der Universitätsverfassung zentrale Bedeutung besaß.[3] So blieb das Prinzip der regionalen Zugehörigkeit und der nationalen Identitäten als Reverenz an die Vielfalt ihrer Mitglieder bloß kurze Zeit leitend für die junge Hochschule. Man sollte sich jedoch an dieses ursprüngliche Modell erinnern, wenn es um die Frage nach der besonderen Beschaffenheit einer Institution geht, die im Laufe ihrer Geschichte zunehmende Schwierigkeiten hat zu erklären, was sie eigentlich ist.

Genau hier liegt, wie man sehen konnte, ein entscheidendes Problem. Alle reden von Bildungschancen, Zugangsgerechtigkeit, Exzellenz und Internationalisierung, sobald die Funktion der Universitäten debattiert wird. Aber wofür sie genau stehen und wie ihre Identität heute zu beschreiben ist, das spielt im öffentlichen Diskurs kaum eine Rolle. Auch Universitätspräsidenten befassen sich primär mit der Sicherung einer auskömmlichen Finanzierung und weniger damit, welche Mission die eigene Institution denn verfolgen soll. Dabei sind viele Fragen offen: Hat die alte Universitätsidee überhaupt Bestand, wenn mehr als 50 Prozent eines Jahrgangs studieren? Erhielt sie innerhalb des Bologna-

Modells einen neuen, jenseits bloßer Organisationsformen gelegenen Zuschnitt? Und wird er, wenn er denn existiert, von ihren Mitgliedern überhaupt wahrgenommen? Wer ein stimmiges Muster für die Eigenbeschreibung der gegenwärtigen Universität suchen möchte, findet es weder in der Exklusivität noch im intellektuellen Milieu. Es gibt keinen spezifischen ‹Stil› der Universität, keine ‹Haltung›, die sie vermittelt; und es besteht auch keine allgemein verbindliche Perspektive auf Ideale der Persönlichkeitsentwicklung oder der geistigen Reflexionskultur.[4] Die Identität der gegenwärtigen Universität hat selbst in Cambridge oder Harvard nichts mit diesen Begriffen, Werten und Konzepten zu tun. Wo aber liegen die Anknüpfungspunkte für eine Neubestimmung ihres Eigenbildes?

Überlastung und Widersprüchlichkeit, Zielkollisionen und Entscheidungsparadoxien kennzeichnen, so war zu sehen, den Status quo der Universität und spiegeln sich in ihren Selbstbeschreibungsritualen. Dahinter tritt jedoch eine organisatorische Konzeption zutage, die das Zeug zur sozialen Modellhaftigkeit hat. Sie lautet: Vielfalt durch Verknüpfung. Vielfalt prägt die heutige Universität nicht nur im Rahmen ihrer Fachstrukturen, sondern auch im Hinblick auf ihre Mitglieder. Sie versammelt Menschen unterschiedlicher sozialer, ethnischer, religiöser und persönlicher Orientierungen, die sehr heterogene Voraussetzungen für ein Studium mitbringen. Zu den damit verbundenen Problemen gehört, dass die Universität andere Formen der Stoffvermittlung, der Mentorierung und Supervision etablieren muss als früher. Sie muss intensiver vorbereiten auf das, was erwartet wird, gründlicher erklären, wie Inhalte zu lernen, Methoden anzueignen, Forschungsliteratur zu studieren, Urteilsfähigkeiten zu bilden sind. Sie muss Prüfungen anders organisieren als bisher, Studienbiografien anders verwalten und den Unterricht anders durchführen. Die Universität hat zu gewährleisten, dass Menschen heterogener sozialer, ethnischer und religiöser Herkunft, Menschen verschiedenen Geschlechts und Alters, mit sehr uneinheitlichem Vorwissen und weit voneinander abweichenden Kompetenzprofilen ihren Weg durch ein Studienfach erfolgreich gehen können.[5]

Schon die Universität des Spätmittelalters war äußerst divers, was ihre aus aller Welt stammenden Mitglieder betraf, denn es gab kein einheitliches Vorwissen und keine nationalen Curricula. Aber es existierte ein nur schmaler Kanon zu studierender Texte, und die Zahl derjenigen, die sie sich aneigneten, war verschwindend gering im Verhältnis zu den riesigen Gruppen, die heute in unseren Universitäten die Seminare, Laborteams, Kollegs und Auditorien bilden. Diese Gruppen zu organisieren und die Vielfalt ihrer Mitglieder im Blick auf Herkunft und Status produktiv zu machen, ist eine enorme Aufgabe. Bei ihrer Bewältigung hilft, dass es um Wissenschaft geht. Wissenschaftliche Arbeit läuft heute wie früher bevorzugt im Kollektiv ab. Verständigung und Debatte, Abstimmung und Erprobung, Durchspielen von Hypothesen und Einübung von Kritik – das sind Denk- und Sprechakte, die genuin auf intellektuelle Teamqualitäten abstellen. Nur ganz wenige der großen Entdeckungen und Erfindungen der Wissenschaft gelangen im stillen Kämmerlein des vereinsamt lebenden Gelehrten. Zumeist resultierten sie aus Gruppenprozessen mit dichten Diskussionsstrukturen und enger, vertrauensvoller Kooperationspraxis. Es liegt auf der Hand, dass dieses Modell vorzüglich dazu geeignet ist, Menschen verschiedener Herkunft zu integrieren und zu gleichberechtigten Teilen eines Ganzen werden zu lassen. Die im Gegensatz zu anderen Berufsfeldern relativ flachen Hierarchien des Wissenschaftssystems tun das ihre, um die Heterogenität ihrer Mitglieder produktiv zu machen. Diversität ist im Universitätsbetrieb keine Hypothek, sondern eine reiche Quelle intellektueller Kreativität.[6]

Vielfalt bedeutet also zweierlei: die bestmögliche Qualifizierung unterschiedlichster Persönlichkeiten auf der Basis der Chancengleichheit und die für die Universität höchst ergiebige Ausschöpfung der damit verbundenen Potentiale. Dass dieses doppelte Ziel in Deutschland noch nicht umfassend erreicht ist, offenbart sich exemplarisch anhand der Frauenförderung. Im Jahr 2018 waren 24,7 Prozent aller Professuren von Frauen besetzt; auf ähnlichem Niveau bewegte sich die Zahl der Rektorinnen und Präsidentinnen, die Hochschulen leiten.[7] Das ist zu wenig und muss verbessert werden, aber es belegt zugleich eine lang andauernde Steigerungskurve. Gegenüber dem Jahr 1990 hat sich der Anteil der Frauen auf Professuren nämlich infolge gezielter Programme verdoppelt. Als in der Wissenschaft erstmals über eine bessere Unterstützung von Frauen in der Forschung gesprochen wurde, ging es nicht nur um die Quote. Bestimmend war damals, vor 40 Jahren, auch die Erwartung, dass Frauen als Professorinnen und in leitenden Funktionen der akademischen Selbstverwaltung andere Blickwinkel einbringen. Neben der individuellen Förderung stand der Aspekt der größeren Diversität im Vordergrund. Die Debatte schloss daher bald die Frage ein, ob Wissenschaftlerinnen andere Sichtweisen einbringen als Wissenschaftler. Worin liegt das Neue, wenn Frauen über feudale Herrschaftsstrukturen der Vormoderne, die Lernprobleme von Schülern, über digitale Währungen oder die Nanostrukturen physikalischer Grenzflächen forschen?

Es gilt als sicher, dass Wissenschaftlerinnen zumindest in manchen Fächern anders über ihre Themen arbeiten, als es Männer tun.[8] Der Grund, warum das so ist, bildet selbst einen Gegenstand für die moderne Verhaltensforschung, für Soziologie und Psychologie. Geschlecht ist weder eine ausschließlich gesellschaftliche Erfindung noch das Produkt rein naturgegebener Prägungen. Es wird durch kognitive Anlagen und durch Erziehung gleichermaßen geschaffen. Und deshalb benötigen wir eine Forschung, die von Männern und Frauen betrieben wird, weil nur so ihre intellektuelle Vielfalt gewährleistet ist. Nicht zuletzt bleibt Chancenparität in der Wissenschaft eine Sache der Vorbilder. Wenn junge Frauen sehen, dass es beste Perspektiven für befähigte Wissenschaftlerinnen im Universitätssystem gibt, entscheiden sie sich selbst für eine akademische Karriere. Bis heute gilt jedoch, dass etliche Frauen nach der Promotion die hochschulischen Pfade verlassen, obwohl sie die Voraussetzungen für eine erfolgreiche Karriere mitbringen. Diese Entwicklung, die ihre Laufbahnen an sensiblen Punkten unterbricht, bedeutet für die Universitäten den Verlust exzellenter Wissenschaftlerinnen und schafft gerade negative Beispiele statt positiver Rollenmodelle.[9]

Vielfalt ist nicht nur eine Frage der Geschlechtergerechtigkeit. Sie muss die Förderung von Menschen unterschiedlicher Herkunft einschließen, also das gesamte Spektrum ethnischer, religiöser und sozialer Hintergründe erfassen. Anders als in den Vereinigten Staaten, wo Diversität bei allen Personaleinstellungen im Rahmen der sogenannten *Affirmative Action* für die meisten Hochschulen verpflichtend bleibt, befinden wir uns in diesem Punkt hierzulande erst am Anfang. Allein die Zahl der Wissenschaftlerinnen und Wissenschaftler ohne deutschen Pass, die eine Professur besetzen, ist verschwindend gering. Sie belief sich im Jahr 2018 auf 3415 Personen, das entspricht 7,1 Prozent. Dass hier enorme Möglichkeiten verschenkt werden, scheint zweifellos. Wäre die Internationalisierungsquote bei den Professuren ein Indikator für die Anziehungskraft deutscher Universitäten, so stünde es derzeit schlecht um sie. Denn noch immer gelingt es nur in Ausnahmefällen, Berufungen aus dem Ausland zu realisieren. Unsere Hochschulen sind nationale Institutionen, die zwar weltweit kooperieren, aber im Inneren an mangelnder Diversität leiden.[10] Das ändert sich rapide in der Gruppe der Studierenden – 20 Prozent von ihnen haben heute einen Migrationshintergrund. Doch im Bereich des wissenschaftlichen Personals vollzieht sich der Wandel eindeutig zu langsam.

Wer den Prozess beschleunigen möchte, sollte nicht mit Begriffen wie ‹Integration› oder ‹Inklusion› arbeiten. Denn bei der Diversität geht es weniger um Hilfen für diejenigen, die womöglich in unserem Land eine Minderheit darstellen, als um eine Freisetzung von Potentialen. Die Vielfalt der Blickwinkel auf Themen und Probleme bildet ein Element wissenschaftlicher Qualität. Forschung steigert ihre Erkenntnisoptionen, wenn sie nicht immer dieselben Wege anpeilt. Denken, das andere Richtungen als die uns vertrauten einschlägt, erschließt neue Horizonte. Diversität ist in diesem Sinne die Produktivkraft einer Universität, und wenn wir sie nicht nutzen, dann werden wir im internationalen Wissenschaftswettbewerb bald das Nachsehen haben. Dabei dürfte die Frage, wie man diese Schlussfolgerung in Berufungskommissionen praktisch umsetzt, eher zweitrangig sein. Es sollte im ureigenen Interesse der Hochschulen liegen, ihre Vielfalt weiterzuentwickeln. Dafür müssen weder komplizierte Verwaltungsstrukturen mit Beauftragten und Rechtsaufsichten geschaffen noch Strategiepapiere ausgearbeitet werden. Eigentlich gebietet es die Vernunft selbst, dass Universitäten ihre Berufungen anders als bisher an den Zielen der Internationalisierung und Diversität orientieren.[11]

Die Vielfalt der Hochschule birgt neben Chancen gewiss auch bisher unbekannte Probleme. So kann es, wie zu sehen war, in thematisch aufgeladenen Bereichen zu Konflikten kommen. Nationale Chauvinismen und religiöse Intoleranz brechen in Arbeitsgruppen durch, politische Dissonanzen dringen in den Unterricht, wissenschaftliche Podiumsdiskussionen geraten zu weltanschaulichen Debattenschlachten. Mit der Internationalisierung von Studierenden und Lehrenden wächst die potentielle Zahl spannungsträchtiger Meinungsauseinandersetzungen. Krieg und Widerstand, Rebellion und Umsturz, Ausgrenzung, Vertreibung und Migration – das sind in einer divers bestimmten Universität nicht nur Gegenstände der Forschung, sondern Elemente individueller Lebenserfahrung. Mit ihnen wächst die sehr konkrete Sensibilität gegenüber politischen Problemen aller Art, jenseits einer theoretischen Zugangsweise, in einem geradezu existentiellen Modus persönlicher Betroffenheit. Je mehr Menschen aus aller Welt an einer Hochschule studieren und arbeiten, desto größer wird zugleich das Potential für Spannungsfelder und Konflikte. Neue Themen wandern in den akademischen Alltag, in offizielle Diskussionsrunden, aber auch in die sozialen Medien. Fragen religiöser Identität, gesellschaftlicher Zugehörigkeit, die Vielfalt von Geschlechtskonstruktionen und Verhaltensrücksichten spielen dabei eine starke Rolle.

Nicht selten verletzt der Stil der Debatten die guten Regeln unserer politischen Kultur. Hier müssen Rektorate und Präsidien an die Werte der Universität und damit an die europäischen Grundsätze der Toleranz und des Respekts erinnern. Nicht immer gelingt es in Zeiten von öffentlicher Dauererregung, von Hasspredigten in Social Media und populistischer Vereinfachung, im Namen der Wissenschaft erfolgreich für das Aushalten von Widersprüchen und Ambivalenzen, für Verständnis und ruhige Analyse zu werben. Die Spannungen sind größer geworden, seit rechter Populismus auf der einen Seite und eine manchmal in Repression umschlagende Political Correctness auf der anderen Seite die Freiheit der Universität einzuschränken suchen. Vieles von dem, was über Jahrzehnte als Konsens des akademischen Autonomiegebots galt, steht heute auf dem Spiel. Es ist zum Gegenstand von erbittertem Streit, bestenfalls von diskursiven Verhandlungen geworden.[12]

Gerade in schwierigen Perioden ökonomischer und gesellschaftlicher Erschütterung fällt der Universität jedoch eine Schlüsselrolle als soziales Modell zu. Sie muss zeigen, dass sie tauglich ist zum Muster für eine Gesellschaft der Kohäsion und der bewältigten Vielfalt. Sie hat zu demonstrieren, dass auch bei kontroversen Sachfragen Rationalität die Grundlage aller Diskussionskultur bildet. Sie sollte Toleranz und Fairness verteidigen, das Gesprächsprinzip leben und die Möglichkeiten

gelingender Kommunikation gerade in komplexen Meinungsstreitigkeiten unter Beweis stellen. Schutzräume müssen für Menschen gelten,
nicht aber für wissenschaftliche Themen – hier bleiben die Werte der
freien Rede und der akademischen Autonomie in Kraft.[13] Wer, wenn
nicht die Universität, kann das sichern, was Habermas die «rationale
Binnenstruktur des verständigungsorientierten Handelns» nennt?[14] Als
Ort für die «öffentliche Kommunikationsgemeinschaft der Forscher»
dient sie dem Ziel, die Macht der sozialen Interaktion und die Praxis
der Vernunft zu erhalten.[15]

Heutige Universitäten sind, sofern sie gut funktionieren, Modelle
gelungener Kohäsion. Sie zeigen, dass es richtig ist, wenn Menschen aus
unterschiedlichsten Herkunftsländern zusammenkommen und sich
derselben Sache widmen. Sie demonstrieren, dass Toleranz eine Qualität der Wissenschaft und des sozialen Miteinander gleichermaßen ist.
Sie sind offen für neue Ideen und kritisch-widerständig gegenüber jenen, die Freiheiten einschränken wollen. Sie leben aus der Kraft des
Heterogenen, im Blick auf Individuen, Methoden und Denkhaltungen.
Sie bilden soziale Modelle für ein Zusammenwirken ganz im Sinne
Humboldts, das durch Verständnis und Verständigung geprägt ist. Sie
erstreben symmetrische Verhältnisse und sorgen da, wo diese nicht her-
stellbar sind, für eine möglichst gute Balance der Interessen.[16] Und sie
helfen dabei, Gegensätze produktiv zu machen, weil sie aus ihrer Geschichte wissen, dass das Richtige nicht durch das Verfolgen der immergleichen Direktion entsteht. Das Format einer Universität der Vielfalt – Kerrs bzw. Dahrendorfs ‹Multiversität› entsprechend – könnte
durch die kreative Kraft unterschiedlicher Denkhaltungen und -tradi-
tionen, heterogener Methoden und Qualifikationswege auch ein Vorbild für unsere zerrissene Gesellschaft sein.

Zur Universität der Vielfalt gehört nicht zuletzt ein öffentlicher Re-
sonanzraum, der diverser und heterogener denn je ist. Kant formulierte
bereits 1798 im *Streit der Fakultäten*, dass die Erwartungen der Menschen an die Wissenschaften von ganz eigennützigen Motiven bestimmt
seien. Die Philosophie fänden sie nicht wirklich interessant, weil sie ihre
Äußerungen für Geschwätz, ihre Ergebnisse für unnütze Gemeinplätze
hielten. Von der Theologie wünschten sie sich ein «Einlaßbillett ins
Himmelreich», gerade wenn sie «ruchlos» gesündigt hätten; von der

Rechtswissenschaft einen Rat, wie sie ihren Prozess zu gewinnen vermöchten, obwohl sie Unrecht hätten; und von der Medizin, wie sie trotz permanenten Raubbaus am Körper lange leben und gesund bleiben könnten.[17] Kants illusionslose Einschätzung dürfte auch heute gültig sein: Die gesellschaftliche Aufmerksamkeit für die Wissenschaft ist in der Regel von subjektiven Interessen durchdrungen. Sie berührt nicht das methodische Grundlagensystem der Forschung, noch weniger seine theoretischen Voraussetzungen, sondern allein die Frage, was es zum individuellen Leben und seinem Gelingen, zur Sicherung seiner materiellen Bedingungen und zur künftigen Verbesserung der persönlichen Chancen beitragen könne. Diese Ausrichtung ist durchaus legitim, muss aber mitbedacht werden, wenn man von der neben Lehre und Forschung dritten, der öffentlichen Mission der Wissenschaft spricht.

Heutige Universitäten sollen eine soziale Verpflichtung erfüllen, indem sie Aktivitäten entfalten, die den rein akademischen Wirkungskreis überschreiten. Die dritte Mission kennzeichnet die Erwartung, dass Hochschulen ihr Wissen mit der Gesellschaft teilen und gemeinsam mit ihr weiterentwickeln.[18] Wie jedoch sehen die Vorstellungen von der dritten Mission genau aus? Und auf welche Weise unterscheiden sic sich nach nationalem Hintergrund und länderspezifischen Herausforderungen? Eine Studie des in Oslo lehrenden Bildungsforschers Peter Maassen untersuchte 2019 die Formen öffentlichen hochschulischen Engagements in Deutschland, dem Vereinigten Königreich, Kanada, Japan, Südafrika und Chile.[19] Bei der Lektüre des Berichts wird schnell sichtbar, dass die Situation in den einzelnen Ländern sehr verschieden ist. Das Konzept der dritten Mission entstand zunächst dort, wo Hochschulen durch Gebühren und Stiftungsvermögen privat finanziert sind. In Großbritannien, aber auch den USA sollte der Wissenstransfer eine drohende Isolation der Universitäten verhindern. Durch verstärktes soziales Engagement und wirtschaftliche Zusammenarbeit wollten die Hochschulen den Austausch mit der Gesellschaft intensivieren. Nicht mehr im elitären Elfenbeinturm forschen, sondern öffentlich wirksam werden – das war die Devise.

Längst ist die dritte Mission für viele Länder ein Konzept, das Hochschulen den Wissenstransfer in unterschiedlichste Sektoren ermöglicht. Dabei spielen politische und gesellschaftliche Herausforderungen eine wichtige Rolle. Für Staaten mit hoher sozioökonomischer Ungleichheit wie Chile und Südafrika geht es um das Ziel, durch Wissenserwerb mehr Chancenparität herzustellen. Im Vereinigten Königreich hat die dritte Mission dagegen eine primär wirtschaftliche Dimension, verbunden mit dem Anspruch, dass Wissenschaft direkte ökonomische Wirkungen freisetzen müsse. Diese neoliberale Position spielt auch in Deutschland mit seinem öffentlich finanzierten Bildungssystem eine zunehmende Rolle. Das in höhere Bildung investierte Geld sollte, so das Credo, effizient verwendet und durch zusätzliche Budgeteinwerbungen vermehrt werden. Hochschulen müssten sich Projektpartner in der Wirtschaft suchen und zugleich der Gesellschaft im Sinne einer Bringschuld erklären, was sie tun. Nicht nur das in ihr produzierte Wissen macht die Universität zur «Zukunftswerkstatt», wie es Klaus Landfried formulierte, sondern auch die von ihr ausgehende Übertragungskraft, die sich in Forschungsanwendung und -transfer manifestiert.[20]

Diesen Anspruch ergänzen überall neue Herausforderungen für das Hochschulsystem, die aus der Digitalisierung resultieren. Zur dritten Mission gehört inzwischen das Konzept der ‹offenen Wissenschaft›, die in ihre Arbeitsprozesse, Hypothesen und Experimente Einblick vermittelt, ehe das fertige Ergebnis eines Projekts vorliegt. Aus dem Transfer wird damit ein Austausch, der gemeinsame Problemlösungen ermöglichen soll. Erfolgreich ist die offene Wissenschaft aber nur, wenn der Dialog über akute Forschungsfragen überwiegend mit Experten und nicht ausschließlich mit Laien geführt wird. Auch im Zeitalter der dritten Mission gilt das Kompetenzprinzip – die von der Maassen-Studie festgestellte ‹Demokratisierung des Wissens› hat dort ihre Grenze, wo man dieses Prinzip in Zweifel zieht. Denn nicht alles, was zur Wissenschaft gehört, kann mit allen geteilt werden.

54 Prozent der erwachsenen Deutschen gaben 2016 an, dass sie Wissenschaft und Forschung vertrauen. Mehr als ein Drittel – 39 Prozent – zeigten sich unentschieden, sieben Prozent äußerten Misstrauen gegenüber dem System der Forschung und seinen Resultaten. In anderen Ländern, etwa den Vereinigten Staaten, ist die Gruppe der Skeptiker erheblich größer. Doch beruhigen kann auch die Situation in Deutschland nicht, zumal der Anteil derjenigen, die in die Forschung vertrauen, stetig abnahm. Bei einer Umfrage des Jahres 2018 waren es nur noch 13 Pro-

zent, die von vollem, aber 41 Prozent, die von eingeschränktem Vertrauen sprachen.[21] Viel Geld haben die Hochschulen daher während der letzten Jahre in ihre Wissenschaftskommunikation investiert. Stiftungen und Verbände loben Preise für guten Wissenschaftsjournalismus aus. Schon 1999 wurde *Wissenschaft im Dialog* als Gemeinschaftsinitiative verschiedenster Forschungsorganisationen gegründet. Ihr Ziel war und ist es, die Bürger angesichts einer wachsenden Spezialisierung der Fachkulturen direkter an szientifischen Fragestellungen teilhaben zu lassen.[22] Ähnlichen Zielen folgt das *Science Media Center*, das 2015 entstand. Es soll professionellen Wissenschaftsjournalisten die Expertise der Spezialisten vermitteln und damit als Informationsbörse für die Öffentlichkeit fungieren.[23] Einfache Lösungswege gibt es heute weniger denn je. Die Zeiten, da sich die Fernsehnation von prominenten Experten die Welt über den Bildschirm erklären ließ, sind vorüber. Die Parallelgesellschaften des Internet haben Echokammern eigener Art erzeugt. Sie schaffen sich selbständige Diskussionsforen mit unterschiedlich seriöser Qualität, jeweils eigener Agenda und spezifischen Zielen. Manche bieten sachkundige Vermittlungsarbeit, andere liefern Zuspitzungen, Fakes und irrwitzige Verschwörungstheorien.

Die vielbeschworene Wissenschaft für den Bürger ist kein Vehikel in einer Einbahnstraße. Wer die Idee von Wissenschaftsplattformen ernstnimmt, versteht sie als Orte des wechselseitigen, aber nicht in allen Punkten gleichberechtigten Austauschs. Möglicherweise brauchen wir dafür eine Akademie, wie es Ernst Dieter Rossmann, der langjährige Vorsitzende des Wissenschaftsausschusses im Deutschen Bundestag, einmal vorschlug.[24] Ehe man jedoch über institutionelle Lösungen nachdenkt, sollte eine Klärung der notwendigen Aufgaben erfolgen. Fünf Ziele hat eine universitäre Wissenschaftskommunikation umzusetzen, will sie den Bürgern Fragen und Methoden der Forschung erschließen. Erstens darf sie nicht allein der Werbung für die eigene Institution dienen, sondern muss prinzipiell Wissenswertes aus der neueren Forschung und Lehre transportieren.[25] Zweitens sollte sie kontroverse Themen von der Genmanipulation über den Klimawandel bis zur Luftverschmutzung frühzeitig angehen und nicht erst aktiv werden, wenn Kontroversen oder Skandale dazu konkreten Anlass bieten. Die Initiative *Tierversuche verstehen*, die von der Allianz der großen deutschen Wissenschaftseinrichtungen angestoßen wurde, bietet ein gutes Beispiel für dieses Verfahren. Drittens muss sie Informationen in Zusammenhänge stellen, um isolierte Betrachtungen zu verhindern, wie es mustergültig die Nationale Akademie, die Leopoldina in Halle, bei ihrem Bericht über das Thema der Schadstoffkonzentration und im Umgang mit der Corona-Pandemie getan hat. Viertens sollte Wissenschaftskommunikation nicht nur Ergebnisse vermitteln, sondern auch Prozesse und Strukturen der Erkenntnis beleuchten, um die Dynamik wissenschaftlichen Denkens erfahrbar zu machen. Sie muss erklären, weshalb der Streit über Methoden und Resultate keinen Mangel an Qualität, vielmehr ein Merkmal der Forschung selbst darstellt. Und fünftens verlangt gerade die Einbeziehung des Bürgers im Konzept der *Citizen Science* eine seriöse Programmatik, die vor falschen Erwartungen schützt. Experten und Laien sind nicht in allen Punkten gleichberechtigte Partner, auch wenn die Spezialisten von den Fragen und Anregungen der Nicht-Spezialisten lernen können. Wer sich aus Anlass der Corona-Pandemie mit virologischen Themen zu befassen beginnt, dürfte jemandem, der sich seit 30 Jahren tagtäglich mit Krankheitserregern beschäftigt, kaum auf demselben Kompetenzniveau begegnen. Und wer davon ausgeht, man könne alles, was von der Forschung auf elaborierte Weise beschrieben wird, ebenso in einfachen Worten sagen, versteht die Funktion wissenschaftlicher Begrifflichkeit als Mittel zur Formulierung exakter Aussagen falsch.[26] Ein ehrliches Erwartungsmanagement gehört daher zu jener Wissenschaftskommunikation, die den Laien als Partner im Erkenntnisprozess adressiert. Wer hier absolute Gleichheit verspricht, handelt unredlich und ignoriert Wissensdifferenzen, die durch gut organisierte Informationsflüsse nicht überwunden, nur verringert werden können.

Forschung produziert keine Dogmen, die Glauben und Gehorsam verlangen, sondern ist Teil eines offenen Weges; das macht sie fehlbar und faszinierend zugleich. Wer diese Konstellation nachvollzieht, begreift auch die Wissenschaft besser. Die Kommunikation über sie sollte die Bürger in die Lage versetzen, falsche Heilserwartungen zu relativieren, um Enttäuschungen zu vermeiden. Skepsis muss nicht in Widerspruch stehen zum Vertrauen in die Forschung. Sie kann unter Umständen selbst eine wissenschaftliche Haltung und Element einer vernünftigen

Weltsicht sein. Was zu dieser Haltung gehört und damit Teil der von Universitäten geleisteten Verständigung über Wissenschaft sein sollte, lässt sich am besten erläutern, wenn man von einem Beispiel ausgeht.

Galileo Galilei, der Protagonist in Bertolt Brechts gleichnamigem Drama (1938/39 bzw. 1947), hat einen Traum, den Traum von der Wirksamkeit wissenschaftlichen Beharrungsvermögens. Ihn speist die Hoffnung, dass autoritäre Dogmen nichts ausrichten können gegen die Überzeugungskraft triftiger Beweise und Indizien. Diese Überzeugungskraft, so weiß Galilei, muss durch unbestechliche Beobachtungskunst, intellektuelle Ausdauer und geistigen Mut immer wieder neu erarbeitet werden. Das ist beschwerlich, denn es erfordert weite Wege und einen langen Atem. «Ja, wir werden alles, alles noch einmal in Frage stellen. Und wir werden nicht mit Siebenmeilenstiefeln vorwärts gehen, sondern im Schneckentempo.»[27] Die große Fahrt der kopernikanischen Erkenntnis wird am Ende aufgeschoben, weil Galilei seine Einsichten, von der Inquisition gezwungen, widerrufen muss. Aber nicht nur die Beharrungsenergie der alten Autoritäten verzögert den Aufbruch zu neuen Ufern. Zur wissenschaftlichen Suche gehört generell, dass sie nicht geradlinig verläuft, vielmehr unter Rückwärts- und Seitenbewegungen. Für Galilei steht das verknöcherte System des Geozentrismus mit seinen scholastischen Setzungen und theoretischen Dogmen gegen die Kraft des klaren Sehens, der Vernunft und Vorurteilslosigkeit.

Brecht hat diese Spannung in der ersten Fassung seines Stücks, die 1938/39 im dänischen Exil niedergeschrieben wurde, recht schematisch dargestellt. Nur sechs Jahre später, unter dem Eindruck des Atombombenabwurfs über Hiroshima und Nagasaki, konnte er seine einfachen Antinomien nicht mehr aufrechterhalten. Hier die alte Welt der Vorurteile, dort das Fortschrittsdenken der modernen Empirie – das war nun zu simpel. Dass auch eine progressive Wissenschaft sich, wenn sie zur Praxis führt, in ethische Konflikte verstricken kann, zeigte die Geschichte der modernen Atomphysik mit schrecklicher Konsequenz. Die reine Vernunft der Forschung wird verschlungen von der Dialektik der Aufklärung. Sie und nicht der Marxismus ist das eigentliche Gespenst, das im 20. Jahrhundert in Europa umgeht. Nach ihr gibt es keine glatte Trennung zwischen wahr und falsch, zwischen hell und dunkel. Sogar die Rationalität des Fortschritts kann zur Magd inhumaner Anwendungen und Zurüstungen, zum Objekt der Manipulation werden.

Das Beispiel erweist, dass man, wo es um Wissenschaft geht, vorsichtig sein muss mit schematischen Gegensätzen. Heute reden wir wieder von der Spannung zwischen Vernunft und Gegenvernunft, zwischen Fakten und Lügen. Als 2017 überall in Deutschland der *March for Science* stattfand, hielten viele Menschen Schilder hoch, auf denen stand «Nur die Tatsachen zählen». Ganz so einfach ist es leider nicht, ganz so leicht macht es uns zumindest die Wissenschaft nicht.[28] Natürlich existieren unumstößliche Fakten, die durch die Forschung gesichert sind. Dass Impfungen Krankheitsrisiken reduzieren, gehört ebenso zu solchen Fakten wie die Notwendigkeit des Klimaschutzes, die sich aus der allgemeinen Klimaentwicklung mit gesteigerten Emissionswerten und zunehmender Erderwärmung ergibt. Es steht außer Frage, dass die Wissenschaft Tatsachen hervorbringt, von denen man etliche als dauerhaft und beständig bezeichnen kann. Aber wissenschaftliche Erkenntnis schafft auch Zwischenebenen, einen gleitenden Wandel klarer Bezugsgrößen, der aus dem Wechsel von Perspektiven, Haltungen und Methoden resultiert.[29] Jede Physikerin, jeder Mathematiker, jeder Historiker und jede Biochemikerin dürfte das bestätigen; die Zahl der unumstößlichen Fakten, auf die eine Disziplin bauen kann, weil sie sich seit Jahrhunderten immer wieder neu bestätigen, ist endlich. Manche der lange Zeit als unwiderlegbar geltenden Tatsachen werden irgendwann zum Irrtum erklärt und in die Rumpelkammer der Forschungsfehler verbannt. Ohne diese Dynamik wäre die Wissenschaft statisch, im schlimmsten Fall starrsinnig wie die Inquisitionsrichter Galileos.[30]

Zu den ärgerlichen Konsequenzen der Wissenschaftsfeindschaft, die seit einigen Jahren in Kreisen religiöser Fanatiker und populistischer Vereinfacher um sich greift, gehört es, dass die Ambivalenz von Forschungsresultaten zunehmend missachtet oder missverstanden wird.[31] Nachvollziehbar ist, dass sich die Wissenschaft selbst mit dem Hinweis auf Fakten verteidigt, wenn sie sich dem Vorwurf der Manipulation ausgesetzt sieht. Aber die simple Opposition zwischen Richtigem und Falschem, Wahrheit und Wahrheitsfeinden verkürzt die gegebene Lage. Natürlich gibt es Tatsachen, die unhintergehbar sind. Ihren Leugnern, wo sie auch auftreten mögen, muss man sich im Namen der Objektivität entgegenstellen. Nur ist Wissenschaft mehr als Faktenerzeugung durch Beobachtung, Experiment, Hypothese und Regeldefinition. Schon Lessing formulierte 1777: «Nicht die Wahrheit, in deren Besitz irgendein Mensch ist oder zu sein vermeinet, sondern die aufrichtige Mühe, die er angewandt hat, hinter die Wahrheit zu kommen, macht den Wert des Menschen aus.»[32] Lessings Diktum, das Karl Popper 200 Jahre später zu einem Grundsatz seiner Wissenschaftstheorie erhoben hat, verlagert den Schwerpunkt von der vermeintlichen Objektivität der Wahrheit zur subjektiven Suche nach ihr.[33] Ins Zentrum rückt das intellektuelle Vermögen, das die Optionen des Individuums und damit seine Vielfalt begründet. Hans Blumenberg konstatiert im Blick auf Lessings Überzeugung: «Das Maß, in dem die Wahrheit dem Menschen gegeben sein sollte, wird nicht durch den inneren Selbstwert dieser Wahrheit bestimmt, sondern durch ihre bewegende und steigernde Funktion für die Kräfte der Selbstentfaltung und Selbstverwirklichung des Menschen.»[34]

Aus guten Gründen lässt sich bezweifeln, ob man überhaupt einen verbindlichen, kohärenten Wahrheitsbegriff zum Fundament wissenschaftlichen Erkenntnisstrebens machen kann.[35] Dessen Ziel ist weniger die Gewinnung absoluter Gewissheiten als die Erschließung von Mustern und Ordnungen, in denen neue Sichtweisen freigesetzt werden. Wissenschaft bedeutet Reflexion, Urteil, Abwägung, oftmals auch Konstruktion, Modellbildung, offene Diskussion. Ihrem Wesen nach geht die Wissenschaft aufs Ganze und will Ergebnisse hervorbringen. Doch ihrer Form nach konstituiert sie einen Raum der dynamischen Denkbewegung, in dem nichts Festes, Permanentes existiert. Die wissenschaftliche ist jene Haltung, die erkennt, dass alles, was ist, durchaus anders sein könnte; sie produziert also, wie Luhmann betonte, nicht nur neues Wissen, sondern zugleich neues Nicht-Wissen.[36] Das legitimiert keinen Eskapismus oder Utopismus, keine irrsinnigen Weltfluchten; schon gar nicht ständiges Bewohnen des Elfenbeinturms, intellektuelles Exil, abgewandte Forschung. Stattdessen geht es um die Fähigkeit, die Welt in Versionen zu denken, in immer wieder neuen Formen und Alternativen. Empirische oder theoretische Erkenntnis gelingt einzig dort, wo das Bestehende in Experimenten und Deutungsmustern, in Proberechnungen und Hypothesen simuliert, hinterfragt und variiert wird.

Wissenschaftliches Denken ist Möglichkeitsdenken – ein Begriff, der vom österreichischen Schriftsteller Robert Musil stammt. In Möglichkeiten denkt, wer die Wirklichkeit als «Aufgabe und Erfindung» betrachtet, wie es in Musils Roman *Der Mann ohne Eigenschaften* (1930–1942) heißt.[37] Aufgabe ist die Wirklichkeit, weil sie uns stetig fordert, ohne genau umrissen zu sein; Erfindung, weil sie viel mehr von unserer Imagination in sich trägt, als wir vermuten dürften. Bei Musil bleibt die Kategorie des Möglichkeitsdenkens eng mit der wissenschaftlichen Haltung verbunden. Denn nicht nur der Sinn für exakte Tatsachen, sondern auch die Vorstellungskraft der Phantasie, die Welt in Alternativen zu modellieren, bildet ein Element des forschenden Habitus. Die Universität ist die Institution, an der dieser Habitus in maximaler Vielfalt durch die Pluralität der Fächer und ihre potentielle Verknüpfung kultiviert werden kann.

Eine wesentliche Bedingung des Möglichkeitsdenkens und damit der Wissenschaft ist Freiheit. Experimente, offene Hypothesen und Prozesse der Urteilsbildung verlangen Ungebundenheit und Unabhängigkeit von externer Steuerung. Legt man vorher genau fest, worüber nachgedacht und geforscht wird, so unterdrückt man Kreativität und Originalität. Wissenschaft bedarf wie die Institution, an der sie stattfindet, einer Lizenz zum Unberechenbaren, ohne die sie nie auskommen kann. Wer sie zu bestimmten Themen, Methoden und Lösungsmustern zwingt, schränkt nicht nur ihre Leistungskraft ein. Er blockiert das wissenschaftliche Denken an seinem zentralen Nervenpunkt, der Fähigkeit nämlich, die Pluralität unserer Welten zu erkennen und ihre verschiedenen Versionen in Alternativen durchzuspielen. Freiheit und Wissenschaft bilden dabei ein balanciertes System, in dem Geben und Nehmen harmonisch aufeinander abgestimmt sind. Weil einzig in freien Gesellschaften freie Wissenschaft gedeiht und umgekehrt freie Wissenschaft der Gesellschaft Freiheit schenkt, gehören beide Ebenen zusammen. Wie sieht dieses Verhältnis genau aus?

Wissenschaft, so lautete die Prämisse, konstruiert Welten. Sie tut das über Modelle und Interpretationen. Sie bietet Alternativen, Versionen, vom Status quo Abweichendes an. Sie nimmt dabei Ambivalenzen, Widersprüche, ja Brüche in Kauf. Sie fordert die Bereitschaft, Perspektiven zu verändern oder sogar komplett zu wechseln.[38] Sie konsumiert keine Freiheit, sondern benötigt sie als ihre Bedingung. Und sie gibt sie jedem, der sie ihr gewährt, neu zurück: als Freiheit der Deutung und Meinungsbildung, des Urteilens und Folgerns. Die Wissenschaft kann unsere angestammten Welten zertrümmern, aber sie baut dafür neue auf, andere, aufregende, unbekannte, manchmal auch noch komplexere, anstrengendere. Sie ebnet keine einfachen Wege, sie ist selten geradlinig. Wer sich auf sie einlässt, gewinnt im Gegenzug zur Freiheit, die jede Gesellschaft der Wissenschaft einräumen muss, neue Sichtweisen und Erfahrungsräume hinzu.

Die Autonomie der Wissenschaft erzeugt, wie der Blick auf renommierte Universitäten bestätigt, weder anarchische Strukturen noch Chaos. Sie verlangt lediglich Unabhängigkeit von bürokratischen, politischen oder sozialen Anforderungen – Abstand zum ‹Apparat der Daseinsfürsorge›, wie Karl Jaspers es nannte.[39] Freiheit der Wissenschaft als Freiheit gegenüber externen Konditionierungen bildet für die Universität ein Modell, das bis heute erfolgreich und wirksam ist. Es bedeutet nicht, dass die Wissenschaft sich gesellschaftlicher Verantwortung entziehen oder im Selbstbezug einschließen darf. Ihre Freiheit ist Freiheit von allen thematischen Verordnungen und Dekreten. Doch nutzen soll sie ihre Autonomie, indem sie sich den Fragen der Gegenwart von der Bevölkerungsgesundheit über den Klimaschutz bis zu globaler Ungleichheit, Migration und Integration, von Digitaltechnologien bis zu demographischer Entwicklung stellt. Die soziale Aufgabe der Universität ist frei von politischen Direktiven, dadurch allerdings gewichtiger und nur so in ihrer Singularität möglich. Dieser Grundsatz gilt übrigens auch im Umgang mit Partnerländern, deren Regierungen unsere demokratischen Werte nicht teilen. Die wissenschaftliche Kooperation mit Staaten wie China, Indien oder Russland baut oft Brücken, wo die Politik nicht mehr sprechfähig ist.[40] Aber sie darf das nicht um jeden Preis tun, sondern sollte auf genau zu verhandelnden Konditionen beruhen. Datenschutz, Persönlichkeits- und Eigentumsrechte, Unterbindung militärischer Forschungsnutzung, Verhinderung geostrategischer Instrumentalisierungen – das alles ist explizit in Verträgen sicherzustellen, wenn man nicht spätere Eingriffe und Regelverletzungen riskieren möchte.[41]

Die Innovationskraft der Wissenschaften beruht nicht auf Umtriebigkeit, Dauerreisen und Hektik, sondern auf Ruhe, Gelegenheiten zum

Ausprobieren und Mut zur Geduld. Universitäten sollten daher Orte sein, an denen intellektuelle Beharrlichkeit als wesentlicher Modus akademischer Freiheit kultiviert wird. Das schließt ein, dass nicht alles sofort gelingen, auf der Stelle angewendet und verwertet werden muss. Nicht nur der Manager, auch der Langstreckenläufer ist gefragt, wo es um Forschung geht. Gerade Universitäten dürfen sich das Recht nehmen, Freiräume für Kreativität, ungewöhnliche Ideen, Risikoprojekte und Unkonventionelles zu schaffen. Dazu gehört, dass nicht jede Berufung zur Steigerung des Drittmittelvolumens einer Universität führen muss. Zumal im Bereich der Wissenschaft werden unterschiedlichste intellektuelle Anlagen und Haltungen benötigt. Universitäten sind Orte, die solche Vielfalt dringend brauchen, damit sie ihre vollen Möglichkeiten entfalten können. Sie erst schafft eine dynamische Forschung, die wesentlich von dem lebt, was sich außerhalb der vertrauten Spielregeln bewegt. Universitäre Wissenschaft wird durch ein Denken gefördert, das die Reise ins Unbekannte wagt.

Wissenschaft, nicht nur die an Universitäten praktizierte, braucht Zeit, damit sie seriös sein kann. Zuzugestehen sind ihr Nischen für Verqueres, Schonzonen für Riskantes, aber zugleich Räume für Irrtümer. Die Voraussetzungen dafür schafft allein eine freiheitlich-demokratische Wertordnung. Existierte jemals eine Diktatur, die ihre Wissenschaft in Ruhe ließ? Der Nationalsozialismus tat das nicht, die Sowjetunion tat es nicht, die DDR nicht, und auch die Oligarchien des Nahen Ostens oder des fernen Asien kennen keine autonome Forschung. Wer der Wissenschaft Zeit einräumt, gibt ihr die Freiheit, die sie für ihre Arbeit benötigt. Unfreie Staaten überwachen ihre Wissenschaft permanent und setzen sie mit Zielmargen unter Druck, während demokratische Gesellschaften ihr Denkräume ohne Direktiven, Restriktionen oder Repressionen zugestehen. Dass das Geschenk der Freiheit von der Wissenschaft nicht missbraucht werden darf und eine strikte Eigendisziplin fordert – gerade im Blick auf Publikationstätigkeit und Substanzsicherung –, sollte unbestreitbar sein, ist aber im Zuge eines wachsenden Konkurrenzdrucks leider nicht mehr selbstverständlich.

Dennoch bleibt das Gebot der Autonomie ohne Alternative. Denn die Eigensteuerung der Wissenschaft – bei Themen, Methoden und Qualitätsprüfung – bildet die Bedingung ihrer Leistungskraft. Nur in

Freiheit kann sie ihre besten Möglichkeiten entfalten. Das verlangt eine freie Gesellschaft, zu der eine Politik gehört, die der Wissenschaft Entwicklungsräume in Unabhängigkeit zugesteht. Das fordert aber auch Bürgerinnen und Bürger, welche die Ambivalenzen und Denkoffenheiten, die Zumutungen und Vielfältigkeiten der Wissenschaft aushalten; die nicht gleich nach dem Staat oder der Zensur schreien, wenn Forschung zu Ergebnissen führt, die ihnen nicht passen oder zu kompliziert und widerspruchsreich sind.

Die Selbstverpflichtung liegt also auf zwei Seiten: auf der Ebene der Wissenschaft, die ihre Standards aus eigener Initiative kontrollieren muss, ohne das anderen zu überlassen, und auf der Ebene der Bürgerinnen und Bürger, die sich den manchmal irritierenden Ergebnissen einer freien Wissenschaft nur aussetzen können, wenn sie wahrhaft mündig sind. Beide Anforderungen müssen immer wieder neu erarbeitet und kritisch überprüft werden. Es gehört zu einer autonomen Wissenschaftsgesellschaft, dass sie permanent vervollkommnungsfähig bleibt und in bestimmten Abständen Revisionen vornimmt. Das ist das bessere Erbe der Aufklärung, die offen und frei ist, wo sie sich ständig selbst korrigiert und auf diese Weise ihre eigene Dialektik, den Umschlag in Ideologie, vermeidet. Ihre dynamische und flexible Spielart, die auf Leibniz und sein Ideal der Perfektibilität zurückgeht, hätte vermutlich auch Brechts Galileo gefallen. Er wollte sich mit seiner neuen Weltsicht auf große Fahrt begeben, musste jedoch am Ende seinen Lehren vor der Inquisition abschwören. Passen wir auf, dass wir die neue geistige Inquisition – die Hassprediger und Populisten, die rechten Fanatiker und die Verschwörungstheoretiker – nicht stark machen, indem wir uns ihre Vereinfachungen aufzwingen lassen.[42] Bieten wir ihnen im buchstäblichen Sinn die Stirn und zeigen wir ihnen, was im Kopf des Menschen steckt: eine Welt von tausend Möglichkeiten, geschaffen durch Intellekt und Imagination, Vernunft und Phantasie. Erweisen wir uns aber auch andererseits einer freien Wissenschaft würdig, indem wir uns zu ihren Regeln bekennen, plakativen Wahrheiten misstrauen und unbedachte Betriebsamkeit ebenso wie eitle Geltungssucht vermeiden. Wenn die Universitäten diesen Zielen als Orte der intellektuellen Vielfalt verantwortungsvoll dienen, erfüllen sie eine Kernidee unseres demokratischen Gemeinwesens.

7. Gelehrte Freiheit und gelingende Organisation

Universitäten unterliegen heute einem besonderen Zielkonflikt, indem sie durch ihre Grundlagenforschung Räume für eine offene Gesellschaft schaffen und zeitgleich den Zwecken der Praxisorientierung, Berufsvorbereitung und der Vermittlung ihrer Arbeitsergebnisse dienen müssen. Dieses Paradoxon schulden sie ihrem doppelten Interesse, akademische Freiheit zu schützen und sozial nützlich zu sein. Wenn sie beides ernst nehmen, fahren sie aber auch mit dem Widerspruch, der ihre institutionelle Identität begründet, nicht schlecht. Genau daran erkennt man, dass ein solcher Widerspruch keine Blockade im Funktionswesen der modernen Universität bedeutet, weil er konstitutiv zu ihr gehört. Das verhielt sich früher schon so, als Universitäten kleiner und deutlich elitärer waren. Der Humboldtsche Entwurf erfasste damals wie heute keine materielle Wirklichkeit des akademischen Alltags, sondern einen idealistischen Erwartungshorizont. Aktuell sollte er die Verpflichtung einschließen, neben den berechtigten Notwendigkeiten des institutionellen Realitätssinns auch die Konzeption der Universität weiter zu bedenken. Weiter heißt hier: weiterhin mit Humboldt und weiter als Humboldt. Das ‹weiter als Humboldt› führt fast zwangsläufig zur Universität als Sozialmodell gelingender Pluralität und Diversität, wie es bereits skizziert wurde. An dieses Modell lässt sich anschließen, ohne dass die alte Universitätsidee preisgegeben werden muss.

Universitäten sollen Orte akademischer Freiheit sein, denn Freiheit ist Bedingung guter Wissenschaft. So einfach diese Formel klingt, so schwierig bleibt, wie man sehen konnte, ihre Umsetzung. Universitäten begreifen sich heute nicht nur als Institutionen, die Schutzräume für Autonomie schaffen. Der modernen Gesellschaft gegenüber stehen sie in der Verantwortung, die ihnen anvertrauten Gelder transparent, leistungsorientiert und sachgerecht auszugeben. Das ist seit 20 Jahren das Credo eines Organisationsdenkens, das Freiheit als Mittel zum Zweck verbesserter Effizienz und Ressourcennutzung definiert. Kritisch ließe sich gegen dieses Credo einwenden, dass die Freiheit der Wissenschaft einen Wert darstelle, der gerade nicht extern konditioniert werden kann, weil er immer schon Teil des wissenschaftlichen Verfahrens ist.

Die steuernde Universität mit ihrem Anreizsystem, ihren Zielverein-barungen, ihrer Haushaltsgestaltung nach Leistung und Erfolg, ihren impliziten Sanktionsmechanismen und expliziten Kennzahlen steht quer zu einer radikalen Wissenschaftsfreiheit, die nichts akzeptiert als ihre internen Kriterien für Evidenz und Überzeugungskraft, für Inno-vation und Kreativität. Luhmann hat die administrative Ratio der Uni-versität so beschrieben: «Die Organisation macht aus Fällen Leitsätze, aus Verständigungen Musterordnungen und aus Musterordnungen eine Kritik aller abweichenden Regelungsversuche.»[1] Dem steht die wissen-schaftliche Ausrichtung am Spezifischen, am Einzelnen und Ungewöhn-lichen gegenüber; sie kann zwar zum Schluss auch zu Formalisierungen führen, betrachtet jedoch das Phänomen zunächst ohne den Zwang zur schematischen Einordnung, weil sie ihm in seiner Besonderheit gerecht werden möchte. Während die universitäre Organisation von Normen und Mustern ausgeht, um ihnen Einzelfälle zu unterwerfen, geht die Wissenschaft von Einzelfällen aus, um in ihnen Normen und Muster zu erkennen.

Aus etwas anderer Perspektive hat der Wissenschaftsrat diesen Ge-gensatz im Jahr 2018 so dargestellt: «Prägend für die Universität sind die Idee der Wissenschaftsfreiheit, der Gemeinschaft der Lehrenden und Lernenden sowie der Einheit von Forschung und Unterricht. Auf-grund dieser Werte ist es für die Institution charakteristisch, den kolle-gialen Konsens zu suchen, Machtausübung und hierarchische Struktu-ren abzulehnen sowie Autorität durch individuelle wissenschaftliche Leistungen zu begründen.»[2] Hier haben wir die Universität als Ort der Organisation von Lehre und Forschung, dort die Wissenschaft als steuerungsresistentes, von intrinsischer Motivation geprägtes, in sich geschlossenes System. Man könnte sagen, dass sich beide in einem an-tagonistischen Verhältnis zueinander befinden, oder konkreter: Der einzelne Wissenschaftler lässt sich durch die Leitung seiner Universität nichts vorschreiben, weil deren Ziele – effizienter Einsatz der Mittel, Sparsamkeit, Rationalität der Entscheidungsprozesse, Steigerung der institutionellen Durchsetzungsmacht – ihm gleichgültig sind. Dass beide sich zu einem gemeinsamen Absichtskatalog bekennen, ist un-wahrscheinlich. Und dennoch gelingt es überraschend häufig, die anta-gonistischen Aktionsfelder Wissenschaft und Organisation einander produktiv anzunähern. Es gibt sie wirklich, die erfolgreich steuernde Universität, die wissenschaftliche Koryphäen zu Teamwork und institutionellem Engagement bewegt; die Individualisten veranlasst, sich zum aktiven Teil eines Systems zu machen, das ihnen ursprünglich fremd ist und das sie bestenfalls als notwendige Rahmenbedingung ihrer wissenschaftlichen Arbeit auffassen;[3] die hochmotivierte Spezialisten dazu bringt, für ihre Hochschule einzutreten und deren Interessen zu sichern. So entsteht, wie Peter Strohschneider geschrieben hat, die «Sozialrelevanz des Eigensinns», also ein fruchtbares Bündnis aus akademischem Egoismus und universitärem Nutzen.[4]

In einem 1968 publizierten, immer noch lesenswerten Artikel hat Luhmann die Frage nach dem schwierigen Verhältnis von «Selbststeuerung» und institutioneller Organisation der Wissenschaft gestellt.[5] Er setzt dabei Wissenschaft mehr oder weniger stillschweigend mit Grundlagenforschung gleich, die er als soziales System mit eigenem Geltungsanspruch definiert. Dieser Anspruch zielt auf den Gewinn wahrer Einsichten, wie Luhmann sagt, also auf zutreffende, beweisbare und vernünftige Erkenntnis. Was aber ist genau wissenschaftliche Wahrheit? Luhmann antwortet mit einer historischen Differenzierung. In Antike und Mittelalter hatte auch die wissenschaftliche Wahrheit Sanktionsgewalt, insofern sie mit religiösen und pragmatischen Wahrheiten verbunden war. Wer sich dem wissenschaftlich Erkannten entzog, verstieß automatisch gegen die religiöse Ordnung, weil die Wahrheiten der Wissenschaft und des Glaubens übereinstimmten. Für die neuzeitliche Wissenschaft dagegen gilt, dass sie von der Gesellschaft nicht zwangsläufig akzeptiert werden muss und umgekehrt an ihren Erfordernissen komplett vorbeigehen kann. Sanktionsgewalt und Geltungsmacht erhält Wissenschaft heute nur dort, wo sie angewandt, also etwa in Technologien umgewandelt wird. Die Grundlagenforschung dagegen ist nicht mit den Normen der Gesellschaft verknüpft und kann sich in bewussten Gegensatz zu ihrer natürlichen oder sozialen Umgebung stellen, indem sie diese selbst zum Objekt kritischer Studien erhebt. Eben daraus resultiert die Freiheit der Wissenschaft gegenüber ihren unterschiedlichen, sei es ökologischen oder sozialen Umwelten. «Die Wissenschaft», so schreibt Luhmann, «spezialisiert sich auf einen angstfreien (weil zunächst folgenlosen) Umgang mit hoher Komplexität, wie er auf gesamtgesellschaftlicher Ebene niemals hätte institutionalisiert werden können.»[6] Für diese Einstellung, die Weltbeobachtung ohne Ideologie und Hypothesenbildung ohne Rückhalt ermöglicht, benötigt sie die Unabhängigkeit von staatlicher Kontrolle und detaillerter Aufgabenzuweisung.

Der Autonomieanspruch der Wissenschaft steht jedoch in prinzipiellem Gegensatz zu ihrer institutionellen Organisation im Rahmen der Universität. Zu bedenken ist dabei, dass Wissenschaft als «Distanzkategorie» (Strohschneider) gerade Abstand zur Gesellschaft und ihren Regeln sucht, um Gesellschaft beobachten zu können.[7] Analoges gilt für die experimentellen Fächer: Wissenschaft darf nicht Natur sein, will sie Natur erforschen. Diese Unabhängigkeit sorgt dafür, dass sich die Wissenschaft auch in einem Spannungsverhältnis zu ihrer universitären Organisation befindet. Entscheidend ist hier die Differenz der Zielsetzungen, von der schon mehrfach die Rede war. So beziehen sich institutionelle Zwecke auf Machtgewinn, Geldersparnis, Rationalisierung – Kategorien, die ihrerseits der Wissenschaft fremd sind. Es ist interessant zu sehen, dass Luhmann derartige Zwecke als dezidiert unangemessen für die Definition des wissenschaftlichen Bedeutungssystems erachtet. In seinem Sinne würden wir uns also schon außerhalb dieses Systems bewegen, wenn wir Fragen der Finanzierung in den Vordergrund stellen; oder wenn wir Lehre auf die Beschäftigungsfähigkeit der späteren Absolventen, Forschung auf Patentierungserfolge, Drittmittelprojekte auf Publikationsleistungen verpflichten. Generell betrachtet Luhmann die Anstrengungen der Universität, Wissenschaft durch Organisation zu ermöglichen, als Widerspruch in sich. Aus seiner Sicht zielen sie darauf, wissenschaftliche Selbstbestimmung zu sichern, um Fremdbestimmung zu vollziehen. Manifestiert wird das bekanntlich im Konzept der Organisationsautonomie, das zu den Zentralkategorien der neoliberalen Hochschulsteuerung gehört.[8]

Während Wissenschaft also zur Freiheit berechtigt ist, gefährdet ihre institutionelle Ermöglichung durch die Universität solche Freiheit prinzipiell, indem sie ihr Zwecke zuordnet. Der innere Konflikt besteht darin, dass Hochschulen Autonomie über materielle und formale Rahmenbedingungen erzeugen, gleichzeitig aber dadurch beschränken. Denn Autonomie wird gerade definiert als Unabhängigkeit von Lenkung – sei es als Inzentivierung, Prämierung oder auch nur Schaffung von Leistungspotentialen. Organisation ist allerdings in bestimmten Bereichen der Wissenschaft durchaus erforderlich, und zwar dort, wo diese überhaupt zur Geltung kommen soll. Tagungen, Publikationen, Projekte, akademische Lehre und wissenschaftliche Gesellschaften müssen jene Öffentlichkeit herbeiführen, ohne die Wissenschaft nicht wirksam werden kann. Ein Teilelement dieser unvermeidlichen Organisationsstruktur ist die Reputationsmessung und -gewinnung, die Luhmann den «overhead costs» der Wissenschaft zurechnet.[9] Das symbolische Kapital von Status, Ansehen und Autorität spielt im akademischen Betrieb, wie man schon lange weiß, eine entscheidende Rolle, auch wenn es bloß zu den sekundären, nicht zu den primären Elementen des Systems gehört.

Die Wissenschaft steuert sich also durch implizite Formate der Qualitätsanalyse selbst. Dabei bedient sie sich einer Reihe von Praktiken, die gemeinhin mit Lenkung oder Führung nicht assoziiert werden. Zum Rollenverständnis gehört, dass sie Selektion und Hierarchisierung nie explizit als Mittel der Differenzierung verwendet. Es geht nicht um Macht und Durchsetzung von Interessen, sondern um Verfahren der Erkenntnis, die Komplexität reduzieren sollen, etwa durch mathematische Formalisierung oder andere Wege der Abstraktion. Die Produktion wissenschaftlicher Wahrheit kann mit Techniken unkonventionellen Denkens, mit der Infragestellung herrschender Ordnungen, der intellektuell bewusst herbeigeführten Destabilisierung des Status quo arbeiten. Damit folgt sie Mustern, die den herkömmlichen Praktiken von Steuerung und Management entgegenstehen. Die Spezifik der autonomen Wissenschaft liegt dort, wo ihre Strukturen sich nicht mit denen der übrigen sozialen Systeme decken. Dass Motive wie Behauptungswille, Machtinteresse oder Wirkungskalkül in der Wissenschaft gleichfalls eine Rolle spielen, dürfte zwar zweifellos sein. Anders als in der Wirtschaft oder der Politik sind sie jedoch keine normativen Variablen, sondern gelten als sachwidrig und unerwünscht. Wer in einem digitalen Dienstleistungsunternehmen, einer Bank oder einem Chemiekonzern als ‹ehrgeizig› bezeichnet wird, ist mit dieser Zuschreibung durchaus nobilitiert; in der Wissenschaft kann sie dagegen diskreditierend wirken.

Daraus ergibt sich nun das entscheidende Problem der externen Steuerung der Wissenschaft. Festzuhalten ist, dass das Moment des Externen bereits dort beginnt, wo die Steuerungsinstanz ihrerseits sich der Geltung wissenschaftsimmanenter Qualitätskriterien entzieht. Schon Institutsdirektoren, Dekaninnen oder Rektoren und Präsidentinnen einer Universität sind in diesem Sinne der Wissenschaft fern. Selbst wenn man bedenkt, dass akademische Führungspositionen aus der Mitte der Fakultät mit Statusgleichen besetzt werden, entsteht eine Diskrepanz, die durch unterschiedliche Rollen bedingt ist. Wer aus der Wissenschaft in ein Leitungsamt wechselt, übernimmt auch eine andere Funktion im System. Er oder sie steuert die Wissenschaft nicht mehr durch deren Ausrichtung an Evidenzbasierung, Wahrheit und Validität, sondern mit Blick auf Geltungsinteresse, Beanspruchung institutionellen Vorrangs, Ressourcenoptimierung und öffentliche Wirksamkeit. Einen formal gemeinsamen Nenner bildet die Reputation, denn sie gilt im Rahmen der universitären Organisation als entscheidende Währung für die Entwicklung institutioneller Macht. Sie bleibt der einzige Sektor, in dem sich Wissenschaft in ihrer nach außen gekehrten Steuerungsseite (Status) und die universitäre Leitung mit ihrer Ausrichtung am Renommee von Personen oder Institutionen treffen. Allerdings ist die Analogie auch nur oberflächlich gegeben, da beide Systeme sich zwar auf dieselbe Kategorie berufen, aber sie unterschiedlich verwenden – in der Wissenschaft bedeutet die Reputation eine auf früheren Leistungen beruhende, nicht näher kommentierte und selten explizit markierte Zuschreibung, in der organisierten Institution Universität wird sie funktional, also absichtsvoll, zur Mehrung der Außenwirkung, zur Akquise von Drittmitteln, für bessere Ranking-Resultate und internationale Visibilität eingesetzt.[10]

Luhmanns scharfsinniger Trennung zwischen wissenschaftlicher und institutioneller Ratio lässt sich durchaus widersprechen, und zwar auf grundsätzlicher Ebene. Beginnen wir mit der einfachen Frage, was die Organisation der Wissenschaft durch die Universität überhaupt auszeichnet. Es sind vier zentrale Handlungsfelder, die vorrangige Bedeutung haben: 1. Ermöglichen, 2. Fördern, 3. Kombinieren, 4. Auswählen. Als Ermöglichungssystem bleibt die moderne Universität verpflichtet, die Vielfalt der Fächer mitsamt ihren Methoden und Theorien sicherzustellen, die für den Reichtum der Wissenschaft erforderlich ist. Das schließt die Berufung von Persönlichkeiten ein, die im Idealfall unterschiedlicher akademischer und kultureller Herkunft sein sollten. Die Diversität der Menschen und der wissenschaftlichen Formen entsteht nicht selbsttätig, sondern verlangt eine kluge institutionelle Politik von der Berufungsplanung bis zur Ausgestaltung der Stellenentwicklung jenseits der Professur. Als Fördersystem – der zweite Punkt – soll die organisierende Universität materielle und administrative Hilfsmittel für die bestmögliche Forschung und einen optimalen Unterricht bereithalten. Förderung ersetzt nicht ursprüngliche Motivation, steht also nicht in Widerspruch zu einem Basiswert der Wissenschaft. Förderung heißt Potentiale zu erschließen und Dynamik zu unterstützen. Die Erfahrung lehrt, dass auch bei hoher Einsatzbereitschaft Förderung sinnvoll und notwendig ist – sei es materiell, sei es infrastrukturell.

Das führt zum dritten Punkt: Als System gelebter Kombination von Individuen, Themen, Methoden und Fächern ist die erfolgreiche Universität ein Ort, an dem Menschen und Projekte zusammenkommen, die anderswo keine Chance dazu hätten. Die organisierende Universität sollte Begegnungsräume schaffen, die für überraschende Verbindungen und Allianzen sorgen. Mit diesem schon von Humboldt skizzierten Modell entsteht kreative, ungewöhnliche Forschung, mit ihm entwickeln sich neue Perspektiven auf Umwelt und Gesellschaft, verknüpfen sich diverse Methoden und Theorien. Das ist gerade angesichts wachsender Spezialisierung und fortschreitender Zellteilung großer Disziplinen unabdingbar. Weil Experten von immer weniger immer mehr wissen, bedarf es der Komplementarität als Prinzip und der Kombination als Korrektiv. Natürlich wird die Universität fachliche Allianzen nicht überall erfolgreich anbahnen können. In manchen Fällen dürften die Partner schwer zusammenpassen, in anderen Fällen die Fundamente für die Kollaboration zu schwach und schmal sein. Doch häufig wird die Annäherung auf dem Heiratsmarkt der Disziplinen und Themen gelingen. Und auch hier gilt wie bei der Diversität, dass die Selbststeuerung der Wissenschaft zwar gut funktioniert, aber eine geleitete Unterstützung der Projektfindung durchaus sinnvoll ist. Nicht jeder und jede kennt alle Optionen für interdisziplinäre Arbeit, die seine Universität bereithält. Genau dafür ist Führung, sind die Spitzen der Administration und die institutionell-organisatorischen Seiten des Universitätssystems zuständig.

Und schließlich viertens das Auswählen. Die Universität muss Prozesse anstoßen, die es erlauben, die leistungsfähigsten Bereiche weiter auszubauen und ein eindeutiges Profil auszubilden. Da dazu Vielfalt nötig ist, darf die Konzentration auf Stärken, die ja immer eine selektive Wirkung hat, nicht zur kompletten Streichung vermeintlich schwacher Fächer führen. Stattdessen sollte ein Anreiz- und Fördergefüge entstehen, das auch in die Krise geratenen Disziplinen, die unter mangelndem Studierendeninteresse oder geringer Forschungsaktivität leiden, wieder die Möglichkeit zum Aufschließen und Aufholen bietet. Generell gilt für die Universität, dass sie auf die Kraft der Differenzierung bauen muss, die aus der Pluralität ihrer disziplinären und individuellen Variablen erwächst. Gerade das erlaubt die oben beschriebene Kombination und stärkt die Vielfalt der Perspektiven. In einem Hochschulsystem, das durch Tendenzen zur Vereinheitlichung und Einebnung geprägt ist, weil globale Standards Anpassungsneigungen beschleunigen, sollten Universitäten mehr Offenheit für das Eigensinnige zeigen. Entscheidend bleibt die Fähigkeit zur Distinktion, die Profile schafft, ohne Diversität zu vernichten. Gegen die normative Fiktion eines einheitlichen Universitätstyps, den es in Deutschland spätestens seit dem Ende des 19. Jahrhunderts nicht mehr gibt, und gegen die eben genannte faktische Nivellierung durch Globalisierung müssen Hochschulen den Mut zur Spezifik aufbringen. Er schließt die Bereitschaft ein, auf die fachliche und thematische Allzuständigkeit, die auch eine Universität überfordert, grundsätzlich zu verzichten. Das ist allein deshalb schwierig, weil Universitäten, wie Peter Strohschneider treffend beschrieben hat, auf institutionelle Abweichungen des von ihnen sistierten Rollenmodells mit dem Entzug symbolischen Kapitals, also der Androhung von Reputationsverlust antworten.[11] Es geht daher neben der Organisation des Besonderen primär um die Beharrungskraft, das eigene Programm vor normativen, faktischen und pragmatischen Zumutungen zu schützen.

Lässt sich das Besondere überhaupt organisieren? Man könnte grundsätzlich annehmen, dass es hierbei eine tiefgreifende Diskrepanz zwischen den Zielen der Universität als Institution und denen der Wissenschaft gäbe. Wo die Institution, vertreten durch Rektorat bzw. Präsidium, Leistungssteigerung und Ressourceneffizienz anstrebt, geht es der Wissenschaft um Evidenzsteigerung und Theorieeffizienz im Sinne reduzierter Komplexität. Interessant ist nun allerdings die Tatsache, dass die Operationen der Universität als Organisationszentrum und die Operationen der modernen Wissenschaft selbst vielfach Überschneidungen und Ähnlichkeiten aufweisen. Die Quadriga von Ermöglichen, Fördern, Kombinieren und Auswählen spiegelt sich im System der Wissenschaft exakt wider. Ermöglichung ist für die Forschung ein entscheidender Modus, der Hypothesen, Experimente und Simulationen erst aktiviert. Ermöglichung im Wortsinn heißt, das nicht oder noch nicht Wirkliche zu ertüchtigen. Ermöglichung bedeutet, Mut zum Konjunktiv zu fassen, zur Annahme, zum Versuch. Ermöglichung ist Ausprobieren, Durchspielen, Testen – eine genuin wissenschaftliche Verfahrensweise. Dasselbe gilt für das Fördern, ohne das die Wissenschaft nicht auskommt. Vorrangig bezieht sich Förderung auf die Unterstützung junger Wissenschaftlerinnen und Wissenschaftler, auf die Absicherung und Fortsetzung der Generationenkette, die Forschung und Lehre eine Zukunft beschert. Gerade diese Aufgabe führt die Universität als Institution und die Wissenschaft als System unmittelbar zusammen. Förderung bedeutet aber auch, dass Chancen genutzt und Dynamiken erzeugt werden. Wissenschaft im modernen Sinn ist ein Kind der Aufklärung, denn sie betreibt progressives Denken, das die Welt verändert, indem es sie umbaut und neu gestaltet. Förderung ist also zugleich Beförderung des Unbekannten durch Entdeckungslust und Erkenntnishunger: wiederum ein *modus operandi* der Wissenschaft in ihrer ursprünglichen Form.[12]

Die dritte gemeinsame Operation wäre die der Kombination. Die Zusammenführung von Individuen, Denkhaltungen, Fächern und Methoden, die institutionell geboten ist, findet ihre Entsprechung in der wissenschaftlichen Technik des Mischens, Verbindens und Montierens von unterschiedlichen Theorien, Hypothesen und Beobachtungen. Diese Spielart der Kombinatorik erzeugt neue Formen des Denkens durch ungewöhnliche Allianzen und Synthesen. Sie bleibt unabdingbar für eine Wissenschaftspraxis, die nicht allein disziplinär verfahren darf, sondern sich von jeweils anderen Fächern belehren lassen soll. Das Kombinieren ist daher eine unverzichtbare Operation wissenschaftlicher Erkenntnis gerade im Bereich der Grundlagenforschung.[13] Sie manifestiert sich wiederum in den Vernetzungen der Arbeitsgebiete, die Universitäten institutionell ermöglichen. Durch das räumliche Bei-einander unterschiedlichster Fächer bieten sie höchstes (wenngleich nicht immer optimal genutztes) Potential für die Verknüpfung sehr diverser Fragestellungen und Methoden. Genau diese Funktion erlaubt es, die Universitäten mit Armin Nassehi als «Laboratorien gesellschaftlicher Veränderungen» zu definieren – als Orte, die durch die Produktion von Wissen in vielfältigsten Verbindungen weitreichende Transformationen des sozialen Systems einleiten.[14]

Die vierte und schwierigste operative Kategorie, die Organisation und Wissenschaft gleichermaßen kennzeichnet, bildet die der Auswahl. Es ist offenkundig, dass heutzutage sowohl die Wissensproduktion als auch die Wissensbewertung eine urteilende und selektierende Leistung verlangen, die über die Erfordernisse eines einfachen Rezeptionsprozesses hinausgehen. Bis zur Epoche der Renaissance war das akademische Studium auf die Lektüre einer sehr überschaubaren Zahl kanonischer Texte konzentriert, die wieder und wieder gelesen wurden. Weder die empirische Sammlung von Daten noch die Simulation von Naturvorgängen im Experiment spielten für die gelehrte Erkenntnis eine Rolle. Mit der beschleunigten Zunahme der Wissensbestände, wie sie sich am Beginn der Neuzeit vollzog, ging die Notwendigkeit einher, eine wachsende Menge von Quellen und Informationen zu bewältigen. Die großen abendländischen Systementwürfe der europäischen Aufklärung von Descartes bis Kant lassen sich nicht zuletzt als Versuche definieren, diese Vielzahl durch eine kohärente Methode zu bewältigen und Wissen über Urteils- bzw. Reflexionstheorien zu organisieren. In unserer postmodernen Gesellschaft, deren Wissensbestände sich alle zehn Jahre annähernd verdoppeln, geht es verstärkt auch darum, wie man unüberschaubarer Informationsmassen Herr wird. Die *scientific community* bringt heute 180 000 Zeitschriften hervor, in denen jährlich 2,4 Millionen Artikel erscheinen.[15] Wikipedia versammelt weltweit knapp 50 Millionen Artikel, das Vieltausendfache eines vierzigbändigen Lexikons in der Printversion. Wer diese stetig wachsende Flut bewältigen will, um eigene wissenschaftliche Erkenntnisse zu gewinnen, benötigt Organisationsfähigkeit, Auswahlkompetenz und Urteilsvermögen – sämtlich Qualitäten, die auch im Management von Bedeutung sind.[16] Managementausrichtung ist heute für eine Hochschulleitung ebenso erforderlich wie für den einzelnen Wissenschaftler, der sich mit Daten und Texten befasst. Sie bildet nicht den Kern wissenschaftlicher Tätigkeit – das zu behaupten wäre absurd –, aber doch eine ihrer operativen Voraussetzungen.[17]

Die Differenz zwischen einem Universitätspräsidium mit Lenkungsaufgaben und einem Wissenschaftler, der seine Erkenntnisse durch Auswahlentscheidungen zu sichern hat, ist mithin geringer, als es zunächst den Anschein haben mag. Dass hier auch Grenzen des Vergleichbaren liegen, bleibt offenkundig. Während die Universitätsleitung Auswahl als Priorisierung von Disziplinen begreift – zumeist solchen, die erfolgreich Drittmittel einwerben –, kann die Wissenschaft nichts zu derartiger Selektion beitragen. Es gehört gerade zu ihren Grundsätzen, dass sie keine Hierarchie der Fächer begründet vertritt. Die Auswahl gehorcht also einem ähnlichen, bloß in der Zielrichtung unterschiedlichen *modus operandi*, den die Wissenschaften zur Sicherung ihrer spezialisierten Urteilskraft, Leitungen aber im Dienst einer rationalen Effizienzsteigerung einsetzen.

Die organisierte Universität soll ermöglichen, fördern, kombinieren und auswählen. Sie kann sich dabei auf vergleichbare, jedoch in der Zweckbestimmung voneinander abweichende Operationen im Wissenschaftssystem selbst stützen. Dabei geht es keineswegs um Zwangsbeglückung in Funktionsprogrammen oder schematischen Fünfjahresplänen. Ein modernes Universitätsmanagement muss mehr leisten, als grundlegende Ziele für eine strategische Generalausrichtung der Institution zu formulieren. Es sollte gemeinschaftliche Identität durch Enthusiasmus, ein begeisterndes intellektuelles Profil, überzeugende Leitideen und Teilhabe an institutionellen Strategien fördern. Es hat nicht zuletzt die Kommunikationsräume zu schaffen, in denen Wissenschaft und akademische Lehre ihre besten Möglichkeiten entfalten. Zu den vorzüglichen Aufgaben des Hochschulmanagements gehört die Sicherung dessen, was man universitäre Gemeinschafts- und Wissenskultur nennen kann. Das schließt die Bereitschaft ein, Hochschulmitgliedern die nötigen Freiheiten zum Denken zu bieten, statt sie bürokratisch zu verengen.

Derartiges zu verwirklichen ist keineswegs einfach, weil es Rollenwidersprüche erzeugen kann. Typisch für die Situation einer modernen

Hochschulleitung bleibt der Spagat zwischen Gremiendebatten und Strategie, Transparenz und Vertraulichkeit, Verständigung und Dezision. Einerseits verlangt die Idee der Universität offenen Diskurs und Rechtfertigung von Beschlüssen, andererseits klar geregelte Verantwortlichkeit und Strukturen, die Umsetzungsfähigkeit sichern. In diesem Sinne haben moderne Hochschulen, die sich durch Organisationsautonomie auszeichnen, teil an einer generell paradoxen Konstellation, die sich hier nochmals zuspitzt. Denn die Partizipation an Entscheidungsprozessen, die viele Mitglieder einer Universität erwarten, verschärft die Wahrscheinlichkeit, dass durch die jeweils getroffene Dezision nicht nur Hoffnungen enttäuscht, sondern zugleich Interessen verletzt werden. Diese gleichsam systemimmanente Grundspannung lässt sich nicht überwinden, da die Universitätsleitung sowohl den Anspruch auf Teilhabegerechtigkeit als auch die Forderung nach Handlungsfähigkeit befriedigen muss.[18]

Die einzige Chance zur produktiven Lösung des hier bezeichneten Gegensatzes besteht darin, Konsensstreben und Steuerung im Gestaltungsprozess durch die Abfolge von Abstimmung und Dezision zu verbinden. Beide müssen sich ergänzen, weil sonst schwere Risiken drohen. Denn eine Bemühung um gemeinsamen Diskurs ohne die Bereitschaft zur Entscheidung führt zu Opportunismus und Bewegungslosigkeit, während eine autoritäre Verordnungsstruktur ohne Absicherung über kommunikative Verfahren in die Kälte und Erstarrung eines selbstbezüglichen Machtapparates mündet. Am Ende bedeutet die hier erforderliche komplementäre Praxis eine fast schon dialektische Übung, die gelingen, aber auch scheitern kann. Der Abstimmungsprozess ist nicht als beliebig offenes Gespräch, sondern im Hinblick auf eine spätere Dezision zu gestalten; und in der Dezision muss stets der vorausgehende Abstimmungsprozess als Hintergrundelement mitgeführt werden. Konsens ist zu erarbeiten, jedoch so, dass der anfängliche Dissens mit den dazugehörigen unterschiedlichen Positionen nie ganz in Vergessenheit gerät.

Die Ziele der Wissenschaft und die der organisierten Universität widersprechen sich, wo sie divergierenden Wertkategorien dienen. Beide Systeme erstreben voneinander abweichende Formen der Rationalität, Evidenz und Effizienz.[19] Beide Systeme definieren aber auch Freiheit anders; die Institution bestimmt sie als Freiheitsermöglichung mit dem Ziel der Reputations- und Wirkungssteigerung, die Wissenschaft begreift sie als Selbstzweck, der ihrem Tun inhärent ist. Vergleichbar dagegen sind die operativen Verfahren, die beide Systeme einsetzen. Durch diese Koinzidenz entsteht eine rationale Chance zur Synchronisierung von Organisation und Freiheitsanspruch. Universitäten können Wissenschaft institutionell ordnen, ohne ihren Autonomiewillen zu verletzen. Sie können sie sogar besser machen, indem sie ihre Optionen durch die Kombination von Methoden und Themen erweitern. Der Ort, an dem die ursprünglich unwahrscheinliche Vereinigung von selbstbestimmter Wissenschaft und lenkender Organisation durch einander ähnelnde operative Techniken stattfindet, ist die erfolgreiche Universität. Allein der Universität gelingt es, das Zugleich von Eigensteuerung und Organisation der Wissenschaft über die Vielfalt der Fächer, die Freiheit von Lehre bzw. Forschung und die Diversität der sie betreibenden Persönlichkeiten zu verwirklichen. Genau daher ist die Universität nicht nur *ein* System, das Wissenschaft in ihrer ganzen Bandbreite möglich macht, sondern *das* Organisationszentrum der Wissenschaft schlechthin.[20]

Fazit

Das Buch hat eine Reihe von Fragen aufgeworfen, die zu konkreten Antworten und Diagnosen führten. Sie sollen hier noch einmal in zwei großen Blöcken mit systematischen Schwerpunkten zusammentreten. Vorrangig geht es um genaue Handlungsfelder unter Bezug auf die gegebene Situation und die Veränderungserfordernisse für eine bessere Zukunft, die erkannt, aber dann auch umgesetzt werden müssen. Bei der thematischen Struktur der Antworten fällt auf, dass sich bestimmte Leitmotive wiederholen. Sie betreffen die Organisation des Universitätsbetriebs, das strategische Selbstverständnis und das komplizierte Verhältnis von Expansion und Konzentration seiner Kernbereiche.

Die erste Frage lautet: Wofür stehen heute Deutschlands Universitäten? Ohne Zweifel für eine gediegene wissenschaftliche Qualität, Spitzenforschung durch intellektuellen Reichtum und Fächervielfalt, für eine wachsende Verbesserung der akademischen Lehre, die Bereitschaft zur Veränderung, klugen Ressourceneinsatz und starken Pragmatismus. Seit der Jahrtausendwende haben die Universitäten, oft unter den widrigen Bedingungen der Mittelkürzung, ihre Aufgabenfelder kontinuierlich erweitert und zugleich ihre Leistungskraft in zentralen Funktionsbereichen gesteigert. Die permanente Ausdehnung der Verpflichtungen führte also weder zur Qualitätsreduktion noch zum Zusammenbruch des Systems. Ermöglicht wurde diese keineswegs selbstverständliche Konstellation dadurch, dass die Universitäten ihre organisatorischen und im weiteren Sinne akademischen Kapazitäten optimiert haben.

Die hohe Leistungsdichte offenbart sich in den zentralen Handlungsfeldern geradezu exemplarisch. In der Forschung sind deutsche Universitäten europaweit führend und weltweit absolut konkurrenzfähig, als Partner für außeruniversitäre Spitzeninstitute und die Wirtschaft gleichermaßen attraktiv, wachsend erfolgreich bei der Drittmittelgewinnung, der Einwerbung renommierter Preise und der Förderung ihres akademischen Nachwuchses. Gleichzeitig haben sie im Bereich angewandter Wissenschaften, des Transfers und der Interaktion mit der

Gesellschaft (*third mission*) deutlich mehr Wirksamkeit als früher entfaltet. Die Lehre, oft ein Waisenkind des akademischen Betriebs, gewinnt zunehmende Aufmerksamkeit und erhält durch die Digitalisierung neue Impulse. Dass die Anstrengungen auf diesem Feld nicht fruchtlos geblieben sind, verraten die Ergebnisse der jüngsten Evaluationen, die eine wachsende – wenngleich keine erschöpfende – Zufriedenheit der Studierenden mit dem universitären Unterricht, einschließlich seiner durch die Corona-Krise erstmals breit erprobten virtuellen Praxis, belegen.

Zu den klassischen Feldern sind zahlreiche neue Aufgaben getreten, und auch hier bleibt festzuhalten, dass die Universitäten sie überzeugend erledigen, ohne anderes zu vernachlässigen. Sie entwickeln dichte Beratungsnetzwerke im Studienbereich, informieren die Öffentlichkeit, betreiben eine immer vielfältiger werdende Wissenschaftskommunikation, sorgen für eine nachhaltige Campuskultur und wachsende Internationalisierung ihrer Mitglieder, fördern – mit noch nicht ausreichenden Effekten – Frauen in allen Stadien der wissenschaftlichen Karriere und ermöglichen jungen Menschen forschungsbasierte Unternehmensgründungen. Sämtliche dieser Aktivitäten evaluieren sie regelmäßig, indem sie ihre Leistungsdaten analysieren und die Erreichung ihrer strategischen Ziele überprüfen. Viel Zeit investieren die Universitäten in die kritische Selbstbeobachtung, die ihnen von staatlicher und privater Seite, von Wirtschaft und Gesellschaft, Politik und Gemeinwesen gleichemaßen auferlegt wird.

Um etliche Bereiche und Aspekte unseres Universitätssystems steht es besser als oft vermutet oder behauptet wird. Zu den Besonderheiten des deutschen Hochschulmodells gehört die staatliche Alimentierung, die einen fairen, weitgehend kostenfreien Zugang zum Studium ermöglicht; zu ihnen zählt auch die Gewinnung internationaler Studierender und Forschender, ohne dass sich damit ausschließlich ein nationaler Interessenegoismus verbindet, wie das in den USA oder England oftmals der Fall ist. Bemerkenswert und längst nicht mehr selbstverständlich bleibt auch der Schutz der Disziplinenvielfalt und der Erhalt kleiner Fächer, zumal im Rahmen der Geisteswissenschaften. Generell lässt sich konstatieren, dass die Wissenschaftspolitik auf Länder- und Bundesebene im Grundsatz viel Verständnis für die Bedürfnisse der Universitäten zeigt. Die Vermeidung jener rein utilitaristischen Ansprüche, mit denen Hochschulen in den meisten Staaten konfrontiert werden, macht eine besondere Qualität des deutschen Systems aus. Dass es dafür globale Anerkennung findet, ist auch den Spezialisten kaum wirklich bewusst. Das Gefühl, schlechter zu sein als andere, gehört zu den eigentümlichen Aspekten des universitären Selbstbildes, das hierzulande gepflegt wird. Es ist aber in seiner Bescheidenheit durchweg sympathischer als die Arroganz, mit der sich anderswo akademische Institutionen zu inszenieren pflegen.

Die deutschen Universitäten werden getrieben von unterschiedlichsten Zielsetzungen und Erwartungen. Sie wachsen und erweitern sich permanent, ohne dass über Sinn und Zweck dieser quantitativen Dynamik hinreichend nachgedacht wird. Dabei unterliegen die Universitäten widersprüchlichen Anforderungen: Expansion und Konzentration sollen sie gleichermaßen leisten, Auswahl und Vielfalt ermöglichen, Exzellenz und Bandbreite parallel sicherstellen, Führung und Teilhabe im selben System organisieren. Oftmals schaffen die Universitäten die Quadratur des Kreises, indem sie, wie kompromisshaft auch immer, derartige Gegensätze verbinden. Die Kehrseite solcher Synthesen ist ein Mangel an Profilstärke, der fehlende Glanz der akademischen Kultur, ja strategische Phantasielosigkeit. Unsere Universitäten überraschen nur selten; was sie über ihre Mission sagen, klingt auswechselbar und unoriginell. Dass das einen verbreiteten Trend im weltweiten Hochschulsystem widerspiegelt, macht das Problem nicht kleiner.

Die an diesen Befund gekoppelte zweite Frage lautet: Was müssen die Universitäten verbessern? Sie sollten ihre Profile schärfen, damit Komplementarität entsteht und Kooperation noch wirksamer wird. Der Mut zur Differenzierung fehlt in unserem Universitätssystem, zum Nachteil des großen Ganzen. Institutionenpezifische Unterscheidungen nach Studierendenzahl, Fächerspektrum und disziplinärer Ausrichtung spielen eine zu geringe Rolle im Gesamtgefüge. Statt strikter Differenzierung herrscht Nivellierung, mit ihr eine Anpassung an allgemeine Standards ohne den Mut zum Besonderen. Die Grenzen zwischen den einzelnen Universitäten verschwimmen vielfach, weil man sich keiner Herausforderung entziehen und in jedem Wettbewerb erfolgreich sein möchte. Dabei gilt auch für Universitäten, dass nicht alle alles können.

Unsere Universitätslandschaft ist durch verteilte Kräfte, durch distribuierte Exzellenz geprägt. Das bildet ihre besondere Qualität, die aber nur dann zum Ausgangspunkt für Spitzenleistungen wird, wenn man sie in gemeinsamer Aktivität zwischen unterschiedlichen Institutionen nutzt. Noch immer leben Universitäten und außeruniversitäre Einrichtungen trotz verbesserter Kooperationskultur in getrennten Regelkreisen und Organisationsstrukturen. Wenn neben die wachsende Zahl gemeinsamer Arbeitsvorhaben eine größere Bereitschaft zur synchronisierten Entwicklung von Personal und Infrastruktur tritt, dürfte sich das Prinzip der verteilten Exzellenz als auch international interessantes Leistungsmodell mit Vorbildfunktion für andere Länder ausweisen. Aber die Hürden, die hier zu überwinden sind, bleiben hoch. Denn weiterhin leiden die Beziehungen zwischen Universitäten und Einrichtungen der Max-Planck-, der Helmholtz- oder Leibniz-Welt unter der Tendenz zum institutionellen Egoismus. Das sollte sich ändern, damit die verteilte Exzellenz nicht zur Schwächung des Gesamtsystems, sondern zu seiner Stärkung beiträgt.

Unbedingt müssen die Universitäten mehr tun, um Spitzenleistungen ihrer Studierenden besser zu fördern. Aus guten Gründen investieren sie finanzielle Mittel und intellektuelle Ressourcen zur Unterstützung der Schwächeren, derjenigen, die Probleme mit dem Lehrpensum haben, deren soziale Herkunft den Einstieg erschwert oder Barrieren anderer Art erzeugt. Daneben aber sollten die Universitäten zielgerichtet auf eine originelle, anregende und nachhaltige Förderung der Hochbegabten setzen, damit diese ihnen nicht, wie in der Vergangenheit häufig, ins Ausland verlorengehen. Beiden Aufgaben werden sie am besten gerecht, indem sie eine möglichst große Diversität ihrer Mitglieder anstreben. Dass Deutschland hier hinter anderen Nationen zurücksteht, ist offenkundig. Wir benötigen Universitäten, die mehr Menschen unterschiedlicher Herkunft über die einzelnen Stationen einer akademischen Laufbahn fördern.

Für die Verbesserung der Lage unserer Universitäten müssen auch Staat und Gesellschaft einen Beitrag erbringen. Am wichtigsten ist fraglos das Vertrauen in bisherige Leistungen. Die Bilanz der letzten 20 Jahre kann sich sehen lassen. Aus ihr sollte sich die Erkenntnis ableiten, dass Universitäten nicht permanent evaluiert werden müssen, um gut zu funktionieren. Der Verzicht auf kleinteilige Überprüfung und Kontrolle ist lebensnotwendig für ein Klima der intellektuellen Entdeckungslust, Experimentierfreude und Wagnisbereitschaft. Wenn die Universitäten mehr Ruhe und mehr Förderkontinuität jenseits nervöser Projekt-und Programmzyklen mit stets wechselnden Rahmenbedingungen erhalten, dann werden sie auch größere Innovationsleistungen vollbringen. In der Tat soll der Staat die Strategieprozesse an den Hochschulen durch eine gemeinsame Festlegung von Zielen und Zwecken des Gesamtsystems vorantreiben. Er darf, ja muss verlangen, dass die Universitäten sich regelmäßig der Frage nach ihrer gesellschaftlichen Funktion stellen. Allerdings wird diese Frage zuweilen Antworten provozieren, die politisch nicht immer opportun sind. Etwa die, dass die Expansion des Universitätswesens kaum so fortschreiten kann, wie das über Jahrzehnte der Fall war; und dass Qualitätssteigerung und Wachstum – bei geringfügig angehobenen Budgets – einen inneren Widerspruch bilden. Diesen Widerspruch aufzulösen muss das vorrangige Ziel einer wirklich inhaltsreichen Strategiediskussion an den deutschen Universitäten sein. Es wäre schon ein Erfolg, wenn man sie endlich mit der gebotenen Ehrlichkeit beginnen könnte.

Unsere Universitäten haben seit dem Anfang der hochschulpolitischen Debatten der sechziger Jahre, mit deren Dokumentation dieses Buch einsetzte, eine weitreichende Metamorphose durchlaufen. Sie waren einem ständigen Reform- und Anpassungsprozess, Veränderungsschüben, Erweiterungserfordernissen, Umsteuerungszwängen und wechselnden Leistungserwartungen unterworfen. Aus den großen Zyklen dieser Umbauvorgänge kam eine komplett veränderte Institution hervor. Eine Universität der Vielen, nicht der Eliten, eine Universität der internationalen Begegnung, nicht der nationalen Egozentrik, eine Universität der Aufgabenpluralität, nicht des Elfenbeinturms, eine Universität der Offenheit, nicht der Exklusivität. Wenn diese Universität mit einer guten Mischung aus Pragmatik und Programmehrgeiz an ihrem eigenen Anspruch arbeitet, kann sie nicht verlorengehen, sondern nur gewinnen im Strom des Wandels, dem Institutionen wie Individuen unterliegen.

Anmerkungen

Einleitung

1 Wissenschaftsrat, Perspektiven des deutschen Wissenschaftssystems, Köln 2013, S. 28.

2 Der im Untertitel verwendete Begriff der «Lage», der ursprünglich aus dem militärischen Diskurs stammt, birgt eine reiche topische Geschichte, auf die Ulrich Raulff in seiner Antrittsrede als Direktor des Deutschen Literaturarchivs hingewiesen hat (Ulrich Raulff, Zur Lage, in: Jahrbuch der deutschen Schillergesellschaft 49 [2005], S. 569–577). Gerade die Kombination aus geographisch, politisch und militärisch eingefärbten Bedeutungen macht den Begriff der Lage, der im Kern eine Metapher ist, auch für das Thema dieses Buchs attraktiv. Denn die deutsche Universität wird, wie sich zeigen lässt, durch institutionelle ‹Lagen› ebenso wie durch Konflikt- und Kampfkonstellationen geprägt, die in ihrer Geschichte immer wieder auftraten. Nicht zuletzt impliziert die Analyse der ‹Lage› Hinweise auf eine Zukunft, deren erfolgreiche Gestaltung von der ‹Gelegenheit› der Institution – also ihrer Lage im Wortsinn – abhängt.

3 Einzelne Artikel gingen in die Argumentation des Buchs ein, wurden jedoch durchweg überarbeitet und verändert, so dass ein genauer Nachweis der Erstpublikation unterbleiben konnte.

I. Die permanente Reform.
Umbau der Universität seit 1960

1. Am Rande einer Bildungskatastrophe

1 Generelle Einbettung dieses Komplexes bei Walter Rüegg, Themen, Probleme, Erkenntnisse, in: Geschichte der Universität in Europa, hg. v. Walter Rüegg. Band IV: Vom Zweiten Weltkrieg bis zum Ende des 20. Jahrhunderts, München 2010, S. 17–41, S. 30.

2 Helmut Schelsky, Einsamkeit und Freiheit. Idee und Gestalt der deutschen Universität und ihrer Reformen, Reinbek b. Hamburg 1963, S. 49.

3 Helmut Schelsky, Einsamkeit und Freiheit, S. 49.

4 Helmut Schelsky, Einsamkeit und Freiheit, S. 272 f.

5 Karl Jaspers u. Kurt Rossmann, Die Idee der Universität. Für die gegenwärtige Situation entworfen, Heidelberg 1961, S. 4. Es handelt sich um die stark überarbeitete dritte Fassung einer bereits 1923 bzw. 1946 unter demselben Titel veröffentlichten Schrift. Die von Jaspers' Schüler Kurt Rossmann stammende Studie über die Bedeutung der Humboldtschen Universitätsidee für die Gegenwart bildete eine Art Separatum im zweiten Teil und ergänzte erst die 1961 erschienene Ausgabe.

6 Karl Jaspers u. Kurt Rossmann, Die Idee der Universität, S. 4 f.

7 Karl Jaspers u. Kurt Rossmann, Die Idee der Universität, S. 5.

8 Karl Jaspers u. Kurt Rossmann, Die Idee der Universität, S. 6.

9 Helmut Schelsky, Einsamkeit und Freiheit, S. 207 ff.

10 Helmut Schelsky, Einsamkeit und Freiheit, S. 277.
11 Helmut Schelsky, Einsamkeit und Freiheit, S. 308.
12 Georg Picht, Die deutsche Bildungskatastrophe, München 1965, S. 21.
13 Georg Picht, Die deutsche Bildungskatastrophe, S. 36.
14 Georg Picht, Die deutsche Bildungskatastrophe, S. 63 f.
15 Georg Picht, Die deutsche Bildungskatastrophe, S. 120.
16 Georg Picht, Die deutsche Bildungskatastrophe, S. 115 f.
17 Georg Picht, Die deutsche Bildungskatastrophe, S. 133.
18 Jürgen Habermas, Ludwig v. Friedeburg, Christoph Oehler u. Friedrich Weltz, Student und Politik. Eine soziologische Untersuchung zum politischen Bewußtsein Frankfurter Studenten, Neuwied am Rhein u. Berlin 1967 (zuerst 1961), S. 9. Nach heutigem Methodenverständnis ist die empirische Basis der Studie für Verallgemeinerungen zu schmal. Sie ergab jedoch ein Bild, das sich durch andere Arbeiten bestätigen ließ. Standardwerk hier vor allem Helmut Schelsky, Die skeptische Generation. Eine Soziologie der deutschen Jugend, Düsseldorf u. Köln 1957, bes. S. 84 ff. (Definition).
19 Helmut Schelsky, Die skeptische Generation, S. 88.
20 Helmut Schelsky, Die skeptische Generation, S. 451.
21 Helmut Schelsky, Die skeptische Generation, S. 451 ff.
22 Jürgen Habermas, Ludwig v. Friedeburg, Christoph Oehler u. Friedrich Weltz, Student und Politik, S. 248.
23 Ralf Dahrendorf, Bildung ist Bürgerrecht. Plädoyer für eine aktive Bildungspolitik, Hamburg 1965, S. 45.
24 Ralf Dahrendorf, Bildung ist Bürgerrecht, S. 48.
25 Ralf Dahrendorf, Bildung ist Bürgerrecht, S. 150.
26 Vgl. die unter der Formel «Bildung durch Wissenschaftskritik» laufende Würdigung dieser Periode bei André Kieserling, Selbstbeschreibung und Fremdbeschreibung. Beiträge zur Soziologie soziologischen Wissens, Frankfurt/M. 2004, S. 244 ff.
27 Wiederabgedruckt in: Jürgen Habermas, Protestbewegung und Hochschulreform, Frankfurt/M. 1969, S. 83 ff.
28 Jürgen Habermas, Die Idee der Universität – Lernprozesse, in: J. H., Eine Art Schadensabwicklung. Kleine politische Schriften VI, Frankfurt/M. 1987, S. 71–99, S. 77.
29 Ralf Dahrendorf, Bildung ist Bürgerrecht, S. 111. Abdruck der unter dem Titel *The Idea of the Multiversity* am 1. März 1963 gehaltenen Harvard-Rede in: Clark Kerr, The Uses of the University. With 1994 Commentaries on Past Developments and Future Prospects, Cambridge/Ms. 1995, bes. S. 27 ff.
30 Ralf Dahrendorf, Bildung ist Bürgerrecht, S. 111.
31 Dazu Otto Hüther u. Georg Krücken, Higher Education in Germany. Recent Developments in an International Perspective, Heidelberg, New York 2018, S. 134 f.

2. Studium, neu gedacht

1 Jürgen Mittelstraß, Die unzeitgemäße Universität, Frankfurt/M. 1994, S. 180 ff.; Richard Münch, Die akademische Elite. Zur sozialen Konstruktion wissenschaftlicher Exzellenz, Frankfurt/M. 2007, S. 301; Heinz-Elmar Tenorth, Lebensform und Lehrform – oder: Die Reformbedürftigkeit der Humboldtschen Universität, in: Die Wirklichkeit der Universität. Rudolf Stichweh zum 60. Geburtstag, hg. v. Jürgen Kaube u. Johannes Schmidt, Stuttgart 2010, S. 341–355.
2 Hans-Ulrich Wehler, Deutsche Gesellschaftsgeschichte. Fünfter Band (Bundesrepublik und DDR 1949–1990), München 2008, S. 382.
3 Forciert wurde dieser Prozess nicht nur in Berlin durch die Ermordung des Studenten Benno Ohnesorg am 2. Juni 1967. Während der folgenden Wochen wuchs bei

den Studierenden in ganz Deutschland die Bereitschaft zu hochschulpolitischem Engagement erheblich. Vgl. Uwe Bergmann u. a., Rebellion der Studenten oder Die neue Opposition, Reinbek b. Hamburg 1968, bes. S. 30 ff.

4 Knut Nevermann, Von der Rebellion zur revolutionären Opposition, in: Revolution gegen den Staat? Die außerparlamentarische Opposition – die neue Linke. Eine politische Anthologie, hg. v. Hans Dollinger, Bern, München, Wien 1968, S. 50–58, S. 51.

5 Vgl. zum Kontext Edward Shils u. John Roberts, Die Übernahme europäischer Universitätsmodelle, in: Geschichte der Universität in Europa, Bd. III, S. 145–196.

6 Karl Jaspers, Die Idee der Universität (1946), in: Gesamtausgabe, hg. im Auftrag der Heidelberger Akademie der Wissenschaften und der Akademie der Wissenschaften zu Göttingen v. Thomas Fuchs, Jens Halfwassen u. Reinhard Schulz in Verbindung mit Anton Hügli, Kurt Salamun u. Hans Saner, Basel 2016 ff., Bd. I/21, S. 103–202, S. 164.

7 Thomas Finkenstädt, Die Universitätslehrer, in: Geschichte der Universität in Europa. Bd. IV, S. 153–188, S. 157.

8 Niklas Luhmann, Perspektiven für die Hochschulpolitik, in: N. L., Universität als Milieu. Kleine Schriften, hg. v. André Kieserling, Bielefeld 1992, S. 80–89, S. 80 f.

9 Beschluss der Regierungschefs von Bund und Ländern zur Sicherung der Ausbildungschancen vom 4. November 1977. Vgl. dazu Roland Bloch, Flexible Studierende? Studienreform und gesellschaftliche Praxis, Leipzig 2009, S. 51 ff.

10 Vgl. hier exemplarisch Paul Mikat u. Helmut Schelsky, Grundzüge einer neuen Universität. Zur Planung einer Hochschulgründung in Ostwestfalen, Gütersloh 1966, S. 38 f.

11 Dazu Konrad H. Jarausch, Das Humboldt-Syndrom: Die westdeutschen Universitäten 1945–1989. Ein akademischer Sonderweg, in: Mythos Humboldt. Vergangenheit und Zukunft der deutschen Universitäten, hg. v. Mitchell G. Ash, Wien u. a. 1999, S. 58–79.

12 Richard Münch, Die akademische Elite, S. 300 ff.

13 Sozialerhebungen des Deutschen Studentenwerks von 1973 bzw. 1982; vgl. Hans-Ulrich Wehler, Deutsche Gesellschaftsgeschichte. Fünfter Band, S. 381 f.

14 Statistisches Bundesamt, Fachserie 11.4.1. Der Frauenanteil stieg bis 2002 auf 47,4 Prozent und stagniert seitdem knapp unterhalb der 50 Prozent.

15 Bis heute stehen wir hierzulande im internationalen Vergleich schlecht, wenn es um die Förderung von Kindern aus bildungsbenachteiligten Familien geht, wie die OECD-Berichte regelmäßig zeigen.

16 Vgl. Markus Steinmayr, Konstanz als Mythos und Kippfigur, in: Frankfurter Allgemeine Zeitung v. 5. 8. 2020.

17 Ähnlich erging es neuen Elementen wie dem Fernstudium, das seit 1966 durch das Frankfurter Funkkolleg ermöglicht wurde. Die Gründung der Fernuniversität Hagen im Jahr 1974 blieb ein einmaliger Akt.

18 Dazu auch Ulrich Treichler, Der Berufsweg der Studierenden, in: Geschichte der Universität in Europa, Bd. IV, S. 282–328, S. 314 f.

3. Politisierung und Massenbetrieb

1 Klaus Heinrich, Zur Geistlosigkeit der Universität heute, in: die tageszeitung v. 30. 6. 1987.

2 Götz Aly, Unser Kampf 1968 – ein irritierter Blick zurück, Frankfurt/M. 2008, S. 130.

3 Jürgen Habermas, Demokratisierung der Hochschule – Politisierung der Wissenschaft?, in: J. H., Theorie und Praxis, Frankfurt/M. 1971, S. 376–385, hier S. 379. Vgl. auch Peter Weingart, Die Stunde der Wahrheit? Zum Verhältnis der Wissen-

schaft zu Politik, Wirtschaft und Medien in der Wissensgesellschaft, Weilerswist 2001, S. 18.

4 Vgl. Niklas Luhmann, Wabuwabu in der Universität, in: N.L., Universität als Milieu, S. 30–48, S. 35 f.

5 Jürgen Mittelstraß, Die unzeitgemäße Universität, S. 14.

6 Jürgen Habermas, Protestbewegung und Hochschulreform, S. 127.

7 Hans Magnus Enzensberger, Ein Gespräch über die Zukunft mit Rudi Dutschke, Bernd Rabehl und Christian Semler, in: Kursbuch 14, S. 146–174, S. 164. Die hier dokumentierte Diskussion fand im ausgehenden Winter 1968 statt; wenige Wochen später, am 11. April 1968, wurde Dutschke bei einem Attentat, an dessen Spätfolgen er im Dezember 1979 starb, schwer verletzt.

8 Kurt Sontheimer, Die Universität als Modell für die Demokratie, in: Revolution gegen den Staat?, hg. v. Hans Dollinger, S. 60–62, S. 62.

9 Innerhalb weniger Jahre vollzog sich damit ein Wandel von der unpolitischen Generation der fünfziger Jahre zur radikalen Politisierung aller Diskurse; vgl. zum Ausgangspunkt die Befunde bei Jürgen Habermas, Ludwig v. Friedeburg, Christoph Oehler u. Friedrich Weltz, Student und Politik, S. 147 ff.

10 Dazu aus der Perspektive des ehemaligen Aktivisten und Frankfurter AStA-Vorsitzenden: Wolfgang Kraushaar, Fortschritt, Bildung und Demokratie. Die Massenuniversität im Zeichen der Gesellschaftskritik von 1968, in: Die Idee der Universität heute, hg. v. Ulrich Sieg u. Dietrich Korsch, München 2005, S. 73–84.

11 Hier ist Jochen Hörisch zu widersprechen, der die These vertritt, während der späten sechziger Jahre habe sich ein «hochpassionierter Liebeskampf um die Universität» zugetragen. In den Gremiendebatten und Aktionen dieser Zeit ging es jedoch um die Institution nur insofern, als sie ein soziales System mit Vorbildcharakter für eine neue Gesellschaft sein sollte. Eine primär auf die Hochschule bezogene Position – im Sinne der Statussicherung – verfolgten zu dieser Zeit nur die liberal-konservativen professoralen Gruppen. Vgl. Jochen Hörisch, Die ungeliebte Universität. Rettet die Alma Mater!, München, Wien 2006, S. 19.

12 Vgl. hier Albrecht Schöne, Erinnerungen, Göttingen 2020, S. 271 ff.

13 So geschehen am 5. Juni 1972; vgl. James F. Tent, The Free University of Berlin. A Political History, Indiana University Press 1988, S. 398 f.; aus Sicht eines ehemaligen SDS-Aktivisten: Bernd Rabehl (in Zusammenarbeit mit Helmut Müller-Enbergs), Am Ende der Utopie. Die politische Geschichte der Freien Universität Berlin, Berlin 1988, S. 362 ff.

14 Vgl. hier die sehr instruktive, auch die Vorgeschichte gründlich recherchierende Studie von Nikolai Wehrs, Protest der Professoren. Der «Bund Freiheit der Wissenschaft» in den siebziger Jahren, Göttingen 2014, S. 263 ff.

15 Innerhalb des liberalen Lagers kam es dabei zu einer gewissen Spaltung: Radikalisierung bei Jüngeren, Ausrichtung an Rechts- und Normkategorien bei Älteren; so schon die Analyse von Oskar Negt, Studentischer Protest – Liberalismus – «Linksfaschismus», in: Kursbuch 13 (1968), S. 179–189, S. 181.

16 Exemplarisch hier Ernst Fraenkel, jüdischer Emigrant, Rückkehrer nach Deutschland, Professor für Politikwissenschaft an der Freien Universität, ein Liberaler klassischer Prägung, der mit der Neuen Linken in massive Konflikte geriet; vgl. dazu Götz Aly, Unser Kampf 1968, S. 131 ff. Fraenkel war auch das Vorbild für den Protagonisten eines mit fiktiven Dokumentarelementen arbeitenden Films, den Dieter Meichsner und Rolf Hädrich 1969 unter dem Titel *Alma Mater* an der Freien Universität Berlin drehten.

17 Pierre Bourdieu, Homo academicus. Übers v. Bernd Schwibs, Frankfurt/M. 1988 (= Homo academicus, 1984), S. 242.

18 Vgl. dazu Nikolai Wehrs, Protest der Professoren, S. 361 ff.; Svea Koischwitz, Der Bund Freiheit der Wissenschaft 1970–1976. Ein Interessenverband zwischen Studentenbewegung und Hochschulreform, Köln, Weimar, Wien 2017, S. 388 ff.

19 Bundesverfassungsgericht: Beschluss des Ersten Senats vom 29. Mai 1973 auf die mündliche Verhandlung vom 5. bis 7. Dezember 1972; BvR 424/71 u. 325/72, Abs.147.

20 Glänzende Bestätigung, in: Der Spiegel 23/1973, S. 30–32, S. 32.

21 Vgl. Christine Burtscheidt, Humboldts falsche Erben. Eine Bilanz der deutschen Hochschulreform, Frankfurt a. M., New York 2010, S. 83 ff.

22 Zur Organisationsentwicklung Otto Hüther u. Georg Krücken, Higher Education in Germany, S. 133 ff.

23 Horst Albert Glaser (Hg.), Hochschulreform und was nun? Berichte – Glossen – Perspektiven, Frankfurt/M., Berlin, Wien 1982, S. 8. Vgl. Christine Burtscheidt, Humboldts falsche Erben, S. 103 ff.

24 Jürgen Mittelstraß, Die unzeitgemäße Universität, S. 54 ff.; Niklas Luhmann, 1968 – und was nun?, in: N. L., Universität als Milieu, S. 147–155; Dieter Lenzen, Dazugelernt. Beiträge aus einem Jahrzehnt der Bildungsreform 2000 bis 2010, Wiesbaden 2014, S. 253 f.

25 Christoph Markschies, Was von Humboldt noch zu lernen ist. Aus Anlass des zweihundertjährigen Geburtstags der preußischen Reformuniversität, Berlin 2010, S. 45 (mit dem Zusatz, dass auch das neoliberale Erstarken der Hochschulleitungen nicht zwangsläufig der Weisheit letzter Schluss sei).

26 Niklas Luhmann, Erfahrungen mit Universitäten. Ein Interview, in: N. L., Universität als Milieu, S. 110–125, S. 110.

27 Hans-Ulrich Wehler, Deutsche Gesellschaftsgeschichte. Fünfter Band, S. 383 f.

28 Sehr anschaulich dazu: Peter Glotz, Die Innenausstattung der Macht. Politisches Tagebuch 1976–1978, München 1979, S. 160 ff.

29 Dietrich Schwanitz, Der Campus, Frankfurt/M. 1995, S. 36.

30 Zur Funktion von Dekadenz- und Krisenmetaphern bei der Beschreibung der Hochschule Anja Eberl-Steinhübel, Modernisierungsfalle Universität. Wege zur Selbstfindung einer eigensinnigen Institution, München, Mering 2011, S. 20 f.

4. Nach der Wende

1 Wissenschaftsrat, Perspektiven für Wissenschaft und Forschung auf dem Weg zur deutschen Einheit. Zwölf Empfehlungen. Drucksache 9847/90, S. 2.

2 Wissenschaftsrat, Perspektiven für Wissenschaft und Forschung auf dem Weg zur deutschen Einheit, S. 13; als Planungshorizont galt dabei zunächst der Zeitraum zwischen 1991 und 1995.

3 Wissenschaftsrat, Perspektiven für Wissenschaft und Forschung auf dem Weg zur deutschen Einheit, S. 37. – Vgl. hier im Rückblick Manfred Prenzel, 25 Jahre Wiedervereinigung in Wissenschaft und Forschung. Erinnerungen – Erfahrungen – Erwartungen, Köln 2015, S. 4 f. Zur Forschung über das erste Jahrzehnt nach der Wende vgl. Peer Pasternack, Hochschule & Wissenschaft in SBZ/DDR/Ostdeutschland 1945–1995. Annotierte Bibliographie für den Erscheinungszeitraum 1990–1998, Weinheim 1999.

4 Vgl. dazu Ariane Brill, Von der «Blauen Liste» zur gesamtdeutschen Wissenschaftsorganisation. Die Geschichte der Leibniz-Gemeinschaft, Leipzig 2017, S. 34 f.

5 So die Formulierung des damaligen Max-Planck-Präsidenten Hans Zacher, in: Wüste. Kritik an der DDR-Wissenschaft, Frankfurter Allgemeine Zeitung v. 21. 6. 1990. Vgl. Ariane Brill, Von der «Blauen Liste» zur gesamtdeutschen Wissenschaftsorganisation, S. 36.

6 Für die Beispiele der Universität Leipzig und der Humboldt-Universität zu Berlin vgl. die genauen Analysen von Peer Pasternack, «Demokratische Erneuerung». Eine universitätsgeschichtliche Untersuchung des ostdeutschen Hochschulumbaus 1989–1995, Weinheim 1999, S. 85 ff., 193 ff.

7 Gerhard Maeß, Allzu konsequente Anpassung. Universitäten – Auf- und Umbau ohne institutionelle Abwicklung, in: Zehn Jahre danach. Zur Entwicklung der Hochschulen und Forschungseinrichtungen in den neuen Ländern und Berlin. Dokumentation des gemeinsamen Symposions von Wissenschaftsrat, Stifterverband und VolkswagenStiftung am 8. u. 9. Februar 2002 im Berliner Rathaus, hg. v. Stifterverband für die Deutsche Wissenschaft, Essen 2002, S. 24–28, S. 24.

8 Peer Pasternack, Demokratische Erneuerung und Kolonialisierung. Prüfung zweier Klischees, in: Ostprofile. Universitätsentwicklungen in den neuen Bundesländern, hg. v. Alfons Söllner u. Ralf Walkenhaus, Opladen, Wiesbaden 1998, S. 146–173, S. 146, 153 f.

9 Kritisch hier Peer Pasternack, Demokratische Erneuerung und Kolonialisierung. Prüfung zweier Klischees, in: Ostprofile, hg. v. Alfons Söllner u. Ralf Walkenhaus, S. 146–173, S. 150 f.; ders., «Demokratische Erneuerung», S. 56 ff.

10 Noch im Januar 1992 hatte Dieter Simon, der damalige Vorsitzende des Wissenschaftsrates, in einer Pressemitteilung betont, dass zumindest die außeruniversitären Forschungseinrichtungen in den Neuen Bundesländern eigenständige Strukturen ausbilden sollten. Für die Hochschulen galt dieses Prinzip, zumindest auf politischer Ebene, von Anfang an nicht. Vgl. Ariane Brill, Von der «Blauen Liste» zur gesamtdeutschen Wissenschaftsorganisation, S. 37.

11 Vgl. Helmut de Rudder, The Transformation of East German Higher Education: Renewal as Adaptation, Integration and Innovation, in: Minerva 35 (1997), No 2, S. 99–125.

12 Vgl. Wissenschaftsrat, Empfehlungen zur künftigen Struktur der Hochschullandschaft in den neuen Ländern und im Ostteil von Berlin – Teil I. Köln 1992.

13 Aus Sicht des Wissenschaftsrats die Bilanz von Hans-Jürgen Block, Die Realität im Blick. Die Neugestaltung der Hochschulen – Prinzipien und Ergebnisse, in: Zehn Jahre danach. Zur Entwicklung der Hochschulen und Forschungseinrichtungen in den neuen Ländern und Berlin, S. 14–18.

14 Auf 130000 Studierende kamen an den Hochschulen der DDR im Frühherbst 1990, kurz vor der Wiedervereinigung, 38 900 Professuren und Mittelbaustellen; vgl. Christine Burtscheidt, Humboldts falsche Erben, S. 88.

15 Jürgen Mittelstraß, Die unzeitgemäße Universität, S. 120.

16 Peer Pasternack (Hg.), Kurz vor der Gegenwart. 20 Jahre zeitgeschichtliche Aktivitäten am Institut für Hochschulforschung Halle-Wittenberg (HoF) 1996–2016, Berlin 2017, S. 191 ff. – Es gab dabei durchaus Ausnahmen, wie etwa die Technische Universität Dresden zeigte, wo zahlreiche Lehrstuhlpositionen von früheren Oberassistenten der jeweiligen Institute besetzt wurden.

17 Hans-Jürgen Block, Die Realität im Blick. Die Neugestaltung der Hochschulen – Prinzipien und Ergebnisse, in: Zehn Jahre danach. Zur Entwicklung der Hochschulen und Forschungseinrichtungen in den neuen Ländern und Berlin, S. 14–18, S. 15.

18 Vgl. Uwe Schlicht, «Die Universität trug leider nichts zur Wende bei». Das schwierige Erbe der DDR: Der Umbruch nach 1989 verlief an ostdeutschen Hochschulen oft nur zögerlich, in: Der Tagesspiegel v. 29. 9. 2010.

19 Nachzulesen in der Studie des Centrums für Hochschulentwicklung: Universitätsleitung in Deutschland, Gütersloh 2019. Seit Sommer 2020 gibt es zumindest eine Präsidentin bzw. einen Präsidenten an der Spitze einer bundesdeutschen Universität (Cottbus, Frankfurt/M.), die in der DDR geboren wurden.

20 Jürgen Mittelstraß, Unverzichtbar, schwer kontrollierbar. Die Strukturkommission – Alibi oder zeitgemäßes Instrument der Hochschulpolitik, in: Zehn Jahre danach. Zur Entwicklung der Hochschulen und Forschungseinrichtungen in den neuen Ländern und Berlin, S. 29–32, S. 30.

21 Zur kontroversen Einschätzung der an der Akademie geleisteten Arbeit Wolfgang Thierse, Forschungspolitik und deutsche Einheit, in: Vereinheitlicht? Die deutschdeutsche Wissenschaftslandschaft – Chancen und Herausforderungen, hg. v. Edelgard Bulmahn, Münster 1997, S. 33–38. Vgl. Ariane Brill, Von der «Blauen Liste» zur gesamtdeutschen Wissenschaftsorganisation, S. 36 ff.

22 Der Wissenschaftsrat veranschlagte 1990 einen Bedarf von jährlich 700 Millionen DM, was für den Zeitraum bis 2006 5,6 Milliarden Euro bedeutet hätte. Vgl. Wissenschaftsrat, Perspektiven für Wissenschaft und Forschung auf dem Weg zur deutschen Einheit, S. 13.

23 Dirk Lewin u. Peer Pasternack, Die Struktur der ostdeutschen Hochschullandschaft. Entwicklungen des zurückliegenden Jahrzehnts, in: Stabilisierungsfaktoren und Innovationsagenturen. Die ostdeutschen Hochschulen und die zweite Phase des Aufbau Ost, hg. v. Peer Pasternack, Leipzig 2007, S. 31–48, S. 47.

24 Der Erfolg dieser Neugründungen spiegelt sich auch in kontinuierlich steigenden Drittmitteleinwerbungen; vgl. Gertraude Buck-Bechler, Hans-Dieter Schaefer u. Carl-Hellmut Wegemann (Hg.), Hochschulen in den neuen Ländern der Bundesrepublik Deutschland. Ein Handbuch zur Hochschulerneuerung, Weinheim 1997, S. 577 ff.

25 Dazu Karsten König u. Gunter Quaißer unter Mitarbeit v. Peggy Trautwein, Hochschulsteuerung und Entwicklungsplanung, in: Stabilisierungsfaktoren und Innovationsagenturen, hg. v. Peer Pasternack, S. 97–140, S. 99 ff.

26 Manfred Erhardt, Der Erneuerungsprozeß – Stärken und Schwächen, in: Zehn Jahre danach. Zur Entwicklung der Hochschulen und Forschungseinrichtungen in den neuen Ländern und Berlin, S. 6–9, S. 9.

27 Manfred Erhardt, Der Erneuerungsprozeß – Stärken und Schwächen, in: Zehn Jahre danach. Zur Entwicklung der Hochschulen und Forschungseinrichtungen in den neuen Ländern und Berlin, S. 6–9, S. 9.

28 Ältere Bestandsaufnahme zum Thema bei Mitchell G. Ash, Die Universitäten im Vereinigungsprozeß – «Erneuerung» oder Krisenimport, in: Mythos Humboldt, hg. v. Mitchell G. Ash, S. 105–135. Vgl. auch Peer Pasternack, Demokratische Erneuerung und Kolonialisierung. Prüfung zweier Klischees, in: Ostprofile, hg. v. Alfons Söllner u. Ralf Walkenhaus, S. 146–173, bes. S. 155 ff. Knappe Bilanz: Hans Joachim Meyer, Nach 30 Jahren. Die ostdeutschen Hochschulen im Vereinigungsprozess, in: Forschung & Lehre 8/2020, S. 668–670.

29 Vgl. die bereits genannte Studie des Centrums für Hochschulentwicklung: Universitätsleitung in Deutschland, Gütersloh 2019.

30 So schon Johanna Wanka, Erfolgreich verpflanzt. Fachhochschulen als neuer Hochschultyp, in: Zehn Jahre danach. Zur Entwicklung der Hochschulen und Forschungseinrichtungen in den neuen Ländern und Berlin, S. 19–23, S. 22.

5. Neoliberale Revisionen

1 Jürgen Mittelstraß, Die unzeitgemäße Universität, S. 91. Dazu auch Odo Marquard, Einige Bemerkungen zum Gruppenverhalten in der Gruppenuniversität, in: Hochschulreform – und was nun?, hg. v. Horst Albert Glaser, S. 94–110.

2 Sämtliche dieser Topoi in: Jürgen Mittelstraß, Die unzeitgemäße Universität, S. 30 ff.

3 Dieter Simon, Die Universität ist verrottet, in: Der Spiegel 50/1991, S. 51–53, S. 53. Der spätere preußische Kultusminister Carl Hinrich Becker hatte 1919 erklärt, die

deutsche Universität sei ‹im Kern gesund› (C. H. B., Gedanken zur Hochschulreform, Leipzig 1919, S. 17). Vgl. Anja Eberl-Steinhübel, Modernisierungsfalle Universität, S. 20 f.

4 Peter Glotz, Im Kern verrottet? Fünf vor zwölf an Deutschlands Universitäten, Frankfurt/M. 1996, S. 19 ff.

5 Jürgen Mittelstraß, Die unzeitgemäße Universität, S. 56.

6 Peter Glotz, Im Kern verrottet?, S. 19 ff.

7 Peter Glotz, Im Kern verrottet?, S. 106 ff.

8 Michael Daxner, Die blockierte Universität. Warum die Wissensgesellschaft eine andere Hochschule braucht, Frankfurt/M. 1999, S. 26 ff., 40 ff., 55 ff.

9 Michael Daxner, Die blockierte Universität, S. 181.

10 Dorothee Kimmich u. Alexander Thumfart, Universität und Wissensgesellschaft. Was heißt Autonomie für die moderne Hochschule?, in: Universität ohne Zukunft?, hg. v. Dorothee Kimmich u. Alexander Thumfart, Frankfurt/M. 2004, S. 7–35, S. 9.

11 George Turner, Hochschule zwischen Vorstellung und Wirklichkeit. Zur Geschichte der Hochschulreform im letzten Drittel des 20. Jahrhunderts, Berlin 2001, S. 78 ff.

12 Vgl. Uwe Schimank, Festgefahrene Gemischtwarenläden – Die deutschen Hochschulen als erfolgreich scheiternde Organisationen, in: Die Krise der Universitäten. Sonderheft 20/2001 der Zeitschrift Leviathan, hg. v. Erhard Stölting u. Uwe Schimank, Opladen 2001, S. 223–242. Ebenso Daxners frühere Publikation: Ist die Uni noch zu retten? Zehn Vorschläge und eine Vision, Reinbek b. Hamburg 1996, bes. S. 45 ff. (zum Konkurrenzprinzip als Heilmittel gegen die institutionelle Erstarrung der Hochschulen).

13 Detlef Müller-Böling, Die entfesselte Hochschule, Gütersloh 2000, S. 123.

14 Detlef Müller-Böling, Die entfesselte Hochschule, S. 45.

15 Das wurde wenige Jahre später mit der Einführung der W-Besoldung realisiert.

16 Auflistung dieser Instrumente in: Wissenschaftsrat, Empfehlungen zur Hochschulgovernance, Köln 2018, S. 30 f.

17 Detlef Müller-Böling, Die entfesselte Hochschule, S. 124 f.

18 Detlef Müller-Böling, Die entfesselte Hochschule, S. 143 ff.

19 Detlef Müller-Böling, Die entfesselte Hochschule, S. 177 f.

20 Christine Burtscheidt, Humboldts falsche Erben, S. 124 ff.

21 Vgl. Georg Krücken, Die Transformation von Universitäten in Wettbewerbsakteure, in: Beiträge zur Hochschulforschung 39 (2017), Nr. 3/4, S. 10–29.

22 Vgl. Stefan Lange, Die neue Governance der Hochschulen. Bilanz nach einer Reform-Dekade, in: Hochschulmanagement 4 (2009), S. 87–97; Jörg Bogumil u. a., Zwischen Selbstverwaltungs- und Managementmodell. Umsetzungsstand und Bewertungen der neuen Steuerungsinstrumente in deutschen Universitäten, in: Neue Governance der Wissenschaft. Reorganisation – externe Anforderungen – Medialisierung, hg. v. Edgar Grande u. a., Bielefeld 2013, S. 49–71.

23 Der neoliberale Ansatz der Studienbeiträge folgt gleichfalls dem Modell der Organisationsautonomie; es geht darum, eine Finanzierung des Studiums über Steuern auch der Geringerverdienenden durch ein Modell zu ersetzen, bei dem nach (künftigem) Einkommen bemessen wird.

24 Generell hierzu Peter Weingart, Die Ökonomisierung der Wissenschaft, in: Zeitschrift für Geschichte der Wissenschaften, Technik und Medizin 16 (2008), Hft. 4, S. 477–484; Richard Münch, Unternehmen Universität, in: Aus Politik und Zeitgeschichte, Nr. 45, 2009, S. 10–16. Grundsätzlich Klaus Dörre u. Matthias Neis, Das Dilemma der unternehmerischen Universität. Hochschulen zwischen Wissensproduktion und Marktzwang, Berlin 2010. Sehr profund dazu Wilhelm Krull, Die vermessene Universität. Ziel, Wunsch und Wirklichkeit, Wien 2017, S. 31 ff.

25 Antonio Loprieno, Die entzauberte Universität. Europäische Hochschulen zwischen lokaler Trägerschaft und globaler Wissenschaft, Wien 2020 (2. Aufl. zuerst 2016), S. 15. Loprienos scharfsinnige Studie gehört zu den wenigen neueren Arbeiten zur Situation der Universität, die klare Analysen jenseits klassischer Sonntagsrhetorik bieten.

26 Wissenschaftsrat, Empfehlungen zur Hochschulgovernance, S. 5.

27 Klaus Dicke, Spieglein, Spieglein an der Wand. Chancen, Widersprüche und Neben-wirkungen des Wettbewerbs in der Wissenschaft, in: Wie wissenschaftsadäquat ist New Public Management? Erfahrungen und Perspektiven, hg. v. Michael Breitbach u. Hanns Seidler, Weimar 2016, S. 33–46. Sehr skeptisch hierzu Christine Burt-scheidt, Humboldts falsche Erben, S. 320 ff. Vgl. auch den exzellenten Beitrag von Margit Szöllösi-Janze, Archäologie des Wettbewerbs. Konkurrenz in und zwischen Universitäten in (West-) Deutschland seit den 1980er Jahren, in: Vierteljahrsschrift für Zeitgeschichte 2/2021, S. 241–276.

28 Diese Verknüpfung ignoriert die kritische Analyse von Richard Münch, Die aka-demische Elite, S. 297 ff. Sie bleibt an der Oberfläche, indem sie die Rhetorik der neoliberalen Exzellenzdefinition tadelt, ihre funktionale Umdeutung der Prinzipien Humboldts aber außer Acht lässt.

29 Philip G. Altbach, Global Perspectives on Higher Education, Baltimore 2016, S. 185 f.

30 Antonio Loprieno, Die entzauberte Universität, S. 37 ff.

31 Niklas Luhmann, Selbststeuerung der Wissenschaft, in: Jahrbuch für Sozialwissen-schaft 2/19 (1968), S. 147–170, S. 152.

32 Niklas Luhmann, Die Wissenschaft der Gesellschaft, Frankfurt/M. 1992 (zuerst 1990), S. 290 ff. (zur Autonomie der Wissenschaft).

33 Zur Wertdiskussion vgl. Donatelle della Porta, Progressive und regressive Politik im späten Neoliberalismus, in: Die große Regression. Eine internationale Debatte über die geistige Situation der Zeit, hg. v. Heinrich Geiselberger, Frankfurt/M. 2017, S. 57–76.

34 Sehr gute Gegenüberstellung der alten und neuen Universitätsidee anhand der Indi-katoren von Freiheit und Nützlichkeit bei Sibylle Reichert, Von neuer Macht und Ohnmacht an unseren Universitäten, in: Macht und Wissenschaft. Heilige Allian-zen und prekäre Verhältnisse, hg. v. Jürgen Mittelstraß u. Ulrich Rüdiger, Konstanz 2013, S. 73–88, S. 77 f.

35 Vgl. dazu Wolfgang Eßbach, Jenseits der Fassade. Die deutsche Bachelor-/Master-Reform, in: Die Illusion der Exzellenz. Lebenslügen der Wissenschaftspolitik, hg. v. Jürgen Kaube, Berlin 2010, S. 14–25; Jochen Hörisch, Die ungeliebte Universität, S. 48 ff.; Reinhard Brandt, Wozu noch Universitäten?, Hamburg 2011, S. 11 ff.; Dieter Lenzen, Bildung statt Bologna!, Berlin 2014, S. 7 f.; Wilhelm Krull, Die ver-messene Universität, S. 19 ff. Unter dem Aspekt der Überadministration: Stefan Kühl, Der Sudoko-Effekt. Hochschulen im Teufelskreis der Bürokratie. Eine Streit-schrift, Bielefeld 2012, S. 105 ff.

6. Drittmittel, Wettbewerbe, Evaluationen

1 Dazu Christine Burtscheidt, Humboldts falsche Erben, S. 92 f.

2 Zur Geschichte des «Paktes für Forschung und Innovation», der das ermöglichte, vgl. Ariane Brill, Von der «Blauen Liste» zur gesamtdeutschen Wissenschaftsorga-nisation, S. 87 ff.

3 Materialien der GWK, Hft. 68: Pakt für Forschung und Innovation. Monitoring-Bericht 2020, S. 104 f. Berücksichtigt man die eingeworbenen Drittmittel, so sind die Haushaltsvolumina nochmals erheblich höher: Helmholtz-Gemeinschaft 5 Mil-

liarden Euro, Max-Planck-Gesellschaft 1,86 Milliarden Euro, Leibniz-Gemeinschaft 1,9 Milliarden Euro, Fraunhofer-Gesellschaft 2,8 Milliarden Euro.

4 Institutionenübergreifend wuchs der Gesamtetat der vier großen außeruniversitären Forschungseinrichtungen zwischen 2005 und 2019 um 94 Prozent (Helmholtz-Gemeinschaft 104 Prozent, Max-Planck-Gesellschaft 101 Prozent, Leibniz-Gemeinschaft 68 Prozent, Fraunhofer-Gesellschaft 86 Prozent). – Quelle für die hier verwendeten Zahlen der Universitäten einschließlich der Universitätsmedizin (Zeitraum 2005 bis 2018): Sonderauswertung Statistisches Bundesamt aus der Fachserie 11, Reihe 4,5, vom 24.11.2020.

5 Genaues Zahlenverhältnis (2019): Bund 69,33 Prozent, Länder 29,41 Prozent; die restlichen 1,26 Prozent entfallen auf den Stifterverband der Deutschen Wissenschaft, Zuwendungen der Allgemeinen Forschungsförderung, der EU und des privaten Sektors.

6 Bezugsjahr ist 2019. Vgl. auch Otto Hüther u. Georg Krücken, Higher Education in Germany, S. 90.

7 Quelle: Sonderauswertung des Statistischen Bundesamts aus der Fachserie 11, Reihe 4.5, v. 25.11.2020.

8 Vgl. für eine Bestandsaufnahme den Band: Die Exzellenzinitiative: Zwischenbilanz und Perspektiven, hg. v. Stephan Leibfried für die Interdisziplinäre Arbeitsgruppe Exzellenzinitiative der Berlin-Brandenburgischen Akademie der Wissenschaften, Frankfurt am Main, New York 2010. Kritisch Jürgen Kaube, Exzellenz per Beschluss, in: Die Illusion der Exzellenz, hg. v. Jürgen Kaube, S. 82–89; ferner Michael Hartmann, Die Exzellenzinitiative und ihre Folgen, in: Leviathan 38/3 (2010), S. 369–387.

9 Vgl. dagegen Jürgen Kaube, Vorwort: Die falsche Reform, in: Die Illusion der Exzellenz, hg. v. Jürgen Kaube, S. 7–13, S. 8 («Exzellenz für viele» als falsches Versprechen).

10 Hierzu Heike Schmoll, Lob der Elite – Warum wir sie brauchen, München 2008, S. 96 ff.

11 Dem entgegenwirken möchte das vom Utrechter Studenten Stefan Gaillard und einigen seiner Kommilitonen im Jahr 2020 gegründete *Journal of Trial and Error*, das eine Plattform für die Diskussion über das Scheitern bei Forschungsprojekten und die daraus zu ziehenden Schlussfolgerungen etablieren will. Das am 31. Januar 2020 online gestellte *Manifesto for Trial and Error in Science*, das als Gründungsschrift formuliert wurde, konstatiert drei wesentliche Problemfelder, die das Thema auszeichnen: ein wissenschaftliches Leistungssystem der Entdeckung, des Durchbruchs und Erfolgs, das für Scheitern keinen Platz hat (1), die Diskrepanz zwischen dem, was publiziert wird, und dem, was im Forschungsalltag wirklich geschieht (2), und das Dilemma empirischer Evidenz durch die ‹Krise der Replikation›, also das Problem, dass zahlreiche Studien nur einmalige Ergebnisse dokumentieren, die nicht wirklich im Experiment wiederholbar nachgewiesen werden können (3) (https://www.jtrialerror.com/the-manifesto-for-trial-and-error-in-science/).

12 Pierre Bourdieu, Homo academicus, S. 142.

13 So bereits 2004 Frank Meier u. Uwe Schimank, Neue Steuerungsmuster an den Universitäten: Mögliche Folgen für die geisteswissenschaftliche Forschung, in: Universität ohne Zukunft?, hg. v. Dorothee Kimmich u. Alexander Thumfart, S. 97–123, S. 107. Vgl. Wilhelm Krull, Die vermessene Universität, S. 46 f.

14 Zu den markt- und wettbewerbsorientierten Aspekten des Innovationsbegriffs vgl. Antonio Loprieno, Die entzauberte Universität, S. 69 ff.

15 Immanuel Kant, Der Streit der Fakultäten (1798), in: Werkausgabe, hg. v. Wilhelm Weischedel, Frankfurt/M. 1977, Bd. XI, S. 279.

16 Margit Osterloh u. Bruno S. Frey, Das *Peer-Review-System* auf dem ökonomischen Prüfstand, in: Die Illusion der Exzellenz, hg. v. Jürgen Kaube, S. 65–73.

17 Vgl. Antonio Loprieno, Die entzauberte Universität, S. 66 f.

18 Es zeigt sich damit die Paradoxie des Wettbewerbs, der Distinktionen gleichzeitig verlangt und verhindert. Das offenbart auch die Grenzen des gern hergestellten Bezugs zum Sport, wo Leistungsdaten qua Vergleich eine eindeutige Stufung ermöglichen. Die Wissenschaft folgt glücklicherweise dieser Logik nicht, nutzt aber statt dessen ein inkonsequentes Wettbewerbsmodell, das ausschließlich positiv distinguiert. – Vgl. zur Kritik am Exzellenzbegriff als Marketinginstrument Jürgen Kaube, Vorwort: Die falsche Reform, in: Die Illusion der Exzellenz, hg. v. Jürgen Kaube, S. 7–13.

19 Grundlegend Stefan Hornbostel, (Forschungs-)Evaluation, in: Handbuch Wissenschaftspolitik, hg. v. Dagmar Simon, Andreas Knie, Stefan Hornbostel und Karin Zimmermann, Wiesbaden 2016, S. 1–18.

20 Albrecht Koschorke, Wissenschaftsbetrieb als Wissenschaftsvernichtung. Einführung in die Paradoxologie des deutschen Hochschulwesens, in: Universität ohne Zukunft?, hg. v. Dorothee Kimmich u. Alexander Thumfart, S. 142–157, S. 155.

21 Jürgen Habermas, Protestbewegung und Hochschulreform, S. 116.

22 Dazu gehört auch der Umstand, dass wir weltweit eine florierende Hochschulforschung betreiben, die Daten für ihre Arbeit benötigt. Nicht wenige der hier beklagten Evaluationen sind Teil eines empirisch angelegten Forschungsprozesses, der, soll er solide Ergebnisse zeitigen, Material braucht. Vgl. dazu Uwe Wilkesmann, Methoden der Hochschulforschung, Weinheim u. Basel 2019, S. 11 ff.

23 Antonio Loprieno, Die entzauberte Universität, S. 115 ff.

24 Vgl. Wilhelm Krull, Die vermessene Universittät, S. 28 f.

25 Vgl. Axel Freimuth, Vertrauenswürdige Wissenschaft: Alternativlosigkeit, Impact und andere Verführungen, in: Vom Umgang mit Fakten. Antworten aus Natur-, Sozial- und Geisteswissenschaften, hg. v. Günter Blamberger, Axel Freimuth u. Peter Strohschneider, Paderborn 2018, S. 99–110.

26 Kritisch hier Richard Münch, Die akademische Elite, bes. S. 232 ff. Münch vertritt die These, dass die Forschungsleistungen deutscher Universitäten weniger differenzierbar und hierarchisch abgrenzbar seien, als es Rankings und Ratings suggerierten. Die hohe Reputation einzelner Hochschulen beruhe auf einem netzwerkartigen System von Seilschaften, auf symbolischem Kapital und geschickter Beeinflussung der Evaluationsprozesse. Erfolgreich bei der Drittmitteleinwerbung seien vor allem jene Universitäten, die über entsprechende Verbindungen zu Gutachtern und Kommissionen verfügten. Faktisch lägen die Hochschulen im Hinblick auf ihre Leistungskraft näher beieinander, als es der Exzellenzwettbewerb oder andere kompetitive Verfahren vermuten ließen.

27 Skeptische Bilanz bei Wilhelm Krull, Bildung und Wettbewerb, in: Bildung? 26 Thesen zur Bildung als Herausforderung im 21. Jahrhundert, hg. v. Andreas Schlüter u. Peter Strohschneider, Berlin 2009, S. 195–209, S. 206.

28 Dieter Imboden (Hg.), Internationale Expertenkommission zur Evaluation der Exzellenzinitiative. Endbericht, Januar 2016, S. 44 f. Die Kommission setzte sich mit diesem Postulat nicht durch, und die Exzellenzförderung blieb bis heute vor allem auf die Bewertung des Neuen gestützt, weniger auf die *past merits*.

29 Wilhelm Krull, Die vermessene Universität, S. 35 ff.

30 Dass es bisweilen öffentlich diskutierte Beispiele für Fehlentscheidungen gibt, spricht nicht gegen die Erfolgsbilanz des Systems. Was sich dagegen wirklich ändern muss, ist das Zeitmanagement bei akademischen Beschlussvorgängen. Wenn Berufungsverfahren im Durchschnitt immer noch ein Jahr und länger dauern, so

hat das weniger mit Qualitätsssicherung als mit Entscheidungsangst und Bequemlichkeit der beteiligten Akteure zu tun. Hier ist unbedingt eine Beschleunigung der Prozesse erforderlich.

31 Vgl. auch Christoph Markschies, Was von Humboldt noch zu lernen ist, S. 193. Vgl. Peter Strohschneider, Zumutungen. Wissenschaft in Zeiten von Populismus, Moralismus und Szientokratie, Hamburg 2020. S. 229 f. Dort die Unterscheidung zwischen der Szientokratie als institutionalisierter Form der Wissenschaftsorganisation mit eigenen Zielsetzungen, Funktionalisierungen sowie politischen Setzungen und der Wissenschaft als Haltung, Methode und Verfahren.

32 Dass Organisationen keine «Ideen mehr verkörpern», wie Habermas meint, ist so nicht zutreffend, denn in ihnen lebt häufig eine normativ-regulative Vorstellung, die ihr Handeln auf ein allgemeines, gewünschtes Ziel verpflichtet. Vgl. Jürgen Habermas, Die Idee der Universität – Lernprozesse, in: J. H., Eine Art Schadensabwicklung, S. 74.

II. Zwischen Anarchie und Steuerung.
Die Universität als schwierige Institution

1. Was von Humboldt bleibt

1 Vgl. Jürgen Habermas, Die Idee der Universität – Lernprozesse, in: J. H., Eine Art Schadensabwicklung, S. 8.

2 Adolf v. Harnack, Denkschrift zur Begründung von Forschungsinstituten (1909), in: Idee und Wirklichkeit einer Universität. Dokumente zur Geschichte der Friedrich-Wilhelms-Universität zu Berlin, hg. v. Wilhelm Weischedel in Zusammenarbeit mit Wolfgang Müller-Lauter und Michael Theunissen, Berlin 1960, S. 446–456.

3 Vgl. Rüdiger vom Bruch, Langsamer Abschied von Humboldt? Etappen deutscher Universitätsgeschichte 1810–1945, in: Mythos Humboldt, hg. v. Mitchell G. Ash, S. 29–57; Sylvia Paletschek, Die Erfindung der Humboldtschen Universität. Die Konstruktion der deutschen Universitätsidee in der ersten Hälfte des 20. Jahrhunderts, in: Historische Anthropologie, Nr. 2, 2002, S. 183–205.

4 Vgl. hier zum internationalen Vergleich Uwe Schimank u. Markus Winnes, Jenseits von Humboldt? Muster und Entwicklungspfade des Verhältnisses von Forschung und Lehre in verschiedenen Hochschulsystemen, in: Die Krise der Universitäten, hg. v. Erhard Stölting u. Uwe Schimank, S. 295–325.

5 Karl Jaspers u. Kurt Rossmann, Die Idee der Universität, S. 177.

6 Peter Glotz in: Der Tagesspiegel v. 21. 3. 1978.

7 Kurt Reumann, Verdunkelte Wahrheit, in: Frankfurter Allgemeine Zeitung v. 24. März 1986.

8 Jürgen Mittelstraß, Die unzeitgemäße Universität, S. 26. Dem Verfasser ist diese Diagnose so wichtig, dass er sie an mehreren Stellen wortgleich wiederholt (S. 48, 103). Vgl. auch Jürgen Mittelstraß, Die Häuser des Wissens, S. 232 ff. Ähnlich Richard Münch, Die akademische Elite, S. 299 f.

9 Jacques Derrida, Die unbedingte Universität. Aus dem Französischen v. Stefan Lorenzer, Frankfurt/M. 2001 (= L'université sans condition), S. 16 ff.

10 Jacques Derrida, Die unbedingte Universität, S. 19 f.

11 Vgl. Rudolf Stichweh, Wissenschaft, Universität, Professionen. Soziologische Analysen, Bielefeld 2013 (Neuaufl., zuerst 1994), S. 222.

12 Typisch hier André Kieserling, Die Wirklichkeit der Humboldt-Rhetorik oder Was

soll aus den Studenten werden, in: Die Illusion der Exzellenz, hg. v. Jürgen Kaube, S. 26–37. Zutreffender bleibt dagegen die Einschätzung des Politikwissenschaftlers Alfons Söllner, der Humboldts Konzept als Gradmesser dafür versteht, wie stark sich die Universitätslandschaft seit dem 19. Jahrhundert verändert hat (Alfons Söllner, Gibt es ein besonderes Reformpotential in den ostdeutschen Universitäten?, in: Ostprofile, hg. v. Alfons Söllner u. Ralf Walkenhaus, S. 10–37, S. 37).

13 So Jürgen Habermas, Die Idee der Universität – Lernprozesse, in: J. H., Eine Art Schadensabwicklung, S. 91 ff.

14 Anders hier Luhmann, der Humboldts Ansatz einer ‹pädagogisch wirkenden Forschung› (so die sehr knappe Definition) für gescheitert hält; Niklas Luhmann, Perspektiven für die Hochschulpolitik, in: N. L., Universität als Milieu, S. 80–89, S. 82. Positiver urteilt Luhmann dann in seinen Erinnerungen an die eigene Lehrtätigkeit, wie er sie in einem Interview mit André Kieserling und Rudolf Stichweh zu Protokoll gibt (N. L., Universität als Milieu, S. 105 f.).

15 Vgl. hierzu Christoph Markschies, Was von Humboldt noch zu lernen ist, bes. S. 7 ff.

16 Vgl. Heinz-Elmar Tenorth, ‹Mythos Humboldt› – die große Erzählung über die Tradition der deutschen Universität und ihre Funktion und Geltung, in: Intuition und Institution. Kursbuch Horst Bredekamp, hg. v. Carolin Behrmann u. a., Berlin 2012, S. 69–82.

17 Wilhelm v. Humboldt, Über die innere und äußere Organisation der höheren wissenschaftlichen Anstalten in Berlin (1809 oder 1810), in: Idee und Wirklichkeit einer Universität, hg. v. Wilhelm Weischedel, S. 193–202.

18 Zur Einheit von Lehre und Forschung auch Rudolf Stichweh, Wissenschaft, Universität, Professionen, S. 199 ff.

19 Wilhelm v. Humboldt, Über die innere und äußere Organisation der höheren wissenschaftlichen Anstalten in Berlin (1809 oder 1810), in: Idee und Wirklichkeit einer Universität, hg. v. Wilhelm Weischedel, S. 193–202, S. 199.

20 Friedrich Wilhelm Joseph Schelling, Vorlesungen über die Methode (Lehrart) des akademischen Studiums (1803). Auf der Grundlage des Textes der Ausgabe von Otto Weiß mit Einleitung und Anmerkungen und einer Beilage ‹Schellings philosophisches Testament› neu hg. v. Walter E. Ehrhardt, Hamburg 1990, S. 22 f.

21 Friedrich Wilhelm Joseph Schelling, Vorlesungen über die Methode (Lehrart) des akademischen Studiums (1803), S. 12.

22 Friedrich Daniel Schleiermacher, Gelegentliche Gedanken über Universitäten in deutschem Sinn. Nebst einem Anhang über eine neu zu errichtende (1808), in: Idee und Wirklichkeit einer Universität, hg. v. Wilhelm Weischedel, S. 106–192, S. 137.

23 Karl Jaspers u. Kurt Rossmann, Die Idee der Universität, S. 74.

24 Friedrich Daniel Schleiermacher, Gelegentliche Gedanken über Universitäten in deutschem Sinn. Nebst einem Anhang über eine neu zu errichtende (1808), in: Idee und Wirklichkeit einer Universität, hg. v. Wilhelm Weischedel, S. 106–192, S. 137.

25 So vermisst man in der einflussreichen Schrift Schelskys Hinweise auf das dritte Prinzip, obgleich des Öfteren von der sozialen Dimension der Humboldtschen Reform die Rede ist (H. S., Einsamkeit und Freiheit, S. 67 ff.).

26 Wilhelm v. Humboldt, Über die innere und äußere Organisation der höheren wissenschaftlichen Anstalten in Berlin (1809 oder 1810), in: Idee und Wirklichkeit einer Universität, hg. v. Wilhelm Weischedel, S. 193–202, S. 193.

27 Jürgen Habermas, Die Idee der Universität, in: J. H., Eine Art Schadensabwicklung – Lernprozesse, S. 74.

28 Wilhelm v. Humboldt, Über die innere und äußere Organisation der höheren wissenschaftlichen Anstalten in Berlin (1809 oder 1810), in: Idee und Wirklichkeit einer Universität, hg. v. Wilhelm Weischedel, S. 193–202, S. 194.

29 Vgl. Rudolf Stichweh, Der frühmoderne Staat und die moderne Universität. Zur Interaktion von Politik und Erziehungssystem im Prozeß ihrer Ausdifferenzierung (16.-18. Jahrhundert), Frankfurt/M. 1991, S. 15.

30 Johann Gottfried Herder, Ideen zur Philosophie der Geschichte der Menschheit (1784–1791), in: Werke. Bd. III/1, hg. v. Wolfgang Pross, München 1982, S. 827.

31 Wilhelm v. Humboldt, Über die innere und äußere Organisation der höheren wissenschaftlichen Anstalten in Berlin (1809 oder 1810), in: Idee und Wirklichkeit einer Universität, hg. v. Wilhelm Weischedel, S. 193–202, S. 195.

32 Man kann von einer «staatlich organisierten Wissenschaftsautonomie» sprechen (Jürgen Habermas, Die Idee der Universität – Lernprozesse, in: J. H., Eine Art Schadensabwicklung, S. 81).

33 Wilhelm v. Humboldt, Über die innere und äußere Organisation der höheren wissenschaftlichen Anstalten in Berlin (1809 oder 1810), in: Idee und Wirklichkeit einer Universität, hg. v. Wilhelm Weischedel, S. 193–202, S. 198, 196.

34 Friedrich Daniel Schleiermacher, Gelegentliche Gedanken über Universitäten in deutschem Sinn. Nebst einem Anhang über eine neu zu errichtende (1808), in: Idee und Wirklichkeit einer Universität, hg. v. Wilhelm Weischedel, S. 106–192, S. 111.

35 Friedrich Wilhelm Joseph Schelling, Vorlesungen über die Methode (Lehrart) des akademischen Studiums (1803), S. 23.

36 Welche Konsequenzen das für den Hochschulalltag in der Mitte des 19. Jahrhunderts hatte, beleuchtet sehr prägnant der biografische Erfahrungsbericht des Amerikaners Henry Adams, der im Wintersemester 1858/59 an der Linden-Universität in Berlin studierte. Der junge Mann erlebt einen sturen Paukbetrieb, monotone Vorlesungen, gedankenlos mitschreibende Studenten und einen weitreichenden Mangel an intellektueller Brillanz. Von der humboldtschen Idee ist die Realität des akademischen Unterrichts meilenweit entfernt. Vgl. Henry Adams, The Education of Henry Adams, Blacksburg 2008 (zuerst 1906 als Privatdruck), S. 54 f. – Für den Hinweis auf diesen Text danke ich Christian Tauch (Bonn).

37 Vgl. Christoph Markschies, Was von Humboldt noch zu lernen ist, bes. S. 15 ff. (mit wichtigen Hinweisen auf Filiationen zwischen Humboldt und Schleiermacher).

38 Das betonte bereits Ende der sechziger Jahre Jürgen Habermas, Protestbewegung und Hochschulreform, S. 119 f.

39 Vgl. Heinz-Elmar Tenorth, Bildung und Wissenschaft – Brauchen wir noch die Universität? In: Die Idee der Universität – revisited, hg. v. Norbert Ricken, Hans-Christoph Koller u. Edwin Kleiner, Wiesbaden 2013, S. 45–62, ferner Christine Burtscheidt, Humboldts falsche Erben, S. 405 ff.

40 Diese Entwicklung wurde nach Protesten und kritischer Selbstreflexion in den Jahren ab 2009 durch eine punktuelle Reform der Reform ansatzweise korrigiert.

41 So auch Antonio Loprieno, Die entzauberte Universität, S. 151.

42 Dieses unter Bezug auf Walter Erhart, Die Managerin und der Mönch – Über die Zukunft unserer Bildungsanstalten, in: Universität ohne Zukunft? hg. v. Dorothee Kimmich u. Alexander Thumfart, S. 124–141.

43 In rein funktionaler Hinsicht ist Freiheit allerdings keine Bedingung für wissenschaftliche Innovation. Dass auch Regulierung wissenschaftliche Leistungen erzeugen kann, zeigt das Beispiel Chinas. Die Frage bleibt nur, wie lange ein System der staatlich organisierten Forschungssteuerung sich zu halten vermag, wenn die in ihm tätigen Menschen durch Arbeitsphasen im Ausland Erfahrungen mit den Möglichkeiten akademischer Freiheit machen. Insofern ist die Internationalisierung der Wissenschaft auch ein Prüfstein für die Beharrungskraft des chinesischen Systems und ein Anlass zur Hoffnung, dass es sich langfristig öffnen und verändern wird.

44 Wilhelm v. Humboldt, Über die innere und äußere Organisation der höheren wissenschaftlichen Anstalten in Berlin (1809 oder 1810), in: Idee und Wirklichkeit einer Universität, hg. v. Wilhelm Weischedel, S. 193–202, S. 193.

45 Bereits Humboldt erklärte im übrigen unmissverständlich, dass die Befähigung zum wissenschaftlichen Denken «nur in wenigen» angelegt sei. Wilhelm v. Humboldt, Über die innere und äußere Organisation der höheren wissenschaftlichen Anstalten in Berlin (1809 oder 1810), in: Idee und Wirklichkeit einer Universität, hg. v. Wilhelm Weischedel, S. 193–202, S. 196.

46 Friedrich Schiller, Was heißt und zu welchem Ende studiert man Universalgeschichte?, in: Werke. Nationalausgabe, begründet v. Julius Petersen, fortgeführt v. Lieselotte Blumenthal u. Benno v. Wiese, hg. im Auftrag der Stiftung Weimarer Klassik und des Schiller-Nationalmuseums Marbach v. Norbert Oellers, Weimar 1943 ff., Bd. 17, S. 360–376, S. 361.

47 Zu diesem Anspruch gehört auch das Ziel, eine stärker generalistische Tendenz des Bachelorstudiums durchzusetzen, wohingegen die Masterprogramme auf fachliche Differenzierung bauen sollten; vgl. Antonio Loprieno, Die entzauberte Universität, S. 134 f.

48 Jürgen Habermas, Die Idee der Universität – Lernprozesse, in: J. H., Eine Art Schadensabwicklung, S. 89.

49 Vgl. auch Christoph Markschies, Was von Humboldt noch zu lernen ist, S. 7 ff.

50 Vgl. Dieter Lenzen, Bildung statt Bologna!, S. 79 f.

2. Das Prinzip der Fächer

1 Jürgen Mittelstraß, Die Häuser des Wissens. Wissenschaftstheoretische Studien, Frankfurt/M. 1998, S. 31.

2 Vgl. Wilhelm Schmidt-Biggemann, Topica universalis. Eine Modellgeschichte humanistischer und barocker Wissenschaft, Hamburg 1983, bes. S. 156 ff.

3 Die systematische Grundlegung der Geisteswissenschaften ist wesentlich verbunden mit dem Namen Wilhelm Dilthey (W. D., Der Aufbau der geschichtlichen Welt in den Geisteswissenschaften, Gesammelte Schriften, Bd. VII, hg. v. Bernhard Groethuysen, Göttingen 1927). Vgl. Hans-Georg Gadamer, Wahrheit und Methode. Grundzüge einer philosophischen Hermeneutik, Tübingen 1965 (2. Aufl., zuerst 1960), S. 205 ff.

4 Über die Spannung von Universalität und Partikularität auf dem Gebiet der Fachkulturen Rudolf Stichweh, Wissenschaft, Universität, Professionen, S. 217 ff.

5 Zur Differenz zwischen Institution und Organisation vgl. das Wissenschaftsratspapier: Empfehlungen zur Hochschulgovernance, S. 26 ff.

6 Vgl. Jürgen Mittelstraß, Die unzeitgemäße Universität, S. 180 ff.

7 Vgl. dazu das Papier des Wissenschaftsrats, Wissenschaft im Spannungsfeld von Disziplinarität und Interdisziplinarität, Köln 2020, S. 8 f.

8 Zur Beförderung interdisziplinärer Prozesse durch die Digitalisierung vgl. Wissenschaftsrat, Wissenschaft im Spannungsfeld von Disziplinarität und Interdisziplinarität, S. 35 f.

9 Reinhart Koselleck (Hg.), Theorie der Geschichte. Beiträge zur Historik. Bd. 1, Frankfurt/M. 1977; Wilhelm Voßkamp, Interdisziplinarität in den Geisteswissenschaften (am Beispiel einer Forschungsgruppe zur Funktionsgeschichte der Utopie), in: Interdisziplinarität. Praxis – Herausforderungen – Ideologie, hg. v. Jürgen Kocka, Frankfurt/Main 1987, S. 92–105.

10 Niklas Luhmann, Die Wissenschaft der Gesellschaft, S. 455.

11 Jürgen Mittelstraß. Die Häuser des Wissens, S. 31 f.

12 Jürgen Mittelstraß, Die Häuser des Wissens, S. 38 f.

13 Immanuel Kant, Der Streit der Fakultäten (1798), in: Werkausgabe, Bd. XI, S. 282 ff.

14 So auch Jürgen Mittelstraß, Die Häuser des Wissens, S. 240.

15 Jürgen Habermas, Die Idee der Universität – Lernprozesse, in: J. H., Eine Art Schadensabwicklung, S. 94.

16 Gerade diese Notwendigkeit der Selektion für den Lehrbetrieb funktioniert nicht immer gut, wie die erste Phase des Bologna-Prozesses mit der Überfrachtung der Curricula gezeigt hat.

17 Vgl. Antonio Loprieno, Die entzauberte Universität, S. 51, der von einer «basisaristokratischen» Struktur spricht.

18 Insofern ist die Gefahr der Zersplitterung im alten System latent noch größer gewesen als im heutigen Gefüge mit seiner Tendenz zur Überspezialisierung. Denn die Ordinarien fühlten sich selten für die Institution, meist nur für das eigene Fach zuständig (vgl. dagegen Jürgen Mittelstraß, Die Häuser des Wissens, S. 232 ff., mit der Diagnose, dass die Universität ihre ‹Vollständigkeit› verliere).

19 Pierre Bourdieu, Homo academicus, S. 151 ff.

20 Pierre Bourdieu, Homo academicus, S. 132 ff.

21 Geoffrey Lockwood, Management, in: Geschichte der Universität in Europa, Bd. IV, S. 127.

22 Wilhelm v. Humboldt, Über die innere und äußere Organisation der höheren wissenschaftlichen Anstalten in Berlin (1809 oder 1810), in: Idee und Wirklichkeit einer Universität, hg. v. Wilhelm Weischedel, S. 193–202, S. 193.

3. Führungsparadoxien

1 Niklas Luhmann, Zwei Quellen der Bürokratisierung in Hochschulen, in: N. L., Universität als Milieu, S. 74–79, S. 76.

2 Vgl. Otto Hüther u. Georg Krücken, Higher Education in Germany, S. 27 ff.

3 Dazu die sehr umfangreiche, auf Interviews mit Hochschpräsidentinnen und -präsidenten basierende Untersuchung von Bernd Kleimann, Universitätsorganisation und präsidiale Leitung. Führungspraktiken in einer multiplen Hybridorganisation, Wiesbaden 2016, bes. S. 347 ff. (zu den sich verändernden Bedingungen des Spitzenamtes und seinen aktuellen Befugnissen).

4 Vgl. Sibylle Reichert, Von neuer Macht und Ohnmacht an unseren Universitäten, in: Macht und Wissenschaft, S. 82 f. Beklagt Reichert eine mangelnde Beteiligung der Dekanate an strategischen Gesamtplanungen, so kommt Jochen Hörisch sogar zu dem Schluss, «das Projekt der akademischen Selbstverwaltung» sei «weitgehend gescheitert». (J. H., Die ungeliebte Universität, S. 70).

5 Gesetz über die Hochschulen des Landes Nordrhein-Westfalen v. 16.9.2014, §27.

6 Einen Testfall für das Rollenverständnis der Dekanate bietet die Novellierung des bayerischen Hochschulgesetzes, die vorsieht, Lehrdeputate nur noch pauschal pro Institution festzulegen und ihre detaillierte Regelung den Fakultäten zu überlassen. Die damit verbundene Notwendigkeit, individuell unterschiedliche Unterrichtsverpflichtungen zu fixieren, verlangt es, dass die Dekane auch unliebsame Entscheidungen zu fällen bereit sind. Dazu Anna Günther, Maximale Freiheit für Bayerns Unis, in: Süddeutsche Zeitung v. 13.10.2020.

7 Vgl. das Interview mit Gerhard Casper in: Norbert Sack, Wissenschaftsleadership. Die Zukunft der Führung von Hochschulen und außeruniversitären Forschungseinrichtungen, Wiesbaden 2019, S. 99. Dazu auch Christine Burtscheidt, Humboldts falsche Erben, S. 162 f.

8 Zur Terminologie: In traditionellen Universitätsverfassungen gab es allein ‹Rektoren›, die aus der Mitte der Professorenschaft gewählt wurden. Im Zuge der gewach-

senen Mitbestimmungsmöglichkeiten etablierten einige Hochschulen – als erste die Freie Universität Berlin – seit Ende der sechziger Jahre Präsidialverfassungen. Zum Präsidenten konnten Hochschulmitglieder mit akademischem Abschluss, aber ebenso externe Bewerber gewählt werden. Das Kriterium der externen Bewerbung lassen heute auch die Rektoratsverfassungen zu, so dass der einzige Unterschied, der die beiden Ordnungen trennt, das Status-Kriterium bleibt: Präsidenten müssen keine Professoren sein, Rektoren dagegen schon.

9 Gesetz über die Hochschulen des Landes Nordrhein-Westfalen v. 16.9.2014, §18, Abs. 1 u. 2.

10 Detlef Müller-Böling u. Tilmann Küchler, Zwischen gesetzlicher Fixierung und gestalterischem Freiraum: Leitungsstrukturen an Hochschulen, in: Leitungsstrukturen für autonome Hochschulen. Verantwortung – Rechenschaft – Entscheidungsfähigkeit, hg. v. Detlef Müller-Böling u. Jutta Fedrowitz, Gütersloh 1998, S. 13–36.

11 Vgl. Bernd Kleimann, Leader, Manager, Mediator? Selbstbeschreibungen deutscher Universitätspräsidenten im Licht der universitären Organisationsstruktur, in: Beiträge zur Hochschulforschung 39 (2017), S. 62–79.

12 Hier Klaus Gärditz, Die Rechtsstellung von Mitgliedern der Hochschulleitung nach den Landeshochschulgesetzen: Faktor des Erfolgs oder des Scheiterns, in: Wissenschaftsrecht 49 (2016), Hft. 2, S. 97–134.

13 Vgl. dazu die skeptische Bilanz bei Jürgen Habermas, Die Idee der Universität – Lernprozesse, in: J.H., Eine Art Schadensabwicklung, S. 90 f.

14 Wissenschaftsrat, Empfehlungen zur Hochschulgovernance, S. 27.

15 Wilhelm v. Humboldt, Briefe. Ausgewählt v. Wilhelm Rößle, München 1952, S. 321.

16 Niklas Luhmann, Gesellschaftliche Grundlagen der Macht: Steigerung und Verteilung, in: N.L., Soziologische Aufklärung 4, Opladen 1987, S. 117–125, S. 117.

17 Auch für Frankreichs Hochschulen gelten, wie Bourdieu gezeigt hat, andere Prinzipien als die einer strikten Durchstufung nach formalen Graden der Macht; vgl. Pierre Bourdieu, Homo academicus, S. 156 f.

18 Über den damit verbundenen Rollenwechsel sehr treffend Antonio Loprieno, Die entzauberte Universität, S. 17.

19 Pierre Bourdieu, Homo academicus, S. 133. Das spiegelt sich letzthin in dem Umstand wider, dass Leitungskrisen kaum negativen Einfluss auf die an wissenschaftlicher Reputation ausgerichteten Rankingergebnisse haben; vgl. Antonio Loprieno, Die entzauberte Universität, S. 40.

20 Andere Länder – die Vereinigten Staaten, aber auch Russland – betrifft das nicht. Hier zählt Macht im akademischen System durchaus, was sich in einer starken Stellung von Dekanen und Präsidenten niederschlägt.

21 Vgl. Thomas Thiel, Wer nicht da ist, kann auch nicht stören, in: Frankfurter Allgemeine Zeitung v. 23.5.2020; Susanne Gaschke, Seuchologischer Imperativ, in: Die Welt v. 25.5.2020.

22 Typisch hier Mathias Fuchs, Im Rausch der Online-Lehre, in: Frankfurter Allgemeine Zeitung v. 6.5.2020; Markus Steinmayr, Die Schule der Abwesenheit, in: Frankfurter Allgemeine Zeitung v. 13.5.2020.

23 Vgl. Norbert Sack, Wissenschaftsleadership, S. 99 f.

24 Otto Hüther u. Georg Krücken, Higher Education in Germany, S. 106 ff.

25 Stephan Laske u. Claudia Meister-Scheytt, Wer glaubt, dass Universitätsmanager Universitäten managen, glaubt auch, dass Zitronenfalter Zitronen falten ..., in: Universitätsentwicklung. Strategien, Erfahrungen, Reflexionen, hg. v. Jürgen Lüthje u. Sigrun Nickel, Frankfurt/M. 2003, S. 163–187. Vgl. als Standardwerk: Ada Pellert, Die Universität als Organisation. Die Kunst, Experten zu managen, Wien, Köln, Graz 1999.

26 Länder wie die Vereinigten Staaten oder Großbritannien konnten das neue System schneller adaptieren, weil ihre Universitäten traditionell stärker, als das bei uns der Fall ist, nach wirtschaftlichen Prinzipien geführt werden; vgl. Geoffrey Lockwood, Management, in: Geschichte der Universität in Europa, Bd.IV, 121–152.

27 Vgl. Albrecht Koschorke, Wissenschaftsbetrieb als Wissenschaftsvernichtung. Einführung in die Paradoxologie des deutschen Hochschulwesens, in: Universität ohne Zukunft?, hg. v. Dorothee Kimmich u. Alexander Thumfart, S. 142–157, S. 146.

28 Sehr konzis dazu der Beitrag des Physikers Ulrich Schollwöck, Professor Stachanov geht an die Börse: Irrungen und Wirrungen im Reich der Forschungskennziffern, in: Die Illusion der Exzellenz, hg. v. Jürgen Kaube, S. 74–81.

29 Bernd Kleimann, Universitätsorganisation und präsidiale Leitung, S. 553 ff.

30 Niklas Luhmann, Soziale Systeme. Grundriß einer allgemeinen Theorie, Frankfurt/M. 1999 (7.Aufl., zuerst 1984), S. 403 f.

4. Über den Streit

1 Wilhelm Weischedel, Die philosophische Hintertreppe. Die großen Philosophen in Alltag und Denken, München 1988 (17.Aufl., zuerst 1966), S. 231.

2 Max Weber, Methodologische Schriften, Frankfurt/M. 1968, S. 170.

3 Jürgen Habermas, Theorie des kommunikativen Handelns, Frankfurt/M. 1981, Bd.I (Handlungsorientierung und gesellschaftliche Rationalisierung), S. 385.

4 Ein generelles Faktum, das diese demokratietheoretische Argumentation schwächt, ist die niedrige Beteiligung bei studentischen Gremienwahlen. Eine neuere Untersuchung für deutsche Hochschulen dokumentiert, dass sie auf einem Niveau von durchschnittlich 14 Prozent liegt. Studentische Vertretungen in Fachbereichsräten und Akademischen Senaten sprechen also für die zahlenmäßig größte Gruppe der Universitätsmitglieder, sind aber aufgrund geringer Wahlbeteiligung nur durch wenige Stimmen legitimiert. Die von studentischer Seite gern vorgebrachte Behauptung, die Wahlbeteiligung werde sich erhöhen, wenn ihre Gruppe mehr Einfluss in den Gremien hätte, ist empirisch nicht überprüft und bleibt spekulativ. Vgl. Miriam Lenz u. Maria-Mercedes Hering, Die Schwächen der Uni-Demokratie, in: Der Tagesspiegel v. 13.8.2020.

5 Zu Interessenlagen vgl. Uwe Wilkesmann, Methoden der Hochschulforschung, S. 111 ff.

6 Wissenschaftsrat, Empfehlungen zur Hochschulgovernance, S. 9 f., 49 ff. Abweichend von der im WR-Papier verwendeten Formulierung ‹kollegiale Selbstorganisation› wird nachfolgend von ‹akademischer Selbstverwaltung› gesprochen, weil dieser Ausdruck die faktisch gegebene Beteiligung der im engeren Sinne nicht-kollegialen Statusgruppe der Studierenden einbezieht.

7 David Kaldewey, Political Correctness, Identity Politics, Campus Wars: Transformation oder Erosion der normativen Struktur der Wissenschaft?, in: Vom Umgang mit Fakten, hg. v. Günter Blamberger, Axel Freimuth u. Peter Strohschneider, S. 33–46. Zur Dominanz des Moralischen über das Epistemische und zu neuen Formen der Zensur im amerikanischen Campus-Diskurs vgl. Peter Strohschneider, Zumutungen, S. 214 ff.

8 Dazu das Interview mit Daniel Diermeier, in: Frankfurter Allgemeine Zeitung v. 3.3.2019.

9 Richard Pérez-Peña, Mitch Smith u. Stephanie Saul, University of Chicago Strikes Back Against Campus Political Correctness, in: The New York Times v. 26.8.2016.

10 Vgl. das Interview mit Daniel Diermeier, in: Frankfurter Allgemeine Zeitung v. 3.3.2019.

11 Über den Gegensatz zwischen Moralisierung und Historisierung, der an der Zensur

geschichtlicher – sei es philosophischer oder literarischer Texte – exemplarisch wird, vgl. Peter Strohschneider, Zumutungen, S. 204.

12 Hierzu der Beitrag des Präsidenten der University of Chicago: Robert J. Zimmer, Free Speech is the Basis of True Education, in: The Wall Street Journal v. 26. August 2016. Peter Strohschneider (Zumutungen, S. 232) verweist darauf, dass Debatten auf US-Campi häufig normativ-moralischen Charakter tragen, während hierzulande eher Fragen von Strukturen und Verteilungsmodellen im Vordergrund stehen.

13 Vgl. die empirische Untersuchung von Matthias Revers u. Richard Traunmüller, Ist die Meinungsfreiheit an der Universität in Gefahr? Einige vorläufige Befunde anhand eines «Most Likely Case», in: Kölner Zeitschrift für Soziologie und Sozialpsychologie 72 (2020), S. 471–497. Die Autoren befragten Studierende der Goethe-Universität Frankfurt zu Meinungsfreiheit und ihren Grenzen auf dem Campus. Eine Mehrheit der Interviewten gab an, dass es aus ihrer Sicht angemessen sei, das Recht der freien Rede einzuschränken, wenn etwa Politiker der Neuen Rechten liberale Grundwerte in Frage stellen.

14 Dazu die Fallstudien in: Die Freiheit der Wissenschaft und ihre «Feinde», hg. v. Wilhelm Hopf, Berlin 2017 (USA, S. 61 ff., Großbritannien, S. 74 ff.).

15 Jürgen Habermas, Demokratisierung der Hochschule – Politisierung der Wissenschaft?, in: J. H., Theorie und Praxis, S. 376–385, hier S. 379. Dass die hier postulierte ‹Vergesellschaftung› im gegenwärtigen neoliberalen Hochschulmodell eine funktionalistisch-marktorientierte Modifikation erlebt, die wenig mit dem ursprünglichen Ansatz einer linken Universitätspolitik gemein hat, wurde schon hervorgehoben. Vgl. dazu Antonio Loprieno, Die entzauberte Universität, S. 15.

16 Karl Jaspers, Die Idee der Universität (1946), Gesamtausgabe, Bd. I/21, S. 148.

17 Zum Fehlen einer Debattenkultur an deutschen Hochschulen das Interview mit Rudolf Stichweh, «Konservative Positionen sind kaum vertreten.» Der Wissenschaftshistoriker Rudolf Stichweh im Gespräch über die Tradition akademischer Freiheit und deutsche Eigenheiten, in: Welt am Sonntag v. 15. 11. 2020.

18 Das konzediert auch ein Kritiker neoliberaler Leitungsstrukturen wie Peer Pasternack, «Demokratische Erneuerung», S. 79 f.

5. Gute Lehre

1 Dazu Lisa Kuner, Lehre lernen, in: Frankfurter Allgemeine Zeitung v. 22. 8. 2020.

2 Wissenschaftsrat, Empfehlungen zur Ausgestaltung von Berufungsverfahren, Köln 2005, S. 39.

3 Jens Ambrasat u. Christophe Heger, Forschung, Lehre und Selbstverwaltung – Tätigkeitsprofile in der Wissenschaft, Hannover 2019, S. 4 ff.

4 Christian Schneijderberg u. Nicolai Götz, Organisierte, metrifizierte und exzellente Wissenschaftler*innen. Veränderungen der Arbeits- und Beschäftigungsbedingungen an Fachhochschulen und Universitäten von 1992 über 2007 bis 2018, Kassel 2020, S. 18. Anders noch Harald Schomburg, Choni Flöther u. Vera Wolf, Wandel von Lehre und Studium an deutschen Hochschulen. Erfahrungen und Sichtweisen der Lehrenden, Kassel 2012, S. 40 ff. – Aufschlussreich ist, dass die Gesamtarbeitszeit erstmals sinkt, mithin der Trend zu exorbitant hohen ‹Überstunden› im Wissenschaftssystem aktuell gebrochen zu sein scheint. Hier muss sich eine qualitativ fundierte Debatte anschließen: Kann exzellente Forschung mit einer gesunden Work-Life-Balance vereinbar sein oder verlangt sie ein überdurchschnittliches Maß an Zeiteinsatz? Wie gewichtig ist das Selbstimage und was ist der Sache – schwierigen Erkenntnisprozessen, aufwendigen Experimenten, dichtem Lektürepensum – geschuldet?

5 Die letzte Erhöhung von acht auf neun Stunden erfolgte in den meisten Bundeslän-

dern zwischen 2004 und 2006 im Zusammenhang mit der Anhebung der Wochen-
arbeitszeit für Bundesbeamte von 39 auf 41 Wochenstunden.

6 Relevant bleibt, wie in vielen anderen Wirkungsfeldern, die Größe der Institution.
An kleineren Universitäten ist der Forschungsanteil niedriger, der Lehranteil dafür
höher als an Universitäten mit stärkeren Personal- und Fächerressourcen. Auch die
jeweilige Disziplinenkultur zählt: Die Ingenieurwissenschaften investieren etwas
weniger Zeit in die Lehre als die Natur-, Sozial- und Geisteswissenschaften. Vgl.
Christian Schneijderberg u. Nicolai Götz, Organisierte, metrifizierte und exzellente
Wissenschaftler*innen, S. 19. – Zu kurz greift es daher, wenn der Wissenschaftsrat
generell ein sinkendes Zeitbudget für die Lehre konstatiert, ohne die hier verantwortlichen Rahmenbedingungen zu berücksichtigen (Wissenschaftsrat, Impulse aus
der COVID-19-Krise für die Weiterentwicklung des Wissenschaftssystems in
Deutschland, Köln 2021, S. 35).

7 Wissenschaftsrat, Empfehlungen zur Ausgestaltung von Berufungsverfahren, Köln
2005, S. 39 f.

8 Dazu bemerkt der Wissenschaftsrat 2017 mit einer etwas erratischen Differenzierung zwischen ‹Akteuren› und ‹Personen›: «Die Stärkung der Lehre an den Hochschulen kann langfristig und systemweit am besten dann gelingen, wenn sie als
Gemeinschaftsaufgabe aller verantwortlichen Akteure, Ebenen und Personen wahrgenommen und entsprechend verzahnt wird. Hierzu ist grundsätzlich ein verstärkter Austausch zwischen den Lehrenden vor Ort wie auch hochschulübergreifend,
im Fach wie auch fächerübergreifend, unabdingbar.» (Positionspapier Strategien
für die Hochschullehre, Köln 2017, S. 23).

9 Prägend war dieses System schon seit ihrer Gründung 1948 für die Freie Universität Berlin; vgl. James F. Tent, The Free University of Berlin, S. 245 f.

10 Friedrich Daniel Schleiermacher, Gelegentliche Gedanken über Universitäten in
deutschem Sinn. Nebst einem Anhang über eine neu zu errichtende (1808), in: Idee
und Wirklichkeit einer Universität, hg. v. Wilhelm Weischedel, S. 106–192, S. 137.

11 Max Horkheimer, Akademisches Studium – Begriff der Bildung – Fragen des Hoch-
schulunterrichts, Frankfurt/M. 1953, S. 27.

12 Karl Jaspers u. Kurt Rossmann, Die Idee der Universität, S. 74.

13 Niklas Luhmann, Perspektiven für die Hochschulpolitik, in: N. L., Universität als
Milieu, S. 80–89, S. 85.

14 Vgl. Uwe Wilkesmann, Methoden der Hochschulforschung, S. 111 ff.

15 Wissenschaftsrat, Empfehlungen zur Qualitätsverbesserung von Lehre und Studium, Köln 2008, S. 73 f.

16 Wissenschaftsrat, Positionspapier Strategien für die Hochschullehre, Köln 2017,
S. 31.

17 Zuweilen argumentiert man kritisch, Lehrpreise seien überholt, da sie negativ dis-
kriminieren: Offenbar müsse man durch sie erst zu ordentlichem Unterricht bewegt
werden. Dieser Einwand überzeugt kaum, denn auch die Forschung, die nach allge-
meiner Auffassung intrinsisch motiviert ist, arbeitet mit Preisen. Die symbolische
Anerkennung für Lehrleistungen sollte daher Bestandteil des universitären Beloh-
nungssystems bleiben.

18 Vgl. hier Michael Daxner, Ist die Uni noch zu retten?, S. 141 f. (fordert eine gleichberechtigte Beteiligung der Studierenden an der Entwicklung der Lehre).

19 Bundesverfassungsgericht: Beschluss des Ersten Senats vom 29. Mai 1973 auf die
mündliche Verhandlung vom 5. bis 7. Dezember 1972; BvR 424/71 u. 325/72,
Abs. 147.

20 Vgl. Hans-Ulrich Wehler, Deutsche Gesellschaftsgeschichte. Fünfter Band, S. 384.

21 Dass gleichzeitig eine strengere Bildung von Kriterien für Erfolg oder Misserfolg in

diesem Bereich nötig ist, betont Jan-Martin Wiarda, Fernstudium für alle, in: Die Zeit 26/2020, v. 18.6.2020. Grundsätzlich wichtig: Wissenschaftsrat, Impulse aus der COVID-19-Krise für die Weiterentwicklung des Wissenschaftssystems in Deutschland, S. 44 ff.

22 Vgl. hier Marija Stanisavljevic u. Peter Tremp, Zur Präsenzlehre in Hochschulen, in: Neue Zürcher Zeitung v. 29.4.2020, S. 12. Ähnlich Andrea Schütte, Es reden nur wenige. Präsenzlehre ändert nichts an Dozentenzentrierung, und digital können sich mehr Studierende einbringen, in: Deutsche Universitätszeitung 54 (7/2020), S. 54–55.

23 Markus Steinmayr, Die Schule der Abwesenheit, in: Frankfurter Allgemeine Zeitung v. 13.5.2020.

24 Hierzu Kai Bremer, Rendezvous mit Maske. Im Seminar gelten andere Regeln als vor dem Monitor – deshalb darf die Präsenzlehre nicht verschwinden, in: Frankfurter Allgemeine Zeitung v. 3.6.2020.

25 Ähnlich auch schon Georg Schütte, Helft endlich den Hochschulen!, in: Frankfurter Allgemeine Zeitung v. 4.2.2021.

6. Verwaltete Wissenschaft

1 Vgl. exemplarisch Reinhard Brandt, Wozu noch Universitäten?, S. 11 ff. Genaue Analyse mit Blick auf die Bologna-Reform bei Stefan Kühl, Der Sudoko-Effekt, S. 9 ff.

2 In dieser Hinsicht ist gerade bei administrativen Prozessen ‹Legitimation› eine formale Kategorie; vgl. Niklas Luhmann, Legitimation als Verfahren, Frankfurt/M. 1983 (zuerst 1969), S. 27 ff.

3 Niklas Luhmann, Soziale Systeme, S. 48 ff.

4 Niklas Luhmann, Zwei Quellen der Bürokratisierung in Hochschulen, in: N.L., Universität als Milieu, S. 74–79, S. 77.

5 Michael Daxner, Die blockierte Universität, S. 55 ff.

6 Pierre Bourdieu, Homo academicus, S. 241 f.

7 Henri Mintzberg hat diesen Bereich mit Blick auf die amerikanischen Verhältnisse als ‹adhocracy› bezeichnet, als ein flexibles System, das weniger den Prinzipien der Administration als denen der Forschung folgt, indem es variabel auf externe Herausforderungen (z.B. neue Erkenntnisse, Paradigmenwechsel) reagiert; Henri Mintzberg, Structure in 5's: A Synthesis of the Research on Organization Design, in: Management Science Vol. 26, No 3 (March 1980), S. 322–341.

8 André Kieserling, Die Wirklichkeit der Humboldt-Rhetorik oder Was soll aus den Studenten werden, in: Die Illusion der Exzellenz, hg. v. Jürgen Kaube, S. 26–37, S. 27.

9 Antonio Loprieno, Die entzauberte Universität, S. 41 ff. spricht in Bezug auf diesen Bereich von ‹third space›, einem dritten Sektor zwischen Wissenschaft und Bürokratie. Der Begriff ‹third space› stammt ursprünglich aus der Kulturwissenschaft und meint einen Raum der fluiden Offenheit von Bedeutungen, kulturellen Codes und biografischen Hintergründen jenseits sozialer, psychischer, semantischer oder juristischer Normativität (Homi K. Bhaba, The Location of Culture, London 1994, S. 1 f.).

10 Zum Wandel des Aufgabenspektrums vgl. Geoffrey Lockwood, Management, in: Geschichte der Universität in Europa, Bd. IV, S. 138. Die Prognose, dass für Kanzler im managementorientierten neuen Hochschulsystem kein Platz mehr sei, erwies sich als verfrüht (Christine Burtscheidt, Humboldts falsche Erben, S. 168 ff.). Heute ist das Kanzler-System vielerorts stärker denn je, angepasst an die Erfordernisse einer auf Globalhaushalte setzenden Leitungsstruktur.

11 Zur Schwierigkeit der Rekrutierung geeigneter Persönlichkeiten für diese Rolle und zu möglichen Hürden (Wahlamt mit befristeter Wirkungsdauer, leistungsunangemessene Bezahlung, fehlende Rückfallpositionen nach Ausscheiden, Aufgabenfülle) vgl. Valeska Franke, Die Kanzlerinnen und Kanzler der Universitäten Deutschlands – Nachwuchssorgen?, in: Wissenschaftsrecht 43 (2010), S. 279–299.

12 Niklas Luhmann, Zwei Quellen der Bürokratisierung in Hochschulen, in: N. L., Universität als Milieu, S. 74–79, S. 75. Die polemische Feststellung, dass Bürokratie «intern produzierte Pathologie» (S. 75) sei, betrifft dann das unkontrollierte Wachstum dieser eigentlich servicebezogenen Strukturebene.

13 Niklas Luhmann, Erfahrungen mit Universitäten. Ein Interview, in: N. L., Universität als Milieu, S. 110–125, S. 110.

14 Man kann das auf den Begriff bringen, indem man formuliert, die Hochschullehrer hätten «kein Urteil darüber (…), wie effiziente Verwaltung aussehen würde». (Niklas Luhmann, Zwei Quellen der Bürokratisierung in Hochschulen, in: N. L., Universität als Milieu, S. 74–79, S. 76).

15 Niklas Luhmann, Die Wissenschaft der Gesellschaft, S. 455.

16 Max Weber, Wissenschaft als Beruf, in: Schriften 1894–1922, ausgew. u. hg. v. Dirk Kaesler, Stuttgart 2002, S. 474–512, hier S. 476.

III. Vielfalt gestalten.
Risiken und Chancen für die Universität

1. Wachstum als Problem?

1 Karl Jaspers, Die Idee der Universität (1946), Gesamtausgabe, Bd. I/21, S. 152.

2 Karl Jaspers u. Kurt Rossmann, Die Idee der Universität, Vorwort, o. S., ähnlich S. 9 («Scheideweg» zwischen «Idee der Wahrheitserkenntnis» und «Ausbildungsapparat»); vgl. auch Karl Jaspers, Gesamtausgabe, Bd. I/21, S. 257, 269.

3 Jürgen Habermas, Ludwig v. Friedeburg, Christoph Oehler u. Friedrich Weltz, Student und Politik, S. 59.

4 Vgl. Antonio Loprieno, Die entzauberte Universität, S. 57 ff.

5 Zahlen in: Aktionsrat Bildung, Religion und Bildung. Mythos Stadt-Land, Münster 2019, S. 153.

6 Jürgen Mittelstraß, Forschung und Lehre – oder die Modernität Humboldts und die Chancen einer Reform in den Ost-Universitäten, in: Ostprofile, hg. v. Alfred Söllner u. Ralf Walkenhaus, S. 40–56, S. 41.

7 Geoffrey Lockwood, Management, in: Geschichte der Universität in Europa, Bd. IV, S. 129 f. Vgl. zur Entwicklung in Frankreich und zu den Konsequenzen für die konservative Idee einer Elite-Institution Pierre Bourdieu, Homo academicus, S. 213 ff.

8 Armin Nassehi, Wozu Universitäten? Eine Legitimationsgeschichte, in: Kursbuch 193 (2018), S. 115–133, S. 118.

9 Peter Strohschneider, Versuch über die Universität. Selbstbezug und Fremdbezug der Wissenschaften, Konstanz 2015, S. 6, 13. Sehr schön hat Antonio Loprieno diese Konstellation der ‹Überdehnung› beschrieben, die unsere heutige Universität kennzeichnet: «Wirtschaft, Politik, Kultur – alle wollen etwas von ihr, vielleicht am allerwenigsten die davon am meisten betroffenen Studierenden.» (A. L., Die entzauberte Universität, S. 15.).

10 Vgl. Jochen Hörisch, Die ungeliebte Universität, S. 38 ff.

11 Karl Jaspers, Die Idee der Universität (1923), Gesamtausgabe, Bd. I/21, S. 63.

12 Vgl. Dieter Lenzen, Dazugelernt, S. 90 ff.

13 Wobei ohnehin zu fragen ist, ob Leitbilder für Universitäten angesichts des modischen Wechsels ihrer Inhalte normative Kraft haben sollen und können; vgl. Jürgen Habermas, Die Idee der Universität – Lernprozesse, in: J. H., Eine Art Schadensabwicklung, S. 95.

14 An Hochschulen gehe es zunehmend mehr um «Störungsfreiheit» als um Irritation als Merkmal der Wissenschaft, wie Peter Strohschneider, Zumutungen, S. 237 f., ausführt.

15 Hierzu im Kontext der digitalen Revolution Yuval Noah Harari, Homo Deus. Eine Geschichte von Morgen. Aus dem Englischen übers. v. Andreas Wirthensohn, München 2017 (= Homo Deus. A Brief History of Tomorrow, 2015), S. 273 ff., 526 f.

16 Richard Münch, Die akademische Elite, S. 158 ff.

17 So wäre es irrig anzunehmen, dass bei stetiger Steigerung der Studienplatzzahl die Absolventenzahlen automatisch Schritt halten. In den letzten 20 Jahren blieb die Studienabbruchquote relativ konstant (1999: 23 Prozent, 2002: 25 Prozent, 2016: 21 Prozent), weil die Hochschulen der guten Betreuung und Beratung wachsende Aufmerksamkeit schenkten. Allein aus personellen Gründen wäre eine weitere Verbesserung aber wohl kaum leistbar, sodass eine zusätzliche Erhöhung der Studienplatzquote nicht ratsam ist (Zahlen bei: Ulrich Heublein u. a., Die Entwicklung der Studienabbruchquote in Deutschland. DZHW-Brief 03/2020).

18 Vgl. dazu den Vorschlag von Oliver Günther, Wir müssen neu denken. Warum die Curricularnormwerte kein sachgerechtes Konstrukt für die heutige Hochschulbildung sind, in: Deutsche Universitätszeitung 53 (1/2019), S. 36–39 (empfiehlt eine Umschichtung von Studienplätzen der Betriebswirtschaftslehre in die Fachhochschulen).

19 Für eine globale Einordnung vgl. Philip G. Altbach, Global Perspectives on Higher Education, S. 228 ff.

20 Zahlen bei Barbara Gillmann, Höhenflug der privaten Hochschulen, in: Handelsblatt v. 24. 6. 2020.

21 Vgl. dazu Otto Hüther, Georg Krücken, Higher Education in Germany, S. 22 f.

22 Tina Bauer u. Marcel Helbig, War all die Aufregung umsonst? Über die Auswirkung der Einführung von Studiengebühren auf die Studienbereitschaft in Deutschland. WZB-Discussion Paper P 2011–001, Berlin 2011.

23 Mit der Verbesserung der diesbezüglichen Anrechnungspraxis beschäftigt sich das Projekt MODUS, das die Hochschulrektorenkonferenz mit Förderung des Bundesministeriums für Bildung und Forschung seit August 2020 betreibt.

2. Zur Mission der Fachhochschulen

1 Umfassend untersucht bei Elisabeth Holuschka, Das Prinzip Fachhochschule. Eine Fallstudie am Beispiel Nordrhein-Westfalen, Marburg 2012, S. 71 f.

2 Zum allgemeineren Kontext des Begriffs Sabine Kropp, Kooperativer Föderalismus und Politikverflechtung, Wiesbaden 2010, bes. S. 125 ff.

3 Peter Strohschneider, Versuch über die Universität, S. 11.

4 Gesetz für die Fachhochschulen im Lande Nordrhein-Westfalen v. 29.7.1969, § 2, Abs. 1.

5 Statistisches Bundesamt Nr. 21 311 (Statistik der Studenten für das Wintersemester 2019/20).

6 Wissenschaftsrat, Empfehlungen zur Rolle der Fachhochschulen im Hochschulsystem, Köln 2010, S. 5 ff.

7 Wissenschaftsrat, Empfehlungen zur Rolle der Fachhochschulen im Hochschulsystem, S. 70 ff., 80 ff., 126 ff.

8 Zu den verschiedenen Aspekten der Differenzierung zwischen Universitäten und Fachhochschulen nach Aufgaben und Strukturen vgl. Frank Ziegele, Isabel Roessler u. Lisa Mordhorst, On the Role of Universities of Applied Sciences in the Future Germany Higher Education System, in: Hefei University. Editorial Department of Application-Oriented Higher Education Research (Ed.): Application Oriented Higher Education Research 2016/6, Vol. 1, Nr. 2, S. 67–74, bes. S. 71 ff. Deutsche Fassung: Hochschultyp im Wandel. Zur zukünftigen Rolle der Fachhochschulen im deutschen Hochschulsystem, Centrum für Hochschulentwicklung 2017.

9 Hierzu Rudolf Stichweh, Wissenschaft, Universität, Professionen, S. 221.

10 Niklas Luhmann, Die Wissenschaft der Gesellschaft, S. 263.

11 Niklas Luhmann, Die Wissenschaft der Gesellschaft, S. 263.

12 Niklas Luhmann, Die Wissenschaft der Gesellschaft, S. 265.

13 «Aus dem Land der Dichter und Denker muss jetzt vehementer als zuletzt ein Land der Tüftler und Bastler werden!». Interview mit Anja Karliczek, Frankfurter Allgemeine Zeitung v. 30. 6. 2018.

14 Bundesbericht Forschung und Innovation (2018), S. 13.

15 Bundesbericht Forschung und Innovation (2018), S. 93.

16 Cornell University, INSEAD, and WIPO, The Global Innovation Index 2020: Who Will Finance Innovation, S. 305.

17 Vgl. zum GII-Bericht von 2020 das Interview mit Bundeswissenschaftsministerin Anja Karliczek («Ein wichtiges Signal ins In- und Ausland») in den VDI-Nachrichten v. 12. 2. 2020 (S. 8).

18 Bundesbericht Forschung und Innovation (2018), S. 72.

19 Bundesbericht Forschung und Innovation (2018), S. 66.

20 Eine solche Einrichtung, wie sie auch die Grünen und die FDP fordern, würde den Interessen aller Hochschultypen entgegenkommen und sollte nicht ausschließlich auf den Bedarf der Fachhochschulen orientiert werden. Vgl. auch Hans-Henning v. Grünberg, Bringen statt Holen. Ohne eine Deutsche Transfergemeinschaft wird die Operation «Innovative Hochschule» ins Leere laufen, in: Deutsche Universitätszeitung 53 (01/2019), S. 3–5.

21 Wissenschaftsrat, Empfehlungen zur Rolle der Fachhochschulen im Hochschulsystem, S. 6, 12.

22 Die Relation zwischen Professuren und Studierenden liegt derzeit bei 1:51 (bei Universitäten 1:66). Vgl. die Zahlen in: Statistisches Bundesamt, Fachserie 11/Reihe 4.1 (Studierende) bzw. Fachserie 11/Reihe 4.4 (Personal).

23 Zu den möglichen Inhalten eines solchen Katalogs vgl. Kapitel II,5.

24 Vgl. zur Steigerung der Studierendenzahlen Jan-Martin Wiarda u. Christine Prußky, Wachstumsschmerzen, in: Die Zeit 32/2019, v. 31. 7. 2019.

25 «Die traditionelle Typendifferenzierung scheint durch die Macht des Faktischen überholt zu sein», schreibt Christine Burtscheidt, Humboldts falsche Erben, S. 317. Allerdings gibt es noch genügend Indikatoren, die beide Hochschulformate differenzieren, und sie erst bilden die Voraussetzung für deren institutionelle Identität. Konvergenz bis zur Unkenntlichkeit dieser Unterschiede wäre für beide Sektoren nicht hilfreich.

26 Martina Brockmeier, Jahresbericht des Wissenschaftsrats 2017, Köln 2018, S. 65.

27 Dieses Postulat ist älter als die vor über 50 Jahren vollzogene Reform des Hochschulsystems. Schon 1961 schlug Kurt Rossmann vor: «Was an den Fachhochschulen im echten Sinne Forschung und Lehre ist, der Universität einzugliedern, und

umgekehrt, was an der Universität reine schulmäßige Fachausbildung ist, aus ihr auszugliedern und besonderen Fachschulen zu überweisen, ist heute die unerläßliche wissenschaftsorganisatorische Bedingung einer sinnvollen Universitätsreform.» (Karl Jaspers u. Kurt Rossmann, Die Idee der Universität, S. 189).

3. Promotionskultur

1 Herbert Heckmann, Lebenslauf eines Germanisten in aufsteigender Linie, in: Ansichten einer künftigen Germanistik, hg. v. Jürgen Kolbe, München 1969, S. 70–76, S. 75.

2 Herbert Heckmann, Lebenslauf eines Germanisten in aufsteigender Linie, in: Ansichten einer künftigen Germanistik, S. 76.

3 Pierre Bourdieu, Homo academicus, S. 155.

4 Wilhelm v. Humboldt, Über die innere und äußere Organisation der höheren wissenschaftlichen Anstalten in Berlin (1809 oder 1810), in: Idee und Wirklichkeit einer Universität, hg. v. Wilhelm Weischedel, S. 193–202, S. 193.

5 Statistisches Bundesamt, Bestandene Promotionen nach Bundesländern, Stand 2. September 2020.

6 Vgl. Ansgar Nünning u. Roy Sommer, Defizite und Desiderate der deutschen Doktorandenausbildung. Das Gießener Graduiertenzentrum Kulturwissenschaften als Reformmodell, in: Universität ohne Zukunft? hg. v. Dorothee Kimmich u. Alexander Thumfart, S. 203–224.

7 Sheldon Rothblatt, Das Studium, in: Geschichte der Universität in Europa, Bd. IV, S. 217–247, S. 235.

8 Gerade die größere Freiheit der Doktoranden gegenüber ihren Betreuern war bereits ein programmatisches Ziel der frühen Graduiertenkollegs. Vgl. dazu Hans-Uwe Erichsen, Studienreform heute, in: Leistungsfähige Hochschulen – aber wie? Beiträge zur Hochschulstrukturreform, Neuwied u. a. 1997, S. 233–242, S. 240.

9 Vgl. Wilhelm Krull, Die vermessene Universität, S. 85 ff.

10 Deutsches Zentrum für Hochschul- und Wissenschaftsforschung, National Academics Panel Study https://nacaps-datenportal.de/index.html (s. Arbeits- und Beschäftigungsbedingungen).

11 Zu den generellen Problemen gehört die relativ lange Promotionsdauer von durchschnittlich 4,4 Jahren in den strukturierten Programmen. Vgl. Bundesbericht wissenschaftlicher Nachwuchs, Bielefeld 2017, S. 153 f. Generell zu den gegenwärtigen Tendenzen bei der Promotion Christian Schneijderberg u. Nicolai Götz, Organisierte, metrifizierte und exzellente Wissenschaftler*innen, S. 38 ff.

12 Das tun sogar die mit großer Ambition gegründeten Max Planck Schools, deren Ziel es doch eigentlich ist, eine neue Generation selbständig denkender, internationaler Wissenschaftlerinnen und Wissenschaftler zu qualifzieren.

13 Hierzu Thomas Thiel, Wir müssen reden!, in: Frankfurter Allgemeine Zeitung v. 24. 11. 2019.

14 Vgl. Stefan Hornbostel u. Dagmar Simon, Strukturwandel des deutschen Forschungssystems – Herausforderungen, Problemlagen, Chancen. Arbeitspapier 206 der Hanns-Böckler-Stiftung, Düsseldorf 2010, S. 29 ff.; Christian Schneijderberg u. Nicolai Götz, Organisierte, metrifizierte und exzellente Wissenschaftler*innen, S. 44 f.

15 Jochen Hörisch, Die ungeliebte Universität, S. 130.

16 Peter Glotz, Im Kern verrottet?, S. 122.

17 Vgl. Margit Szöllösi-Janze, «Der Geist des Wettbewerbs ist aus der Flasche!» Der Exzellenzwettbewerb zwischen den deutschen Universitäten in historischer Perspektive, in: Jahrbuch für Universitätsgeschichte 14 (2011), S. 49–73.

18 Im Grundsatz müssten die Länder hier für kontinuierliche Finanzierung sorgen. Aber wie so oft bei vom Bund initiierten Förderprogrammen fehlt es auf dieser Ebene an dauerhaften Mitteln. Große Pilotprojekte sollten daher auch langfristig gemeinsam von Bund und Ländern getragen werden, wie es der Artikel 91 b des Grundgesetzes ermöglicht.

19 Hans Blumenberg, Die Legitimität der Neuzeit. Erneuerte Ausgabe, Frankfurt/M. 1988 (2. Aufl.), S. 358 ff.

20 Jürgen Osterhammel, Die Verwandlung der Welt. Eine Geschichte des 19. Jahrhunderts, München 2010 (5., durchgesehene Aufl., zuerst 2009), S. 1010 ff.

21 Franz Kafka, Nachgelassene Schriften und Fragmente II, hg. v. Jost Schillemeit, Frankfurt/M. 1992, S. 63.

4. Akademische Laufbahnen oder Sackgassen

1 Pierre Bourdieu, Homo academicus, S. 246.

2 Deutsches Zentrum für Hochschul- und Wissenschaftsforschung, National Academics Panel Study https://nacaps-datenportal.de/index.html (s. Karrierewege und Perspektiven nach der Promotion; hier: Karriereintention Professur). Bei den Postdocs liegt die Quote derer, die eine Professur anstreben, sogar bei 43 Prozent (Jens Ambrasat, Christoph Heger, Barometer für die Wissenschaft. Ergebnisse der Wissenschaftsbefragung 2019/20. Monitoringbericht November 2020, S. 34).

3 Vgl. Michael Hartmer, Befristung in der Wissenschaft. Hilft nur noch der beherzte Griff in die Speichen?, in: Frankfurter Allgemeine Zeitung v. 5. 9. 2019.

4 Vgl. Jule Specht u. a., Departments statt Lehrstühle: Moderne Personalstruktur für eine zukunftsfähige Wissenschaft. Debattenbeitrag der AG Wissenschaftspolitik der Jungen Akademie, Berlin 2017, bes. S. 3 ff.

5 Max Weber, Wissenschaft als Beruf, in: Schriften 1894–1922, S. 474–512, hier S. 477.

6 Christian Graf v. Krockow, Zwischen Wissenschaft und Praxis. Studien über die Lage des akademischen Nachwuchses, in: Schweizer Monatshefte Bd. 38 (1959), S. 657–661, S. 657.

7 Vgl. Wilhelm Krull, Die vermessene Universität, S. 114 ff.

8 Dazu schon Reinhard Kreckel, ‹It would be a good idea›. Der US-amerikanische Tenure Track als Importmodell, in: Forschung & Lehre, Heft 1/2013, S. 10–12. Förderlich wirkt hier das seit 2017 laufende 1000-Professuren-Programm des Bundes, das den Einführung des Tenure-Track-Modells dient.

9 Aktuelle Zahlen bei: Jens Ambrasat, Christoph Heger, Barometer für die Wissenschaft. Ergebnisse der Wissenschaftsbefragung 2019/20. Monitoringbericht November 2020, S. 10. Vgl. generell dazu Reinhard Kreckel u. Karin Zimmermann, Hasard oder Laufbahn. Akademische Karrierestrukturen im internationalen Vergleich, Leipzig 2014, S. 42 ff. (Tenure Track in Deutschland).

10 Hierzu Reinhard Kreckel, Universitäre Karrierestruktur als deutscher Sonderweg, in: Traumjob Wissenschaft? Karrierewege in Hochschule und Forschung, hg. v. Klemens Himpele u. a., Bielefeld 2011, S. 47–60.

11 Samuel von Pufendorf, Die Verfassung des deutschen Reichs. Übersetzung, Anmerkungen und Nachwort v. Horst Denzer, Stuttgart 1976, S. 106.

12 Stand: September 2020; vgl. die Übersicht in *Forschung und Lehre* 9/2020, S. 761.

5. Harvard, Oxbridge und wir

1 Allein die Nomenklaturen für Führungsämter weichen massiv voneinander ab. Die Leitung der Colleges haben Masters, Provosts, Heads oder Principals inne, je nach institutioneller Tradition. Vgl. dazu Antonio Loprieno, Die entzauberte Universität, S. 111.

2 Vgl. Ulrich Schreiterer, Traumfabrik Harvard. Warum amerikanische Hochschulen so anders sind, Frankfurt/M., New York 2008, S. 28 ff.

3 Zu den politischen Entscheidungskonflikten, die sich mit dem Thema studentischer Darlehen und ihrer späteren Rückerstattung verbinden, vgl. Winand v. Petersdorff, Bidens erste Bewährungsprobe. Sollen die enormen Schulden amerikanischer Studenten erlassen werden?, in: Frankfurter Allgemeine Zeitung v. 20. 11. 2020.

4 Vgl. Ulrich Schreiterer, Traumfabrik Harvard, S. 182 ff.

5 Walter Ruegg, Themen, Probleme, Erkenntnisse, in: Geschichte der Universität in Europa, Bd. IV, S. 43.

6 Dazu Ulrich Schreiterer, Traumfabrik Harvard, S. 205.

7 Hier Jürgen Renn, The Evolution of Knowledge. Rethinking Science for the Anthropocene, Princeton 2020, S. 242 ff.

8 Vgl. Philip G. Altbach, Global Perspectives on Higher Education, S. 32 ff.

9 Die Diskussion über die unterschiedlich hohen Lehrdeputate sollte allerdings nicht zu vordergründig geführt werden. Auf dem Papier müssen Professoren und Professorinnen in den USA, ähnlich wie im Vereinigten Königreich, durchweg nur zwei Kurse pro Woche unterrichten. Da diese Kurse aber zumeist mehrfach in der Woche stattfinden, kommt man am Ende, ähnlich wie in Deutschland, auf acht, manchmal zehn Unterrichtsstunden. Die eigentliche Differenz liegt in der Zahl der Studierenden, die an den internationalen Spitzenuniversitäten deutlich niedriger ist als bei uns.

10 Ulrich Schreiterer, Traumfabrik Harvard, S. 38 ff.

11 Vgl. Konrad H. Jarausch, Amerika – Alptraum oder Vorbild. Transatlantische Bemerkungen zum Problem der Universitätsreform, in: Die Idee der Universität heute, hg. v. Ulrich Sieg u. Dietrich Korsch, S. 87–102.

12 Martin Lanz, US-Hochschulen verlieren Zehntausende Auslandstudenten, in: Neue Zürcher Zeitung v. 18. 11. 2020.

13 Vgl. Katharin Tai, Land ohne Talente, in: Die Zeit 28/2020, v. 2. 7. 2020.

14 Abhängigkeiten sind bei der Finanzierung des akademischen Systems nie zu vermeiden, jedoch kommt es darauf an, sie auf verschiedene Determinanten zu verteilen. Wer ausschließlich auf Studiengebühren oder Mäzene, allein auf öffentliche Quellen oder thesauriertes Vermögen gestützt operiert, geht ein hohes Risiko ein. Dazu Rudolf Stichweh, Autonomie der Universitäten in Europa und Nordamerika: Historische und systematische Überlegungen, in: Die Illusion der Exzellenz, hg. v. Jürgen Kaube, S. 38–49, S. 45.

15 Sehr plastisch, kenntnis- und geschichtenreich beschrieben bei Peter Sager, Oxford und Cambridge, Frankfurt/M. 2003, bes. S. 10 ff.

16 Vgl. Nele Pollatschek, Dear Oxbridge. Liebesbrief an England, Berlin 2020, S. 51.

17 Das ist an amerikanischen Universitäten anders, wo die Colleges lediglich als Wohngebäude auf dem Campus fungieren; vgl. Ulrich Schreiterer, Traumfabrik Harvard, S. 148 ff.

18 Das Unterhaus verabschiedete das Gesetz mit einer knappen Mehrheit von nur fünf Stimmen, weil auch zahlreiche Abgeordnete der Labour Party, die über eine komfortable Mehrheit verfügte, gegen den Entwurf votierten. Vgl. Adrian Schimpf, Studiengebühren in Großbritannien. Fünf Stimmen retteten Blair, in: spiegel.de, 28. 1. 2004.

19 Vgl. Dorothee Kammel, Englisches Edelstudium. Nobel geht die Welt zugrunde, in: spiegel.de, 30. 10. 2009.

20 Zum ausbleibenden Widerstand der englischen Studierenden gegen diese Entwicklung Nele Pollatschek, Dear Oxbridge, S. 161.

21 Vgl. hier die kritische Stellungnahme von Lee Jones u. Philip Cunliffe, Saving Britain's Universities. Academic Freedom, Democracy and Renewal, CIEO (August 2020), 48 p.

22 Geoffrey Lockwood, Management, in: Geschichte der Universität in Europa, Bd. IV, S. 123.

23 Dass unter den Bedingungen der Corona-Pandemie bei den internationalen Studierenden aus Übersee bis zu 50 Prozent auf eine Immatrikulation verzichteten, zeigt erneut, wie verletzlich das System ist.

24 So Martina Franzen, Judith Harstein u. Stefan Priester, Der vermessene Nutzen der Forschung. Impact als neuer Faktor im britischen Evaluationssystem, in: Mitteilungen des Wissenschaftszentrums Berlin, Hft. 152 (Juni 2016), S. 34–37, S. 34. Allgemein zur quantitativen Messung von Forschungsleistungen Caspar Hirschi, Skandalexperten – Expertenskandale. Zur Geschichte eines Gegenwartsproblems, Berlin 2018, S. 309 ff.

25 Vgl. Ulf Schmidt, Higher education in the UK is morally bankrupt, in: The Guardian v. 8. 9. 2020.

26 Kritisch hier Philip G. Altbach, Global Perspectives on Higher Education, S. 137 ff.

27 Vgl. Otto Hüther u. Georg Krücken, Higher Education in Germany, S. 41 f.

28 Education at a Glance 2020: OECD Indicators, S. 116 ff. (öffentliche Bildungsausgaben).

29 Emma Whitford, Endowment Values Dropped 13,4 % on Average in Q1, in: Inside Higher Ed v. 15. 6. 2020.

30 Axel Meyer, Brain-Drain und Brain-Gain. Wie Deutschland seine Chancen als Land der Wissenschaft verpasst, in: Die Illusion der Exzellenz, hg. v. Jürgen Kaube, S. 50–56, S. 51.

31 Martin Stratmann, Exzellenz neu bündeln. Rede zur Festversammlung der Max-Planck-Gesellschaft am 18. Juni 2015 in Berlin. Abdruck einer gekürzten Fassung in: Max Planck Forschung 2/2015, S. 10–15. Stratmann bezog seine Formel von der ‹breit verteilten Exzellenz› auf das gesamte nationale Wissenschaftssystem; sie lässt sich aber ebenso, wie im Folgenden gezeigt wird, auf die deutsche Universitätslandschaft im engeren Sinne anwenden.

32 Jürgen Mittelstraß, Die Häuser des Wissens, S. 242.

33 Hierzu Antonio Loprieno, Die entzauberte Universität, S. 79 f. (zur globalen Vernetzung).

34 Vgl. schon Luc E. Weber u. Pavel Zgaga, Reinventing the European Higher Education and Research Sector: the Challenge for Research Universities, in: Reinventing the Research University, ed. Luc E. Weber u. James E. Duderstadt, London, Paris u. Geneva 2004, S. 29–49, hier S. 31 f.

6. Die ‹Multiversität› – ein gesellschaftliches Modell

1 Umberto Eco, Der Name der Rose. Aus dem Italienischen von Burkhart Kroeber, München 1984, S. 64 f.

2 Jacques Verger, Die Entstehung der Universitäten, in: Geschichte der Universität in Europa, Bd. I, S. 49–80, S. 61 f.

3 Jacques Verger, Die Entstehung der Universitäten, in: Geschichte der Universität in Europa, Bd. I, S. 49–80, S. 62.

4 Sehr schön auf den Punkt gebracht von Antonio Loprieno: «Es ist nicht mehr wie

früher. Man hat mehr Geld, aber der Zauber ist weg.» (A. L., Die entzauberte Universität, S. 15). Am stärksten erhalten hat sich noch der wissenschaftliche Habitus, der sich, abhängig von den jeweiligen Disziplinen, in den Mikrostrukturen des Vortrags- und Vorlesungsstils, der Ankündigung von Gastrednern und den Konferenzdebatten manifestiert. Für die Sozialwissenschaften persifliert diesen Habitus sehr treffend Max Linz' Film «Weitermachen Sanssouci» (2019).

5 Nur ein Element unter vielen anderen ist die wachsende Zahl der beruflich Qualifizierten, die ein Studium ohne Abitur bzw. Fachabitur aufnehmen. Sie lag laut einer Studie des Centrums für Hochschulentwicklung im Jahr 2018 bei 2,9 Prozent (https://www.che.de/download/studieren-ohne-abitur-in-deutschland-update-2020/).

6 Vgl. Ulrich Treichler, Diversification is Beautiful- aber welche? Bilanz einer aufgeregten Debatte, in: Differenzierung im Hochschulsystem. Nationale und internationale Entwicklungen und Herausforderungen, hg. v. Ulf Banscherus u. a., Münster 2015, S. 59–76.

7 Diese vom Statistischen Bundesamt erhobene Zahl schließt die befristet besetzten Juniorprofessuren mit ein. Bezogen auf die Gesamtheit aller unbefristeten W2- und W3-Professuren liegt die Frauenquote bei 20,5 Prozent. – Eine weitere Quelle von Ungleichheit ist die Besoldung. Frauen bekleiden vielfach niedriger dotierte Professuren oder erhalten für dieselbe Arbeit weniger Geld als ihre männlichen Kollegen. Vgl. Amory Burchard, Gender Pay Gap in der Wissenschaft, in: Der Tagesspiegel v. 9. 3. 2020.

8 Klassische Studie hierzu: Londa Schiebinger, Frauen forschen anders. Wie weiblich ist die Wissenschaft? Aus dem Amerikanischen übers. v. Karin Wördemann, München 2000 (= Has Feminism Changed Science?, 1999); ferner Magdolna Hargittai, Women scientists: reflections, challenges, and breaking boundaries, Oxford, New York 2015. Vgl. zur öffentlichen Vermittlung von Forschungsergebnissen durch Wissenschaftlerinnen die Studie der Universität Mannheim, der Harvard Medical School und der Yale University: Gender differences in how scientists present the importance of their research: observational study (2019).

9 Londa Schibinger, Frauen forschen anders, S. 77 ff.

10 Interessant ist in diesem Zusammenhang der Vorstoß der Technischen Universität Dresden, in ihrem Rektorat ein Ressort für «Universitätskultur» zu schaffen, das neben den Gebieten «Campusleben», «Work-Life-Balance» und «Integration» auch den Bereich der Diversität abdeckt.

11 Nachweislich besteht ein Zusammenhang zwischen wissenschaftlicher Leistungsstärke und Diversität; vgl. Antonio Loprieno, Die entzauberte Universität, S. 101 f.

12 Diese Tendenz ist nicht neu, sie wiederholt in manchen Punkten das Diskursregime der hochschulischen Gruppen um 1970. Vgl. dazu Niklas Luhmann, Wabuwabu in der Universität, in: N. L., Universität als Milieu, S. 30–48.

13 Dass bestimmte Themen und Thesen Menschen verletzen können, steht außer Frage. Jedoch sollte dieses kein Argument dafür sein, sie nicht anzusprechen oder historische Texte auf den Index zu setzen. Denn aus den Verfehlungen der Geschichte lässt sich nur lernen, wenn man sie kennt.

14 Jürgen Habermas, Theorie kommunikativen Handelns, S. 157.

15 Jürgen Habermas, Die Idee der Universität – Lernprozesse, in: J. H., Eine Art Schadensabwicklung, S. 96.

16 In diesem Sinne Armin Nassehi, Wozu Universitäten? Eine Legitimationsgeschichte, in: Kursbuch 193 (2018), S. 115–133, S. 127 (zur Sozialfunktion des Interesses an Symmetrien).

17 Immanuel Kant, Der Streit der Fakultäten, Werkausgabe, Bd. XI, S. 293 f.

18 Vgl. Georg Krücken, Mission impossible? Institutional barriers to the diffusion of the «Third Academic Mission» at German universities, in: International Journal of Technology Management Nr. 1/2 (2003), Hft. 25, S. 18–33; Gert Biesta, Towards a Knowledge Democracy? Knowledge Production and the Civic Role of the University, in: The University Revisited. Questioning the Public Role of Universities in the European Knowledge Society, hg. v. Maarten Simons u. a., Heidelberg 2007, S. 467–479.

19 Peter Maassen u. a., The Place of Universities in Society, hg. v. der Körber-Stiftung, Hamburg 2019.

20 Klaus Landfried, Die Zukunft der Universitäten und die Rolle der Geisteswissenschaften, in: Universität ohne Zukunft? hg. v. Dorothee Kimmich u. Alexander Thumfart, S. 52–69, S. 54. Der Bezug auf Humboldt (Antonio Loprieno, Die entzauberte Universität, S. 31) hilft hier nicht weiter, denn weniger die Frage, auf welche Werte sich ein Hochschulsystem bezieht, ist entscheidend, als vielmehr der Modus der Finanzierung.

21 www.wissenschaft-im-dialog.de/projekte/wissenschaftsbarometer/wissenschaftsbarometer-2018/. Unter dem Einfluss der Corona-Pandemie ist der Anteil der Skeptiker anfänglich weiter gesunken, wie die Erneuerung der Studie im Dezember 2020 belegt; ob das ein nur kurzfristiger Trend ist, wird die Zukunft zeigen.

22 Zur Trennung von Wissenschaft und Politik an diesem Punkt E. Jürgen Zöllner, Die Verantwortung der Wissenschaft, in: Öffentliche Vernunft. Die Wissenschaft in der Demokratie, hg. v. Wilfried Hinsch u. Daniel Eggers, Berlin, Boston 2019, S. 11–20.

23 Dazu Volker Stollorz, Wir lieben Aufklärung. Wie das Science Media Center Germany Journalisten wissenschaftliche Expertise für öffentliche Debatten bereitstellt, in: Wissenschaft und Gesellschaft: Ein vertrauensvoller Dialog. Positionen und Perspektiven der Wissenschaftskommunikation heute, hg. v. Johannes Schnurr u. Alexander Mäder, Berlin 2020, S. 3–16, S. 10 f.

24 Ernst-Dieter Rossmann, Wie Wissenschaft besser kommuniziert werden kann, in: Der Tagesspiegel v. 7. 4. 2019.

25 Dazu näher Manuel J. Hartung u. Andreas Sentker, Raus, raus, raus! Eine Wissenschaft in der Vertrauenskrise muss sich der Gesellschaft öffnen – viel radikaler als bisher gedacht, in: Wissenschaft und Gesellschaft: Ein vertrauensvoller Dialog, S. 129–138, S. 135. Vgl. auch Anna-Lena Scholz, Hochschulen und soziale Medien, in: Der Tagesspiegel v. 28. 6. 2016.

26 Aufgabe der Begriffe im Wissenschaftssystem ist es, mit möglichst genauen sprachlichen Mitteln festzustellen, «ob bestimmte Aussagen wahr» sind; Niklas Luhmann, Die Wissenschaft der Gesellschaft, S. 124.

27 Bertolt Brecht, Gesammelte Werke. 20 Bde., hg. v. Suhrkamp-Verlag in Verbindung mit Elisabeth Hauptmann, Frankfurt/M. 1967, Bd. 3, S. 1311.

28 Vgl. dazu den Beitrag von Nicole Deitelhoff, Populismus und Wissenschaft. Streiten gegen das Erlahmen öffentlicher Auseinandersetzung, in: Vom Umgang mit Fakten, hg. v. Günter Blamberger, Axel Freimuth u. Peter Strohschneider, S. 23–32, ferner Peter Strohschneider, Zumutungen, S. 175 ff.

29 Vgl. zur «Illusion der Objektivität» den Artikel von Maximilian Probst u. Ulrich Schnabel, Nichts ist in Stein gemeißelt. Forscher widersprechen sich, Erkenntnisse ändern sich. Kann man sich auf die Wissenschaft überhaupt verlassen? Ein Erklärungsversuch, in: Die Zeit 32/2020, v. 30. 7. 2020.

30 Zur Rolle der Kommunikation in der universitären Wissenschaft Jürgen Habermas, Die Idee der Universität – Lernprozesse, in: J. H., Eine Art Schadensabwicklung, S. 95 f.

31 Vgl. Armin Nassehi, Die Rolle der Wissenschaften in der modernen Welt. Festvor-

trag auf der Jahresversammlung der Hochschulrektorenkonferenz am 8. Mai 2017 in Bielefeld, in: Beiträge zur Hochschulpolitik 2/2017, hg. v. der Hochschulrektorenkonferenz, Berlin 2017, bes. S. 6 ff.

32 Gotthold Ephraim Lessing, Eine Duplik (1778), in: Werke, hg. v. Herbert G. Göpfert u. a., München 1970–79, Bd. VIII, S. 30–41, S. 32 f.

33 Karl Popper, Objektive Erkenntnis. Ein evolutionärer Entwurf, Hamburg 1984 (2. Aufl., zuerst 1972). S. 70: «In der Wissenschaft suchen wir nach der Wahrheit.» Vgl. ähnlich, jedoch mit skeptischem Unterton im Hinblick auf den durchgreifenden Verbindlichkeitsmangel dieser wissenschaftlichen Wahrheit, Karl Jaspers u. Kurt Rossmann, Die Idee der Universität, S. 16.

34 Hans Blumenberg, Die Legitimität der Neuzeit, S. 492.

35 Die Wissenschaftshistorikerin Lorraine Daston schlägt daher vor, von «Verfahrensobjektivität» und nicht von «Wahrheit» zu sprechen («Wir brauchen einen Konsens über Kernfakten», in: Der Tagesspiegel v. 21. 8. 2020).

36 Niklas Luhmann, Die Soziologie des Wissens: Probleme ihrer theoretischen Konstruktion, in: Gesellschaftsstruktur und Semantik. Studien zur Wissenssoziologie der modernen Gesellschaft. Bd. 4, Frankfurt/M. 1999 (zuerst 1995), S. 151–180, S. 177 f.

37 Robert Musil, Der Mann ohne Eigenschaften, in: Gesammelte Werke in neun Bänden, hg. v. Adolf Frisé, Reinbek b. Hamburg 1978, Bd. 1, S. 16.

38 Zur Wissenschaft als modernes Mittel, Deutungspluralismus zu schaffen, vgl. Peter Strohschneider, Zumutungen, S. 100 f., 150 f.

39 Karl Jaspers, Die geistige Situation der Zeit (1931). Fünfter, unveränderter Abdruck der im Sommer 1932 bearbeiteten 5. Aufl., Berlin 1960, S. 26 ff., 39 f.

40 Zu den Grenzen des im Grunde idealisierenden Konzepts der Wissenschaftsdiplomatie, das eine bessere Welt des Geistes in die schlechte der politischen Konflikte integrieren soll, vgl. Charlotte Rungius u. Tim Flink, Romancing science for global solutions: on narratives and interpretative schemas of science diplomacy, in: Humanities & Social Sciences Communications 2020 7:102 (https://doi.org/10.1057/s41599-020-00585-w).

41 Das zeigt sich charakteristischerweise am Beispiel Chinas. Der asiatische Gigant ist ein wesentlicher Partner der deutschen Universitäten. Allein 1440 Hochschulkooperationen gibt es aktuell zwischen beiden Staaten. Rund 2080 chinesische Gastwissenschaftler haben 2018 in Deutschland geforscht, fast 40 000 chinesische Studierende waren im selben Jahr bei uns eingeschrieben – die meisten in den Ingenieurwissenschaften. Aber auch China erfreut sich großer Beliebtheit bei den Deutschen; mehr als 7800 Studierende gingen 2018 für ein Studium nach Peking, Shanghai, Nanjing oder in andere Regionen. 484 deutsche Gastwissenschaftler erhielten Förderung für einen Forschungsaufenthalt in China. Die Kooperation war phasenweise allerdings schon risikoärmer, ganz abgesehen von den bremsenden Wirkungen der Corona-Pandemie. Seit Staatschef Xi Jinping den Kurs der ‹patriotischen Ideologisierung› steuert, mehren sich die Hürden für eine gute Zusammenarbeit. Öffentliche Einrichtungen wie der Deutsche Akademische Austauschdienst oder die Deutsche Forschungsgemeinschaft, aber auch hiesige Hochschulen haben verschiedentlich Probleme, Arbeitsgenehmigungen für ihre Angestellten zu erhalten. Registrierungsprozesse verlaufen schleppend, man hört von wachsender Überwachung, Spionage und Reglementierung. Um solchen Praktiken entgegenzuwirken, müssen Kooperationsverträge mit Blick auf die potentiellen Risikofelder sorgfältig verhandelt werden, wie es die Hochschulrektorenkonferenz fordert (*Leitfragen zur Hochschulkooperation mit der Volksrepublik China*; Beschluss des Präsidiums der Hochschulrektorenkonferenz v. 9. 9. 2020). Vgl. dazu Thomas Thiel, Der diskrete Charme der Technokratie. Der Aufstieg von Chinas Wissenschaft ver-

setzt die Welt in Erstaunen, in: Frankfurter Allgemeine Zeitung v. 26. 8. 2020; Hans van Ess, Kooperation mit Fallstricken. Trotz aller Repressionen: Der wissenschaftliche Austausch mit China ist weiter notwendig, in: Frankfurter Allgemeine Zeitung v. 16. 9. 2020; außerdem Kerry Brown, China and self-censorship, in: UK Universities and China, ed. by Michael Natzler, Oxford 2019, S. 27–35.

42 Populismus zeige sich als «Aufstand des Nichtwissens gegen die Privilegien des Wissens», so Rudolf Stichweh (R. S., Wissensproduktion der Zukunft, in: Deutschland und die Welt 2030. Was sich verändert und wie wir handeln müssen, hg. v. Stefan Mair, Dirk Messner u. Lutz Meyer, Berlin 2018, S. 244–250, S. 250).

7. Gelehrte Freiheit und gelingende Organisation

1 Niklas Luhmann, Die Universität als organisierte Institution, in: N. L., Universität als Milieu, S. 90–99, S. 95.

2 Wissenschaftsrat, Empfehlungen zur Hochschulgovernance, S. 26 f.

3 Über den Gegensatz zwischen individueller Freiheit und diese begrenzendem Handeln der Institution – z. B. bei der Vergabe von Mitteln, Räumen, Ressourcen – vgl. Rudolf Stichweh, Akademische Freiheit in europäischen Universitäten. Zur Strukturgeschichte der Universität und des Wissenschaftssystems, in: die hochschule 25 (2016), S. 19–36, S. 31.

4 Peter Strohschneider, Versuch über die Universität, S. 62.

5 Niklas Luhmann, Selbststeuerung der Wissenschaft, in: Jahrbuch für Sozialwissenschaft 2/19 (1968), S. 147–170, S. 149 ff.

6 Niklas Luhmann, Selbststeuerung der Wissenschaft, in: Jahrbuch für Sozialwissenschaft 2/19 (1968), S. 147–170, S. 152.

7 Peter Strohschneider, Versuch über die Universität, S. 24.

8 Detlef Müller-Böling, Die entfesselte Hochschule, S. 45.

9 Niklas Luhmann, Selbststeuerung der Wissenschaft, S. 155.

10 Zu den diesbezüglichen Annahmen der neoliberal geführten Universität Sibylle Reichert, Von neuer Macht und Ohnmacht an unseren Universitäten, in: Macht und Wissenschaft, S. 86 ff.

11 Peter Strohschneider, Versuch über die Universität, S. 21.

12 Eine anders ausgerichtete, sehr aufschlussreiche Variante des Versuchs, die wissenschaftliche und die organisatorische Seite der Universität zusammenzudenken, liefert Antonio Loprieno, Die entzauberte Universität, S. 60 ff. Den vier Bereichen der Grundlagenforschung, der phänomenologischen, der anwendungsorientierten und der angewandten Forschung, ordnet er die Felder der Strategiefindung, des Leitbildes, der Innovation und der Relevanz (Nutzen) zu. Kritisch wäre hier nur anzumerken, dass die Kategorie der ‹phänomenologischen Forschung› weder stimmig noch allgemein eingeführt ist; sie meint eine von Einzelerscheinungen ausgehende Grundlagenforschung, bildet also letzthin nur eine ihrer Varianten. Dazu passt wiederum die Beobachtung, dass Strategie- und Leitbildprozess, die Loprieno unterscheidet, eigentlich zusammengehören. Sinnvoller wäre daher die Reduktion des Viererschemas auf drei Elemente: Grundlagenforschung-Leitbild/Strategie; anwendungsorientierte Forschung-Innovation und angewandte Forschung-Relevanz (Nutzen).

13 Vgl. Jürgen Mittelstraß, Die Häuser des Wissens, S. 43 ff.

14 Armin Nassehi, Wozu Universitäten? Eine Legitimationsgeschichte, in: Kursbuch 193 (2018), S. 115–133, S. 115.

15 Zahlen bezogen auf das Jahr 2017 nach: National Science Foundation (NSF 19–317, 30. 5. 2019), Science and Engineering Publication Output Trends.

16 Dass nur ein winziger Bruchteil der Publikationen eines Gebiets von den Fach-

leuten auch vertiefend gelesen wird – Schätzungen gehen von maximal einem Prozent aus –, ist seit einer Ende der sechziger Jahre veröffentlichten Studie des Soziologen Robert K. Merton empirisch nachgewiesen; Robert K. Merton, The Matthew Effect in Science, in: Science 159, Issue 3810 (1/1968), S. 56–63. Vgl. Walther Umstätter, Was ist und was kann eine wissenschaftliche Zeitschrift heute und morgen leisten?, in: Wissenschaftliche Zeitschrift und Digitale Bibliothek: Wissenschaftsforschung Jahrbuch 2002, S. 143–172, S. 155 f.

17 Welche problematischen Konsequenzen unter den Bedingungen von Quantifizierung und Digitalisierung gerade die Publikationsflut im wissenschaftlichen Sektor auslöst, zeigt sich an den Datenanalysen, die Fachverlage zunehmend zu einem eigenen Businessmodell ausbauen. Vgl. dazu Björn Brembs u. a., Auf einmal Laborratte. Die großen Verlage haben ein neues Geschäftsfeld entdeckt: die Überwachung von Wissenschaftlern und den Verkauf ihrer Daten, in: Frankfurter Allgemeine Zeitung v. 2. 12. 2020.

18 Zum kommunikativen Aufwand, den die mit dieser Einsicht verbundene Führungsstrategie erfordert, und zur Mischung der Methoden vgl. Bernd Kleimann, Universitätsorganisation und präsidiale Leitung, S. 459 ff.

19 Niklas Luhmann, Die Universität als organisierte Institution, in: N. L., Universität als Milieu, S. 90–99, S. 95

20 Vgl. dazu auch die Position des Wissenschaftsrats, in: Perspektiven des deutschen Wissenschaftssystems, Köln 2013, S. 28.

Aus dem Verlagsprogramm

Peter-André Alt bei C.H.Beck

Schiller
Leben – Werk – Zeit
Eine Biographie
2013. 736 Seiten mit 28 Abbildungen (Bd. 1)
und 686 Seiten mit 22 Abbildungen (Bd. 2).
Paperback

Franz Kafka
Der ewige Sohn
Eine Biographie
2005. 763 Seiten mit 43 Abbildungen. Leinen

Ästhetik des Bösen
2. Auflage. 2010. 714 Seiten mit 7 Abbildungen. Gebunden

Sigmund Freud
Der Arzt der Moderne
Eine Biographie
2016. 1036 Seiten mit 42 Abbildungen. Gebunden

«Jemand musste Josef K. verleumdet haben …»
Erste Sätze der Weltliteratur und was sie uns verraten
2., korrigierte Auflage. 2020. 262 Seiten. Gebunden

Verlag C.H.Beck

Geschichte bei C.H.Beck

Stefan Fisch
Geschichte der europäischen Universität
Von Bologna nach Bologna
2015. 128 Seiten. Broschiert
C.H.Beck Wissen Band 2702

Geschichte der Universität in Europa

Bd. I: Mittelalter

Herausgegeben von Walter Rüegg, Aleksander Gieysztor, Alison de Puymege,
John Roberts, Jacques Verger, Edward Shils, Olaf Pedersen und
Notker Hammerstein, unter Mitwirkung von Asa Briggs und
Hilde de Ridder-Symoens
1993. 435 Seiten. Leinen

Bd. II: Von der Reformation zur Französischen Revolution (1500–1800)

Herausgegeben von Walter Rüegg, Alison de Puymege, John Roberts,
Jacques Verger, Edward Shils, Hilde de Ridder-Symoens und Olaf Pedersen,
unter Mitarbeit von Asa Briggs, Notker Hammerstein und
Aleksander Gieysztor
1996. 542 Seiten. Leinen

Bd. III: Vom 19. Jahrhundert zum Zweiten Weltkrieg (1800–1945)

Herausgegeben von Walter Rüegg
2004. 607 Seiten. Leinen

Bd. IV: Vom Zweiten Weltkrieg bis zum Ende des 20. Jahrhunderts

Herausgegeben von Walter Rüegg
2010. 559 Seiten. Leinen

Verlag C.H.Beck